한국의
도시 지역공동체는
어떻게 형성되는가

서울대학교 사회과학연구원 사회과학연구총서 01

한국의 도시 지역공동체는 어떻게 형성되는가

현실 · 운동 · 과제

초판 1쇄 발행 2016년 10월 30일
초판 2쇄 발행 2017년 5월 30일

지은이 황익주 · 정규호 · 신명호 · 신중진 · 양영균
펴낸곳 서울대학교출판문화원
펴낸이 성낙인

책임편집 정성숙
디자인 장혜원

출판등록 제15-3호

주소 (08826) 서울시 관악구 관악로 1
대표전화 02-880-5252 | **팩스** 02-888-4148
출판관리팀(주문상담) 02-889-4424, 02-880-7995
이메일 snubook@snu.ac.kr
홈페이지 www.snupress.com

ISBN 978-89-521-1814-1 94300
978-89-521-1815-8 (세트)

서울대학교 사회과학연구원
사회과학연구총서 01

한국의 도시 지역공동체는 어떻게 형성되는가

현실·운동·과제

황익주
정규호
신명호
신중진
양영균

서울대학교출판문화원

How Urban Local Communities Are Formed in Contemporary Korea

Hwang, Ikjoo

Jeong, Gyuho

Shin, Myung-Ho

Shin, Joong-Jin

Yang, Young-Kyun

Seoul National University Press

발간사

서울대학교 사회과학연구원 사회과학연구총서는 올해 출범한 학제간 연구총서와 함께 서울대학교 사회과학대학 여러 전공 교수들의 저서 집필을 지원하는 것을 목적으로 한다. 특히 '출판하지 않으면 죽는다(Publish or perish!)'라는 말처럼 대학에서 정년 보장을 받고 살아남기 위해서는 빨리 많은 수의 논문을 생산해야 한다는 성과주의가 판치는 학계 풍토에서 보다 긴 호흡으로 사회과학의 학술적 연구를 수행하여 전문연구서의 형태로 결과물을 출판할 수 있도록 돕자는 취지가 중요하다.

이번에 사회과학연구총서로 출판된『한국의 도시 지역공동체는 어떻게 형성되는가: 현실·운동·과제』는 여러 가지로 의의가 있다. 우선 이 책은 인류학과 황익주 교수와 공동연구진의 3년간의 학술적 연구를 집대성한 결과물이다. 황 교수께서 서문에서 서술하고 있듯이 이 책의 연구는 한국연구재단의 사회과학 연구지원사업인 SSK 사업으로 시작되었고, 연구진은 단기간 많은 편수의 논문 생산을 요구하는 연구재단의 평가시스템을 따르기보다는, 3년간의 공동연구를 통해 축적된 일련의 체계적인 연구결과를 단행본의 형태로 함께 묶어 공유하고자 했던 것이다.

다음으로 이 책은 인류학, 사회복지학, 환경사회학, 건축학 등 상이한 전공 배경을 지닌 저자들이 참여한 학제간 연구이자 현 한국 도시지역공동체의 실천적인 사례들을 담은 현장 중심의 연구라는 것이다. 성과주의에 더하여 우리 사회과학계의 문제로 소위 전공 간 '칸막이 현상'과 학문의 사회적 기여와 실천 의식이 부족하다는 점이 종종 지적된다. 이 책은 기존 학문 분야의 경계를 넘어 풍부하고 다채로운 논의들을 상승적으로 묶어 내는 한편 한국 도시 지역사회의 공동체성을 복원·개선하기 위한 대안적 모델과 실천적 함의들을 제공한다는 점에서 의의가 크다.

마지막으로 이 책은 서울대학교 사회과학연구원 사회과학연구총서 시리즈의 첫 권이다. 어디서나 최초의 의미가 크듯이 이 책은 연구원의 집필 지원을 받아 진행되고 있는 여러 연구 중 최초로 총서의 이름으로 출판된 경우다. 이 책을 시작으로 아직 호흡을 고르고 있는 다른 연구들도 곧 사회과학연구총서로 연이어 출판될 수 있기를 바란다.

서울대학교 사회과학연구원장
김의영

머리말

오늘날의 도시는 흔히 공동체적 인간관계나 활동과는 본질적으로 상충하는 성격을 지닌 삶의 공간으로 인식되곤 한다. 하지만 시야를 넓혀 인류 역사의 전 시대를 통해 전 세계에 걸쳐 진행되어 온 도시 발전의 과정을 살펴보게 되면, 도시 속에서도 공동체적 삶의 틀을 유지하거나 혹은 새로이 생성해 내기 위한 무수히 많고도 다양한 시도들이 이루어져 왔음을 알 수 있다. 이는 공동체적 삶의 틀이란 것이 사회적 존재로서의 인류에게는 너무나도 소중한, 포기하기 어려운 가치로 다가온다는 점을 웅변적으로 말해 주는 역사적 사실이라고 하겠다. 이 책은 한마디로 말해 현대 한국의 도시에서 공동체적 삶의 틀을 만들고자 이루어져 온 각종의 시도들을 사회과학적으로 분석하고 평가하는 것을 목표로 삼는 연구서다. 그러한 시도 가운데 이 책에서 집중적으로 조명하고 있는 것은 도시의 지역사회를 터전으로 삼아 공동체적 삶의 틀을 형성해 보려는 시도들, 바꾸어 말하자면 주민들이 애착심을 가지고 '우리 동네'라고 부를 만한 실체를 만들어 내려는 시도들이다.

이 책의 모태가 된 것은 2010년 9월부터 2012년 8월까지 3년에 걸쳐 한국연구재단의 한국사회기반연구(SSK) 사업에 따른 연구비 지원을 받아 수행한 「한국 도시화의 특수성과 도시 지역공동체 형성의 현실」이라는 제목의 공동연구 프로젝트다. 2010년 초에 서울대학교 사회과학연구원 산하 비교문화연구소의 소장을 맡고 있던 필자는 연구소가 주관한 수행해 보고 싶은 공동연구 프로젝트의 주제로 개인적으로 오랫동안 관심을 두어 왔던 도시에서의 지역공동체 형성을 선택했다. 하지만 그런 프로젝트를 해 보고 싶다는 희망만 지녔을 뿐 인류학 이외의 사회과학 분야 전문가들 가운데 동참할 만한 분들로 누가 있을지에 대해서는 아무런 정보가 없던 상태였다. 이에 필자는 서울대학교 인류학과 선후배 관계 등 여러 인연으로 얽힌 사이인 신명호 박사께 도움을 요청했다. 이 요청에 대해 신명호 박사께서 너무나 고맙게도 프로젝트에 직접 참여하는 데 동의해 주셨고, 이를 넘어 당신의 지인으로서 여타 전공분야의 전문가이자 공동체 활동가인 다른 두 분으로 하여금 동참토록 설득까지 해 주신 덕택에 우리의 공동연구 프로젝트가 탄생할 수 있었다. 이후 프로젝트의 출범으로부터 이 책의 출간에 이르기까지 만 6년에 걸친 우리의 공동작업의 전개과정에 대해서는 이 책 본문 제1장에 상세히 서술했다.

그간의 공동작업을 통해 우리는 도시라는 여건 하에서 공동체적 삶의 틀을 만들고 유지하는 것이 얼마나 어려운 일인가를 새삼 깨달을 수 있었다. 그와 동시에 그런 어려움을 기꺼이 감수하면서 현대 한국의 도시를 조금이라도 더 공동체적인 인간관계와 활동들이 스며들어 있는 삶의 터전으로 변혁시키고자 눈에 잘 띄지도 않는 곳에서 헌신적 실천을 지속해 오고 있는 '아름다운 사람들'이 상당히 많이 존재한다는 사실을 확인할 수 있었다. 이것이야말로 우리의 공동작업을 통해 얻어진 가장 큰 소득이라고 필자는 생각한다. 그런 사람들의 그런 실천들이 존재하는 한 급속도로 원자화되어 가는 듯이 보이는 현대 한국의 도시들에서도 공동체적 삶의 틀은 쉽사리 소멸하지 않으리라는 희망을 품어도 될 것 같다.

이 책이 나오기까지 많은 분의 도움을 받았다. 가장 먼저 감사의 인사를 전해야 할 분들은 우리 연구팀의 프로젝트가 진행되는 동안,

현장연구차 방문한 전국의 여러 도시에서, 우리를 맞이해 준 다수의 지역공동체 관련 활동가 · 주민 · 행정공무원들이다. 그분들이 기꺼이 귀한 시간을 할애하여 공동체 만들기의 현장을 열어 보여 주고, 각종 문헌자료, 과거의 경험에 대한 증언 및 미래의 활동 방향에 대한 의견 등을 제공해 주신 덕택에 현장중심성을 기치로 내건 우리의 연구가 가능했다. 그런 만큼 마음 깊은 곳에서 우러나는 가장 큰 감사의 인사를 그분들께 올린다. 부디 이 책이 우리의 도시에서 보다 공동체성이 높은 삶을 이루어 내고자 하는 그분들의 실천적 노력에 조그마한 도움이라도 될 수 있기를 바라마지 않는다. 다음으로, SSK 프로젝트가 진행되는 동안 이 책의 공동저자들이기도 한 공동연구진을 보조해 준 서울대학교 인류학과 및 사회복지학과, 성균관대학교 건축학과, 한국학중앙연구원 인류학 전공, 한국도시연구소 등에 소속된 10여 명의 대학원생들이 있었다. 그들의 도움 덕택에 우리는 3년간의 프로젝트를 무사히 마칠 수 있었다. 그중에서도 서울대학교 인류학과의 정헌목 박사와 성균관대학교 건축학과의 정지혜 씨는 프로젝트 기간은 물론 이 책의 집필과정에도 추가적 도움을 제공한 바 있기에 이 지면을 빌려 각별한 감사의 말을 전하고 싶다. 끝으로 당초의 SSK 프로젝트가 완료되고 난 이후에, 우리 공동연구진이 이 책의 집필에 새로이 착수할 수 있도록 저술지원금을 제공해 주신 서울대학교 사회과학연구원에도 충심으로 감사의 말씀을 드린다.

2016년 8월
공동저자들을 대표하여
황익주

차 례

제1장

서론: 왜 한국 도시에서의 지역공동체 형성에 주목하는가

황익주

I. 현대 한국 도시에서 '살기 좋은 동네'의 의미와 공동체성

〈상황 1〉

우리 집은 한 지방 중소도시 아파트 단지에 있다. 이 아파트 단지는 완공된 지 10년이 지난 곳으로, 총 600여 가구가 15층 높이의 건물 13개 동에서 생활하고 있다. 가구별 평형이 33평 내지 59평이라는 사실에 더하여, 주차장에서 외제 승용차들을 흔히 볼 수 있다는 사실은 이곳이 중산층 주거지임을 단적으로 말해 준다. 단지가 입지하고 있는 곳은 우리 도시판 '강남'으로 간주되는 신개발 지역으로, 이례적으로 단독주택 지구 없이 아파트 단지들과 상업서비스 시설 및 학교들만 들어서 있다. 아파트 단지 주변에는 도보로 5~10분 거리에 2개의 대형 할인마트를 포함하여 각종 상업서비스 시설들이 입지하고 있는데, 그중에는 도시 최초이자 12개의 상영관을 갖춰 현재까지도 최대 규모를 자랑하는 멀티플렉스 영화관도 포함되어 있다. 또한 우리 도시 기준으로는 우수하다고 꼽히는 사설 학원들이 다수 포진하고 있어 지역주민뿐 아니라 도시 내의 여타 지역에 거주하는 많은 학생이 방과 후에 이들 학원을 찾아온다. 그뿐만 아니라 자동차로 5~10분 거리에는 또 다른 2개의 대형 할인마트, 주요 관공서 및 문화예술시설, 여가활동 시설 및 공간, 그리고 전철역, 버스터미널, 고속도로들의 나들목 등 도시와 외부 사회를 연결하는 주요 교통시설 등등이 입지하고 있다. 이러한 주변 편의시설들의 존재 덕택에 입주민의 일상생활은 매우 편리할 뿐더러 아파트 단지 관리사무소에서 제공하는 각종 서비스도 양질의 것들이다. 입주민의 각종 민원사항에 대해 관리사무소 직원들은 신속하고 친절하게 처리해 주고 있으며, 쓰레기 수거 및 제설 작업도 대단히 효율적으로 이루어지고 있다. 경비용역업체 직원들이 겸하고 있는 택배 물품 취급과 출근 시간대의 주차 차량 이동 보조 및 교통정리 서비스도 매우 훌륭하다. 이상에 언급한 양질의 생활

여건들이 자연스레 부동산 가격에 반영된 결과인지 우리 아파트 단지는 도시 전체에서 매매가 및 전세가 모두가 가장 높은 지역이라고 하는 신문 보도가 2015년 봄에 나온 바 있다.

〈상황 2〉

우리 가족은 수백 가구 규모의 아파트 단지에서 5년 반이 넘게 생활해 오고 있다. 하지만 아직껏 아파트 단지의 다른 주민과는 최소한의 교류만 하면서 원자화된 일상생활을 영위하고 있다. 아파트 단지에 거주하는 다른 가구 중 우리와 수시로 상호 방문을 하고 음식을 나눠 먹는 관계에 있는 가구는 하나도 없으며, 통성명이나마 한 바 있는 가구도 둘에 불과하다. 그에 더하여 같은 엘리베이터 라인에 사는 사람 중의 일부와 관리사무소 및 경비용역업체 직원들, 그리고 단지 내 상가의 슈퍼마켓 주인 정도가 '낯익은 이방인(familiar stranger)'의 관계에 있는 사람들로서, 오가다 마주치면 인사를 교환하는 사이인 사람들의 전부다. 다른 입주민들과의 교류관계에 관련하여 우리 가족으로 하여금 가장 불편함을 느끼게 하는 대목은, 엘리베이터를 사이에 두고 나란히 거주하는 바로 앞집 사람들과 5년 반이 지난 지금까지도 상호 방문이나 통성명은 고사하고 오가다 마주칠 때에도 제대로 된 인사말조차 나누지 못하는 서먹한 관계로 남아 있다는 사실이다. 하지만 그렇게 된 이유가 우리가 전세입자이다 보니 이웃들과의 관계에 적극 임하지 않았기 때문만은 아니라고 생각된다. 그도 그럴 것이 이 아파트 단지 내에는 입주민들 간의 친목 도모를 목적으로 한 조직화된 활동들이 거의 존재하지 않는다. 가령 종전에 거주하던 작은 평형의 아파트 단지에서는 엘리베이터 라인 단위로 매월 반상회도 열리고, '주민화합 잔치'라 하여 전체 단지 차원의 행사도 매년 열렸다. 반면 이 아파트 단지에는 그런 행사들이 전혀 열리지 않는다. 또한 단지 내 '커뮤니티센터' 건물 내에는 '주민대회의실'이라 하여 소강

> 당을 겸하는 공간이 마련되어 있긴 하지만, 거기서 전체 주민 차원의 어떤 행사도 열리는 걸 본 적이 없다. 커뮤니티센터 이외에도 아파트 단지 내에는 건축법상의 요건을 충족시키기 위해 조성된 각종 개방형 커뮤니티 공간 및 시설물들이 존재하지만, 그것들이 과연 입주민들 간의 공동체적 만남을 증진시키기에 걸맞은 입지 및 디자인을 갖추고 있는지는 대단히 의심스럽다. 그 결과 단지 내에 있는 다수의 파고라나 미니광장, 어린이놀이터, 그리고 배드민턴장 등의 소형 스포츠 공간들은 이웃들 간의 친교 공간으로서의 기능과는 거리가 먼, 대개 한산하기만 한 공간들로 남아 있는 실정이다.

한국 도시의 아파트 단지에서의 생활상황을 상반된 뉘앙스로 묘사한 위의 두 글에 등장하는 가족은 실은 하나의 가족, 바로 필자 자신의 가족이며, 공간적 배경을 이루는 도시는 강원도 춘천이다. 〈상황 1〉은 개별 가구 중심으로 일상생활을 영위하기에 대단히 편리하도록 주변 편의시설과 관리사무소 서비스가 잘 갖춰진 아파트 단지에 대한 세간의 평가를 반영한 묘사다. 필자가 사는 아파트 단지가 춘천시에서 매매가 및 전세가 모두가 가장 높은 아파트로 나타났다는 신문기사가 단적으로 말해 주듯이, 현대 한국의 도시생활에서 주거환경의 품질을 평가하는 데 동원되는 일반적 가치기준을 이루는 것은 개별 가구 중심의 생활 편의성이다. 그에 반하여 〈상황 2〉는 지역사회의 공동체성, 특히 근린주구 내의 다른 주민과의 친교라는 가치기준에 따라서 본 필자의 아파트 단지의 모습이다. 여기서는 필자의 아파트 단지가 여러모로 결핍된 면모들을 지닌 곳으로 비치고 있다. 물론 필자도 〈상황 1〉에서 묘사된 바의 생활 편의성에 대해서는 인정한다. 그러나 공동체성이라는 가치기준에 따라서 볼 때 느끼게 되는 아파트 단지 생활에서의 고립감 내지 허전함은, 필자가 거주하는 곳을 두고 춘천에서 가장 '살기 좋은 아파트'라고 평가하는 데 대해 선뜻 동의하기 곤란케 만든다.

이 지점에서 한 가지 물음이 생겨난다. 어째서 같은 아파트 단지에 사는 다른 주민과의 공동체적 상호작용이 매우 저조한 곳임에도 필자네 아파트 단지가 '살기 좋은 동네'라고 일반적으로 평가받는 현상이 생겨나는 것일까? 이 물음에 대한 하나의 가능한 대답으로서, '한국에서는 아파트 단지라는 곳이, 개별 가구 차원의 독립성과 프라이버시를 잘 보장받으면서 현대 도시의 각종 편의 시설들이 제공하는 일상생활의 편리함을 누리기를 희망하는 사람들이 선호하는 주거형태로 자리매김이 되어 왔기 때문'이라는 대답을 생각해 볼 수 있겠다. 즉, 아파트 단지가 애당초 한국 사회에서는 공동체주의적 가치관의 보유자가 아닌 개인주의적 가치관의 보유자들이 선호하는 주거형태로 되어 온 만큼, 필자네 아파트 단지처럼 흔히 '살기 좋다'는 평가를 받는 아파트 단지에서 공동체적 상호작용의 여지가 별로 크지 않은 것은 당연한 귀결이라는 논리다.

그렇다면 이런 식의 추론에서 암묵적으로 전제되고 있는 것처럼 '현대 한국 도시의 단독주택 지구에서는 아파트 단지보다 인근 주민 간에 긴밀한 친교와 집단적 활동들이 전개되고 있다'고 보는 것은 과연 현실에 대한 타당한 인식일까? 다시금 필자 자신의 생활경험을 바탕으로 판단컨대 그렇지 않다고 생각한다. 필자의 생활경험 속에는 1960년대 이래 지난 50여 년의 세월 대부분에 걸쳐 필자의 주된 생활 근거지였을 뿐만 아니라 현재도 부분적으로 일상생활이 영위되는 장소인 서울시 성북구 삼선동의 한 단독주택지구가 자리하고 있다. 그러나 그 지역사회에서도 필자의 유년시절이던 1960~1970년대에 크고 작은 골목길들이 매개공간으로 작용하여 형성되어 있던 동네 주민 간의 공동체적 인간관계는 사라진 지 오래이며, 오늘날의 동네는 익명성이 지배하는 공간으로 변모해 버렸다. 자동차 한 대만 겨우 통행할 공간을 남겨 둔 채 자동차들이 가득 주차되어 있고, 수시로 자동차나 오토바이들이 지나다니는 골목길들은 더 이상 과거처럼, 아이들뿐 아니라 어른들까지도, 나와 놀면서 이웃 주민과의 친교를 가지는 공간이 아니다. 어른들은 일 때문에, 아이들은 공부 때문에 모두 바쁜 가운데 여가도 주로 각자의 집안에서 텔레비전을 보거나 컴퓨터를 하면서 혹은 동네에서 벗어나 다른 곳에서 보내다 보니 골목길에서 이웃 주민과 만나 상호작용할 수 있는 여지가 원천적으로 대폭 축소된 탓이다. 친교 공간으로서의 골목길이 사라진 반면, 이를 기능적으로 대체할 잠재력을 지닌 공간으로서 아파트 단지들이 갖추고 있는 미니광장이나 어린이놀이터 같은 공간들은 없다. 그러다 보니 삼선동의 단독주택지구에는 오가다 만난 면식 관계의 주민이 잠시나마 앉아 담소할 수 있는 커뮤니티 공간들이 전혀 부재한 상태가 되어 버렸다. 그 결과 필자는 이곳에서의 요즘 생활에서 가벼운 인사나마 교환하는 관계에 있는 다른 주민과 마주치는 일조차 드물어져 어쩌면 춘천의 아파트 단지에서보다 더욱 심한 정도로 원자화되었다는 느낌마저 받고 있다.

이상에 서술한 서울 강북의 단독주택지구와 춘천의 아파트 단지에서 필자의 생활경험에 비추어 보건대, 지난 반세기에 걸친 한국 사회의 급속한 경제발전과 도시화 과정에서 도시민들이 '살기 좋은 동네'라고 인지하는 근린주구의 모습에는 중대한 변화가 발생한 것 같다. 한국 도시민들의 대다수는 더욱 넓고 고급이며 프라이버시 보장에 좋은 구조를 갖춘 주택, 그런 주택의 내부 공간을 가득 채우는 텔레비전 등의 가전제품과 가구, 그리고 자가용 승용차와 주차공간 등 물질문화를 위주로 삼아 개별 가구들의 차원에서 경제성장이 가져다준 일상생활상의 편의를 추구하는 데 열중해 왔다. 그렇게 개별 가구별로 '살기 편한 집'만 추구하는 와중에서 '살기 좋은 동네'라는 말 중

'동네'라는 부분이 지니는 의미, 즉 물리적으로 인접하여 살아가는 이웃의 다른 주민과의 친밀한 교류를 근간으로 삼아 형성되고 유지되는 지역공동체로서의 동네라는 의미 차원에 대한 고려는 부지불식간에 뒷전으로 밀려나게 되었던 것이 아닌가 싶다.

그런데 이런 변화는 비단 필자가 살아온 서울과 춘천의 두 근린주구만의 일이 아닌 것 같다. 이를 단적으로 입증하는 사실은 같은 도시 내의 상이한 근린주구에 위치한 집들의 가격 차이다. 단독주택지구이건 아파트 단지이건, 또 대도시이건 중소도시이건 가릴 것 없이 상대적으로 가격이 높게 매겨지는 집들이란 한결같이 더욱 고급스러운 소재로 지어지고, 더욱 넓은 가구별 전용면적과 주차공간을 보유하고 있으며, 주변에는 다양한 상점, 병원 및 학원 등의 근린시설과 우수하다고 평가받는 초·중·고등학교가 입지(즉, 소위 '좋은 학군')하고, 교통 면에서는 지하철, 전철, 버스 등 대중교통 이용이 편리(즉, 소위 '역세권')하거나 자동차 전용도로에 쉽게 접근할 수 있어 자가용을 이용한 교통이 편리한 집들이다. 부동산 관련 광고나 부동산중개업자들이 고객에게 직접 하는 말에서는 이런 내용이 특정의 부동산이 지닌 미덕으로서 번번이 강조된다. 반면에 가령 '동네 인심이 좋은 곳', '오랫동안 살아온 주민이 많은 동네', '매우 재미난 축제가 열리는 동네', '주민이 참여하는 단체 활동이 활발한 동네' 등과 같은 내용이 부동산 홍보 메시지로 등장하는 경우는 접할 수 없다.

그렇다면 한국 도시민의 대다수가 지역사회 차원의 공동체적 상호작용은 등한시한 채 개별 가구 차원의 생활편의성만 추구하며 살아가게 된 현상이 도시화에 따른 불가피하고 필연적인 결과라고 보는 것은 과연 현실에 대한 타당한 인식일까? 이 물음에 대해서도 필자는 아일랜드 공화국 및 영국의 작은 도시들에서 인류학적 현장연구를 수행하는 중에 체험적으로 목격한 바에 비추어 '아니다'라고 대답하고자 한다. 필자는 박사논문 연구에서 아일랜드의 니나(Nenagh)라는 소도시에서의 스포츠를 매개로 한 지역정체성 형성이라는 주제를 다룬 바 있고, 박사학위 이후 영국의 중소도시 밀튼킨즈(Milton Keynes)에서는 커뮤니티 예술의 조직 및 활동 양상이라는 주제로, 영국의 소도시 세인트니어츠(St. Neots)에서는 커뮤니티 스포츠의 조직 및 활동 양상이라는 주제로 각기 연구를 수행한 바 있다. 이들 현장연구를 통해 아일랜드 공화국 및 영국에서는 지방의 작은 도시들 차원에서 행해지는 스포츠 경기나 예술 공연들에 대해 지역주민이, 품격이 낮고 재미없는 행사라고 폄하하는 대신, 자기네 지역사회의 일로서 관심을 두고 선수나 연행자, 운영진 혹은 관람객으로서 적극 참여해 주는 모습을 목격했다. 그런 덕택에 해당 스포츠 클럽이나 예술 단체들이 자생력을 갖출 수 있게 되는[1] 한편 다채롭고 풍성한 지역사회 활동에 참여함으로써 도시민들이 지역사회에 대해, 한국보다는 훨씬 적극적이고 긍정적으로, 동일시하고 소속감을 느끼고 있는 것으로 필자의 눈에는 비쳤다. 즉, 전지구적 차원의 자본주의적 산업화 및 도시화의 발원지로서 개인주의적 가치관이 지배하고 있다고 간주하는 서구의 도시 지역사회들에서 주민 간의 공동체적 상호작용이 오히려 한국보다는 훨씬 활성화되어 있음을 목격했던 것이다. 이러한 사실은 현대 한국 도시민들의 삶에서 지역주민 간의 공동체적 상호작용의 차원이 실종 혹은 망각되어 버린 현상이 결코 근대화에 따른 불가피하고 필연적인 결과라고 단순하게 설명될 성질의 것이 아님을 시사한다.

이상에서 언급한 한국의 중소도시 춘천의 아파트 단지 및 거대도

1 특히 영국 케임브리지셔에 있는, 한국 기준으로 읍 규모에도 못 미치는 인구 2만 8천 명의 소도시 세인트니어츠(St. Neots)에 무려 130년의 역사를 자랑하는 축구클럽이 자신들의 스타디움까지 갖추고 독립채산제로 운영되어 오고 있다는 사실은 필자로 하여금 경악을 금치 못하게 했다.

시 서울의 단독주택지구에서의 생활경험, 그리고 아일랜드 공화국 및 영국의 작은 도시들에서의 현장연구 경험 등과 같은 개인적 체험들은 필자로 하여금 다음의 질문을 던지게 했다. "현대 한국 도시민들이 지역사회의 다른 주민과의 공동체적 상호작용에 적극 참여하는 동시에 개별 가구 차원에서 불필요한 간섭을 받는다는 느낌 없이 편안한 일상생활을 영위할 수 있도록 하려면 과연 무엇을 해야 하는가?" 바꿔 말해 한국 도시민들의 삶에서 공동체성이라는 가치기준과 개별 가구 차원의 독립성이라는 가치기준을 조화롭게 결합할 수 있는 방도는 과연 무엇일까? 이러한 문제의식이 이 책의 저술로 이어지게 된 3년간의 공동연구 프로젝트가 탄생한 배경을 이룬다.

II. 현대 한국의 도시 지역공동체에 대한 현장중심적 · 학제적 연구의 필요성

1. 기존 이론 및 실천적 방안의 한계

앞서 살펴본 바와 같이 현대 한국 도시민들의 대다수는 이웃에 사는 다른 주민과의 긴밀한 교류라든가 근린주구 차원의 활동 또는 행사에의 참여 등과 같은 공동체적 상호작용을 경험하지 못한 채 개별 가구 차원의 편리한 생활을 추구하는 데 열중하며 지역사회에서의 삶을 영위해 오고 있다. 그런 가운데 수시로 불거져 나오는 주차, 쓰레기, 소음, 범죄 및 일탈 행위 등의 문제와 특정 시기의 특정 지역사회에서 발생하는 각종 개발 관련 문제 등의 사회문제들은, 그 본질상 근린주구 차원의 공동적 대처 없이는 해결 불가능한 성격의 문제들인 만큼, 그렇지 않아도 소원한 관계인 지역주민 간에 상호 불신 및 긴장 또는 갈등을 유발시킬 수 있는 잠재적 요인으로 작용하고 있는 것으로 보인다. 그리하여 우리는 이따금 주차나 층간 소음 문제로 불만이 쌓인 이웃 주민 간의 충돌이 사람이 죽거나 중상을 입는 엽기적 사건으로 귀결되고 말았다는 내용의 언론 보도를 접하게 된다. 또한 단독주택 지구의 골목길을 지나다 보면 자기네 집 앞에 쓰레기를 무단투기하는 사람들을 겨냥하여 게시되어 있는 험악한 내용의 경고문들을 간혹 접하게 된다. 그런가 하면 재건축이나 재개발 사업이 진행 중인 근린지구에서는 곳곳에 붙어 있는 살벌한 내용의 현수막, 대자보, 전단지 혹은 낙서들에 직면하게 된다. 이들을 접할 때면 우리는 자연히 "멀리 사는 친척보다 이웃사촌이 더 낫다"는 옛말이 너무나 무색해진 오늘날의 세태에 대해 탄식하곤 한다.

그에 더하여, 아마도 그러한 일상적 생활경험에 따른 당연한 귀결이겠지만, 한국의 도시민들은 자신들이 사는 도시 지역사회, 즉 근린주구 및 그 확장체로서의 전체 도시를 자신들이 지각하는 지역정체성(local identity)의 주요 구성요소를 이루는 공간적 실체로서 경험하지 못한 채 단지 자신의 집이 위치한 장소 정도로만 간주하며 살아가고 있는 것이 일반적 양상인 듯하다. 다시 말해 현대 한국의 대다수 도시민은 자신이 거주하고 있는 근린주구와 도시가 어디인지 소극적으로는 인지하지만, 해당 근린주구 내지 전체 도시를 자신이 소속감을 느끼고 동일시하는 공간적 실체로서의 '우리 동네'와 '우리 도시'로서 긍정적 · 적극적인 경험은 하지 못하면서 삶을 영위하고 있는 것으로 보인다(황익주, 2005: 74-76; 2007: 1-2).

현대 한국의 도시들에서 보편적으로 나타나고 있는 이 같은 지역공동체 형성의 미진함과 그에 따른 각종의 긴장 또는 갈등들은 진작부터 사회적 관심의 대상이 되어 왔다. 그리하여 그 해결을 위한 각종의 실천방안이 학자, 정책당국자, 그리고 사회운동가에 의해 모색, 제안되었으며, 그중 일부는 실행되기도 했다. 그 예에 해당하는 중앙 및 지방 정부 차원에서 채택된 제도적 조치로는, 지역주민 간의 소통 활성화와 교류 증진을 목적으로 하여 도입된 지 제법 오래된 반상회 제도 및 근년에 들어 주민자치센터(종전의 동사무소)들이 그 시설공간을 활용하여 펼치는 각종 프로그램을 들 수 있다. 또한 도시 지역사회에 기반을 두고 사회적 약자들에 대한 복지서비스를 담당하는 각종 사회복지센터들이 중앙 및 지방 정부 그리고 민간단체들에 의해 우후죽순처럼 설립되어 활동하고 있다. 그리고 광역시로부터 동 단위에 이르기까지 각급 수준의 지방자치단체들은 주민화합 및 지역사회에 대한 주민의 소속감과 자긍심 함양을 목적으로 각종 주민잔치, 체육대회, 축제 등을 경쟁적으로 개최하고 있다. 한편 국가기관의 도시계획 담당자들이나 민간건설업체들은 지역사회의 공동체성을 고취시키도록 도시의 공간질서를 디자인하는 것이 더 바람직한 방향이라는 생각을 당연한 전제처럼 수용하면서, 근린주구 내외부의 공공시설물이나 개방공간들을 디자인하는 데 많은 노력을 기울여 왔다(예컨대 대한주택공사, 1999).[2] 그런가 하면 지역 내의 환경문제가 되었든 교육 또는 공동육아 문제가 되었든 혹은 경제적 문제가 되었든 간에 공통적 관심사

---

2 공공공간의 디자인을 통해 도시 근린주구 생활의 공동체성을 도모하고자 하는 현대의 도시계획학적 시도의 원류가 된 것은 1920년대에 미국의 페리(Clarence Perry)가 제창한 근린주구(neighborhood unit) 이론이다. 이는 '사회적으로 균형 잡힌 지역공동체' 형성을 목표로 삼으면서 이를 위해 초등학교와 커뮤니티센터를 지역의 복판에 두고, 아이들이 안전하게 도보로 통학할 수 있도록 간선도로들은 근린주구 외곽에 위치시키며, 상업 서비스 시설들은 근린주구의 변두리 혹은 주출입구 쪽에 배치하여 상업시설 이용만을 목적으로 방문하는 차량의 통행을 방지하고, 공원과 놀이터 등을 풍부하게 조성하여 주민의 휴식 및 교류 공간으로 이용되도록 하는 것 등을 핵심적 디자인 원칙으로 삼는 이론이다. 이 같은 페리의 근린주구 이론은 이후 전 세계적으로 도시계획가들에 의해 수용되었으며, 한국에서도 특히 1970년대 이후의 아파트 단지 건립에 있어서 공간 디자인의 기본 틀로 채택되어 왔다고 한다(손세관, 1993: 357; 정헌목, 2015: 52).

를 기반으로 삼아 지역주민을 공동적 실천의 장으로 이끌어 냄으로써 도시 내에서의 지역공동체 형성을 도모하는 이른바 '마을만들기' 운동들을 필두로 한 각종의 도시 지역운동들이 전국 각처에서 전개되어 오고 있다(신중진 · 송승현, 2010: 197; 신명호, 2003: 120-145).

그러나 그간에 이루어져 온 이들 다양한 시도의 성과에 대해 긍정적으로 평가하고, 그에 기초하여 한국 도시 지역공동체의 미래에 대해 낙관적으로 전망하기는 곤란한 것이 엄연한 현실이라고 판단된다. 가령 지역주민 간의 사회적 교류를 활성화시키고 지역사회에 대한 주민의 소속감을 함양하는 데 도움이 되고자 마련된 각종의 제도적 장치들이나 행사들은 대다수 주민으로부터 외면을 당하고 있으며(심익섭, 2002: 40-44; 이훈, 2005: 40-42; 황익주 · 김기호, 2004: 134-137), 사회복지센터들은 지역공동체가 사회적 약자들을 함께 돌보는 곳이라는 이상적 개념과 합치하기에는 너무나 요원한 상태에 머물러 있다(전광현, 2004: 128-131). 또한 이제껏 현실화되어 온 도시 공간 디자인의 양상들은 커뮤니티 조성을 위한 진정한 고민의 결과물이라기보다는 건축법규에 따른 구색 맞추기에 그치고 있거나, 심지어 개발업체와 특정 사회계급 구성원들의 이익에 부응하기 위한 것이 아닌가 하는 의심까지 자아내는(양상현, 2005: 222-259) 모습을 띠고 있다. 나아가 각종 도시 지역운동의 주도 세력들은 지역주민들이 상충하는 경제적 이해관계에 따라 분화된 현실 속에서 광범위한 지역주민의 지지와 참여를 확보하지 못한 채 운동의 지속 자체를 매우 힘겨워하고 있는 것이다(신명호, 2003: 120-137; 심현천, 2003: 186-187; 정규호, 2008: 138-140; 조명래, 2003: 110).

2. 왜 현장중심적 · 학제적 접근이 필요한가

이 같은 현대 한국 도시에서의 지역공동체 형성에 연관된 열악한 현실은 비교문화론적 관점(cross-cultural perspective)에서 보면 매우 의미심장한 연구 질문을 우리에게 제기한다. 우선, 앞서 언급한 아일랜드 공화국 및 영국에서의 현장연구들을 통해 확인한 바 있듯이, 현대 한국 도시민들의 지역사회 생활의 원자화된 양상은 서구 사회들의 경우보다 훨씬 심각한 정도다. 주지하다시피 한국 사회는 문화적 배경의 측면에서 볼 때 서구 사회들과 비교하면 공동체적 · 집단주의적 전통이 강했던 사회라고 일반적으로 평가된다. 그런 만큼 현대 한국인의 삶의 여타 영역들에는 서구에 비해 개인주의화가 덜 진행되어 공동체적 또는 집단주의적 양상이 상당히 많이 잔존하고 있거나 아니면 아예 현대적 상황에 적응하여 변용된 형태로 존재하고 있는 것으로 간주된다.

그럼에도 유독 도시 지역사회에서의 생활에 관한 한 서구 사회보다 지역공동체의 형성이 매우 미진한 채 지극히 원자화된 생활양식이 지속되는 역설적인 현실이 현대 한국 사회에서 전개되고 있는 것이다. 비단 서구 사회들과의 비교에서만 차이가 발견되는 것이 아니다. 일본에 대한 수많은 사회과학적 연구성과들은 같은 동아시아에 속해 있는 사회일 뿐 아니라 근현대사상의 특별한 관계로 인해 오늘날 삶의 틀에서 한국과 너무나 많은 유사점을 보유하게 된 사회임에도 일본의 도시들에서는 한국과 달리 지역공동체가 매우 활성화되어 있음을 보여 준다. 그리하여 도쿄와 같은 대도시에 위치한 근린주구에서 전통적 마을축제('마츠리')가 지속되어 오는 경우를 흔히 볼 수 있으며, 심지어 '베드타운'에 해당하는 대도시 주변의 위성 신도시에서도 주민이 동네청소 등의 공동작업을 정기적으로 수행하는 모습을 볼 수 있다(이시재 외, 2001; Applbaum, 1996; Bestor, 1989). 일본 도시들에서 이 같은 양상이 나타나고 있다는 사실은, 유교문화권으로서 동아시아의 도시화 과정에서 나타나는 공통적 양상이라는 식으로 쉽사리 해석해 버릴 수 없게끔 하는, 한국적 특수성의 차원이 현대 한국에서 도시 지역공동체의 문제에 내재하고 있음을 암시한다.

한국 도시에서 지역공동체 형성의 문제에 관련된 이상과 같은 실천적·학문적 문제의식을 바탕으로 한국연구재단이 주관하는 한국사회기반연구 사업(이른바 'SSK 사업')에 따른 연구 프로젝트를 수행할 연구팀이 필자를 연구책임자로 하여 2010년 9월에 출범했다. 이 연구 프로젝트는 장차 최종 단계의 대형 과제로 나아갈 경우에 해당하는 연구 의제로 「한국적 도시 발전 모델의 구축과 적용」, 제2단계의 중형 과제로 나아갈 경우에 해당하는 연구 의제로 「사회문화적 삶의 질 향상을 위한 도시 디자인」이라는 제목이 각각 부쳐진 것이었다. 그리고 출발에서부터 연구작업을 함께할 사람들로 이루어진 3년에 걸친 소형 단계 연구과제의 제목으로는 도시 지역공동체의 문제에 집중하기 위해 「한국 도시화의 특수성과 도시 지역공동체 형성의 현실」이라고 부쳤다.

연구 프로젝트 제목에 '한국 도시화의 특수성'이라는 구절을 포함시킨 이유 중의 하나는 현대 한국 도시에서 나타나고 있는 지역공동체에 관련된 양상들이 지난 수십 년간에 걸쳐 전개된 한국 사회의 도시화 과정이 지닌 특수성의 산물이라고 생각되기 때문이다.[3] 그리고 한국 도시화 과정의 특수성이란 물론 한국 사회의 근대화 과정의 여

3 한국 도시화 과정의 특성 및 그 결과로서 한국 도시들에서 나타나는 사회문화적 특성에 대한 연구성과들의 예로는 권태환·윤일성·장세훈(2006), 송도영(2004), 한국도시연구소(1998), 한국도시지리학회(1999) 등이 있다.

타 측면들과의 총체적 상호연관 속에서 만들어진 결과다. 즉, 자본주의 시장경제 체제의 발전 및 급속한 경제성장과 산업화 등 경제 영역의 각종 변동, 군부 독재의 종식과 민주화, 지방자치제도의 도입 등 정치 영역의 각종 변동, 핵가족화, 개인주의적 가치관의 확산, 세계적으로 유례가 드문 사교육 열풍을 유발시킨 극심한 입시경쟁 등 사회문화 영역의 각종 변동, 그리고 교통통신망의 엄청난 발달과 정보화 사회로의 이행 등 과학기술 영역의 변동 등등 한국 사회의 제반 영역들에서 동시적으로 전개되어 온 변동 트렌드와의 상호연관 속에서 도시화 과정이 전개되었던 것이다. 따라서 비록 연구책임자인 필자가 미시적 연구를 학문적 특성으로 하는 인류학의 전공자이긴 하지만, 현대 한국에서의 도시 지역공동체에 관련된 현실을 올바로 이해하기 위해서는 거시적 맥락에서의 한국 사회 변동 및 그 결과이자 일부로서 한국 도시화 과정의 특수성과 연관 속에서 문제들을 파악하는 일이 필수적이라고 판단했다.

또 하나의 이유는 한국 도시에서 지역공동체 형성에 연관된 열악한 현실이란 것이 근대화 및 도시화에 따른 보편적·필연적인 결과도 아니며, 동아시아 문화권에 속하는 사회들의 근대화 및 도시화 과정에서 공통으로 나타나는 양상도 아니라는 사실에 주목하기 위함이었다. 즉, 문젯거리로 여겨지는 현대 한국에서 도시 지역공동체 형성의 미진함이란 현실은 전지구적 차원 혹은 동아시아 차원의 근대화에 따른 일반적·필연적 결과가 아니라 한국 사회의 도시화 과정이 지닌 그 어떤 특수성에 따른 결과라고 인식할 수 있다는 점이다. 이는 다시 우리에게 아직 그런 문제가 있는 현실을 바로잡기 위한 개입의 여지가 남아 있다는 것, 우리가 현실을 어떻게 인식하여 어떠한 실천적 노력을 기울이는가에 따라 한국 도시민들의 삶의 틀을 보다 나은 방향으로 변화시키는 일이 가능하다는 것을 뜻한다. 한국 도시의 현실에 대한 이러한 개입 및 실천의 가능성을 모색하는 일에 관한 관심은 연구팀의 구성원들을 다년간 현장에서의 실천에 몸담아 온 사람들 위주로 조직하게끔 이끌었다. 그리하여 박사학위 보유자이자 시민운동단체에 소속된 인물 2명과 대학교수이자 마을만들기 운동에 깊이 관여해 온 인물 1명 등을 영입함으로써 연구팀은 전체 구성원의 다수가 현장활동가로서의 경험을 지닌 인물들로 짜인, 대학원 육성을 위한 국책 연구사업을 수행하는 연구팀치고는 매우 이례적인 인적 구성을 지니게 되었다.

이처럼 한국의 도시화 과정이 지닌 특수성의 산물로서 현대 한국 도시에서의 지역공동체 형성의 문제를 조망하려는 기본적 입장은 우리의 공동연구가 채택하게 될 접근법상의 첫 번째 특징인 현장중심성을 배태시켰다. 한국 사회의 여타 측면들에 대한 학문적 연구와 정책적 혹은 사회운동적 실천에서도 마찬가지였지만, 각종 도시 문제에 관련해서도 그간에는 서구 선진국들의 학계에서 생산된 이론들에 비추어 한국의 현실에서 나타나는 양상들을 설명하고, 그런 이론들을 원용하여 정책적 내지 사회운동적 실천방안들을 모색하는 일이 관성처럼 진행되어 왔다. 서구의 학계에서 생산된 이론들은 본디는 서구 사회의 역사적 경험을 바탕으로 만들어진 것임에도 불구하고 마치 그 보편타당성이 학문적으로 이미 검증된 것인 양 한국의 지성계에 수용되는 실정이었던 것이다. 하지만 적어도 도시 지역공동체의 문제와 관련하여 한국 사회에서 전개되어 온 양상들을 서구적 이론들에 억지로 꿰맞추려 들어서는 곤란하다는 점이 명백하다. 이에 우리 연구팀에서는 한국 도시의 다양한 현장들에 대해 현실적 맥락에 충실하면서 깊이 있는 이해에 우선 도달하고 나서, 이를 바탕으로 서구 및 일본 등 외국의 모범적 사례들에 대한 현장연구를 통해 한국과 다른 사회들 간의 공통점과 차이점에 관한 적절하고 타당한 수준에서의 비교연구를 수행하는 단계적 방식으로 연구작업을 진행하고자 했다. 그 같은 현장중심적 접근을 통해서만 한국 사회의 현실에 걸맞은 도시 지역공동체에 관한 이론적 설명 및 실천의 방안 도출이 가능하리라고 판단했기 때문이다.

우리 연구팀의 접근법이 지닌 또 하나의 특징은 학제성이다. 도시 연구에 관련된 주요 학술지에 수록된 논문들의 제목만 대충 훑어보아도 금방 알 수 있듯이, 도시 연구는 애당초부터 이공계와 인문사회과학계를 아우르는 다양한 분야의 전공자들이 모두 관여하며, 학제적 공동연구도 흔히 이루어지는 연구 영역으로 자리매김해 왔다. 이는 무엇보다 도시 문제들이 지닌 포괄성과 복잡성 때문일 것이다. 더구나 연구주제인 도시 지역공동체의 형성이라는 현상은 '공동체'라는 개념 자체에 수반되는 모호성 및 현실 관련 입장의 다양성까지 겹쳐짐으로써 일반적 도시 문제들보다 더욱 복잡다단한 주제다. 얼핏 생각해 보아도 지역공동체의 형성을 논의하기 위해서는 지역주민 간의 교류 관계와 공동 활동의 양상, 사회적 약자들에 대한 지역사회 수준의 복지체계, 지역사회에 대한 주민의 소속감 또는 정체성, 지역공동체를 이루어 내고자 하는 주민의 주체적 의지, 지역사회의 거버넌스 체제, 지역경제의 성격, 지역사회의 보육 및 교육 체제, 커뮤니티 미디어의 작동, 커뮤니티 예술, 그리고 지역사회의 공간 디자인 등등 매우 다양한 측면을 두루 고려하지 않으면 안 된다.

그러자면 공동연구진으로 필자와 같은 인류학 전공자 외에도 사회학, 사회복지학, 지리학, 언론정보학, 정치학, 행정학, 경제학, 교육학, 도시계획학, 건축학, 도시공학, 환경학 등 대단히 많은 전공 학문적 배경을 지닌 사람들이 포함되어야 하는데, 이는 현실적으로 불가능한 일이었다. 이에 필자는 프로젝트의 소형 단계에서 연구팀의 적정인원을 5명으로 잡고, 우선으로 연구해야 할 필수적 세부주제는 어떤 것일지에 대해 고민했다.

그러한 고민의 결과로 도시 지역공동체의 형성 여부를 판별하는 데 시금석이 될 만한 핵심적 구성요소라고 생각되는 것들을 추려내어 보았다. 우선, 모든 종류의 공동체에서 공통으로 구성요소가 되고 있는 것들로서(Bauman, 2001; Cohen, 1985 참조) 지역주민 간의 긴밀한 사회적 교류, 사회적 약자들을 위한 지역사회 차원의 복지체계, 지역사회에 대한 주민 소속감의 반영물로서 지역정체성, 흔히 지역운동의 형태로 발현되는 공동체 형성에 대한 지역주민의 주체적 의지 등 네 가지 요소를 들 수 있다. 그에 더하여 도시 지역공동체의 경우에만 해당하는 특수한 구성요소로 들 수 있는 것이 지역사회 공간 디자인의 적절성이다. 필자는 한국의 대학에서 '도시인류학'이라는 세부전공 분야를 연구하고 교육해 오는 동안 도시의 공간성과 그 사회적 함의에 대해 유념할 필요가 있다는 점에 대해 많은 생각을 하게 되었다. 즉, 도시란 지표면 상에 존재하는 '이질적인 사람들이 조밀하게 거주하는 대규모의 영속적 취락'(Wirth, 1935)이며, 도시 내부 및 그 배후의 관할구역(catchment area)에 대해 상업, 행정, 교통 등의 '중심지(central place)'로서의 기능을 수행하고, 의도되었든 아니든 도시민들의 행동과 사고의 방식에 특정한 방향으로의 사회적 효과를 발휘하도록 디자인된 각종의 '건조환경(built environment)'으로 가득 찬 공간이라는 점이다(황익주, 2007).

그리하여 이 장의 서두에서 필자가 생활해 온 아파트 단지 내의 미니광장이나 파고라, 놀이터, 그리고 단독주택지구의 골목길들이 지닌 커뮤니티 공간의 기능에 대해 살펴본 바와 같이, 도시 지역사회의 공간들을 어떤 방식으로 디자인할 것인가는 도시 지역공동체의 형성에 대단히 큰 영향을 미치는 매개요인으로 작용하게 된다. 따라서 지역사회의 공간 디자인을 포함, 도시 지역공동체의 형성 여부를 판별해 줄 수 있을 정도로 핵심적 중요성을 지닌 구성요소라고 당초에 필자가 생각했던[4] 다섯 가지 측면들에 대해 두루 전문성을 살려 연구할 수 있는 연구팀을 구성하는 일이 필수적이었다. 이에 본래 협의의 사회과학 분야에는 속하지 않는 도시설계가 세부전공인 건축학자 1명을 영입하게 되었다. 그리하여 우리 연구팀은 필자 외에 또 다른 인류학자, 사회복지학자, 환경사회학자 등 3개 분야의 사회과학 분과학문 전공자들에 더하여 건축학자까지 추가된 학제적 도시 연구팀으로 발족되었다.

3. 도시 지역공동체의 핵심적 구성요소들

우리 연구팀에서는 공동연구진 각자의 전공을 살린 역할 분담을 통해 앞에 언급한 소형 단계 연구의 다섯 가지 세부주제 영역들을 집중적으로 조망하고자 했다. 이들 세부주제와 관련하여 구체적으로 주목하고자 했던 양상은 어떤 것이며, 그 이유는 무엇인지 간략히 언급하기로 한다.

1) 지역주민 간의 사회적 교류

지역사회 구성원들 간의 친밀한 인간관계는 행위자 자신들의 관점에서든 연구자의 관점에서든 공히 지역공동체의 형성 여부를 판별하는 데 가장 중요한 기준으로 받아들여진다. 따라서 우리의 공동연구에서도 한국 도시의 근린주구 내에서 이루어지는 주민 간의 교류 실태를

---

4 이처럼 도시 지역공동체를 판별할 수 있다는 생각, 즉 '공동체'라 일컬을 수 있는 지역사회와 그렇지 않은 것을 확연히 구별할 수 있다는 생각은 연구팀이 출범한 지 상당한 시일이 경과할 때까지도 필자가 견지하던 생각이었지만, 결국은 공동작업이 진행되는 과정에서 수정되었다.

면밀히 살펴보고자 했다. 단순히 사람들 간의 접촉 빈도만 추적하는 데 그치지 않고 교류의 질적 측면에도 주목하고자 했다. 가령 자기 집에 와서 식사하자고 상호 초대를 한다든가 혹은 아이들 돌보기에 있어서 품앗이 같은 교환은 아파트 통로의 엘리베이터 같은 데서 마주쳤을 때 인사를 교환하는 것과는 의의가 크게 다른 교류라는 점이다. 그뿐 아니라 한 개인이 보유하고 있는 인간관계의 전체 네트워크 속에서 현재 거주하는 근린주구의 다른 주민과의 친분 관계가 차지하는 비중을 따져 보는 것도 매우 유용한 분석 작업이 될 수 있으리라 보았다.

한편 구성원의 전부 혹은 대다수가 지역사회 주민으로 이루어진 각종의 공식적·비공식적 결사체들의 조직 구성 및 활동 상황도 수집 분석할 만한 가치가 큰 자료들이다. 가령 반상회, 아파트 단지의 주민대표자회의, 부녀회, 노인회, 자율방범대, 조기축구회, 친목계 등의 결사체들에 어떤 부류의 사람들이 참여하며, 어떤 활동들이 얼마나 활발히 이루어지고 있는가 하는 점은 도시 지역공동체 연구에서 대단히 유용한 정보가 된다는 뜻이다. 한편 한국 도시에서 근린주구로서는 아마도 가장 큰 지리적 단위라고 볼 수 있는, 행정동의 수준에서 전개되는 지역주민 간의 사회적 교류의 실태를 가늠해 보기 위한 하나의 방편으로, 주민(자치)센터 시설 공간 내에서 행해지는 각종 프로그램—명시적으로 주민 상호 간 교류와 친목을 위한 것뿐 아니라 교양강좌 성격의 것도 포함하여—의 내용과 주민참여도도 살펴보고자 했다.

2) 지역사회 차원의 복지체계

공동체(community)라는 개념에는 구성원들 간 인간관계의 친밀성이라는 의미에 더하여 사회적 약자에 해당하는 구성원들에 대한 따스한 보살핌이라는 의미 차원이 내재되어 있다. 이처럼 사회적 약자에 대한 보살핌, 즉 현대적 용어로 표현하자면 복지의 체계가 내재된 것으로 인지되기에 공동체는 선험적으로 좋은 것, 바람직한 것으로 간주되는 것이다. 이를 고려하여 현대 한국의 도시 지역사회 수준에서 작동하는 복지체계의 실태를 자세히 살펴보고자 했다. 그리하여 지역단위의 '종합사회복지관'들은 물론 장애인, 빈곤층, 여성, 아동, 노인, 외국인 노동자 혹은 다문화 가정 등 특화된 대상 집단을 위해 설립된 각종 사회복지센터의 조직현황, 사업내용, 그리고 현재까지 드러난 운영상의 제반 문제점들을 고찰하고자 했다. 특히 이들 사회복지센터가 도시 지역공동체 형성을 위한 거점으로 자리매김하지 못한 채 단순히 사회적 약자 개개인에 대해 국가를 대행하여 복지서비스를 제공하는 기관으로서의 의미에 그치고 있는 한국 사회의 현실을 비판적으로 조명하고자 했다. 그러한 거점으로 기능할 수 있기 위한 전제 조건은 사회복지센터의 운영에 지역주민들이 주체적 · 자발적으로 나서서 지역사회 내의 사회적 약자들에 대한 돌봄(care)을 제공하는 것인데, 이는 한국 현실에서는 매우 요원한 일이기 때문이다. 아울러 지역사회 수준의 보건 및 보육 체계의 양상 가운데 사회적 약자 계층을 대상으로 펼쳐지는 활동의 현황과 문제점에 대한 정보도 수집 분석해 보고자 했다.

3) 지역정체성

일반적으로 공동체의 문제를 논의함에 있어서 필수적으로 고려해야 할 또 하나의 요소는 해당 공동체에 대해 구성원들이 느끼는 소속감으로서 공동체의 의식적 측면에 해당한다. 관찰자로서는 이러한 소속감의 존재를 행위자들이 자아정체성(self-identity)을 표현함에 있어서 자신이 그 공동체의 구성원이라는 사실을 얼마나 중시하여 말하는가 또한 어떠한 상징적 · 의례적 행위들을 통해 대내외적으로 표출하는가를 통해 포착하게 된다. 이에 착안하여 본 연구에서는 과연 현대 한국의 도시민들이 작게는 근린주구로부터 크게는 도시 전체에 이르는 지역사회를 통해 자신들의 지역정체성에 관해 이야기하고 있는지, 아울러 그러한 지역정체성이 도시 생활의 어떤 영역에서 상징적·의례적 행위로 표출되고 있는지에 관한 자료들을 수집하고자 했다. 그런데 도시에 사는 무수한 개인들이 자신의 지역정체성에 관해 이야기하는 내용을 체계적으로 수집하여 비교분석을 하기는 방법론적으로 매우 어렵다는 점을 감안하여, 특히 도시민들의 지역정체성이 집합적으로 표출되는 의례 혹은 행사로서의 도시축제, 스포츠 경기 혹은 지역주민 대상 문화예술 공연 등에 주목해 보기로 했다. 그리하여 이들 행사가 어떤 사람들의 주도로 기획되고, 어떤 프로그램들과 메시지를 가지고 지역정체성을 상징적으로 구성하고 있으며, 그에 대한 지역주민의 반응은 어떻게 나타나는지 등을 분석하기로 했다.

4) 지역주민의 주체적 실천

도시라는 여건에서 지역공동체가 형성·유지되기 위해서는 공동체다운 인간관계와 사회적 약자들에 대한 보살핌, 그리고 구성원의 소속감이 있는 지역사회의 삶을 보다 나은 것으로 간주하여, 이를 이루어 내고 유지하고자 기꺼이 많은 희생과 노력을 감수하며 각종의 실천 작업들을 수행하는 사람들이 있어야 한다. 지역사회를 지역공동체로 승화시키기 위한 이 같은 주체적 실천은 엄밀하게 말하면 어디서나 전개될 수 있지만, 보통은 '지역운동'이라고 일컬어지는 현상들에서 주체들이 가시화된다. 이 점을 감안하여 우리 연구에서는 전국 각처에서 전개되고 있는 수많은 도시 지역운동들의 현황과 문제점을 비판적으로 검토해 보고자 했다. 그리하여 각종의 '마을만들기' 운동들은 물론 생활협동조합 운동, 신용협동조합 운동, 지역환경 운동, 공동육아 운동 등의 사례를 그 복잡다단한 상황맥락에 관한 정보들까지 포함하여 면밀하고 체계적으로 수집하고, 유형화하고, 비교분석해 보고자 했다. 이는 현대 한국에서의 도시 지역공동체 운동에 나타난 성과와 문제점, 그리고 추후의 도시 지역공동체 형성을 목표로 한 각종의 실천—정책적 및 시민운동적 실천 모두—에서 교훈으로 삼아야 할 점은 어떤 것일지 파악해 보기 위함이었다.

5) 지역사회의 공간 디자인

지역사회 내 공간의 디자인적 질서는 도시에서의 지역공동체 형성의 물적 토대 내지 배경을 이루는 요인이다. 가령 층간 소음이 심하게 발생하도록 지어진 아파트 단지에서 주민 간의 친밀한 교류 관계는 애당초 기대할 수 없고, 4차선 왕복 차도나 높은 담을 사이에 두고 나뉘어 있는 두 개의 구역이 하나의 지역공동체로서 통합되리라 기대하기는 곤란하다. 이는 쉽사리 예상할 수 있는 일이다. 하지만 이들 예와 같은 도시 공간 디자인의 부정적 환류(negative feedback) 효과와 달리 긍정적 환류(positive feedback) 효과는 쉽사리 포착되지 않는다. 설령 긍정적 환류 효과를 염두에 두고, 즉 지역공동체 형성에 도움이 되도록 공간적 질서가 디자인되었다고 할지라도 현실에서는 다른 여러 요인이 함께 작용한 결과로 지역사회 구성원들 간의 공동체적 교류 관계의 양상은 발현되지 못할 수도 있기 때문이다. 이에 우리의 연구에서는 그간에 이루어진 한국의 도시계획 또는 주거단지 설계들이 도시에서의 지역공동체 형성과 관련하여 어떠한 문제점들을 안고 있는지 고찰키로 했다. 이를 위해 근린주구의 유형이나 전체 도시의 특성에 따른 다양한 공간 디자인의 실제 사례들에 대한 면밀한 비교분석을 수행해 보고자 했다. 특히 지역공동체 형성이 바람직하다는 생각이 일종의 공동선처럼 가정되어 왔음에도 한국 도시의 현실에서 그러한 방식으로의 공간 디자인이 이루어지지 못하게 만든 요인들이 무엇인가를 밝혀 내는 데 깊은 관심을 기울여 보고자 했다.

Ⅲ. 도시 지역공동체에 관련한 주요 이슈에 대한 입장

1. 공동연구의 과정에서 생겨난 변화들

앞서도 밝혔듯이 우리 연구팀은 한국연구재단이 주관하는 한국사회기반연구(SSK) 사업에 따라 「한국 도시화의 특수성과 도시 지역공동체 형성의 현실」이라는 제목으로 3년간의 공동연구를 수행하기 위해, 연구책임자를 포함한 공동연구진 5명과 연구보조원 역할을 맡은 7명의 대학원생 등 총 12명의 인원으로 2010년 9월에 출범했다. 그 가운데 공동연구진 5명은 그 3년의 기간 이후에도 이 책의 저술을 위한 작업팀으로 변신하여 구성원의 변화 없이 현재까지 공동작업을 수행해 왔다.

이들 5명의 공동연구진 중 필자를 제외한 나머지 4명의 전공 및 현장활동 배경과 애초 연구계획서 상의 역할분담 내용을 간략히 소개하면 다음과 같다. 먼저, 사회복지학 전공자인 신명호 박사는 '지역사회 차원의 복지체계'라는 세부주제를 분담키 위해 영입되었다. 하지만 신 박사는 한국의 도시빈곤 문제에 관련된 사회운동 및 연구의 현장에서 20여 년간 몸담아 왔을 뿐더러 우리 연구팀이 출범한 지 얼마 후에는 사회적기업 및 협동조합의 문제를 중심적으로 다루는 '사회투자재단 부설 사회적경제연구센터'의 소장직도 맡게 되어 여러모로 우리 연구팀의 취지에 걸맞은 분이었다. 다음으로, 환경사회학 전공자인 정규호 박사는 '지역주민의 주체적 실천'이라는 세부주제를 분담할 분으로 영입되었다. 정 박사는 생활협동조합 운동의 선구자 '한살림생협'의 직할연구소인 '모심과살림 연구소'의 연구실장(현재는 소장)으로서, 도시와 농촌이 상생할 수 있는 공동체적 삶의 틀을 모색하기 위한 지역운동의 현장들에 친숙한 분이었다. 그리고 건축학자인 성균관대학교 신중진 교수는 '지역사회의 공간 디자인'이라는 세부주제를 분담키 위해 영입되었다. 더욱이 신 교수는 대학 강단에 머물지 않고 '마을만들기', '마을르네상스 사업', '도시재생 사업' 등 다양한 명칭의 도시 지역공동체 만들기 실천의 현장들에 다년간 관여해 온 분인지라 우리 연구팀과는 더욱더 관심사가 일치했다. 끝으로, 인류학 전공자인 한국학중앙연구원의 양영균 교수는 수도권의 한 도시에서의 현장연구를 수행하기 위해 영입되었다. 연구책임자인 필자와 마찬가지로 도시 지역공동체 관련 현장활동가로서의 경험은 따로 없지만, 양 교수는 현장연구에 익숙한 인류학자로서의 특장을 살릴 수 있으리라 기대되었고, 세부주제별로는 '지역주민 간의 사회적 교류' 혹은 '지역정체성'을 필자와 분담하기로 했다.

우리 연구팀에서는 구성원들 간에 존재하는 전공 배경의 상당한 차이에 따른 도시 현실에 대한 이해 및 감각 상의 거리감을 최소화시키고자 연구팀 전체 차원의 기본적 작업 방식으로 월례 세미나를 채택했다. 때론 부산, 안산, 원주 등을 방문하여 현지의 공동체 활동가들과의 간담회 및 현장답사를 하는 1박 2일짜리 워크숍으로 대체하기도 하고, 자체적으로 조직한 소규모 학술발표회로 대체하기도 했지만, 3년간에 걸친 우리 연구팀 활동의 근간을 이룬 것은 매월 전원이 모여 탁자에 둘러앉아서 그간에 각 공동연구원 및 해당 연구보조원 단위로 수행한 연구작업들(현장답사, 문헌조사 등등)의 내용을 장시간에 걸쳐 발표하고 토론하는 세미나들이었다. 심야까지 이어진 '뒤풀이'의 시간까지 포함한다면 더더욱 길어진 이러한 '함께 공부하기'식의 작업을 통해 구성원들 간에 존재하던 지적 거리감을 줄일 수 있었다. 그뿐 아니라 당초에 구상했던 작업 내용 중 일부분도 현실 상황에 보다 잘 부합하는 방향으로 합의를 통해 수정할 수 있게 되었다. 그러한 변화 중 중요한 세 가지를 간략히 서술하기로 한다.

첫 번째 변화는 도시 지역공동체를 만들어 내기 위한 실천의 성공적 사례들로 연구의 초점이 맞춰졌다는 점이다. 애초의 연구계획에는 선행연구들에 대한 비판적 리뷰를 통해 한국 도시에서의 지역공동체 형성의 열악한 현실 자체를 조명해 보는 일이 1차년도 연구작업의 가장 큰 부분으로 포함되어 있었고, 실제로 월례 세미나에서도 초창기에는 몇 달간 그런 내용이 다루어졌다. 하지만 그런 방식으로 공동연구를 진행하는 데 따른 난점들이 얼마 지나지 않아 드러났다. 우선, 선행의 연구성과물 가운데는 타당성 있는 경험적 자료들을 제시하며 논의를 펼치고 있어 세부주제별로 본 한국 도시 지역공동체 형성의 실태에 관해 나름의 평가를 할 만한 것이 태부족이었다. 너무나 많은 연구성과물이 '문젯거리'라고 간주되는 현실 상황에 대해 저자들 나름의 개선책을 제안하는 데 초점이 맞추어진 것이었기 때문이다. 그런 상태에서는 선행연구들에 대한 비판적 검토를 통해 나름의 방식으로 한국 도시에서의 지역공동체 형성의 현실을 진단하는 작업을 제대로 수행하기가 여의치 않았다.

또 하나의 난점은 한국연구재단의 다년도 연구사업을 성공리에 수행하기 위해서는 소정 편수의 논문들을 매년 생산하여 한국연구재단 등재학술지(즉, 'KCI급 저널')에 발표를 해야 한다는 사실에서 연원했다. 즉, 장차 우리가 선정한 세부주제별로 도시 지역공동체 형성의 현실이 '열악하다'는 결론적 평가를 반복하는 내용의 논문들, 그것도 다른 사람들의 연구성과들을 리뷰하는 성격의 논문들을 게재해 줄 'KCI급' 학술지를 찾아낸다는 일이 그다지 현실성 있는 대안이 아닌 것 같다는 결론에 도달했던 것이다. 그러던 차에 마침 한국연구재단 측에서 SSK 사업의 갑작스러운 시행에 따른 착오를 인정하여 1차년도에 대해서는 연구결과물 제출을 면제하고, 2차년도부터 제출하면 된다고 시행지침을 변경하게 되었다. 이에 우리 연구팀에서도 자연스레 1차년도에 할당했던 리뷰 논문 작성 작업은 제외하고, 곧바로 현장연구를 통해 우리가 자체적으로 자료들을 수집하고, 그 자료들을 가지고 2차년도 연구논문들을 생산하는 방식으로 선회하게 되었다.

그렇게 하여 막상 도시 지역공동체 형성을 지향한 실천의 현장을 답사하여 자료를 수집하고자 했을 때, 현장연구에 대한 협조를 얻어낼 가능성이 단연 높은 곳은 흔히 성공 사례 또는 모범 사례라고 평가받는 곳이었다. 논리적으로만 따지자면 성공 사례 못지않게 실패 사례로부터도 많은 교훈을 얻을 수 있지만, 현실에서는 실패 사례에 관한 현장연구 자료들을 수집한다는 일이 너무나 난감했다. 공동체 형성을 지향한 시도가 실패로 돌아간 현장을 찾아가서 많은 후유증 또는 상처를 지역사회에 남긴 과거의 일에 대한 증언들을 청취한다는 것의 학문적 및 윤리적 타당성 문제는 차치하고라도 그런 증언을 기꺼이 해 줄 사람들을 어떻게 찾아낼 것인가 자체가 지극히 곤란한 일이었기 때문이다. 그런데 현장연구를 주축으로 삼는 작업의 특성상 도시 지역공동체 형성을 지향한 실천에 참여하는 지역주민, 현장활동가, 행정당국 관계자 등의 협조가 필수적이었다. 그런 만큼 일반적으로 성공 사례라는 평가를 받고 있으며, 여러 여건이 잘 맞아 특정 시기로 예정된 현장 방문에 대해서도 우호적으로 협조해 줄 수 있는 현장을 선정하는 현상이 실제로 벌어졌다.

두 번째 변화는 도시 지역공동체 형성의 매개요인으로서 지역사회의 공간 디자인의 작동을 모든 측면에서 항시 찾아내고자 하는 강박에서 벗어났다는 점이다. 앞서 밝힌 대로 필자는 도시 공간의 디자인적 질서에 대해 인류학자를 포함한 사회과학자들이 더 많은 관심을 기울일 필요가 있다는 결론에 도달한 바 있다. 그런 까닭에 우리 연구팀의 계획서를 작성하면서도 비단 지역주민 간의 사회적 교류뿐 아니라 지역사회에 대한 주민들의 소속감 내지 정체성, 지역사회 차원의 복지체계, 지역주민의 주체적 실천 등 우리 연구팀에서 다루기로 한 모든 세부주제에서 공간 디자인의 매개적 영향이 작동하고 있음을 밝혀 보일 수 있게 되기를 내심 기대했던 것 같다. 연구팀이 출범하고 상당한 기간이 지나기까지도 필자는 월례 세미나 자리에서 다른 사람들의 작업에 대해 코멘트를 하면서 그런 희망을 이따금 피력하곤 했다. 하지만 우리 연구팀의 공동작업이 진행되는 동안, 서서히 그러한 필자의 생각이 무리임을 깨닫게 되었다.

필자의 생각이 바뀌게 된 이유는 크게 두 가지다. 하나는 지역사회의 공간 디자인이라는 세부주제를 분담키로 했던 신중진 교수의 존재감이었다. 이미 언급한 대로 신 교수는 한국 사회에서 전개되어 온 마을만들기, 도시재생 사업, 마을르네상스 사업 등 여러 명칭의 도시 지역공동체 형성을 목표로 삼는 다양한 실천 활동에 연구자 · 자문가 · 기획자 · 현장활동가 등 다양한 역할로 다년간 관여해 왔다. 그런 만큼 그 누구보다 풍부하게 한국 도시에서의 지역공동체를 지향한 실천 활동들에 대한 지식과 경험, 지역사회 현장의 관련자들에 대한 인적 네트워크를 갖추고 있었다. 따라서 신 교수가 보유하고 있는 그러한 자원들을 효율적으로 활용하기 위해서는 도시 지역사회의 공간 디자인에 대한 협의의 개념에 따라 신 교수의 역할을 규정하려 드는 것은 별로 좋은 접근법이 아니라는 결론에 도달하게 되었다.

또 하나의 이유는 공동작업을 수행하면서 접하게 된 다양한 현장 사례 가운데는 "과연 이 사례에 대해서까지 공간 디자인이라는 요인이 미치는 매개적 영향력을 찾아내어 논의하는 것이 적절한가?" 하는 의문을 자아내는 것들이 존재한다는 점이었다. 우리 연구팀의 2차년도 연구결과 논문 중 하나로 작성된 신명호 박사의 논문에서 다루어진 서울시 도봉구에 있는 방아골 사회복지관의 사례(신명호, 2012)라든가, 3차년도 연구에서 정규호 박사와 신명호 박사가 다룬 강원도 원주 지역 협동조합들의 사례가 그것이다. 그러한 사례의 존재는 전국 각처의 도시 지역사회들에서 나타나는 지역공동체 형성을 위한 실천들 속에서 일률적으로 협의적 공간 디자인의 매개작용을 찾으려는 것이 능사가 아님을 일깨워 주었다. 그보다는 각 사례의 현장맥락에 따라 도시 지역공동체의 수많은 구성요소 중 특정한 것이 주도적 영향을 미치는 요인으로 작동하는 양상 자체를 충실히 설명하는 것이 현장중심성을 강조하는 우리 연구팀의 취지에도 더욱 잘 부합하는 일이라고 볼 수 있게 된 것이다.

세 번째 변화는 연구계획서에서 3차년도 연구의 중요한 일부분으로 잡아 둔 한국형 게이티드 커뮤니티(gated community)로서의 브랜드 아파트 단지에 대한 현장연구를 포기한 것이다. 게이티드 커뮤니티는 최근 수십 년간 전 지구적 차원에서 도시 주거공간의 변화 트렌드를 대표하는 현상 중의 하나로서 선진국 학계에서는 큰 주목을 받아 왔다(Low, 2001, 2003; Dupuis and Thorns, 2008). 이에 반해 국내 학계에서는 특히 현장연구에 기반을 두어 게이티드 커뮤니티의 생활실태를 밝히는 연구성과가 드문 것에 대해 필자는 문제의식을 느껴 왔다. 도시 근린주구의 새로운 공간 디자인 유형으로서 그 명칭 자체에서 대외적으로는 배타성을 띠지만, 대내적으로는 공동체성을 표방하고 있는 게이티드 커뮤니티라는 실체는 과연 도시 지역공동체 문제와의 연관 속에서 어떻게 자리매김이 되는 것이 합당한가 하는 물음이다. 더욱이 연구팀에서 필자의 연구보조원 역할을 맡은 대학원생 정헌목 씨가 마침 한국형 게이티드 커뮤니티의 한 유형으로서의 수도권 브랜드 아파트 단지에 대한 인류학적 현장연구를 박사논문으로서 준비 중에 있어서, 현장연구의 가장 큰 난관인 접근성의 문제를 장차 그가 확보하게 될 인맥을 활용하여 상당 정도 해결할 수 있으리라 기대되었다.[5]

그런데 막상 공동연구에 착수하여 2년간의 작업을 마치고, 이를 통해 한국에서 도시 지역공동체 형성의 대안적 모델들로서 강원도 원주시로 대표되는 협동조합 모델과 경기도 수원시로 대표되는 민관협력형 거버넌스 모델을 집중적으로 연구할 필요성이 대두하자, 게이티드 커뮤니티로서 브랜드 아파트 단지를 3차년도 현장연구에 가미하는 것은 적절하지 않다는 공감대가 형성되었다. 원주의 협동조합 모델과 수원의 거버넌스 모델은 모두 명백히 지역공동체 창출을 지향한 실천적 접근 방식의 사례들이었다. 그에 반해서, 브랜드 아파트 단지들은 과연 공동체에 대한 진정성 있는 지향을 담고 있는 것인지 자체가 의심스러운 면모가 많음을 그때까지 진행된 정헌목 씨의 박사논문 작업을 통해 확인했기 때문이다. 이에 연구팀에서는 한국형 게이티드 커뮤니티에 대한 연구는 접기로 하고, 원주와 수원으로 각기 대표되는 도시 지역공동체 형성을 지향한 실천의 모델들에 대한 현장연구에 집중키로 했다. 또한 10명이 넘는 연구팀 전체가 두 개의 도시를 오가며 현장연구를 함께 수행코자 할 경우에 수반되는 각종의 현실적 어려움을 감안, 연구팀을 원주팀과 수원팀의 두 개로 분할하여 가능한 한 많은 현장방문을 통해 집중도를 높이는 방향으로 애초의 계획을 수정했다.

위와 같이 당초 연구계획으로부터의 변화를 거치면서 우리 연구팀이 도시 지역공동체의 문제를 둘러싼 주요 이슈들과 관련하여 도달하게 된 기본적 입장을 크게 두 가지로 나누어 서술코자 한다. 도시 지

---

5 정헌목 씨는 2015년 1학기에 '아파트 공동체'의 문제를 다룬 그의 박사학위논문을 완성했다.

역공동체의 형성이라는 문제가 대단히 복잡하고 미묘한 사안이고, 따라서 그에 대하여 다양한 이론적·실천적 관점들이 병립할 수 있는 만큼, 도시 지역공동체에 관련된 여러 이슈에 대한 우리의 기본적 입장을 밝혀 두는 것이 오해의 소지를 줄여 줄 것이기 때문이다.[6]

2. 공동체/지역공동체/도시공동체/도시 지역공동체 간의 개념 구분

우리의 연구주제를 이루는 현상을 지칭함에 있어 연구자뿐 아니라 현장의 활동 및 주민 사이에서도 상당한 혼선이 존재하고 있다. 공동체/지역공동체/도시공동체/도시 지역공동체 등의 개념이 제대로 구분되지 않은 채 사용되고 있는 것이다. 특히 공동체와 지역공동체를, 그리고 도시공동체와 도시 지역공동체를 혼동하여 지칭하는 일은 상당히 만연된 현상이고, 우리의 연구 과정에서도 그러한 혼란상이 꽤 오랫동안 지속된 바 있다. 이들 개념 간의 구분 혹은 집합관계의 문제에 관해 정리된 우리의 입장은 아래와 같다.

우선 논리적으로 가장 상위의, 가장 포괄적인 개념은 '공동체(community)'다. 공동체란 그 어떤 요소를 공통적으로 보유하고 있는 사람들의 집단이다. 하지만 이런 최소한의 개념 규정을 넘어 보다 적극적으로 공동체에 대한 개념 규정을 해 보려 할 때 수많은 어려움이 발생한다. 가령 신장이 170cm인 사람들의 묶음은 공동체라 간주되지 아니하고, 지하철역 승강장에서 열차를 기다리고 있는 사람들의 집단도 공동체로 간주되지 않는다. 공동체라 일컬을 수 있는 집단은 신장의

6 이하에서 서술하는 내용은 SSK 프로젝트의 2차년도 및 3차년도에 연구결과 논문들을 작성하면서 취한 것이자, 이후 이 책의 저술 작업에 임하면서 취하는 기본적 입장이기도 하다.

공통성보다는 무언가 삶에서 좀 더 중요한 공통요소를 지녀야 할 것 같고, 지하철 승강장에 있는 사람들보다는 좀 더 영속성 있는 상호관계를 지닌 사람들이어야 할 것 같다. 즉, 우리가 '공동체'라 일컫는 사람들의 집단에는 그 어떤 요소의 공통적 보유 외에 또 다른 조건들이 포함되어 있음이 명백하다. 그러나 그 조건들이 무엇인지 언술하려는 순간, 사람들로 하여금 서로 간에 동의하기 어려운 생각들을 갖게 하는 것이 바로 공동체의 문제다. 가령 어떤 사람은 "무릇 공동체의 구성원들 간에는 친밀관계가 존재해야 한다"고 말하겠지만, 다른 사람은 "특정 구성원들 간에 친밀관계는 고사하고 반목 또는 갈등이 존재함에도 불구하고 촌락공동체가 존재하는 것처럼, 구성원들 간의 친밀관계가 공동체 성립의 필수요건은 아니다."라고 말할 수 있다는 뜻이다.

결론적으로 공동체란 과학철학자 갈리(W. B. Gallie)가 명명한 '본질적으로 경합의 대상이 되는 개념(essentially contested concept)'에 해당한다는 것이 필자의 견해다. 인문사회과학 분야의 학술적 논의에서 널리 사용되고 있는 개념들 중에는 개념을 통해 파악고자 하는 현실(reality)의 양상 자체가 지극히 포괄적이고 복잡하며 모호한 측면을 담고 있는 것들이 다수 존재한다. 그런 경우 현실 인식을 위한 개념 정의를 어떻게 내리는가에는 불가피하게 말하는 사람이 해당 현실에 관해 지니고 있는 평가적(evaluative) 입장이 투영될 수밖에 없다는 것이 갈리의 주장이다. 따라서 평가적 입장을 달리하는 사람들로서는 타인이 제시한 현실에 대한 설명 또는 해석을 타당성 있는 것으로 수용할 수 없게 되며, 결국 이런 개념에 대해서는 모든 연구자가 합의할 수 있는 정의의 도출이 불가능해진다. 갈리는 본질적으로 경합의 대상이 되는 개념의 대표적인 예로 '사회정의', '민주주의', '예술', '도덕적 선' 등을 든 바 있지만(Gallie, 1956), 필자가 보기에 '공동체'는 너무나

도 잘 들어맞는 예에 해당하는 개념인 것 같다. 그런 만큼 이미 존재하는 공동체에 대한 많고도 다양한 개념 정의들에 필자 나름의 것을 여기서 추가할 의향은 없다.

대신 본질적으로 경합의 대상이 되는 개념으로서의 공동체 개념과 관련하여 한 가지 언급하고 싶은 점은, 갈리가 예거했던 것 중 '사회정의'나 '민주주의' 개념의 경우처럼 '공동체'의 개념도 선험적으로 좋은 것으로 받아들여지는 게 일반적이라는 점이다. 즉, 어떤 사람들의 집단을 가리켜 공동체라고 일컫는 것 자체에 긍정적 가치평가가 담겨지는 게 일반적이라는 말이다(Bauman, 2001). 그렇기에 외부자의 시선에는 공동체적이라고 보이지 않는 단체나 기관들이 자신들이 하는 활동을 공동체를 위한 일이라 주장하고, 자신들이 만든 시설이나 프로그램의 이름 속에 '커뮤니티'라는 단어를 끼워 넣는 일 등이 흔히 벌어지는 것이다. 또한 공동체에 관한 이론적 논의의 원조에 해당하는 학자인 퇴니스(Ferdinand Tönnies)의 게마인샤프트('공동체')와 게젤샤프트('이익사회' 혹은 '결사체')의 이분법에 따르면, 명백히 게젤샤프트에 해당할 현대 사회의 수많은 자발적 결사체들이 그 자체로서 '커뮤니티'임을 주창하거나 아니면 자신들의 인터넷 홈페이지 상에 구성원들 간의 '커뮤니티' 활동을 위한 공간(예컨대 채팅방, 토론방, 경조사 알림방 등)을 할애해 두는 현상이 생겨나는 것도 마찬가지의 이유 때문이라고 생각된다(황익주, 2007: 1).

다음으로 '지역공동체(local community)'란 공동체의 부분집합에 해당하는 것으로서 구성원들이 동일한 지역을 생활터전으로 삼고 있다는 점을 공통분모로 하여 형성되는 공동체를 가리킨다. 지역공동체는 동일한 종교적 신앙을 기반으로 형성되는 종교공동체, 동일한 정치적 신념을 기반으로 형성되는 정치공동체, 동일한 직업적 이해관계를 바탕으로 삼는 직업공동체, 동일 또는 유사한 라이프 스타일을 바탕으로 형성되는 라이프 스타일 공동체 등과 더불어 공동체의 1차적 부분집합을 이룬다. 그런데 이들 다른 유형의 공동체에 대비해 볼 때 지역공동체는 인류 역사에서 단연 가장 오래된 공동체에 해당한다. 왜냐하면 적어도 근대 산업사회의 도래에 따라 사회구성원들의 직업적 다양성이 커지고 지리적 이동성이 높아지기 이전까지 인류는 상대적으로 협소한 공간 내에서 일생을 살며 그 안에서 함께 사는 사람들과의 사회적 관계 속에서 정치·경제·종교·여가·교육·예술 등 삶의 모든 측면을 공유해 왔기 때문이다. 이런 점으로 인해 지역공동체는 공동체의 원형으로서 인간의 의식 속에 자리매김이 되게 되었다. 아마도 이처럼 지역공동체가 지니는 일종의 원형(archetype)으로서의 위상이 학술적 논의에서 종종 공동체와 지역공동체를 등치시키는 경향이 나타나게 하는 배경 요인을 이루는 것으로 생각된다.

지역공동체에 관련하여 여기서 주목하고자 한 두 가지가 있다. 그 하나는 서구의 언어들에서 영어의 'community'를 필두로 하여 공동체에 상응하는 단어들이 종종 공동체라는 단어와 연상되는 긍정적 뉘앙스가 빠졌을 때 단순히 우리말의 '마을'이나 '동네' 또는 '고장' 혹은 학술용어로 '지역사회'라는 의미로도 사용된다는 점이다. 가령 시골의 촌락을 두고 "이 마을은 전형적인 배산임수형 촌락"이라고 말하거나 도시의 작은 구역을 두고 "이 동네는 시장통이라 작은 가게들이 많다"고 말하는 경우, 좀 더 크게는 행정구역상 면이나 군 혹은 동이나 시에 해당하는 지역을 두고 "이 고장은 옛날부터 인재가 많이 나는 곳"이라고 말하는 경우가 일상언어에서의 그런 용례에 해당한다. 학술적인 맥락에서도 사회과학적 현장연구의 대표적 기법 가운데 하나로 정착된 'community study method'에서 'community'라는 단어로 지칭되는 공간적 실체는 긍정적 가치평가의 뉘앙스가 배제된 것이며(Arensberg, 1954; Bell and Newby, 1971), 이러한 중립성을 반영키 위한 우리말 번역으로 채택된 것이 '지역사회'라는 용어다(황익주, 2011). 또 하나 주목할 점은 지역공동체는 주민들 간 동질성의 기반을 제공한다고 상정되는 공간적 실체의 범위가 매우 가변적이라는 점이다. 가장 작게는 시골의 자연촌락이나 도시의 골목길을 사이에 둔 작은 구역 같은 것에서부터, 좀 더 크게는 시골의 면이나 도시의 동에 해당하는 지역, 더욱 크게는 시골의 군이나 소도시 전체에 해당하는 지역, 나아가서는 국민국가의 전체 영토, 심지어 유럽연합의 전신인 '유럽공동체(European Community)'의 사례에서 보듯이 복수의 국민국가들을 아우르는 거대한 지역까지도 모두 지역공동체의 담론적 구도에 포함될 수 있다. 하지만 동질성의 기반을 이루는 공간적 실체의 범위가 커질수록 해당 지역사회의 공동체성을 체감하기는 쉽지 않게 된다.

한편 '도시공동체(urban community)'란 도시 내에서 형성되는 공동체를 가리키는 개념으로 사용되어 왔다. 도시공동체의 문제에 관한 한 한국 사회과학계에서 가장 방대하고 체계적인 연구서로 꼽히는 『도시공동체론』(2003)에서는, 공동체 형성의 1차적 계기를 이루는 공통요소가 무엇이든 간에 도시라는 취락 유형의 공간 내에서 형성되는 모든 종류의 공동체를 지칭하는 것으로 도시공동체를 암묵적으로 개념화하고 있다. 그리하여 아파트 공동체나 공공임대주택 공동체와 같은 '도시주거공동체', 소비자협동조합 또는 생활협동조합과 같은 소비공동체, 생활환경개선을 목표로 흔히 '○○을 살리는(지키는) 사람들의 모임'이라는 이름으로 활동하는 자연생태공동체 등을 망라한 '도시생태공동체', 그리고 사회적기업 방식으로 운영되는 빈곤층 자활공동체나 협동조합 방식으로 운영되는 생산자공동체와 같은 '도시경제공동체' 등이 도시공동체의 하위 유형들로 제시되고 있다. 하지만 이들 하위 유형을 포괄하는 범주로서의 도시공동체에 대한 개념 정의는 명시적으로 제시하지 않고 있다. 이는 공동체주의적 가치관에 입각한 사회운동에 공감하는 이 책의 저자들이 흔히 종래에 공동체성과는 본질적으로 거리가 먼 생활공간이라고 간주되어 왔던 도시 속에서도 공동체를 만들어 내기 위한 다양한 실천이 이루어지고 있다는 사실에 대한 독자의 주의 환기를 주된 목표로 삼았던 데 따른 결과라고 추정된다.

그런데 『도시공동체론』(2003)의 용례를 따르면 도시공동체의 하위 유형으로 책에서 제시된 것 외에도 공동육아협동조합이나 대안학교 등의 교육공동체를 비롯, 수도원이나 수녀원 등 주류 종파의 공동체 혹은 비주류 소수 종파의 공동체 등과 같은 종교공동체, 다른 나라에서 이주해 와서 사는 소수민족의 사람들이 형성하는 종족공동체(ethnic community), 그리고 보통 사람들과는 사뭇 다른 독특한 정치적 입장, 성적 취향 혹은 라이프 스타일을 지닌 사람들이 도시적 익명성을 활용하여 형성하는 각종의 공동체들이 포함되어야 합당할 것이다. 상황을 더욱 복잡하게 만드는 것은 앞서도 지적한 바와 같이 현대 사회의 수많은 자발적 결사체들이 스스로를 공동체라고 주창하는 경우가 많다는 사실이다. 가령 현대 한국 사회의 조기축구회, 마라톤동호회, 등산동호회, 친목계 등에서 나타나는 인간관계의 양상은 웬만한 소비자협동조합이나 자연생태공동체 구성원들 간에 성립하는 것보다 훨씬 공동체성이 강하다. 따라서 이들 자발적 결사체들도 주로 도시를 근거지로 삼아 형성되는 것임을 감안한다면, 도시 내에서 나타나는 공동체라는 의미로서 '도시공동체'에 해당하는 것의 범위가 어디까지인지 규정하기란 결코 용이한 일이 아니다.[7]

7 필자의 개인적인 견해로는 도시가 본래 인간 취락의 한 유형이므로 도시공동체를 지역공동체의 부분집합으로 보고, 지역공동체 안에 도시공동체와 촌락공동체가 하위유형들로서 병존하는 관계라고 보는 것이 논리적으로는 합당하다고 본다. 어쩌면 도시공동체와 도시 지역공동체를 혼동하는 일이 종종 벌어지는 현상의 이면에는 도시가

끝으로, '도시 지역공동체(urban local community)'란 이상의 논의에 따라 도시공동체의 일부분임과 동시에 지역공동체의 일부분인 것, 즉 도시공동체와 지역공동체의 교집합에 해당하는 공동체를 지칭하는 개념이라고 말할 수 있다. 다시 말해 도시 지역공동체는 도시라는 공간 내에서 나타나는 다양한 공동체들 가운데, 도시의 특정한 지역사회가 구성원들의 생활 터전이 된다는 사실을 바탕으로 형성되는 공동체를 가리킨다. 여기서 '생활 터전이 된다'는 표현이 지칭하는 바는 도시의 지역사회가 구성원들의 주거지가 되는 경우만이 아니다. 도시는 그 경계 내부에서 거주하는 사람뿐 아니라 경계 외부에 거주하는 사람들에게도 경제 · 교통 · 정치 · 종교 · 교육 · 문화예술 · 여가 등등 삶의 다방면에 걸친 중심지의 기능을 수행한다. 그런 만큼 특정한 도시 지역사회에 거주하지 않는 사람이라 할지라도 해당 지역사회를 자신의 생활 터전으로 간주할 여지는 얼마든지 있다.

특히 특정의 도시 지역사회에서 상업서비스 시설을 운영하는 사람들 혹은 거기를 작품 활동의 공간으로 삼고 있던 문화예술가들이 해당 지역사회의 공동체성을 증진시키기 위한 실천에 적극 나설 수 있는 여지는 상당히 크다. 실제로 최근 확산되고 있는 도시에서의 마을(공동체)만들기를 위한 각종의 실천에서 상인이나 예술가들이 큰 몫을 차지하고 있음을 목격하게 된다(오마이뉴스 특별취재팀, 2013; 김기호 외, 2012). 반면 앞에서 도시공동체의 하위유형으로 예거한 것 중에 어떤 것들은 우리의 연구에서 말하는 도시 지역공동체에는 해당하지 않는다. 가령 생산자공동체 중 인적 구성이라든가 원자재 수급, 생산물의

지역사회의 한 유형이라는 사실에 대한 암묵적 인식이 깔린 것일지도 모른다. 그럼에도 도시공동체를 도시 내에서 발견되는 공동체들에 대한 총칭으로 개념화하는 것이 이미 학계의 지배적인 관점으로 자리 잡고 있는 현실을 감안하여 우리의 공동연구에서도 이를 수용했다.

판로 등이 해당 지역사회와는 연관이 없고 단지 공장만 거기에 위치하고 있을 뿐인 경우라든가, 이와 유사하게 수도원 등의 종교공동체가 지역사회 내에 입지하고 있긴 하지만 활동 내지는 운영이 지역사회와는 거의 무관하게 이루어지는 경우 등이 그런 예다.

현대 사회의 도시 지역공동체에 관련하여 한 가지 유의해야 할 점은 지역사회의 모든 주민이 지역공동체의 구성원으로 되는 상황은 상정조차 할 수 없다는 점이다. 지역공동체의 이념형(ideal type)에 해당하는 전근대 농업사회의 촌락공동체와는 달리, 도시의 지역사회는 지역주민 개개인에 대해 강제력을 구사할 수 있는 기반으로서 공유토지 등의 공동자원을 보유하고 있지 않기 때문이다. 더구나 그런 식으로 지역사회가 주민에게 강제력을 행사할 수 있게 되는 상황 자체는 근대 산업사회에서 도시 생활이 지니는 매력의 핵심 요소인 개인적 선택성과 상충한다. 만약 어떤 도시 지역사회에서 주민의 개인적 선택의 자유를 구속하려는 시도가 생겨난다면, 이를 달갑지 않게 여기는 사람들은 그곳을 떠나버림으로써 그러한 시도를 무력화시키게 될 것이라는 말이다. 그러므로 현대 사회의 도시 지역공동체란 어디까지나 개인들의 선택 또는 자발성에 기초하여 형성되는 것으로서 도시 지역사회의 일부 주민들만이 참여하게 되는 공동체다.

3. 도시 지역공동체 운동에 대한 입장: 원주시와 수원시의 사례에 주목하는 이유

현대 한국 도시민들의 지역사회에서의 삶이 지닌 '공동체성'의 미진함을 극복하기 위한 길은 무엇일까? 혹자는 전통적 공동체의 발굴과 복원에서 그 길을 찾으려 할지도 모르겠다. 한국의 전통문화가 워낙 공동체성이 강했던 만큼 근대 이전 우리나라 도시민들의 삶의 틀 가운데 존재했던 공동체적 관행들을 발굴해 낸다거나 또는 도시 지역이 아니더라도 촌락민들의 삶의 틀 가운데서 공동체적 요소들을 찾아내어 이를 현대 도시의 생활 맥락에 맞도록 변용하여 접목시키는 방식으로 접근하는 것이다. 그러나 이런 식의 접근은 그다지 타당하지 않다고 보는 것이 우리 연구팀의 기본적 입장이다. 우선, 현대 도시의 맥락에 원용 가능한 근대 이전의 우리나라 도시에서의 공동체적 관행이 별반 없다고 여겨진다. 게다가 불과 한 세기 만에 농업사회로부터 인구의 90%가 도시 지역에 거주하기에 이른 엄청난 속도와 규모의 도시화 과정을 겪고 난 상태에서, 전근대 촌락의 공동체적 요소들이 적절한 변용을 거쳐 현대 도시의 상황에 효과적으로 활용될 가능성은 희박하다고 생각되기 때문이다.[8]

따라서 한국의 도시 지역사회에서의 열악한 공동체성에 따른 문제점들을 극복하기 위한 길은, 『도시공동체론』(2003)에서 조명래 교수나 신명호 박사가 주장한 바와 같이(조명래, 2003: 86-87; 신명호, 2003: 117-119) 기본적으로 현대 한국 사회의 여건에 걸맞게 도시 지역공동체들을 '의도적으로' 새로이 창출하는 방향에서 모색되어야 한다고 우리는 생각한다. 주어진 현실을 변화시키고자 하는 의도 하에 수행되는 운동적 실천, 즉 '도시 지역공동체 운동'이 필요하다는 말이다. 여기서 말하는 '운동적 실천'이란 광의의 개념이다. 그것은 환경운동, 소비자운동, 협동조합운동 등등의 일반적인 '신사회운동'들도 포함하고, 그에 더하여 행정당국의 지원으로 이루어지는 마을(공동체)만들기

8 종전에는 자연촌락이었다가 특정 도시의 확장 과정에서 행정구역상 그 도시의 일부로 편입된 지역에서 동제나 지신밟기 등 전통적 관행들이 존속되고, 거기에 인근 주민까지 동참하며, 심지어 그런 행사가 행정당국의 재정지원을 받아 마을(공동체)만들기 사업의 일환으로 진행되는 현상도 존재함을 우리 연구팀은 인지하고 있다. 그러나 그런 사례들은 너무나 희소하여 그로부터 한국 도시 지역사회의 공동체성 증진을 지향한 실천의 모델을 도출하기는 곤란하다고 판단된다.

운동 같은 것도 포괄하는 개념이다. 왜냐하면 후자의 실천에서는 평소 사회운동가로서의 자의식은 가지고 있지 않던 수많은 도시민의 참여가 이루어지지만, 이들의 역할이 전체 실천 활동의 성패에 미치는 영향력은 너무도 크기 때문이다.

도시 지역공동체의 창출을 목표로 삼는 다양한 운동적 실천들에 대한 비교연구의 작업을 통해 우리 연구팀이 궁극적으로 추구하는 바는 도시 지역사회의 '공동체성 증진'[9]을 위한 타당성과 실효성이 보다 높은 실천의 방안들을 도출하는 것이다. 그러한 운동적 실천들이 지역사회 내에서 생겨나고, 지속·확산되면서 그에 직·간접적으로 참여하는 지역주민의 수와 지역사회 생활에서 그에 관련된 관심도가 높아질수록 자연히 해당 도시 지역사회의 공동체성 역시 증진될 것이기 때문이다. 그런데 도시 지역사회의 공동체성 증진이라는 궁극적 목표가 운동적 실천에 참여하는 개인적 주체들의 의식 속에 명시적 목표로 자리하고 있는 경우도 있지만, 그렇지 않은 경우도 있다. 가령 소비자협동조합이나 생활협동조합의 회원으로 활동하는 어떤 개인들의 주된 관심은 신뢰할 수 있는 상품을 적당한 가격에 구입하는 데 놓여 있을 수 있지만, 그들의 집단적 활동의 결과는 특정 지역사회의 공동체성 증진으로 이어질 수도 있다는 말이다. 이런 경우 해당 협동조합의 집합적 의제(agenda) 속에 지역사회의 공동체성 증진에 해당하는 목표

---

9 우리 연구팀의 작업이 개시된 지 1년 남짓 지난 시점에 이루어진 한 학술대회에서의 발표에서 필자는, 5개 세부주제에 해당하는 도시 지역공동체의 구성요소들을 지역공동체 형성의 판별요인과 촉진요인으로 나누어 설명한 바 있다(황익주, 2011). 그러나 이때 필자가 사용한 '판별요인'이란 표현 속에는 경험적 실체로서 존재하는 도시 지역사회들에 대해 어떤 것은 지역공동체에 해당하고 다른 것은 아니라고 구별할 수 있다는 그릇된 전제가 암묵적으로 깔려 있었다. 하지만 현재의 입장에서 보면 경험적 실재는 공동체/비공동체로 구분될 수 있는 도시 지역사회들이 아니라 단지 공동체성의 측면에서 상대적으로 높거나 낮은 지역사회들일 뿐이다.

가 포함되어 있는 한 우리 연구에서는 관련 개인적 주체들의 활동을 도시 지역공동체 운동의 일부로 간주하고자 한다.

새로운 도시 지역공동체의 의도적 창출을 지향한 광의의 운동적 실천들은 전국 각처에서 엄청나게 많은 수와 대단히 다양한 유형이 전개되어 오고 있다. 그 많고도 다양한 도시 지역공동체 운동의 사례 가운데서 우리 연구팀이 3차년도의 작업에서 집중적으로 조명해 보는 것이 좋겠다고 판단한 것은 강원도 원주시와 경기도 수원시에서 나타나고 있는 일련의 사례들이었다.

한국에서 협동조합운동의 발상지인 강원도 원주시의 사례는 협동조합을 통해 도시 지역공동체 형성을 추구하는 운동의 모델로서 가치를 인정하여 선정한 것이다. 협동조합은 원래 조합원들의 상호협력을 통해 자본주의 시장경제의 경쟁체제에서 연원하는 삶의 위기들에 대처코자 하는 공동체주의적 가치관에 근거하여 생겨난 것이다. 하지만 협동조합을 둘러싸고 있는 지역사회에 대하여 협동조합이 어떤 식으로 개입할 것인가의 문제는 오랫동안 방치된 채 구성원들 상호 간의 공동체성 증진에만 주로 관심을 기울여 왔었다고 한다. 그러던 중 1995년 '국제협동조합연맹(ICA)'의 창립 100주년 기념대회에서 '지역사회에 대한 기여'라는 항목이 협동조합 운동의 원칙 중 하나로 채택되면서 상황에 커다란 반전이 이루어졌다. '협동조합 지역사회(cooperative community)' 만들기, 즉 협동조합 구성원들이 주축이 되어 지역사회의 공동체성을 증진시키기 위한 시도가 본격적으로 전개되기 시작한 것이다(정규호, 2013: 4-5). 국제협동조합 운동의 이 같은 변화에 발맞추어 원주 지역의 협동조합운동에서 일어난 변화 중 가장 주목할 사항은 지역 내 협동조합들의 네트워크 조직인 '원주협동조합운동협의회'가 2003년에 출범한 일이다. 이 조직체는 2009년에 기존의 협동조합에 몇 개의 사회적기업들이 추가되어 '원주협동사회경제

네트워크'로 확대 개편되면서 내용적으로도 기존의 소비자 및 생산자 조직에 더하여 금융, 의료, 보육, 복지, 문화 등 다양한 생활 영역의 조직을 포함하게 되었다. 이때부터 자연스럽게 원주시에서는 협동조합 복합체를 통한 지역공동체 건설에 대한 논의가 활발해졌다고 한다(정규호, 2013: 9).

이상과 같은 원주시의 사례는 협동조합을 통한 도시 지역공동체의 창출 시도, 즉 도시 지역공동체 형성을 위한 '협동조합 모델'로서 한국 사회에서는 독보적 위상을 지닌 사례로 집중적으로 조명해 볼 가치가 충분하다고 판단되었다. 이에 따라 정규호 박사가 지역운동이라는 측면에서 한국 최초의 협동조합인 '원주신협'의 설립으로부터 '협동사회경제 네트워크'에 이르기까지 원주 지역 협동조합의 역사를 조망하는 작업을 수행했다(정규호, 2013). 또 신명호 박사는 지역 차원의 복지체계라는 측면에서 '행복한 시루봉'이라는 장애인의 떡 가공업체와 '원주노인생협'이라는 노인들로 이루어진 생협 조직 등 두 가지 사례를 통해 '협동사회경제 네트워크'의 존재가 어떤 식으로 원주 지역에서 사회적 약자들을 위한 사회적경제의 조직이 생성되고 유지되는 일을 가능케 하는지를 분석하는 작업을 수행했다(신명호 · 이아름, 2013).

경기도 수원시의 사례는 공동체성의 뉘앙스를 강하게 풍기는 '마을'이란 단어의 사용을 통해 명시적으로 도시 지역공동체 형성을 지향하는 운동인 '마을만들기' 중에도 종전보다 민관협력('거버넌스')적 성격이 더욱 강화된 형태에 해당하는 '마을르네상스 사업'이 진행 중인 도시가 수원이라는 점이 높게 평가되어 선정되었다. 종래의 마을만들기 사업들 가운데도 행정당국의 지원을 받아 이루어지는 것들은 많았지만, 그런 마을만들기 사업들에서는 사업의 기획과 실행은 민간이 담당하고, 행정은 재정지원만을 하는 데 그쳤다. 하지만 2011년부터 시작된 '수원 마을르네상스' 사업에서는 재정지원에 더하여 '수원

마을르네상스지원센터'라는 이름의 지원기구가 행정에 의해 만들어지고, 그 우두머리로 선임된 지역운동가 출신의 민간인 지휘하에 지원센터가 기획 · 실행 · 평가 등 마을만들기 사업의 전 단계에 걸친 실무 및 단위 사업에 참여하는 지역주민에 대한 자문 제공의 역할을 수행하는 등 종전보다 훨씬 적극적인 형태로 민관협력이 이루어지고 있었다(신중진 · 정지혜, 2013). 더욱이 우리 연구팀에서 당초 신중진 교수로부터 기대했던 역할이 지역사회 공간 디자인 측면의 문제에 대한 전문가적 식견을 제공하는 것이었는데, 수원시의 마을르네상스 사업을 연구하게 되면 마을만들기 운동과 지역사회 공간 디자인 문제의 접점에서 생겨나는 현상을 주목할 수 있다는 장점도 기대되었다.

이에 우리 연구팀은 보다 적극적인 형태의 민관협력을 통해 도시 지역공동체의 창출을 시도하는 일, 즉 도시 지역공동체 형성을 위한 '거버넌스 모델'의 사례들을 집중적으로 관찰할 수 있는 지역으로서 경기도 수원시를 선정하여 3차년도의 현장연구를 수행해 보기로 했다. 그리하여 우선 신중진 교수가 수원의 도심 한복판에 있는 유네스코 세계문화유산인 수원 화성이라는 거대한 건조환경과의 연관 속에서 그 내부에 해당하는 지역인 행궁동 일대에서 전개 중인 여러 마을르네상스 사업들을 비교분석하는 작업을 수행했다(신중진 · 정지혜, 2013). 또한 필자는 도시축제나 스포츠 및 문화예술 행사 등 일련의 '도시 이벤트'를 통해 도시 지역사회의 정체성을 표현 강화하는 문제와 관련하여 수원 화성을 활용한 거대 도시 이벤트로서 역시 거버넌스 모델에 따라 거행되는 '수원 화성문화제'에서 드러나는 문제점을 분석하는 작업을 수행했다(황익주 · 정헌목, 2013). 그리고 양영균 교수는 드물게도 아파트 단지에 함께 거주하던 사람들이 만든 공동육아조합에서 기원하여 현재는 마을르네상스 사업의 지원을 받는 활동을 여럿 포함한 매우 다각적인 지역사회 활동을 펼치고 있는 칠보산 공동체의 발전 과정과 당면 과제를 조명하는 작업을 수행했다(양영균, 2013).

전국 각처에서 새로운 도시 지역공동체의 의도적 창출을 지향하며 펼쳐지고 있는 엄청나게 많고도 다양한 운동적 실천의 양상들 가운데 우리 연구팀이 원주시에서 나타나는 협동조합 모델과 수원시에서 나타나는 거버넌스 모델에 주목했던 이유는 결코 두 도시에서 나타나는 지역공동체 운동의 개별적 사례들이 최고의 성공 사례에 해당한다고 보기 때문이 아니다. 단적으로 말해 한국에서의 도시 지역공동체 운동의 가장 유명한 성공 사례로 흔히 꼽히는 서울 마포의 성미산 공동체(유창복, 2010), 부산 해운대의 반송 공동체(고창권, 2005), 대구시의 삼덕동 공동체(김은희 · 김경민, 2010) 등의 사례는 협동조합 모델이나 거버넌스 모델에 잘 부합하지는 않는다.[10] 또한 협동조합 모델 혹은 거버넌스 모델에 따른 도시 지역공동체 운동의 개별적 사례들 가운데서도 원주나 수원에서 발견되는 것보다 더욱 성공적이라고 여겨지는 개별 사례가 여타의 도시에 존재하고 있을지도 모른다. 그러나 우리 연구팀은 협동조합 모델이나 거버넌스 모델에 의거한 도시 지역공동체 운동이 해당 도시 전체적 차원에서 미치는 사회적 파장이 가장 크게 나타나는 도시들이 원주와 수원인 것으로 보인다는 점에 착안했다. 가령 원주의 협동사회경제 네트워크에 참여하고 있는 협동조합이나 사회적기업의 구성원 수를 모두 합치면 3만여 명에 달한다. 중복되는 구성원의 수가 상당할 것임을 고려하더라도 그 가족원을 포함시켜 생각하면 32만 명의 원주시 인구의 10~20%가 협동조합 구성원으로서의 일상을 경험하고 있는 셈이다. 그러다 보니 원주에서는 자연히 지역정치를 포함, 도시 생활의 전 측면에 걸쳐 협동조합운동의 영향력이 스며

10 초창기와 비교하여 규모가 훨씬 커진 이들 사례의 현재 모습에는 협동조합적 요소와 거버넌스적 요소가 여타의 요소들과 복합되어 있다.

들게 되었다. 비록 원주만큼은 아니지만, 수원의 경우도 전체 도시 차원의 사회적 의제 설정을 하는 데 있어 거버넌스 모델에 의거한 도시 지역공동체를 만들어 내는 일의 필요성이 당연시되는 정도라고 한다. 이처럼 도시 지역공동체를 만들어 내기 위한 작은 실천들이 모여 전체 도시를 좀 더 공동체 지향적인 방향으로 변화시킬 수 있는 가능성을 모색하고자 우리 연구팀은 원주시와 수원시의 사례에 주목했던 것이다.

Ⅳ. 단행본 저술의 취지와 장별 주요 내용

1. 단행본 저술 취지

2013년 8월 말로 예정된 우리 연구프로젝트의 종료를 몇 달 앞두고 봄에 열린 회의에서 우리 연구팀은 SSK 사업의 중형 단계로의 진입을 사실상 단념하기로 결정을 내렸다. 연구비 규모가 3배로 증액된 상태로 3년간 추가로 프로젝트를 수행할 기회가 주어지는, 어찌 보면 큰 성공 또는 발전일 수도 있는 중형 단계로의 진입을 두고 우리는 별 미련없이 신청을 단념하는 게 좋겠다는 합의에 도달했던 것이다. 그렇게 된 배경을 간략히 설명하면 다음과 같다.

우리 연구팀은 SSK 사업에 따라 선정된 연구팀들의 업적에 대한 평가를 산출된 논문 편수 위주로 진행하는 한국연구재단의 시스템에 맞추어 우리의 작업을 수행하는 것에 대해서 상당한 피로감을 진작부터 느끼고 있었다. 현장연구를 기축으로 하는 우리의 접근방식의 특성상 문헌연구 위주로 작업하는 것과는 달리 많은 편수의 논문을 매년 생산한다는 것이 불가능했기 때문이다. 게다가 우리는 3년간의 작업을 집대성하는 성격의 책을 만들어 내는 것이 우리 연구팀의 실천적 관심을 일반 독자들과 공유하는 길이라고 생각하여 연구계획서에도 명기해 두었지만, 연구재단의 평가시스템에서는 그런 작업은 현명하지 못한 일이었다. 단행본은 수백 쪽이나 되는 분량임에도 논문 한두 편 정도의 업적으로밖에 계산되지 않는 것이 연구재단의 평가시스템이었기 때문이다. 한편 한국연구재단 측에서는 우리를 포함한 SSK 연구팀에 중형 단계 진입심사에서 탈락의 고배를 마시지 않으려면, 연구주제 측면에서 유사한 연구팀과 컨소시엄을 구성하여 진입심사에 임하도록 진작부터 종용해 왔다. 하지만 우리 팀과 동시에 선정된 약 90개의 연구팀 중 주제상 우리와 가깝다고 여겨지는 팀은 발견하지 못했다. 2012년 상반기에 그나마 가깝다고 여겨지는 한 팀과 공동세미나를 해 보았지만, 여러 가지로 우리와는 차이가 커서 컨소시엄을 구성할 대상이 아님을 확인한 바 있다. 따라서 다른 연구팀과의 컨소시엄을 구성하지 않고 애초의 연구계획대로 우리 연구팀 자체의 규모를 확대하여 중형 단계로 진입할 수 있으려면 다른 연구팀에 비해 월등한 업적의 양이 확보되어야 할 텐데, 이는 불가능한 일이었다.

이상과 같은 상황판단이 그간의 현장연구 작업에서 누적된 피로감과 겹쳐지면서 우리는 소형 단계로 우리의 프로젝트를 마감하기로 했던 것이다. 그러나 그냥 그렇게 끝내 버리기에는, 지난 3년간 좋은 뜻을 지닌 연구자들이 모여서 함께 한국의 도시 지역공동체 창출을 위한 수많은 운동적 실천의 현장들에 관해 직접 답사, 문헌 및 인터넷 조사 등을 통해 자료를 수집하고, 그런 과정에서 알게 된 다양하고, 재미있고, 멋지고, 감동적인 현장의 사례들과 인물들에 대해 장시간에 걸친 토론을 거쳐 공유하는 작업을 통해 우리가 얻어 낸 성과들이 너무나 소중하다는 생각을 하게 되었다. 그 성과들을 단행본의 형태로 출판함으로써 전문연구자들만이 아닌 일반 독자들, 특히 광의의 도시 지역공동체 운동에 현장활동가, 지역주민 혹은 행정가로서 직접 참여해 본 경험이 있는 사람들과 이를 공유하는 일은 우리 연구팀에게 주어진 소명이라는 생각마저 들었다. 그래서 자연히 우리 프로젝트를 소형 단계로 마감하자는 결정을 내림과 동시에 프로젝트 종료 후 곧이어 우리의 3년간 작업을 집대성하는 성격의 단행본을 저술하는 작업을 자체적으로 진행하자는 결정을 내리게 되었던 것이다. 때마침 서울대학교 사회과학연구원에 저술지원 프로그램이 신설되어 우리가 그 지원금을 신청할 수 있다는 사실을 알게 된 것은 그런 결정이 내려지고 난 이후의 일이었다. 우리 연구팀에서는 토론을 통해 그 지원금을 받는 것이 단행본 저술에 참여할 사람들로 하여금 각자가 지난 3년간의 연구작업을 바탕으로 한국 도시 지역공동체의 문제에 관하여 하고 싶은 이야기를 글로 써 내도록 만드는 데 도움이 되겠다고 결론지었다. 그리고 다행히 사회과학연구원 측으로부터 필자를 다시금 연구책임자로 삼아 제출한 우리의 저술지원 신청에 대해 지원금을 제공해 주겠노라는 고마운 응답을 받았다. 그렇게 하여 이 책의 저술에 착수하면서 우리는 저술의 방향에 대한 몇 가지 중요한 결정을 내렸다.

첫째는 글을 가능한 한 쉽게 써서 전문연구자만이 아닌 일반 독자들도 읽을 수 있도록 하자는 것이다. 이는 SSK 프로젝트를 하는 동안 연구결과를 정리한 글을 학술지 논문의 형태로만 작성해야 했던 상황에 대한 반작용에 따른 결정이었다.

둘째는 지난 3년간 공동연구진 각자가 연구하여 논문으로 발표한 내용을 요약하는 데 주안점을 두지 말고, 각자가 한국 도시 지역공동체의 문제에 관련하여 하고 싶었던 이야기를 자유롭게 펼치는 데 주안점을 두자는 것이었다. 아마도 이런 결정이 없었다면 이 책에 수록된 신중진 교수의 글과 같은 형식은 나올 수 없었을 것이다.

셋째는 우리의 SSK 프로젝트가 시작되고 난 이후 한국 사회에서 나타난 변화상들로서 우리가 제출용으로 작성한 논문들에서는 아예 다루지 못하거나 혹은 충분히 다루지 못한 변화들에 대해 가능한 범위 내에서 다루어 보자는 것이다. 특히 우리가 염두에 둔 것은 2011년 가을에 치러진 서울시장 보궐선거에서 시민운동가 출신의 박원순 씨가 시장으로 당선된 이후 종전의 '마을만들기'에 비해 강화된 공동체성을 내용으로 담고 있는 '마을공동체 만들기' 사업이 적극 추진되어 오고 있다는 점이다. 그에 더하여 2012년 초에 '협동조합기본법'이 제정되고, 협동조합의 형식으로 사회적기업을 만드는 일을 허용하는 내용을 포함하는 '사회적기업육성법'에 대한 개정이 이루어진 이래로, 각종의 사회적기업이나 협동조합들을 지역사회를 중심으로 결성하여 공동체적 삶을 도모하려는 시도들이 전국의 도시들에서 우후죽순 격으로 생겨나고 있다. 이들 변화는 마치 도시 속에서 사회적기업이나 협동조합의 포맷을 활용한 마을공동체 만들기가 일종의 유행이라도 되어 버린 양 확산되는 결과를 가져오고 있는 것이다. 이 책에 수록된 정규호 박사의 글에서 프로젝트 결과 논문에서는 별로 다루어지지 않았던 서울시 마을공동체 만들기 사업의 사례에 많은 비중이 할당된 이유는 바로 이 같은 최근의 변화상을 논의에 포함시키기 위해서였다.

끝으로 언급해 둘 사항은 이상의 지침들에 따른 단행본 원고의 집필이 시작되고 난 이후에 필자가 맡아서 집필하던 도시 이벤트 · 지역정체성 · 도시 지역공동체 간의 관계를 다룬 장을 제외키로 한 것이다. 우리 프로젝트의 연구결과물로서 두 편의 논문을 써낸 바 있고(황익주 · 정헌목, 2012, 2013), 이번 단행본을 위한 원고도 절반 이상 쓴 상태에서 필자가 그런 결정을 전격적으로 내리게 된 이유는 간단히 말해서 다른 저자들의 글과 균형이 맞지 않는다는 느낌이 강하게 들었기 때문이다. 다른 저자들의 글에서는 흔히 '마을'이라는 단어로 표상

되는 도시 근린주구들의 차원에서 이루어지는 지역공동체 운동들을 주된 소재로 삼거나, 아니면 원주 지역 협동조합 운동의 사례의 경우 공간적 범위는 도시 전체일지라도 실제로 연구의 대상에 해당하는 사람들의 수는 많지 않다. 반면 근린주구 차원의 도시 이벤트로서 마땅히 검토할 만한 성공 사례에 해당하는 것들이 없어 전체 도시 차원의 이벤트들만 다루게 된 필자의 글에서 연구의 대상으로 논리상 상정되는 것은 한 도시의 수십만 명 또는 그 이상에 달하는 시민 전체였다. 그뿐만 아니라 다른 저자들의 글들에 등장하는 사람들은 광의의 도시 지역공동체 운동에 자신이 참여하고 있다는 자의식을 지닌 사람들이 대부분인 반면 필자의 글에 등장하는 사람들의 대다수는 그렇지가 않았다. 가령 수원 화성문화제나 부천 국제만화축제에 참여하는 사람들이라든가 포항 스틸러스 축구단의 경기를 구경하러 오는 팬들의 대부분은 자신들이 해당 도시의 지역공동체성 증진을 위해 활동하고 있다는 자의식이 없는 사람들이라는 말이다. 이에 재정지원을 받은 연구 프로젝트의 성과물로서 의무적으로 학술지에 발표해야 하는 논문이 아니라 우리 공동연구진이 자발적으로, 또 일반 대중들의 눈높이에 맞추면서 우리의 고민을 함께 나누고자 저술하기로 한 책 속에 그러한 엇박자성을 지닌 장을 굳이 포함시킬 필요가 있을까 하는 회의감이 짙게 찾아들었고, 결국 해당 장을 빼기로 결단을 내리게 된 것이다.

2. 장별 주요 내용

제2장인 정규호 박사의 「도시공동체 운동의 흐름과 특성, 새로운 모색」에서는 한국 사회의 도시화 과정의 진전에 상응하여 나타난 도시(지역)공동체 운동의 특성을 시기별로 고찰하고, 최근에 나타나는 새로운 시도로서의 '협력적 모델'이란 어떤 것인가를 설명하고 있다. 이

장에서는 먼저 '달동네'로 불리던 도시빈민 집단거주지역에서 처음 생겨난 1960~1970년대의 '적응형' 도시공동체 운동에서 기원하여, 이들 집단거주지역의 강제철거에 대한 도시빈민들의 저항에서 나타난 1980년대의 '저항형' 도시공동체 운동, 이어서 중산층 아파트 단지를 중심으로 '아파트 공동체' 건설을 통해 자신들의 생활세계를 지켜보려는 시도로서 나타난 1990년대의 '방어형' 도시공동체 운동, 그리고 1990년대 후반부터 행정의 지원을 받으며 이루어지는 이른바 '마을만들기' 사업의 형태로 나타난 '창조형' 도시공동체 운동으로 이어져 온 한국 도시공동체 운동의 발전 과정을 서술한다. 2000년대 후반에 들어서는 다양한 영역과 주체가 결합된 복합형 도시공동체 운동이 등장하기 시작했는데, 저자는 이를 도시의 공간, 경제, 사회 영역을 종합적으로 조직해 나가고자 하는 '협력적 대안모델'이라고 지칭한다. 다양한 영역을 종합적으로 연결시켜 도시 지역사회를 일종의 공동체적 그물망으로 만들고자 한 이러한 시도가 제대로 이루어지기 위해서는 제도적 기반, 중간지원조직과 함께 유기적인 민관협력이 필요하다는 점에 주목한 것이다.

이어서 저자는 도시(지역)공동체 운동의 협력적 대안모델에는 크게 '거버넌스형'과 '네트워크형'의 두 가지 하위 유형이 존재함을 지적하고, 그 대표적인 사례들을 살펴본다. 우선, 거버넌스형에 해당하는 사례로 최근 서울시에서 시행하고 있는 '마을공동체 지원 사업'을 살핀다. 이는 민관협력(거버넌스)을 통한 도시공동체 운동에 해당하는 것으로, 시 당국 차원에서 마을공동체만들기 지원조례의 제정을 통해 제도적 기반을 마련하고, 전문가로 구성된 자문기구 및 중간지원조직을 운영하여 다양한 마을공동체 활동에 대한 지원을 시행하고 있다. 사업의 대표적 사례로는 돌봄과 교육공동체 운동, 마을기업 운동, 자원공유 운동 등이 있으며, 특히 주민들의 역량 강화를 위한 지원체계를 마련하여 주민의 참여를 독려하고 있다. 다음으로, 네트워크형에 해당하는 사례로는 강원도 원주시의 협동조합 네트워크를 통한 도시 공동체 운동을 살핀다. 원주시의 협동조합운동에서는 네트워크를 통한 긴밀한 협력체계를 통해 지역사회를 공동체적 그물망으로 만들어 가고 있는데, 다양한 유형의 협동사회경제 주체들을 엮어 상호부조와 협업 시스템을 만들어 내었다. 그리하여 생산, 유통, 소비, 금융, 교육, 복지 등 다양한 영역에 걸쳐 지역사회의 다양한 자원을 유기적으로 결합함으로써 지역사회의 필요를 자체적으로 해결해 나가는 것을 지향하며, 기본적으로는 경제적 사업의 방식을 활용하여 지역사회 전체의 자립성 및 지속가능성을 꾀하고 있음을 제시한다.

제3장인 신명호 박사의 「인간 삶 속의 위기, 호혜의 경제로 함께 건너다」에서는 '호혜의 경제', 즉 호혜성의 원리를 기축으로 삼는 '사회적경제' 및 그 대표적 유형인 협동조합과 사회적기업이 현대 한국 사회에서 어떻게 도시 지역공동체 형성을 위한 운동적 실천으로서 작동하는가를 원주 지역의 사례를 통해 조망한다. 먼저 자본주의 시장경제 체제의 도래 이후 수시로 닥쳐 오는 삶의 위기에 직면하게 된 서구 사회의 일반 대중이 '사회적경제'를 통해 위기를 극복하려는 시도가 전개되어 온 역사적 과정, 그리고 그러한 사회적경제가 한국 사회에 수용되어 온 과정을 설명한다. 또한 '사회적 자본'의 개념을 소개하면서, 사회적 자본이 경제적 자산으로 어떻게 하면 전환될 수 있는가의 문제를 해결하는 일이 '사회적경제'를 통해 이른바 '사회문제'로 지칭되는 사회적 약자의 삶의 위기 극복하는 실천에 있어 관건이 됨을 제시한다. 이어서 한국 사회에서 이러한 전환이 이루어지고, 그것이 도시 지역공동체의 형성에 기여하게 되는 성공적인 사례로서 원주 지역에서 나타나는 두 가지 사례들을 심층적으로 분석한다.

그중 하나는 친환경 쌀로 떡을 만드는 '행복한 시루봉'이라는 이름의 장애인들로 이루어진 사업체다. 이는 생협, 농민회, 장애인단체, 사회적기업 등의 참여로 출자가 이루어져 협동조합 방식으로 운영되고 있는데, 사업의 시작에서부터 경쟁력을 갖추기까지 안정적 매출 및 판매처 확보 등에서 협동조합 네트워크가 일종의 안전망 역할을 담당했다. 저자는 이러한 지원은 공동선을 가치로서 공유하고 있는 공동체의 일원에 관해 호의라는 사회적 자본을 제공한 것이라 말할 수 있다고 해석한다. 다른 하나는 '원주노인생활협동조합'의 사례다. 이는 국가의 복지제도에 의존하지 않고 지역사회 내에서 자체적으로 노인 문제를 해결하고자 하는 노력의 하나로 생겨난 일종의 사회적 기업으로서, 노인들에게 근로를 통해 소득을 올릴 수 있는 기회를 제공하려는 시도다. '원주노인생협' 역시 '행복한 시루봉'과 마찬가지로 원주 지역에 탄탄하게 자리 잡고 있던 협동조합운동의 네트워크 덕택에 탄생되고 존속해 올 수 있었다고 한다. 이러한 원주의 두 사례에 대한 검토를 바탕으로 저자는 사회적경제는 탈자본주의적 원리와 지향을 가치로 삼지만 동시에 그 자본주의 시장에서 생존해야 하므로 시장에서 사회적경제의 지속가능성을 확보하는 일이 중요함을 강조한다. 그러기 위해서는 외부의 지원정책에 의존하려 들지 말고 공동체 운동에 참여하는 지역사회 구성원들의 의지와 역량을 바탕으로 사회적 자본을 발굴 축적하는 과정을 통해 사회적경제가 자생력을 갖게 하는 일이 필수적이라고 주장한다.

제4장인 신중진 교수의 「마을만들기로 꿈꾸는 도시 지역공동체」에서는 도시 지역공동체의 형성이 '도시재생'에도 기여할 수 있다고 보면서, 그런 가능성이 실현되도록 하려면 무엇을 어떻게 할 것인가 하는 물음에 대한 대답을 제시한다. 저자는 먼저 최근 전국의 지자체들이 앞다투어 시행하고 있는 각종의 '마을만들기' 사업들이 주민참여를 통한 민관협력 방식의 도시계획 수단으로 인식되고 있으며, 거

기에는 행정 및 제도, 진행 주체, 그리고 지역주민이라는 다양한 실천 주체들이 존재한다는 사실에 독자의 주의를 환기시킨다. 즉, 마을만들기는 도시계획 사업으로서의 특성과 주민의 실천운동으로서의 성격이 결합되어 나타난다는 점이다. 이러한 도시계획의 과정에서 지역공동체를 어떻게 담아 낼 수 있을 것인가 하는 물음과 관련하여 수원시의 마을르네상스 사업과 서울시 구로구 개봉3동의 마을만들기 사업의 사례들을 통해, 저자 자신이 사업의 기획에서부터 실행 및 평가에 이르는 전체 과정에 걸쳐 자문가, 현장활동가, 연구자 등 다양한 역할로 참여한 덕택에 수집할 수 있었던 풍부하고도 생생한 자료들을 제시하면서, 그 실현의 가능성을 타진하고 필요한 실천의 방향을 모색하고 있다.

저자에 따르면 마을만들기 사업은 가시성과 파급효과가 큰 공간 및 시설의 개선으로부터 시작된다. 또한 개별적이고 불연속적으로 존재하는 마을 자원을 연결하여 도시공간을 재구성함으로써 마을환경의 맥락을 확장한다. 이러한 물리적 환경의 개선과 아울러 다양한 마을프로그램의 도입은 교육, 놀이 및 세대 간 소통을 촉진시키는 역할을 한다. 이러한 공간과 프로그램을 운영하고 지속하기 위해서는 자립을 위한 재원이 마련되어야 하는데, 이를 위해 협동조합 방식에 따른 '마을기업'을 운영하는 방안도 종종 채택되고 있다. 저자는 마을만들기의 과정 및 결과 모두가 도시 지역공동체의 활성화에 기여한다고 본다. 기획 과정에서부터 이웃과 마을에 관한 관심이 환기되고, 활동조직과 장을 마련하는 과정에서 지역공동체 형성의 기반이 마련되며, 실제적인 계획과 조성의 과정에서는 실전을 통해 역량을 학습하게 되는 셈이기 때문이다. 나아가 마을만들기 사업의 구조 자체가 일회성으로 끝나는 것이 아니라 지속적인 평가 및 수정을 통해 순환되는 구조인 만큼 마을 사업 운영의 과정에서 지역공동체의 네트워크가 확장되고 성장하게 된다. 이러한 과정들 속에서 때로 지역사회의 역량을 넘어서는 풀기 어려운 과제들에 직면하기도 하는데, 그런 때는 행정, 전문가, 중간지원조직, 지역주민 등 다양한 실천주체 간의 통합협력 거버넌스의 구축을 통해 대처함으로써 마을만들기 운동의 지속가능성을 확보할 수 있다고 지적한다.

제5장인 양영균 교수의 「사회적 교류 증진과 도시 지역공동체 형성」에서는 아파트 단지를 배경으로 생겨난 도시 지역공동체 운동들의 발전 과정과 그 확산의 가능성 및 당면 과제에 대하여 고찰하고 있다. 저자는 먼저 도시 지역공동체 형성을 위해서는 무엇보다 주민들 간의 친밀한 교류가 중요한 기초가 되는데, 아파트 단지가 지배적인 주거양식으로 자리 잡고 있을 뿐더러 평균적인 거주기간도 매우 짧은 한국의 도시 생활 속에서는 주민 간의 친교가 이루어지기 어렵다는 점을 지적한다. 이 같은 현실 속에서는 마을만들기 등 지역공동체 형성을 지향한 운동적 실천들이 역으로 지역공동체의 기반으로서 주민 간의 네트워크를 만드는 계기를 제공할 수 있다고 본다. 이런 인식을 바탕으로 저자는 수도권에 있는 두 도시에서의 사례들을 통해 지역공동체 운동을 매개로 하여 지역사회 구성원들 간에 친밀관계의 네트워크가 생성 확장되는 양상을 고찰하고 있다.

첫 번째 사례는 경기도 용인시의 '작은도서관' 운동이다. '작은도서관'은 보통 일정 규모 이상의 아파트 단지에 의무적으로 설치되는데, 공공시설물로서 만들어진 작은도서관을 주민이 잘 운영할 경우 지역공동체 형성을 위한 효과적 매개공간이 될 잠재력을 지니고 있다. 저자에 따르면 작은도서관은 보통 자발적 주도자들의 모임으로 시작되고 거기에 지역주민의 협조가 더해져 운영된다. 작은도서관들은 도서관으로서의 기본적인 기능 외에 각종 지역공동체 프로그램을 제공하여 지역사회의 문화적 활동의 구심점 역할을 자임하고 있다. 그래서 작은도서관을 매개로 한 이용자들의 사회적 교류 관계가 발전되는데, 운영의 주도적 역할을 하는 자원봉사자들을 중심으로 도서관 이용자 및 넓은 범위의 지역주민으로 뻗어 나가는 거미줄 모양의 네트워크를 형성하게 된다는 것이다.

두 번째 사례로는 경기도 수원시의 '칠보산 공동체'를 검토하고 있다. 칠보산 공동체는 수원시 금호동에 위치한 엘지빌리지라는 아파트 단지에 함께 거주하던 몇몇 사람이 공동육아협동조합을 만든 것에서 기원하여 방과 후와 대안학교 등의 교육 관련 모임들이 더해지고, 이어서 각종 문화예술 활동 모임과 마을신문 등으로 점차 그 규모와 활동영역이 확장되어 온 공동체다. 그런 점에서 칠보산 공동체는 전국적 명성을 지닌 서울 마포의 성미산 공동체의 경우와 유사하다. 지속적인 공동의 참여가 요구되는 조합형 운영이라는 특성과 대안교육이라는 공동의 관심사는 참여자들 간에 친밀관계의 네트워크가 자연스럽게 형성되도록 만들면서 지역사회의 공동체성을 강화하게 된다. 저자는 작은도서관 운동이나 칠보산 공동체 활동에의 참여를 통해 형성되는 지역주민 간의 공동체적 네트워크가 앞으로도 계속 확산되어 아파트 단지 같은 도시 지역사회의 공동체성이 더 강화될 수 있도록 하기 위한 공동체 운동 주체들의 지속적인 고민과 노력을 촉구한다.

V. 도시 지역사회의 공동체성 증진과 공동체 운동

왜 한국 도시에서의 지역공동체 형성에 주목하는가? 이는 지역공동체 형성의 미진함이 한국 도시민들의 삶의 질을 심각히 저하시키는 요인으로 작용하고 있다는 인식 상의 공감대가 우리 사회에 존재하기 때문은 아니다. 앞에서 지적한 바와 같이 현대 한국에서 일반적으로 도시의 '살기 좋은 동네'에 대한 판단 기준으로 작용하는 것에 지역사회의 공동체성은 포함되어 있지 않다. 쓰레기, 주차, 범죄 문제 등 지역사회 차원의 공동 대처 없이는 해결이 불가능한 각종 문젯거리조차 개별 가구 차원에서 살기 편한 집에서 생활하려면 불가피하게 치러야 할 대가라고 일반적으로 받아들여지는 실정임을 우리 연구팀은 인지하고 있다. 그러나 보통의 한국 도시민들이 개별 가구 차원의 생활 편의성이 심각히 저해되지 않는다는 전제 하에서는 기왕이면 지역주민 간의 친교 및 공동의 활동이 존재하는 지역사회에서 살고 싶어 하리라는 판단, 그리고 지역공동체 형성의 미진함이라는 현실이 근대화 및 도시화에 따른 필연적인 결과가 아닌 만큼 실천적 개입을 통한 개선의 여지가 존재한다는 인식은 한국 도시에서의 지역공동체 형성이라는 주제에 주목하게 했다. 나아가 이러한 한국 도시민들의 삶의 현실에 관한 판단과 인식은 자연스럽게 그러한 현실을 변혁고자 하는 의도적 실천들, 즉 도시 지역공동체 형성을 지향하는 다양한 형태의 사회운동들이 우리 공동연구의 초점이 되게끔 했다. 운동적 실천을 통해 비로소 도시민들의 삶의 틀을 변화시킬 수 있게 되고, 다시 그것이 공동체성의 가치에 대한 사람들의 생각과 태도를 변화시킬 수 있게 되는 선순환의 구조를 창출할 수 있으리라 보기 때문이다.

그런데 공동체 운동들에 초점을 맞추면서 한국 도시에서의 지역공동체 형성이라는 주제를 다루고자 할 때 짚고 넘어가야 하는 물음이 하나 있다. 그것은 바로 "특정한 도시 지역사회와 그것을 주된 활동 터전으로 삼는 공동체 운동의 조직체 간에는 어떤 관계가 있는가?" 하는 물음이다. 모든 도시 지역공동체 운동은 근린지구이든 그보다 큰 도시 내 구역이든 아니면 도시 전체이든 간에 특정한 도시 지역사회를 터전으로 활동을 펼치게 된다. 따라서 해당 도시 지역사회에 시선을 맞추어 바라본다면, 지역사회 구성원 중 일부만이 공동체 운동 조직체의 일원으로서 참여하게 된다. 인류문화사에서 도시라는 형태의 취락이 탄생한 이래 사람들로 하여금 시골을 떠나 도시로 와서 살도록 만든 도시생활의 핵심적 매력 요소가 개인적 선택성임을 고려하건대, 도시의 지역사회 전체가 하나의 지역공동체로 작동하는 상황을 상상하기 곤란하기 때문이다. 물론 논리상으로는 가령 특정한 내용의 공동체적 비전과 생활규칙들을 준수할 사람들만 입주민으로 받아들이는 아파트 단지 같은 근린주구를 상정할 수 있겠지만, 적어도 현대 한국 사회의 현실에서 이는 실현 불가능한 상황 설정에 지나지 않는다.

그렇다고 할 때 도시 지역공동체 형성을 지향하는 운동적 실천들에서 목표로 상정되는 지역공동체 형성이란 과연 어떠한 논리적 차원에 위치하는 것인가? 이 같은 물음을 제기하는 배경에는 특정한 도시 지역공동체 운동의 조직체가 펼치는 일련의 활동들에 참여하고 있는 사람들(운동가와 일반 지역주민)을 '공동체'로 통칭하는 일이 상당히 일반화되어 있다는 사실이 존재한다. 이미 전국적으로 유명해진 서울 마포의 성미산 지역, 부산 해운대의 반송 지역, 대구의 삼덕동 지역 등에서 펼쳐지는 공동체 운동들을 '성미산 공동체', '반송 공동체', '삼덕동 공동체' 등으로 지칭하고, 우리 연구팀에서도 수원시 금호동 지역의 사례를 '칠보산 공동체'로 지칭하는 것이 바로 그런 용례라 할 수 있다.

이들 사례는 "도시라는 공간 내에서 나타나는 공동체 중 도시의 특정한 지역사회가 구성원들의 생활 터전이 된다는 사실을 바탕으로 형성되는 공동체"라는 도시 지역공동체에 대한 우리 연구의 개념 정의와도 잘 부합하는 것임이 분명하다. 그런데 유의할 점은 이러한 언어 사용이 '○○ 공동체'로 불리는 곳에서는 지역사회의 모든 주민이 공동체 지향적 실천들에 참여하고 있는 것처럼 외부인의 눈에 비치게 하는 일종의 착시현상을 유발한다는 것이다. 하지만 심지어 오늘날 전국적 명성을 누리는 사례에서조차 해당 지역사회의 전체 주민 중 공동체 운동에 동참하고 있는 사람은 일부분, 아니 상당히 작은 부분에 지나지 않는 것이 엄연한 현실이다. 물론 이들 지역공동체 운동이 그간에 이루어 낸 성과를 '극소수 주민만의 관심사'라고 폄하해서도 안 된다고 생각한다. 그러한 운동조직체들은 처음에는 너무나 미미한 존재였던 데서 출발하여 현재는 해당 지역사회 전체와 등치되는 착시현상을 유발시키기까지 할 만큼 괄목할 정도의 성장과 발전을 이루어 낸 것임이 명백하기 때문이다.

우리가 주목하는 바는, 공동체 운동에 초점을 맞추어 도시 지역공동체 형성을 논의코자 할 때 대내적 측면, 즉 운동조직체에 참여하는 사람들과의 관계라는 측면과 대외적 측면, 즉 운동조직체의 활동 터전을 이루는 도시 지역사회와의 관계라는 측면을 구분하여 생각할 필요가 있다는 점이다. 그래야만 비로소 운동조직체가 펼치는 활동들에 참여하는 사람의 수도 많고, 영역들도 다변화되어 있으며, 자생력 및 확산 가능성까지 갖추어, 대내적 측면에서 상당히 성공적이라 흔히 평가받는 도시 지역공동체 운동의 사례들에서조차 해당 공동체 운동이 전체 지역사회 내에서 지니는 존재감은 그다지 크지 않은 듯이 외부자의 눈에 비치게 되는 역설적 현상을 이해할 수 있게 된다.

나아가 도시 지역공동체 운동의 대내적 측면과 대외적 측면을 구분하여 생각함으로써 비로소 운동조직체의 활동 터전으로서 도시 지역사회와의 관계에 관한 한, 도시 지역공동체 운동의 지향점은 하나의 완성태로서 비지역공동체와 구별 가능한 그 어떤 경험적 실체를 만들어 내는 일이 아니라 지역사회가 지니는 공동체성을 보다 증진시키고자 끝없이 시도하는 일임을 이해할 수 있게 된다. 바꾸어 말하면 현실 속에 경험적 실체로서 존재하는 도시의 지역사회들이란 한편으로는 공동체 운동이 활성화된 덕택에 공동체성이 상대적으로 높은 지역사회로부터, 다른 한편으로는 공동체 운동이 부재하거나 미미하여 공동체성이 상대적으로 낮은 지역사회에 이르는 스펙트럼 상에 위치하는 것들이다. 그리고 지역공동체 운동이 추구하는 바는 이 스펙트럼 상에서 특정의 도시 지역사회가 현재 점유한 위치를 보다 공동체성이 높은 방향으로 변동시키는 일이라는 것이다.

이처럼 도시 지역공동체 운동의 대외적 측면의 목표가 해당 도시 지역사회의 공동체성 증진이라는 점에 주목하는 것이 갖는 실천적 함의를 한 가지만 지적하면서 글을 맺기로 한다. 그것은 바로 흔히 '○○공동체'로 지칭되는 지역공동체 운동의 조직체들이 만들어지고 규모가 커지고 활동영역이 다변화됨으로써 해당 조직체의 광의의 구성원들이 그에 참여함을 통해 삶의 의미를 발견하고, 인생의 뜻을 같이하는 친구들을 얻고, 때론 물질적 혜택까지 얻을 수 있게 되는 상태를 창출하는 것—물론 그 자체로 커다란 성취이긴 하지만—에 만족해 버리는 일이 없도록 항시 경각심을 유지해야 한다는 점이다. 도시 지역공동체 운동의 조직체들 및 그 네트워크가 초창기의 난관들을 극복하고 어느 정도 성장 발전하게 되면, 그때부터는 내부에 보유한 인적·물적 자원만으로도 지속가능성을 확보하게 되는 상황이 도래할 수 있다. 그런 경우에 해당 지역공동체 운동의 조직체들 및 그 네트워크가 내부 관리에만 몰두하게 되면, 운동 전체가 지역사회의 다수 구성원에 의해 소위 '그들만의 리그'로서 도외시되어 버리는, 운동주체들로서는 전혀 의도치 않았던 결과가 초래될 위험성이 존재한다. 그러므로 도시 지역공동체 운동에 있어서 대외적 측면의 목표, 아니 필자의 개인적 견해로 가장 궁극적인 목표는 운동조직체들의 활동 터전이자 지역주민의 일상생활 터전을 이루는 도시 지역사회의 공동체성을 증진하는 일이라는 점을 깊이 유념할 필요가 있다.

제2장

도시공동체 운동의 흐름과 특성, 새로운 모색

정규호

I. 도시에 부는 공동체 바람과 도시공동체 운동의 등장

1. 도시와 공동체 사이에 나타난 새로운 변화

원래 '도시'와 '공동체'는 개념적으로나 실천적으로 서로 잘 어울리는 말이 아니다. 오히려 이들 간에는 배타적인 긴장이 존재해 왔다. 그런데 요즘 들어서 '도시공동체'가 새로운 운동의 영역으로 자리 잡고 있다. 도시와 공동체, 이들 사이에 어떤 변화가 일어난 것인가?

흔히 공동체라고 하면 지역의 일정한 공간 범위에서 사람들이 공동의 가치와 규범을 가지고 상호의존적인 관계를 맺고 살아가는 것을 말한다. 그런데 근대사회에서 도시화 과정이 빠르게 진행되면서 이런 공동체적인 삶의 양식은 급속히 해체되기 시작했다. 따라서 근대적 도시화 과정을 일차적(자연적 · 친족적) 관계가 이차적(공식적, 기능적) 관계로 크게 바뀌어 온 것으로 설명하기도 한다.[1] 결국 근대사회로의 이행 과정에서 전통적 친밀 관계로서 '공동체'와 근대성의 표상인 '도시' 사이에는 긴장이 발생할 수밖에 없었고, 도시에서 살아가는 사람들에게 공동체는 '전통에 대한 향수'와 '과거로의 퇴행'이라는 이중적 이미지가 오랫동안 남아 있었다. 공동체를 소속감과 연대감, 삶의 정착성 측면에서 의미 있는 기반으로 바라보는 사람들은 도시화 과정에서 나타나는 공동체적 가치와 질서의 붕괴가 관계의 단절과 소외감, 무질서, 갈등 같은 부작용을 만들어 내고 있다고 보았다. 반면 공동체를 억압성과 폐쇄성을 가진 부정적 대상으로 생각한 사람들은 전통적

---

1 대표적으로 도시사회학자 워스(Louis Wirth)는 현대 도시를 '이질적인 개체들이 조밀하게 모여 사는 곳'으로 보고, 높은 인구밀도로 물리적 접촉은 높아져도 사회적 접촉은 소원해진다고 주장한 바 있다(Wirth, 1935: 7).

관계의 해체와 익명성을 가진 자유로운 개인들의 등장을 가져다준 도시화 과정이 사람들에게 삶의 활력과 새로운 기회를 가져다주었다고 긍정적으로 바라보았다.

이처럼 도시와 공동체의 상호 관계에 대한 다양한 인식과 평가들이 존재하는 가운데 최근 들어 새삼스러울 정도로 도시와 공동체의 관계를 새롭게 인식하고 연결시키려는 시도가 다양하게 나타나고 있다. 갑작스러울 정도로 우리나라 도시 곳곳에서 '공동체'에 대한 이야기들이 들리고 있다. 공동체를 주제로 한 포럼과 행사들이 부쩍 많아졌고, 관련 도서도 다양하게 출간되고 있다. 주목할 점은 말에서 그치지 않고 도시 속에 직접 공동체를 만들고 실천하려는 움직임들이 곳곳에서 나타나고 있다는 점이다. 많은 도시에서 지자체들이 적극 나서서 도시 속 공동체를 실현하기 위해 각종 정책과 지원 사업들을 펼치고 있고, 시민들의 참여도 다양하게 나타나고 있다. 삭막했던 도시에 공동체 '바람'이 불면서 도시와 공동체의 상호 관계에 대한 인식도 새로워지고 있다. 도시화로 인한 높은 인구밀도가 사람들 간의 경쟁과 소외, 이기주의를 심화시키기도 하지만, 그 결과 역설적으로 공동체적 삶에 대한 열망 역시 더욱 높아지고 있다. 또한 도시화로 사람들 간에 대면접촉이 늘어나면 이것이 공동체적 관계를 형성하고 확장하는 데로 이어지기도 한다. 만남의 빈도가 관계의 질적 향상으로 연결되는 것이 도시공동체의 중요한 과제로 등장하고 있다.

그렇다면 도시와 공동체 관계의 새로운 변화에 주목해서 다음의 질문들을 던져 볼 필요가 있다. 사람들 간 관계 단절과 함께 개인주의가 확대되고 있는 지금의 도시 상황에서 공동체에 대한 새삼스런 관심은 무엇을 의미하는가? 오늘날 도시가 다양한 위기를 맞고 있는데 도시공동체는 과연 어떤 역할을 해낼 수 있는가? 한국의 도시화 과정과 현실의 조건이 가진 특성을 고려할 때 바람직한 도시공동체의 실천 모델은 무엇이고 과제는 무엇인가?

2. 도시공동체로 이어진 공동체적 삶의 열망

도시 속에서 공동체적인 삶을 이루기 위한 자발적이고 자구적(自救的)인 활동들은 이전부터 있었다. 그런데 도시의 계획과 정책, 관리 영역을 포괄해서 공동체가 주요한 실천 과제로 등장한 것은 최근의 새로운 현상이다. 인구 1천만의 거대 도시 서울에서 공동체에 관한 이야기가 행정 영역에서도 자연스럽게 나오고 있는 것은 전례 없는 일이다. 2011년 보궐선거를 통해 서울시를 책임지게 된 박원순 시장은 현재까지 마을공동체를 서울시의 주요 정책 과제로 삼고 25개 자치구와 함께 공동체 조성을 위한 다양한 사업을 활발히 펼치고 있다. 그리고 마을과 지역, 도시 단위에서 공동체를 회복하고 확장해 가려는 노력은 서울 외에도 수원, 부산, 광주, 안산, 강릉, 원주 등 전국 각지에서 나타나고 있다.

그동안 개인의 익명성이 주는 자유로움과 활력을 현대 도시의 중요한 매력으로 삼아 왔던 점에서, 도시와 공동체의 새로운 만남으로서 '도시공동체'[2]에 대한 관심이 크게 높아지고 있는 점은 주목할 만하다. 도시민들의 삶과 인식에 어떤 변화가 나타나고 있는 것이다. 빠른 도시화 과정에서 도시는 사람들에게 계층의 상향 이동을 위한 기회의 공간으로 비쳤고, 실제로 도시로 집중된 자원들은 사람들의 욕구

2 이 글에서는 '도시 속 지역공동체'를 줄여서 '도시공동체'로 부른다. 익명성을 지닌 개인들이 살아가는 현대사회 도시가 공동체와 새롭게 만나는 데 있어 '지역'의 의미와 역할은 중요하다. 도시공동체에서 지역은 도시라는 공간에서 공동체적 삶의 원리를 담아내는 그릇이자 공동체적 관계를 지속시키기 위한 물질적 기반이며, 나아가 삶의 문제를 공동체적으로 해결해 나가는 실천 현장으로서 의미가 있다.

실현과 필요를 해결하기 위한 선택의 기회를 다양하고 폭넓게 제공해 주었다. 하지만 도시 공간 자체가 직장이나 교육, 투자 등 다양한 이유로 수시로 이동하고 선택하는 대상이 되면서, 삶터와 일터가 분리되고 도시민들의 삶은 표류하기 시작했다. 그만큼 이웃 관계가 단절된 상태에서 도시민들이 체감하는 삶의 피로감과 불안감은 증폭될 수밖에 없었고, 지역에 뿌리를 내리고 이웃과 정을 나누는 삶에 대한 그리움도 커질 수밖에 없었다. 이런 가운데 경쟁과 속도에 지친 사람들이 점점 늘어나게 되고, 개인이나 가족 단위에서 해결하기 어려운 삶의 과제들 또한 계속 등장하자 결국 홀로 살아가기에 벅찬 현실을 자각한 사람들이 공동체적 삶의 원리를 도시라는 삶의 공간에서 적극 받아들이기 시작했다(정규호, 2012a: 64). 특히 최근 들어 경제위기와 함께 저성장이 장기화, 고착화되고, 양극화와 부채 문제가 더욱 심각해지는 가운데 일자리와 돌봄 등 삶의 기반 자체가 점점 불안정해지자 사람들 마음속에 공동체에 대한 열망은 더욱 높아졌다.

따라서 현재 나타나고 있는 도시 속 공동체 움직임은 단순히 지난 시절의 향수가 아니라 당면한 현실의 문제를 주체적으로 해결하고, 새롭게 희망을 만들어 가고자 하는 대안적 실천 행위로 바라봐야 한다. 전통적 공동체의 복원과는 다른 차원에서 공동체적 가치와 원리를 도시라는 변화된 삶의 공간에서 도시민들의 자발적 참여를 통해 실현하고자 하는 새로운 양식의 도시공동체가 등장하기 시작했다. 이 점에서 도시공동체에 대한 기대는 다양하다. 원자화된 개인들 사이를 긴밀하게 이어 주면서 정서적 안정감과 책임감을 높이고, 상호 신뢰에 기반한 연결망을 통해 삶의 필요를 주체적으로 해결하는 데 있어 도시공동체에 대한 기대가 높아지고 있다(표 2-1 참조).

〈표 2-1〉 도시공동체에 대한 다양한 기대

구분	내용
심리적 측면	정서적 안정감과 책임감 형성
사회적 측면	신뢰에 기반을 둔 상호부조의 연결망 형성
경제적 측면	생활재와 공공재의 나눔과 공동생산
정치적 측면	참여를 통한 학습과 주체적 해결 역량 형성

출처: 필자 작성

물론 지금의 우리 현실에서 도시공동체의 필요성과 실현 가능성 사이에는 상당한 간극이 존재한다. '압축적'이라고 불릴 만큼 빠르게 진행된 도시화 과정이 기존의 생산 및 소비 양식과 생활방식, 공간구조 전반을 급격하게 바꿔 놓았고, 기존의 삶의 관계망이 해체된 빈자리를 치열한 경쟁과 상대적 박탈감으로 채워 왔기 때문이다. 따라서 도시공동체에 대한 높은 열망을 현실 속에 뿌리내리기 위해서는 계획적이고 목적의식적인 노력이 필요하다. 이 장에서 도시공동체 운동을 다루는 이유도 여기에 있다.

Ⅱ. 한국의 도시화 과정과 도시공동체 운동의 흐름

1. 도시화에 대한 대응으로서 도시공동체 운동의 등장

도시공동체 운동은 도시화 과정의 흐름과 성격을 놓고 함께 살펴봐야 한다. 도시화로 인한 변화와 도전에 대한 적극적인 대응 양식 중 하나가 도시공동체 운동이기 때문이다. 따라서 우리나라 도시공동체 운동의 흐름과 그 특성을 이해하기 위해서는 공간과 경제, 사회 영역을 아울러 도시민 삶의 총체적인 변화를 만들어 낸 우리의 도시화 과정에 대한 이해가 필요하다. 이것은 도시공동체 운동을 다루는 기존의 접근들이 주로 규범적인 이론을 가지고 탈맥락적으로 이루어짐으로써 우리의 도시 현실에서 도시공동체 운동이 가진 특수성과 실천성을 충분히 짚어 내지 못했다는 비판과도 관련이 깊다(조명래, 2003).

한국의 도시화는 근대화 과정에서 거대한 구조적 변동과 대규모 인구이동을 동반하면서 도시에서 살아가는 사람들에게 상당한 부담과 충격을 안겨 주었다. 그만큼 이들이 당면한 삶의 문제들을 개인보다 공동으로 함께 대응하고 해결해야 할 필요성도 클 수밖에 없었다. 우리 사회에서 도시공동체 운동의 등장은 이런 현실적 상황과 고민을 바탕으로 이루어졌다.

사회, 경제, 공간구조, 생활양식 전반에 상당한 변화를 가져다주는 도시화 과정에서 도시민들은 자신들의 삶과 밀착된 환경의 변화에 적응하고 대응하며 스스로의 필요를 해결해 왔다. 도시공동체 운동 역시 이런 노력의 한 유형이다. 그만큼 주체와 맥락의 상호작용 과정으로서 도시공동체 운동의 흐름과 성격을 시대별로 살펴보는 것은 현재 새롭게 일고 있는 도시공동체 바람의 성격을 이해하고 실천적 전망을 모색하는 데 의미가 있다.

도시공동체 운동은 '도시라는 변화된 환경에서 공동체적 조건을 발견하고 공동체적 요소를 강화하려는 운동'이다(윤웅태, 2010). 그런데 지나온 과정을 살펴보면 지속적인 노력을 통해 도시공동체 운동의 경험과 역량을 단계적으로 축적해 오기보다는 사회구조와 환경의 급속한 변화 속에서 단절과 불연속의 과정이 반복되어 왔다(정규호, 2012b). 즉, 도시화 과정 자체가 정치 · 경제 · 사회적으로 거대한 구조 변동 속에서 이루어졌으며, 그 결과 도시에서 살아가는 사람들의 사고와 삶의 방식 또한 상당한 영향을 받을 수밖에 없었다. 그 과정을 시기별로 살펴보면 다음과 같다.

우선 근대 초입 단계였던 1910년부터 1950년대까지 우리나라는 정치·사회적 격변기와 맞물려 대규모의 인구가 도시로 이동하는 경험을 했다. 일제 강점기에는 토지조사 사업과 일본인 및 친일지주의 토지 강탈 등으로 농촌을 이탈한 농민들(빈농, 소작농)이 도시 주변으로 이주해 움막 또는 토막으로 불리는 거주지를 마련해 살았으며, 해방 후에는 귀환한 해외 동포들과 농촌에서 일자리를 찾아 나선 사람들이 도시로 이주했다. 이후에는 한국전쟁으로 삶터를 떠날 수밖에 없었던 피난민들이 서울을 비롯한 대도시로 대규모로 이동해 도심에 판자촌을 이루어 정착하게 되었다(정건화, 1986; 윤종주, 1991).

한편 1960년부터 1970년대까지는 본격적인 근대화, 산업화가 만들어 낸 경제구조의 급속한 변화 과정이 대규모의 이농 사태를 만들어 냈으며,[3] 이촌향도(離村向都)한 사람들이 도시 변두리에서 '달동네'로 불리는 판자촌을 형성해서 살기 시작했다.[4]

결국 거대한 규모로 압축적으로 전개된 우리 사회의 구조 변동은 귀환인, 월남민, 이농민들이 대규모로 도시에 유입하는 중요한 요인이 되었다. 따라서 한국의 도시화 과정은 전통 사회와의 급격한 단절과 함께 할 수밖에 없었고, 도시기반 시설이 미비한 상태에서 생활의 터전을 도시로 옮긴 사람들의 삶은 열악할 수밖에 없었다. 이것은 단계적 성장 과정을 거쳐 온 영미권 선진 자본주의국가의 도시화 과정과는 분명한 차이가 있음을 말해 준다. 우리의 도시공동체 운동이 가진

---

3 1962년의 경제개발5개년계획을 통해 본격화된 산업화 과정을 뒷받침하기 위해 정부는 산업노동자의 임금 인상분을 저곡가 정책과 외국 농축산물 대량 수입 조치로 대체하는 조처를 했고, 그 결과 농촌의 붕괴는 더욱 가속화되었다. 농촌인구는 1960년에 전체인구의 64.2%였던 것이 1980년도에는 절반 수준인 32.6%로 감소했다.

4 진정한 의미의 도시화는 1960년부터 시작되었다고 볼 수 있는데, 이때부터 단순한 인구이동의 차원을 넘어 도시 속에 고용기회가 창출되고 도시적 생활양식과 가치관이 나타나기 시작했다(윤인진, 1999: 207).

의미와 특성을 우리나라 도시화의 흐름 및 성격과 연결해 살펴봐야 하는 이유도 여기에 있다.

우리 사회가 경험한 경제사회, 공간환경, 생활양식의 급격한 변화만큼 도시에서 살아가는 사람들의 삶의 양태도 역동적일 수밖에 없었다. 또한 전통적 관계의 급속한 해체와 거대한 인구이동을 동반한 도시화 과정에서 도시민들의 공동체적 대응 양식도 다양하게 나타날 수밖에 없었다.

2. 한국 도시공동체 운동의 흐름

일제 강점기와 한국전쟁을 거쳐 빠른 근대화, 도시화 과정을 경험한 우리나라는 전통사회 공동체적 관계의 급속히 해체를 경험할 수밖에 없었다. 따라서 이 과정에서 민간 차원의 자율적이고 자생적 도시공동체는 제대로 뿌리를 내릴 기회조차 얻기 어려웠다. 대신에 권위주의 체제하에서 반상회[5]와 새마을운동 등을 통해 관이 주도하는 기초 생활공동체 조직들이 만들어져 운영되기도 했다. 하지만 1990년대 들어 정치적 민주화와 지방자치제도의 등장과 함께 이런 유형의 도시공동체들은 빠르게 약화 또는 해체의 과정을 거치게 되었다(한국지방행정연구원, 2012: 22). 한편, 권위적이고 획일적인 방식의 도시공동체 만들기와는 다르게 민간 자율적인 영역에서 마을과 지역을 단위로 한 도시공동체 운동들이 나타났다. 주거 및 생활공간을 중심으로 한 도시공동체 운동으로 1960~1970년대 도시빈민운동에서부터 1980~1990년대 중산층 중심의 아파트 공동체 운동, 1990~2000년대

5 권위주의 시절 주민기초조직으로서 만들어졌던 반상회는 한때 전국적으로 50만여 개에 이르렀으며, 그중 80%가 도시 지역의 주민조직이었다(김현식 · 박세훈, 2005).

녹색아파트만들기, 담장허물기 등 주거환경개선을 통한 마을만들기 운동 등이 계속 이어져 왔다. 이러한 도시공동체 운동의 흐름을 시대별 특성과 함께 살펴보면 다음과 같다.

1) '적응형' 도시공동체 운동(1960~1970년대)

근대적 도시 속에서 공동체적 생활양식의 모습은 소위 '달동네'[6]로 불리는 도시 빈민들의 집단주거지(불량촌)에서 발견할 수 있다. 농촌에서 올라온 사람들과 도심에서 밀려난 사람들이 모여 사는 달동네는 산등성이나 산비탈에 위치한 가난한 사람들의 집단거주지역이다. 도시로의 대규모 인구 유입에 따라 주거 수요가 폭증하는 가운데 상대적으로 경제력이 약한 사람들이 지가(地價)가 저렴한 고지대를 찾아 삶의 거주지를 마련하면서 형성된 곳이다. 그런데 이곳에서 자구적인 형태의 생활공동체가 나타났다. 열악한 주거환경 속에서 비슷한 처지의 이웃들이 가지는 동질감을 바탕으로 공동체적 관계를 형성해 새로운 환경에 적응하는 데 따른 '부담감'과 고단한 도시생활의 '고독감'을 해결하고자 한 것이다.[7] 소위 달동네는 경제적으로 열악하고 저학력에 기술력 부족으로 도시 내에서도 비공식 부문에서 임시노동에 종사하는 사람들이 많아 상부상조를 통한 공동체적 관계는 생존을 위해서도 필요했다. 따라서 당시의 공동체는 가치나 규범보다는

---

6 '달동네'라는 말의 어원에 대해서는 여러 가지 설이 있다. '하늘 가까이 높은 곳에 있어 달을 보기 쉬운 곳', '전기 시설이 없어 밤에 달빛이 대신하는 곳', '아침 일찍 일터에 나갔다가 달이 뜬 밤중에 집으로 돌아오는 사람들이 모여 사는 곳'이라는 주장에서부터, 성북구 하월곡동을 취재한 외국 기자가 월곡(月谷)을 Moon Valley로 소개한 것이 계기가 되었다는 주장까지 다양하나, 달동네라는 말 속에 담아내고자 했던 의미에서는 큰 차이가 없다.

7 "달동네는 전형적인 수평적 커뮤니티 구조로 되어 있다. … 얽히고설킨 달동네 안에서는 이웃의 경조사가 빠르고도 자연스럽게 전해진다. 그만큼 이웃과의 관계 형성이 쉽고도 깊을 수밖에 없다"(유태웅, 2006).

〈표 2-2〉 슬럼가와 달동네의 특성 비교

구분	서구 도시의 슬럼가	우리나라 도시의 달동네
내용	• 도심에 있는 우량 주거지의 노후화, 불량화 결과로 형성 • 사회적 배제자와 부적응자, 일탈자의 집단 거주지로 변모	• 인구 급증과 도시기반시설 미비로 처음부터 무허가 불량 정착촌이 형성 • 높은 성취동기를 가진 사람들이 상호부조와 공동체적 유대감을 형성

출처: 필자 작성

비공식적 연결망을 통해 생활의 필요를 해결하는 차원에서 이루어졌다(박재규, 1985; 임경수, 2002).

달동네는 삶의 고달픔과 함께 희망이 공존하는 곳이었다. 사람들은 이곳을 삶의 최종 정착지가 아니라 더 안정된 도시적 삶을 향해 거쳐 가는 정거장으로 생각했다. 높은 교육열에서 보듯이 이곳 사람들은 가난의 대물림을 끊고자 열심히 살았다. 이 점에서 불량촌으로도 불리는 우리의 달동네는 사실 범죄자가 많이 모여 살면서 사회적 일탈행위가 빈발하는 서구 도시의 슬럼과는 성격이 다른 측면이 있다(표 2-2 참조). 우리의 경우 상대적으로 가난한 사람들이 모여서 자구적 공동체를 형성한 곳을 중심으로 이들의 자활과 자립을 돕기 위한 '운동적' 노력이 나타났다. 많은 사회운동가, 종교인 등이 달동네를 도시공동체 운동의 근거지로 삼아 주민을 대상으로 교육, 복지, 문화, 예술 등의 활동을 했다. 1960년대 말부터 서울 산동네와 하천 변 판자촌에서 주민을 조직하여 도시빈민운동을 시작했고, 생산공동체 운동, 신협운동 등 다양한 공동체적 실험들이 시도되었다. 사회경제적 약자들이 도시민으로서 살아갈 수 있도록 지원하기 위한 이런 노력을 '적응형' 도시공동체 운동으로 부를 수 있다. 그리고 도시 속에서 주로 사회경제적 약자를 중심으로 이루어진 이러한 공동체적 경험은 이후 전개되는 도시 재개발 과정에서 주민이 자신들의 삶터를 지키기 위한 저항의 기반으로 작용하게 된다.

2) '저항형' 도시공동체 운동(1980년대)

우리나라의 도시화는 사람들을 대규모로 도시로 불러 모았지만, 안정적으로 정착할 수 있는 기회나 기반을 만들어 놓지 못했다. 오히려 도시 공간 규모의 확장과 공간개발 과정은 경제적 여력이 없는 사람들을 끊임없이 도심에서 도시 바깥으로 밀어냈다.

6·25전쟁 이후 청계천 변 등 서울 도심의 판자촌에 모여 살던 사람들은 1960년대부터 시작된 소위 무허가 불량촌에 대한 철거 과정에서 주위 고지대로 밀려났고, 1970년대부터 본격적인 도심 재개발이 이루어지면서 봉천동, 신림동 등 도시 변두리로 이동하게 되었고, 그 이후에는 대도시 근교 비닐하우스 촌이나 성남, 부천 원미동 등 도시 바깥으로 또 밀려나게 되었다. 서울의 경우 도시 빈민 주거지역의 철거 작업은 시작한 지 40년 만인 2004년에 상도동 달동네 철거까지 이어졌으며,[8] 이 과정에서 서민들의 땀과 눈물과 정이 녹아 있던 도시 속 생활공동체의 초기 모습은 대부분 파괴되고 사라져 갔다. 하지만 도시 미화와 주거환경 개선을 명분으로 내세운 재개발 사업에 대해 해당 지역주민이 마냥 순응하지는 않았다. 1980년대 이후 도시 빈민들의 집단거주 지역에 대한 강제 철거에 대항해 저항 운동이 거세게 일어났다. 특히 공동체적 이웃 관계를 긴밀하게 유지했던 지역들을 중심으로 자신들의 삶터를 지키기 위한 노력은 치열하고 적극적이었다(신명호, 2000). 거주생활 공간의 강제적 해체 과정에서 주거 생존권을 지키기 위한 이런 노력을 '저항형' 도시공동체 운동이라고 부를

8 전면철거 방식의 도시개발은 마을공동체 해체는 물론 도시경관의 획일화, 역사와 문화의 상실 등으로 정체성 없는 도시공간을 만들어 버렸다(이창호, 2012: 1).

수 있으며, 1980년대 중반 이후에는 사회민주화 운동의 한 흐름과 연결되기도 했다.

3) '방어형' 도시공동체 운동(1990년대)

1980년대 말에서 1990년대에 이르면서 도시를 둘러싼 정치·경제·사회적 환경에도 상당한 변화가 나타났다. 1987년 민주화를 통한 시민사회의 폭발적 성장과 1990년대 들어 본격화된 대중 소비 사회의 도래, 그리고 지방자치 시대의 등장으로 도시민들은 삶의 질에 관한 관심과 참여에 대한 욕구, 자치에 대한 권리 의식을 가지게 되었다. 이 과정에서 도시민들은 스스로 자신들의 생활세계를 지키고 가꾸기 위한 생활 밀착형 운동을 전개하게 되었다. 소위 '방어형' 도시공동체 운동으로서, 비슷한 생활권에서 필요와 이해관계를 함께하는 사람들이 중심이 되어, 생활인으로서 스스로 권리(생활권)를 지키고 참여와 협력을 통해 문제를 해결하려는 노력이 나타난 것이다.

이것은 도시의 빈민이 주체가 되어 주거 생존권 문제를 해결하고자 했던 기존의 운동과는 다른 양상으로, 도시의 중산층까지 참여해 쓰레기나 소음, 교육, 환경 등 자신들의 삶의 질과 밀접한 생활 속 문제들을 공동체적으로 해결하려는 특성이 있었다. 1990년대 들어 등장한 아파트 공동체 운동 또한 대표적인 예라고 할 수 있다. 주거공간으로서 도시 아파트가 가진 한계를 넘어서 이웃 관계 회복과 생활환경 개선 및 주민 권리 보호를 위한 활동이 나타났다(임석회·이철우·전형수, 2003). 지방자치시대의 부활과 함께 공공 및 상업 시설의 입지가 주는 부정적 영향으로부터 자신들의 생활환경을 지키기 위해 지역주민이 조직한 운동들도 1990년대 들어 다양하게 나타났다. 부천의 담배자판기 철거운동(1992), 서울 상계동의 쓰레기 소각장 건립 반대운동(1993), 일산 지역의 러브호텔 반대운동(1999) 등이 그 예다.

4) '창조형' 도시공동체 운동(1990년대 후반)

한편 1990년대 후반에 들어 세계화에 따른 개방경제 체제의 충격이 도시민들의 삶에 심대한 영향을 주기 시작했다. 1997년 경제위기에 따른 IMF 관리체계는 도시 서민은 물론 중산층의 삶 자체를 바꿔 놓았다. 결국 부실한 사회경제적 안전망 속에서 도시 중산층의 붕괴는 고용과 복지 같은 삶의 문제를 해결하는 데 있어 도시공동체의 역할이 새롭게 부각되었고, 국가의 관료체계나 시장의 자유경쟁체제와는 다른 가치로 작동하는 대안적 모델을 만들기 위한 '창조형' 도시공동체 운동이 주목받기 시작했다. 생활협동조합 운동, 지역 화폐, 자활공동체 운동 등 민간 영역에서 시도되었던 다양한 노력이 사회적으로 주목받게 된 것도 이 시기다.

한편 이와는 별도로 지역의 구체적인 생활공간 단위를 공동체적인 방향으로 바꾸고자 하는 창조적 노력이 소위 '○○만들기'라는 이름으로 나타났다. 1990년대 중반부터 담장허물기, 마을도서관 만들기, 친환경주차장 만들기 등이 '지역', '마을', '동네'와 같은 생활 현장과 밀착되어 다양하게 펼쳐졌다. 이것은 계획이나 정책 또는 운동의 대안적인 실천 영역으로 미시적인 생활공간 단위가 주목받게 되었음을 말해 준다.

이후 민간 차원에서 '운동'으로 진행되어 오던 마을만들기 활동은 2000년대 들어 정책과 제도의 뒷받침을 받으면서 구체화된 '사업'의 형태로 나타났다. 지역주민의 정주의식과 공동체성을 높이기 위해 2004년부터 본격화된 마을만들기 사업은 이후 '살기 좋은'이란 수식어를 달고 전국 단위에서 도시 및 지역 만들기 형태로 진행되었다. 여기에는 기존의 관 주도형 하향식 지역개발, 하드웨어 중심의 물리적 공간개발 방식이 가진 문제점을 극복하기 위한 새로운 모델이 필요하다는 인식도 중요하게 작용했다. 따라서 해당 지역에 살고 있는 사람들의 참여를 바탕으로 삶의 질을 높이고 사람과 장소가 균형 있게 발전하는 방안을 찾아 다양한 활동이 이루어졌다.

이처럼 적극적으로 도시의 생활공간 속에 공동체적 가치와 질서를 새롭게 실현하려는 '창조형' 도시공동체 운동은 해당 지역에서 계획을 세우고 부문과 영역의 경계를 넘어 사람과 자원을 조직해 공동

〈표 2-3〉 한국 도시공동체 운동의 흐름과 특성[9]

구분	적응형	저항형	방어형	창조형	협력적 대안모델형
시기	1960~1970년대	1980년대	1990년대	1990년대 후반	2000년대 후반~현재
주체	도시 저소득층(도시빈민)	도시 저소득층(도시빈민)	도시 중산층 포함(지역주민)	행정(중앙, 지방), 민간단체, 전문가	경계(주체, 영역)를 넘어선 다주체 간 협력
내용	• 도시생활에 적응하기 위한 자구적 노력 • 이웃 간 상부상조를 통한 자활과 자립 모색: 도시빈민운동, 생산공동체, 신협 운동 등	• 재개발과 강제철거에 대한 주거생존권 운동 • 주민교육 및 조직화를 통한 저항운동: 도시빈민운동, 사회민주화 운동과 연계	• 생활세계를 지키고 가꾸는 생활밀착형 운동 • 생활 문제를 삶의 질, 참여, 자치에 관한 관심과 연결: 아파트 공동체 운동, 주민자치운동 등	• 경제위기와 삶의 대안(고용, 복지 등) 모색: 자활공동체, 생활협동조합 운동 • 지역공동체 만들기 운동의 제도화와 사업화: 도시(마을)만들기운동	• 거버넌스형(행정(지방)+민간단체+전문가+지역주민) • 공간-사회-경제 영역의 종합적 접근과 중간지원조직의 역할
운동과 제도의 관계	• 제도의 영향력이 운동의 역량을 압도	• 축적된 운동적 역량이 제도적 억압에 충돌	• 제도적 환경 변화(민주화, 지방화) • 민간 자율적 영역 확대	• 경제적 대안 운동의 필요성 • 마을만들기 운동의 제도화	• 제도를 통한 운동의 촉진 • 운동을 위한 제도의 활용

출처: 필자 작성

체적 가치를 실현하고자 했다. 따라서 주어진 생활공간 단위에서 공동체적 가치를 지키거나 실현하고자 했던 기존의 공동체 운동과는 그 방식에서 차이가 있다.

그러나 새로운 영역을 만들고자 했던 노력이 성과를 거두기에는 한계도 있었다. 종합적인 전망을 가지고 지역사회와 밀착해서 자원을 조직하고 경제적 대안을 만들어 가는 전략이 부족했던 것이다. 또한 국가중심적 지역개발에서 공동체 중심의 지역발전으로 정책적 전환을 모색하는 차원에서 추진되었던 마을만들기 사업은 민간 주체의 역량을 제대로 강화하지 못한 채 행정의 제도적 관성에 갇혀 버린 한계가 나타났다. '주민참여적' 마을(도시)만들기라는 목표와는 달리 현실에서는 행정과 전문가, 그리고 조직화된 집단들의 역할의 비중이 컸고, 그만큼 해당 지역주민의 실질적인 참여는 제한적이었다.

결국 이러한 경험을 통해 도시 생활의 실질적 당사자이자 주체인 주민의 현장과 일상에 깊이 뿌리내린 '새로운' 도시공동체 운동에 대한 모색이 일어났다. 이런 가운데 2000년대 후반에 이르러 기존의 장벽과 경계를 넘어서 도시의 공간-경제-사회 영역을 종합적으로 아우르면서 새롭게 관계를 조직해 가는 '협력적 대안모델'로서 도시공동체 운동 유형이 등장했다(표 2-3 참조).

9 도시공동체 운동의 대표적 유형을 시기별로 구분해 본 것으로, 현실에서는 단절적이기보다는 각각의 유형별 특성들이 다음 시기에 연속되고 중첩되어 나타나고 있다.

Ⅲ. 도시의 위기와 도시공동체 운동에 대한 새로운 모색

1. 도시 위기 속 도시공동체 운동의 새로운 모델 찾기

오늘날 도시들은 경제와 사회, 공간 영역을 아울러 복합적인 위기 상황에 직면해 있다. 따라서 이런 문제를 해결하기 위해서는 지역자립 기반 붕괴와 공동체적 관계 해체, 불균형과 양극화 심화로 이어지는 악순환의 고리에서 벗어나 지역의 정착성과 자족성, 상호신뢰와 연대를 높일 수 있는 선순환 체계를 만들어 낼 수 있는 새로운 도시공동체

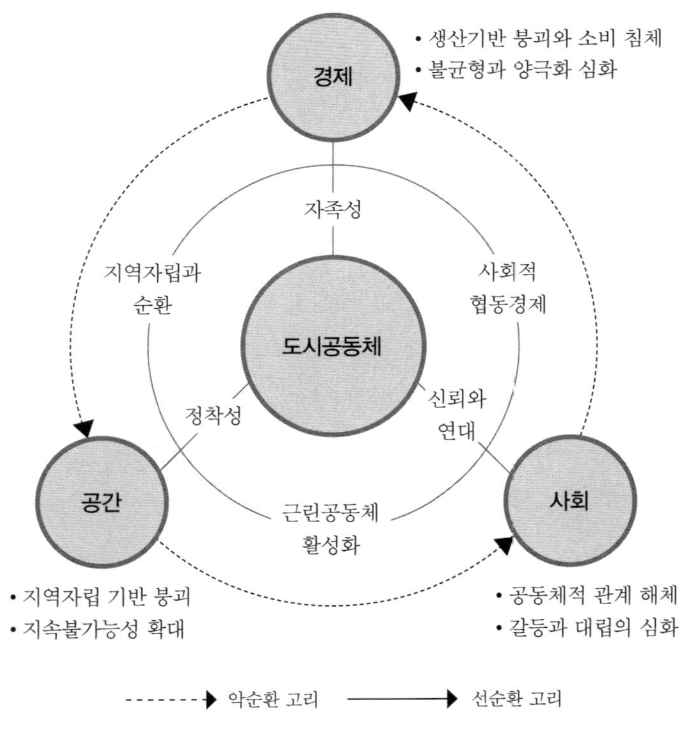

〈그림 2-1〉 경제-사회-공간의 복합위기와 도시공동체 운동의 방향

출처: 필자 작성

운동이 필요하다. 결국 도시공동체 운동의 새로운 전개는 '공간'과 '사회', '경제' 영역을 함께 아우르는 종합적인 접근을 통해 이루어질 필요가 있으며, 이것은 다양한 주체들의 협력적 노력을 통해 가능할 것이다(그림 2-1 참조).

우리의 현실로 돌아와 보면, 2008년 글로벌 금융위기 이후 세계 경제 전체가 불안정한 상태로 이어지면서 개별 도시와 거기서 살아가는 사람들은 삶의 질 이전에 생존 자체를 핵심적인 과제로 삼을 수밖에 없게 되었다. 시장의 불안정 속에서 저성장과 장기 침체가 예견되고 있고, 한편으로 급속한 부채 증가로 국가의 문제 해결 능력 또한 급속히 떨어지고 있는 현실은 도시 자체의 위기를 촉발시키고 있다. 이런 상황에서 도시민은 지속가능하고 안정적인 삶을 유지하기 위한 새로운 길을 스스로 찾아 나설 수밖에 없다. 2000년대 후반에 이르러 민과 관이 서로 협력하여 도시의 공간과 경제, 사회 영역을 종합적으로 재구성하기 위한 '협력적 대안모델'로서 도시공동체 운동이 등장한 것도 이런 이유에서다.

생활에 필요한 공공재를 공동으로 생산하고 함께 나누면서 삶의 필요들을 효과적으로 해결해 나가기 위해서는 공공과 민간 영역이 서로 힘을 모으고, 각각의 활동 분야에서 축적된 경험과 자원들을 결합시켜 시너지 효과를 낼 수 있도록 하는 새로운 방식으로서 협력형 도시공동체 운동이 요구되고 있다. 여기에는 도시공동체 운동의 주체와 내용, 방식 전반의 새로운 변화도 담고 있다. 그리고 이런 판단의 배경에는 기존의 공동체 사업 및 활동에 대한 비판적 평가도 한몫했는데, 노무현 정부 이후 국가 차원에서 정책 과제로 다양하게 추진되었던 각종 '만들기' 사업이 공동체 형성이라는 목표에도 '사업' 중심적인 내용과 '성과' 중심적인 추진 방식으로 한계가 있었다는 것이다. 결국 이런 경험은 공동체가 도시나 지역에 제대로 의미 있게 뿌리내리게 하기 위해서는 생활인의 눈높이로 '사람'과 '관계', '과정'을 종합적이면서도 섬세하게 다루어야 한다는 것을 확인시켜 주었다.[10] 도시에서 살아가는 생활인들이 당사자이자 주체가 되어 생활의 필요를 구체적으로 조직하고 해결해 나갈 수 있도록 하기 위해서는 운동과 제도의 서로 다른 영역들이 보완적으로 만나서 도시공동체의 활력을 높일 수 있도록 해야 한다.

물론 현실에서 협력형 도시공동체 운동의 새로운 모델을 만들고 실천하기가 간단한 일은 아니다. 도시 자체가 다양성과 역동성을 특징으로 하는 만큼, 도시 구성원들의 관심과 필요 또한 서로 다르고 심지어는 상호 대립적이기까지 하다. 따라서 이들로부터 공감과 자발적 협력을 이끌어 내서 공동체적 실천을 하기 위해서는 다면적이고 종합적인 노력이 필요하다(Rooij, 2010: 9). 특히 각 부문과 영역의 경계를 넘어선 종합적인 전망을 가지고 도시공동체 운동의 새로운 길을 열어가기 위해서는 구성원들 간의 관계를 안정적이고 지속적으로 만들어 내는 노력이 매우 중요하다. '공동체적 가치의 실현'은 지역사회 구성원들 간의 '관계의 지속성'을 통해 이루어지며, 이것은 결국 지역의 주민으로서 '삶의 정착성'이 높을 때 가능하기 때문이다. 따라서 주거이동성이 특히 높은 우리나라 현실에서[11] 주민으로서 삶의 정착성을 높이는 것은 도시공동체 활성화에 있어 핵심 과제다. 정주체계의 불안정성은 곧바로 사회공간적인 상실감으로 연결되는 만큼 공간과 사

10 일본의 마을공동체 만들기인 '마찌즈쿠리(まちづくり)'에서도 정부의 거시적이고 피상적인 '새의 눈'이 아니라 시민이 생활 속에서 체험하고 느끼는 '개미의 눈'이 필요하다고 강조한다(이창호, 2012: 3).

11 우리나라에서 읍·면·동 경계를 넘어서 한 해 동안 이사하는 인구비율(이사율)은 20% 내외로, 유럽(2%)은 물론 일본(4.7~7%), 대만(7%), 미국(12%) 등에 비해서도 매우 높은 편이다(이종수, 2008: 3).

회, 경제 영역을 종합적으로 아울러서 사람들의 '생활'과 '장소'와 지향하는 '가치'가 서로 밀착될 수 있도록 하는 차원에서 도시공동체 운동의 새로운 역할을 적극 찾아 나갈 필요가 있다. 이와 관련해서 민관을 아우르는 주요한 실천 과제들을 살펴보면 다음과 같다.

먼저 공간적인 측면에서 거주민들을 몰아내는 전면 철거형 정비사업과 개발 방식은 반드시 개선될 필요가 있다. 즉, 사람보다 사업적 효율성을 우선하는 도시개발과 주택 공급 정책은 전면적으로 개선되어야 한다. 이는 공공과 민간영역의 새로운 관계와 만남을 의미하는 것으로, 관련해서 우리의 도시 현실에서 제도적 혁신의 폭과 깊이가 인사권, 재정권, 각종 인·허가권과 도시계획 관련 권한 등 강력한 권한을 가진 지방자치단체장의 관심과 의지에 따라 크게 달라질 수 있다는 점도 고려할 필요가 있다. 2000년대 중반 이후 지방선거를 통해 선출된 단체장과 시민사회 민간영역 간의 협력적 관계가 활발한 곳에서 도시공동체 운동에 대한 새로운 모색이 나타나고 있는 점은 주목해 볼 필요가 있다.

한편 공간개발 방식의 변화 못지않게 주민 삶의 정착성을 높이기 위한 사회경제적 전략도 중요하다. 이것은 기존의 도시개발이나 도시공동체 운동에서 상대적으로 소홀히 다루어졌던 영역으로, 근래에 들어 사회경제적 불안정성과 양극화 문제가 도시민들의 삶을 크게 위협하고 있는 상황에서 주목할 부분이다. 즉, 도시민들이 필요로 하는 사회경제적 과제들을 협력을 통해 해결하거나 공동으로 생산해 내는 것이 도시공동체의 역할로서 중요하다는 것이다. 관련해서 2007년 사회적기업육성법 제정, 2010년 소비자생활협동조합법 개정, 2011년 협동조합기본법 제정 등으로 다양한 방식의 대안경제 모델의 실험이 가능하게 된 점도 도시공동체의 새로운 역할들을 만들어 가는 데 영향을 줄 전망이다.[12]

또한 주민참여의 조직화와 공동체형성은 동시에 이루어질 수밖에 없는 밀접한 상관관계가 있다는 점에서 도시공동체의 실질적 당사자이자 주체인 지역주민의 자발적이고 적극적인 참여를 위한 세밀한 준비와 기획이 필요하다. 지역 생활권 세부 단위별로 다양한 풀뿌리 네트워크들을 조직하고, 이것을 기반으로 다양한 참여 과정을 만들어 나갈 필요가 있다. 지역주민이 네트워크 형태로 참여하는 것은 개별 참여로 인한 역량의 한계를 극복할 뿐만 아니라 상호 소통을 통한 의사결정의 질을 높이고 민관 파트너십을 매개하고 촉진하는 데 있어 그 효과가 크다(정규호, 2007).

2. 경계를 넘어 협력적 관계 맺기에 나선 도시공동체 운동

경제와 사회, 공간의 다양한 차원의 주체와 내용이 결합해 도시의 공동체성을 높이려는 노력이 새롭게 등장하고 있다. 최근 서울을 비롯한 지자체들에서 마을공동체 사업과 사회적경제 운동을 결합해 새로운 도시공동체 모형을 실험하고 있는 것도 그러한 예다. 경계를 넘어선 소통과 협력을 통해 삶의 필요를 재조직하고 해결하기 위해 기존의 풀뿌리 운동, 마을만들기 운동, 자활 및 사회복지 운동, 사회적기업, 마을기업과 협동조합 운동, 학습 및 문화 공동체 운동 등 다양한 영역을 종합적으로 연결해 지역사회를 공동체적 그물망으로 만들기 위한 전망을 세워 가고 있다. 여기에 시민사회, 풀뿌리 활동가와 전문가, 행

12 1990년대도 빈민운동과 노동운동의 새로운 길로서 생산협동조합에 대한 실험들이 있었으나, 기술력과 자본력의 한계로 지속되지 못했다. 한편, 2000년 국민기초생활보장법 시행과 함께 자활공동체 운동이 활발하게 전개되어 왔는데, 아직까지는 자립 기반이 약하고 지역사회와도 밀착하지 못하고 있는 상태다. 이 점에서 최근에 대안 경제적 실험이 가능하도록 제도적 기반이 형성되고 있는 점은 도시공동체 운동 측면에서도 주목해 볼 부분이다.

정 등 다양한 주체가 협력의 시너지 효과를 높이는 방법을 찾고 있다. 또한 도시공동체 운동의 '협력적 대안모델'을 실현하기 위한 제도적 기반 조성과 중간지원조직들이 만들어지고 있다.

하지만 정책과 제도 영역의 발 빠른 변화와 달리 '운동'으로서 도시공동체의 전망과 토대를 뒷받침해 줄 수 있는 이론과 실천 경험은 여전히 부족한 것이 현실이다. 따라서 도시공동체의 협력적 대안모델을 참여 주체와 내용 및 관계의 특성을 고려해서 크게 '거버넌스'와 '네트워크' 두 유형으로 나누고, 각각의 유형이 가진 의미와 과제를 살펴보고자 한다.

1) 거버넌스, 참여 주체들 간 협력의 시너지 높이기

협력형 도시공동체 운동 모델의 등장이 가지는 의미를 운동과 제도의 상호 관계를 통해 살펴보면 다음과 같다. 먼저 초창기 '적응형' 도시공동체 운동의 등장은 제도의 영향력이 운동의 역량을 압도하던 당시 상황을 배경으로 하고 있다. 이후 민간 차원의 운동 역량이 축적되면서 제도적 억압과 충돌하는 과정에서 '저항형' 도시공동체 운동이 나타났으며, 민주화와 지방화를 통해 제도적 양식이 변화하고 민간 자율적 영역이 확장되면서 '방어형' 도시공동체 운동이 등장했고, 이어서 운동 영역에서 진행해 오던 노력이 제도 영역의 실천적 과제로 채택되면서 '창조형' 도시공동체 운동이 등장했다.

그렇다면 새로운 도시공동체 운동으로서 '협력형' 모델의 등장은 기존의 제도와 운동 영역에 대한 혁신을 통해 상호 관계와 역할을 새롭게 함으로써 도시의 사회, 경제, 공간 구조 전반을 종합적으로 재구성하고 재조직해야 할 필요성이 현실적으로 그만큼 크다는 것을 의미한다. 하지만 변화와 역동성을 상징하는 '운동'과 안정과 지속성을 의미하는 '제도' 사이에는 '도시'와 '공동체' 사이에서만큼 의미와 역할에 있어 긴장이 존재한다. 도시공동체 운동에서 협력형 모델이 자리를 잡아가는 데 있어 극복해야 할 과제들이 적지 않다는 것이다. 따라서 각 부문과 영역의 경계를 넘어선 협력형 모델이 '운동 영역의 새로운 확장인지' 아니면 '제도로 결국 포섭되고 말 것인지', 그도 아니면 '기존 운동과 제도의 틀을 넘은 혁신으로 새로운 영역을 창출할 것인지'는 계속 고민하고 살펴야 할 중요한 물음이다.

이 점에서 도시관리 영역에서 민관 파트너십으로 거버넌스를 구성하고 운영해 왔던 기존의 경험에 대한 평가가 필요하다. 요약하면, 여러 가지 긍정적인 역할에도 우리의 도시 현실에서 거버넌스는 상당히 도구화되고 형식화된 상태로 구성되고 운영되는 모습을 보여 주었다.[13] 즉, 거버넌스의 핵심 구성 요소를 '행위자(actor)', '관계(relationship)', '과정(process)'으로 구분해 볼 때 그동안의 도시 거버넌스는 구성 형식에서 참여 주체들의 균등성은 강조된 반면 권한과 책임에 있어 관계의 공평성과 운영 방식과 의사결정 과정에서의 민주성 등은 상대적으로 소홀히 다루어졌다. 그러다 보니 거버넌스가 도시의 공적 역할을 축소하고 시민사회의 활력을 제약시키는 '덫'으로 작용할 수 있다는 비판이 제기되기도 했다(정규호, 2006). 그런데 도시공동체 운동에서 주목해야 할 부분은 그동안 도시 차원에서 이루어졌던 거버넌스에는 행정과 준비된 전문가, 조직화된 시민단체들이 주로 참여함으로써 결과적으로 일반 시민들, 특히 미시적 생활권 단위에서 지역주민의 참여가 매우 부족했다는 점이다(정규호, 2007).

13 우리나라에서 거버넌스가 도시 차원에 처음으로 적용된 것은 1990년대 중후반부터 시작된 '지방의제21'이었으며, 이후 도시관리 전반으로 확장되어 왔다. 민주화로 인한 시민의 높은 참여 욕구와 경제위기로 인한 재정적 부담을 효과적으로 해소하면서 자신들의 역할을 정당화하고 민간의 자원을 활용하는 데 있어 거버넌스는 중앙정부와 지방정부 모두에게 매력적인 수단으로 인식되어 왔다.

결국 협력형 도시공동체 운동이 자리 잡아 가기 위해서는 거버넌스의 '미니멀화(minimal-化)'와 '멀티화(multi-化)'가 동시에 이루어질 필요가 있다. 즉, 지역주민이 참여하는 풀뿌리 차원의 거버넌스가 활성화되고,[14] 나아가 중앙과 지방, 마을 단위를 아우르는 다양한 차원의 거버넌스 영역들이 밀접하게 연계되어 상하좌우의 전방위적 소통과 실천 구조를 만들어 낼 필요가 있다. 우리나라처럼 저항과 동원의 역사적 경험이 많은 사회에서 협력형 도시공동체 운동이 가능하기 위해서는 정부 주도(하향식)와 민간 주도(상향식)의 한계를 극복할 수 있도록 하는 중간지원조직이 필요하다. 그동안의 도시 거버넌스 경험에 대한 평가를 통해 제안된 거버넌스의 미니멀화와 멀티화도 이것을 중간에서 매개하고 촉진하는 '중간지원조직'이 있을 때 가능하다.

중간지원조직이란 말 그대로 '사이'에서 '경계'를 넘어 지속성과 효율성을 가지고 책임 있게 '지원' 역할을 하는 곳으로, 공공영역과 민간영역 간의 소통과 협력을 촉진하고, 광역 단위에서 기초 생활권까지의 수직적 연계와 경제-사회-공간 영역을 아우르는 수평적 연계를 종합적으로 매개하고 조율하는 역할을 하는 것이다.[15] 그만큼 중간지원조직에 기대하는 역할은 '권능강화(empowerment)', '인큐베이팅(incubating)', '코디네이팅(coordinating)', '허브(hub)' 등 다양하며, 이런 역할이 원활하게 수행되기 위해서는 다음과 같은 원칙이 잘 지켜질 필

14 지역사회 생활권을 중심으로 거버넌스를 '풀뿌리 거버넌스(grassroots governance)', '커뮤니티 거버넌스(community governance)', '근린 거버넌스(neighborhood governance)' 등으로 부른다(Clarke and Stewart, 1998; Chaskin and Abunimah, 1999).

15 일본 내각부에 따르면, 다원화된 사회에서 공생과 협동을 목표로 지역사회와 비영리조직(NPO)의 변화와 요구를 파악하여 필요한 자원(인적, 물적, 정보 등)을 제공하고, 각종 서비스의 수요와 공급을 조율하는 역할을 하는 조직을 '중간지원조직(Intermediary)'이라 부른다(内閣府, 2002).

요가 있다.

첫째, '자율성'의 원칙이다. 중간지원조직의 운영방식에는 공공기관이 직접 만들어 운영하거나(직영), 민간이 자율적으로 만들어 운영하거나(민영), 또는 공공기관이 만들고 민간이 운영하는(위탁) 방식이 있다. 이 중 민간 스스로 자원을 확보하고 운영할 능력이 있으면 자율성 측면에서 민영 방식이 이상적이나, 공공영역이 가진 자원을 적극 활용하되 실제 운영 과정에 민간의 자율성을 최대한 보장하는 방식이 우리 현실에서는 바람직하다(경기복지재단, 2011: 27). 이와 관련해서 공공영역의 자원 활용에서 예산의 결정과 편성 및 운영 구조를 어떻게 마련하고 또 성과에 대한 평가 방식과 기준은 어떻게 정하느냐가 자율성 측면에서 중요하다.

둘째, '지속성'의 원칙이다. 협력형 모델의 활성화를 위한 중간지원조직의 역할이 계획에 따라 안정적으로 수행될 수 있도록 지원조례 제정과 예산 확보 등 제도적 기반을 만들 필요가 있다. 또한 참여 주체들 간의 파트너십도 공고하게 할 필요가 있는데, 초기의 자원 '교환' 단계를 넘어 자원을 '공유'하고 나아가서는 필요한 자원을 공동으로 '생산'하는 관계로까지 발전할 수 있도록 해야 한다.

셋째, '통합성'의 원칙이다. 중간지원조직의 역할과 관련하여 특히 행정의 협력이 중요한데, 지원 역할에 있어 행정 특정 부서의 업무로 제한되기보다 지자체 행정 전반이 참여하는 통합적 지원체제를 만들 필요가 있다. 이것은 사회, 경제, 공간 등 도시 전반을 아울러서 도시공동체를 만드는 것과도 연결된다. 또한 민간 부문에서도 개별 참여보다는 네트워크를 통한 참여가 가능하도록 해야 한다.

한편 현실에서 도시공동체의 협력 모델을 활성화하는 측면에서 가능성을 담은 대표적인 예로 '마을(공동체)만들기 지원센터'를 들 수 있다. 현재 16개 지자체에서 공동체 마을을 만들기 위한 중간지원 조

직을 조례에 담아 지원센터를 운영 중이거나 준비 중에 있다.[16]

2) 네트워크, 자립기반 구축을 통한 지속적인 삶의 관계망 만들기

오늘날 도시공동체는 도시민들이 당면한 공동의 과제를 해결하고, 생활에 필요한 공공재를 공동생산하며, 도시지역 전체를 상호의존적인 관계망으로 만들어 가기 위한 역할을 새롭게 부여받고 있다. 이 점에서 생활의 구체적인 필요를 조직해서 협동의 힘으로 자립 기반을 만들어 가는 노력은 도시공동체 운동에서 매우 중요하다. 프로그램 연대나 공동 사업의 차원을 넘어 지속적인 삶의 관계를 조직하고 유지하기 위한 자립적 네트워크 모델이 도시공동체 운동의 중요한 영역으로 모색될 필요가 있다.

이것은 취약한 재정자립 기반으로 대다수 지역이 스스로의 발전 전망을 가지지 못한 채 정부의 지원이나 자본의 투자에 자신들의 생존과 미래를 의지해 온 우리의 지역 현실에서 그 의미가 크다. 2011년 기준으로 지방자치단체 재정자립도는 51.9%에 불과하며, 전체 지방자치단체 중 재정수지가 흑자인 곳이 92개(37.7%)인 반면 적자인 곳은 152개(62.3%)로 훨씬 더 많다. 지방자치단체의 재정 지출과 수입의 불균형이 점점 확대되어 온 가운데, 전국 지방자치단체 총부채가 126조에 달해 이후 상황에 따라 많은 지자체가 재정파산 사태에 직면할 것이라는 우려도 나오고 있다. 이런 가운데 세계 경제의 장기침체와 국가의 재정위기로 인해 중앙정부로부터의 교부금이나 보조금도 점점 줄어들 전망이다. 세계화 시대에 도시의 지속가능한 미래와 관련하여

16 수도권에는 안산시, 수원시, 인천 부평구, 서울 본청, 성북구, 동대문구(예고), 노원구(예고) 등이며, 지방에는 창원, 진안, 완주, 전북 본청, 양양, 강릉, 울산 북구, 광주 북구, 광주 본청 등이 있다.

단순히 변화에 순응(adapt)하기보다 스스로의 자립 전망을 갖고 포괄적 전략을 채택(adopt)하고 실현하는 것이 필요하다(Cabaj, 2004: 16).

이제 지자체들은 스스로의 경쟁력을 높여 외부로부터 투자 유치를 적극 이끌어 내거나 풀뿌리 민주주의를 통한 지역 재정의 투명성과 건전성을 높이거나 또는 국가와 시장에 의존하지 않는 대안적 자립경제 영역을 적극 만들어 나가는 노력을 해야 한다. 결국 선택은 협력형 도시공동체 운동으로서 네트워크를 통한 자립의 기반을 만들어 가는 것이다. 자립 기반이 취약한 도시는 스스로의 정체성과 정착성을 가지기 어려우며, 삶의 공간이 안정되지 못해 이동성이 높고, 상호 유대감과 관계의 긴밀성은 약할 수밖에 없다. 이는 그동안 도시 지역에서 시도되었던 많은 공동체 실험들이 구성원들의 주거 이동으로 인해 약화 또는 해체되었던 경험을 통해서도 확인할 수 있다.

한편 자립의 내용에는 재정적인 측면은 물론 식량, 에너지, 물 등 도시의 형성과 운영에 필수적인 핵심 자원, 나아가 시민들의 자립 의식도 포함된다. 이런 차원에서 '협동조합 지역사회(cooperative community)'가 가지는 전망은 중요하게 살펴볼 필요가 있다. 협동조합 지역사회는 지역에 튼튼히 뿌리내린 협동조합을 통해 지역사회의 공동체성과 지속가능성을 향상시키는 것을 목적으로 한다. 이것은 자립의 전망을 분명히 가지지 못한 기존의 마을만들기와 사회적경제 관련 사업에 대한 반성의 의미도 담고 있다. 현재 지자체별로 협동과 공동체를 내세운 다양한 사업과 활동들이 사회적으로 크게 주목받고 있는데, 그 배경에는 직접 다루기에는 부담스러운 중요 사회 현안들을 시민사회 민간 영역의 힘을 빌려 해결하고자 하는 행정의 욕구와 열악한 재정 여건으로 외부로부터의 지원 자원을 통해 운동적 과제를 해결하고자 하는 시민사회 민간 주체들의 필요가 서로 만나 만들어 낸 증폭 효과가 분명히 존재하고 있기 때문이다(정규호, 2012a: 77).

사실 협동조합을 포함한 사회적경제 영역은 오랜 역사를 가지고 있지만, 특히 20세기 후반 신자유주의적 시장경제 체제가 급속히 확장되면서 새롭게 주목받기 시작했다. 이들은 경제적 약자의 권리증진에 초점을 맞추었던 전통적 모델과 달리 시민사회의 활력을 바탕으로 한 지역사회 전반의 지속가능성과 공동체적 실천을 강조하고 있는데, 이것을 '새로운 사회적경제(New Social Economy)'라고 부른다(Neamtan, 2005; Restakis, 2006). 즉, 초기 협동조합이 산업자본주의의 독과점에 따른 폐해를 극복하고 생활의 문제를 해결하기 위해 등장했다면, 지금은 세계를 무대로 매력적인 투자처를 찾아다니는 금융자본주의의 파괴적인 위력으로 지역이 총체적으로 위협받고 있는 만큼, 지역사회 구성원들 상호 간의 협력을 촉진하고 사회경제적 환경을 새롭게 개선해 나가는 데 있어 협동조합의 역할에 새롭게 주목하기 시작했다(Majee and Hoyt, 2011: 49). 따라서 오늘날 협동조합은 조합원의 필요와 욕구를 충족시키는 전통적인 역할을 넘어서 상호 신뢰와 조직화된 힘을 바탕으로 지속가능한 지역사회를 만들어 가는 역할자로서 요구받고 있으며(Nadeau and Wilson, 2001: 65), 협동조합 7원칙에 포함된 '지역사회에 대한 기여' 또한 이러한 문제의식을 담고 있는 것이다.[17]

지역사회의 공동체적 발전에서 협동조합에 거는 기대와 역할은 '지역 자원의 효과적인 결집과 연결', '지역의 자립과 주체성 확립', '지역적 통합과 공동체성 강화', '지역정체성과 정착성 강화', '위기에 대한 대응능력과 문제해결 역량 강화' 등 다양하다(정규호, 2012a: 68-69). 지역에서 공동체를 만들어 내는 힘은 지역의 생활 주체들이 돌봄

17 협동조합의 '지역사회에 대한 기여'는 1995년 국제협동조합연맹(ICA) 창립 100주년 기념 대회를 맞아 개정된 협동조합 원칙에 새롭게 포함된 것으로, 2010년에 개정된 우리나라의 생협법에도 이 내용을 생협의 주요 역할로 담고 있다.

노동, 보건 및 의료, 교육 및 문화, 주택, 환경 등 지속가능한 생활과 관련한 구체적인 삶의 문제를 민주적이고 협동적으로 해결하는 과정에서 나올 수밖에 없다. 이 점에서 협동조합은 지역에 개별적으로 분산되어 있어 영향력을 발휘할 수 없는 (인적, 물적) 자원들을 효과적으로 발굴하고 결집시켜 지역사회의 종합적인 발전에 의미 있게 활용될 수 있도록 해 줄 수 있다(Zeuli and Radel, 2005: 43).

또한 협동조합은 다양한 가치와 삶의 동기를 가진 자유로운 개인들이 모여서 서로 경쟁적으로 살아가는 현대 도시에서 공동체성을 확장시키는 매우 유의미한 방식이자 수단이 될 수 있다. 사람들 간의 상호작용을 통한 신뢰를 바탕으로 네트워크를 향상시켜 '관계의 질'을 높이는 데 있어 협동조합이 의미 있는 역할을 할 수 있다는 것이다(Majee and Hoyt, 2011: 52). 나아가 협동조합은 지역사회에서 사회적 관계의 폭을 확장시켜 정부나 민간단체들이 제공하지 못하는 영역에서 지속적인 일자리와 소득을 만들어 내어 지역주민이 지역을 떠나지 않고 살 수 있도록 해서 지역의 공동체성을 높이는 역할도 한다. 실제로 협동조합이 발달한 지역에서 주민의 출자로 질 높은 일자리를 만들고 그 수익을 지역에 다시 순환시켜 지역 자립기반을 높임으로써 지역사회의 공동체성을 높인 사례들을 확인할 수 있다.

이처럼 다양한 영역의 주체들이 네트워크 방식을 통해 뜻과 힘을 함께 모으고, 상호 신뢰와 상부상조를 바탕으로 필요 자원들을 효과적으로 연결시키며, 생활과 밀접한 재화와 서비스를 지속가능하게 생산해 냄으로써 도시 또는 지역사회 전체의 자립기반을 높이는 노력은 도시공동체 운동에서 매우 중요한 의미가 있다.

Ⅳ. 협력적 대안모델로서 도시공동체 운동 사례

1. 서울시의 민관협력 거버넌스를 통한 도시공동체 운동

1) 인구 1천만의 대도시 서울이 꿈꾸는 마을공동체

인구 1천만의 거대도시 서울에서 '공동체' 바람이 불기 시작했다. 2011년 10월 재보선을 통해 박원순 서울시장이 등장하면서 서울의 도시 행정과 정책 등 공공영역은 물론 풀뿌리 시민단체 등 민간영역에서도 공동체가 주요 관심사로 등장했으며, 이것이 일시적인 현상에 그치지 않고 시간이 지날수록 시민의 관심과 참여를 점점 더 증대시키고 있다.

박원순 시장은 취임 직후부터 서울시가 당면한 제반 문제들을 해결하는 데 있어 마을 단위의 공동체가 가지고 있는 역할과 가능성에 주목했다. 서울에서 발생하는 많은 사회문제가 공동체가 무너진 데서 비롯되었다고 진단하고 '마을공동체 지원 사업'을 서울시 15대 시정과제에 포함시켰다(서울특별시 외, 2013). 서울시가 마을공동체를 중요하게 생각하게 된 데는 뉴타운과 재개발, 초고층형 재건축을 중심으로 해 오던 기존의 도시계획 및 개발 방식에 대한 반성이 자리하고 있다. 즉, 지역의 주거 생태계와 전통, 공동체성을 해체하고 파괴하는 전면철거형 정비 사업 방식으로는 더는 도시의 지속가능성과 시민의 삶의 질을 보장해 줄 수 없다는 판단하에 마을공동체를 새로운 대안으로 모색하게 된 것이다.

개발 중심의 도시정책을 통해 도시의 공간을 가장 신속하게 경제성이 높은 곳으로 변모시키는 데 앞장서 온 대표적인 곳이 서울이다. 그런데 '압축적'으로 이루어진 서울의 공간변화가 역사와 문화, 생태적 가치는 물론이고 결국에는 사람들의 사회적 관계와 정주성(定住性)

까지 훼손시켜 버린 현실에 대해 반성이 일어나기 시작했다. 이 점에서 박원순 시장 취임 이후 현재까지 펼쳐지고 있는 서울시의 마을공동체 관련 각종 정책과 사업들은 도시 정책의 새로운 변화의 차원을 넘어서 도시에 대한 인식과 도시적 삶 자체를 새롭게 하기 위한 패러다임 전환의 측면에서 바라볼 필요가 있다. 이것은 서울시의 마을공동체 활동들이 가지고 있는 의미에 대해 서울시 마을공동체위원회 위원장 조한혜정 교수의 이야기에서도 확인할 수 있다.

> 마을공동체는 서울시의 주요 정책 중 하나가 아닙니다. 애벌레가 나비가 되는 식의 패러다임 전환을 주도하는 총체적 도약을 위한 활동입니다. … 우리들의 이러한 노력이 그간 하드웨어에 치우쳐 온 서울의 '토건국가살이'를 행복한 '마을살이'로 전환해 낼 수 있기를 바랍니다. 더 나아가 출구가 보이지 않는 전 지구적 살이에 새로운 출구를 제시할 수 있기를 바라고 있습니다(서울특별시, 2014: 8-9).

경쟁과 배제, 단절과 소외에 따른 '도시살이'의 삭막함을 대표해 온 서울에서 공동체적 삶을 꿈꾸기 시작한 것은 실로 놀라운 변화다. 2012년부터 본격적으로 시작된 마을공동체 사업은 3년 차인 현재 서울시와 자치구의 행정 영역은 물론이고 각 지역과 마을 단위에서 풀뿌리, 주민자치, 생활협동 등 시민사회 영역에서도 의미 있게 자리하고 있으며, 특히 일반 시민에게도 마을공동체에 대한 인식이 점차 확산되고 있다.[18]

18 2012년 8월 서울시 마을지원센터가 설립된 이후 2013년 말까지 마을공동체에 사업에 참여한 서울의 주민은 약 5만 5천여 명에 이른다(서울시마을공동체종합지원센터, 2014).

하지만 근대화, 도시화 과정을 이끌어 온 특성들이 농축된 서울이라는 도시 속에서 마을공동체 운동은 기존의 관계와 관성, 습관을 새롭게 바꿔 내는 일이다. 그만큼 지속적이고 집중된 노력이 없이는 성과를 이뤄 내기가 쉽지 않다. 꿈을 현실로 바꿔 내기 위해서는 개별 단위와 영역의 경계를 넘어서 서로가 가진 경험과 지혜를 효과적으로 모아 내고 새로운 차원을 열어 나가는 비전과 전략, 실천 노력이 있어야 할 것이다.

2) 꿈을 현실로, 마을공동체를 향한 입체적 노력

(1) 등장 과정

서울에서 마을공동체에 관심이 등장한 것은 2000년대 초로 거슬러 올라간다. 2000년대 초 서울시정개발연구원의 주민참여형 마을만들기 사례연구, 북촌의 한옥마을만들기 사업, 2008년부터 시작된 '살기 좋은 마을만들기' 지구단위계획 시범사업, 2010년의 서울시 마을만들기 지원제도 연구 등이 있었다(서울시마을공동체종합지원센터, 2012a: 62-75). 하지만 서울시 전체 차원에서 마을과 공동체에 관한 관심이 전면으로 등장한 것은 역시 박원순 시장이 당선되면서부터다. 박 시장 당선과 함께 서울 지역에서 활동해 오던 민간단체 활동가들이 모여 서울시의 마을공동체에 대한 비전과 실천 방안에 대해 논의를 시작했고, 그 결과를 담아 보고서를 작성해 박원순 서울시장을 비롯한 서울시 관계자들과 공유하면서 서울시의 주요 정책과제로 마을공동체 사업이 자리잡게 되었다.

주목할 점은 서울시의 마을공동체 사업과 관련하여 초기 논의 과정에 참여했던 민간 주체들이 자신들의 현장 경험을 토대로 '사람', '현장', '과정'을 마을공동체 사업의 원칙으로 내세웠다는 점이다. 즉,

'사람중심' 원칙으로 성과주의에 경도된 사업 중심의 한계를 극복하고 마을을 만들고 살려 내기 위한 마을일꾼을 길러 내야 하고, '현장중심' 원칙으로 현장 실정과 준비 정도에 맞게 마을 스스로 사업을 결정하고 진행해야 하며, 마을은 어떤 것이라는 답이 있는 것이 아닌 만큼 '과정중심' 원칙으로 의제 설정과 계획, 실행 및 평가까지 전 과정 자체를 성과보다 더 중요하게 고려해야 한다는 것이다. 이런 원칙은 서울시의 지원을 통해 이루어지는 마을공동체 사업이 행정의 제도적 관성에 빠져 민간의 자율성과 활력이 상실되는 우려를 극복해 내는 데 중요한 시사점을 제공해 주고 있다.

(2) 현황과 내용

서울시는 2012년부터 마을공동체 육성을 위한 기반 조성과 함께 본격적인 활동을 시작했다. 2012년 2월에 "주민자치의 실현과 민주주의의 발전에 기여하기 위해 주민이 주도하는 마을공동체 만들기를 지원하는 데 필요한 사항을 규정함"을 목적으로 한 서울시 마을만들기 지원조례가 제정되어 마을공동체 사업을 추진할 법적 근거를 마련했으며, 주민, 전문가, 공무원, 시의원으로 구성된 '서울시 마을공동체 위원회'를 설치해서 마을공동체 만들기 정책 및 사업을 심의하고 발전방향을 자문하도록 했다. 또한 마을공동체를 담당하는 행정기구로 광역인 서울시에 마을담당관실을 설치하고, 자치구에도 '마을과(팀)'를 만들도록 했다. 또한 2012년 8월에는 서울시의 마을공동체에 대한 중간지원조직으로서 '서울시마을공동체종합지원센터'를 만들어 운영하면서 2012년 한 해 동안 총 725억 원의 예산을 편성해 마을공동체와 관련한 35개 사업을 진행했다.

이런 경험을 토대로 2013년부터는 생활 현장에서 주민이 함께 겪고 있는 문제를 주민이 직접 힘을 모아 풀어 나가는 마을공동체 활동에 대한 분야별 지원에 주력했다. 2013년에는 부모와 아이가 행복한 서울을 위한 '부모커뮤니티', '공동육아', 각 주거형태에 맞추어 공동체 활동을 촉발하는 '아파트 마을공동체', '다문화 마을공동체', '상가 마을공동체' 등 총 15개 분야에 대해 주제 및 단계별로 맞춤형으로 지원되었다. 주민의 다양한 현장 수요를 충족시키기 위해 공간과 활동에 대한 제한 없이 참여할 수 있는 '주민제안 사업'을 새로 신설해 총 151개 주민모임에 24억 원을 지원했다. 그 결과 사업 참여자들도 기존의 '단체'보다 일반 시민 중심의 '주민모임'이 크게 늘어 주민모임 참여비율은 전년 26.7%에서 67.6%로 대폭 확대되었다.[19]

이 밖에도 서울시는 일반 주민을 마을활동가로 양성하는 다양한 교육프로그램을 마을공동체 종합지원센터를 통해 운영하고 있다. 신청 지역에 강사를 파견해 주민이 마을공동체 사업을 추진할 수 있는 기본 정보를 알려 주는 '찾아가는 마을공동체 교육', 마을활동가를 양성하는 '초보, 전문활동가 양성교육', '청년활동가 양성교육' 등이다.

2013년 기준으로 서울시의 마을공동체 사업 및 예산 내역을 살펴보면 〈표 2-4〉와 같다. 2012~2013년까지는 주로 마을공동체에 대한 주민의 관심을 높이고 사업과 활동을 책임지고 이끌어 갈 수 있는 주체를 발굴하고 길러 내는 데 초점을 맞추었다면, 2014년부터는 성장한 주민의 역량을 바탕으로 더 많은 사람이 함께 마을공동체를 만들고 확장하는 방향으로 무게중심을 이동시키기 시작했다. 이를 위해 2014년부터 시민이 마을공동체 사업에 쉽게 참여할 수 있도록 사업 신청과 처리절차를 쉽고 간편하게 개편하고, 마을 상황에 맞추어 지원 사업에 참여할 수 있도록 사업 폭도 확대했다. 또한 그동안 마을공

19 2012년의 경우 주민제안 사업이 단체 701건, 주민 256건으로 단체신청이 많았는데 2013년이 되자 단체 724건 주민 1,509건으로 변화되었다.

〈표 2-4〉 서울시 마을공동체 사업 및 예산 내역(2013년) (단위: 백만 원)[20]

구분	내용	
〈주민제안 사업〉 • 15개 분야 • 17,390(87.5%)	돌봄공동체	부모커뮤니티(1,000), 공동육아(610), 다문화 마을공동체(100), 청소년 휴카페(500)
	문화공동체	마을미디어(615), 마을예술창작소(1,481), 마을북카페(2,500), 한옥 마을공동체(73)
	경제공동체	마을기업(4,798), 상가 마을공동체(300)
	주거공동체	아파트 마을공동체(1,301), 안전마을(1,000), 에너지자립마을(300)
	수시공모형 사업	주민제안 사업(2,430), 우리마을 프로젝트(382)
〈기반조성 사업〉 • 6개 분야 • 2,490(12.5%)	아카이브 구축(110), 마을박람회 개최(179), 마을공동체 교육(307), 사례발굴 확산(318), 마을공동체종합지원센터 운영(1,353), 주민제안 사업 현장조사 등(211)	

동체와 관련한 사업계획을 행정 영역에서 만들고 시민이 여기에 참여하도록 안내하는 방식이었다면, 마을공동체 관련 사업 설계와 평가 과정에 대한 참여는 물론 마을계획도 주민 스스로 수립할 수 있도록 변화를 주었다. 마을계획은 법정계획이 가진 내용적 한계를 마을 주민의 참여를 통해 보완하고 해결하는 통합적 기본계획의 성격을 가지고 있는데, 이런 노력들이 실제로 지속가능한 방향으로 성과를 만들어 낼 것인지는 좀 더 지켜볼 일이다.

(3) 사회-경제-공간의 결합을 통한 공동체 만들기

오늘날 도시가 필요로 하는 바람직한 공동체는 경제적 자립과 돌봄, 배움, 소통, 치유 등 통합적인 마을살이가 가능한 곳이다. 그러기 위해서는 생활공동체, 주거공동체, 자립과 협동의 경제공동체, 학습과 문화

---

20 서울특별시(2014), 26쪽을 참조하여 재구성함.

공동체, 돌봄과 치유의 공동체 기능이 함께 만나야 한다. 그런 점에서 서울에서 시도되는 마을공동체 역시 삶에서 필요한 과제들을 개인이 홀로 떠안고 살아가는 것이 아니라 도시 속에서 일상의 관계 회복과 생활세계 혁신으로 지역을 재구성하는 차원에서 공동체 운동의 의미를 새롭게 확인할 필요가 있다(유창복, 2014: 37).

이와 관련해서 서울에서 펼쳐지고 있는 마을공동체 관련 대표적인 사업들을 살펴보면 다음과 같다.

① 돌봄과 교류의 공동체 운동

지역 내 자녀문제 해결을 위한 부모 모임 및 활동을 지원해서 부모 커뮤니티를 활성화하고자 노력하고 있다. 부모커뮤니티 활성화 차원에서 2012년 140개 모임에 약 5억 3천만 원의 예산을 지원했으며, 2013년에는 212개 모임에 8억 원의 예산을 지원했다. 또한 공동육아로 사회적 돌봄을 실현하는 '공동체 돌봄센터'를 지원함으로써 공동 돌봄을 통해 주민 간 관계망을 회복하고자 하고 있다. 관련 사업으로 2012년 15개 공동체에 1억 2백만 원을 지원했고, 2013년에는 26개 공동체에 약 4억 6천만 원으로 지원을 확대했다. 한편 영등포와 금천구의 외국인 밀집지를 시범사업지로 지정해 다문화 마을공동체 활성화를 위한 활동들을 지원하고 있으며, 청소년 전용 '쉼' 공간으로 청소년 휴(休) 카페를 23개소 조성해 청소년의 공동체 활동을 지원하는 일도 하고 있다.

② 자립과 협동의 공동체 운동

도시 속 마을공동체가 지속가능하기 위해서는 자립 기반이 중요하다. 따라서 서울시는 지역공동체의 관점에서 마을기업을 활성화시키는 정책을 펴고 있다. 마을기업은 고용노동부의 사회적기업과 차별화된 형태로 안전행정부(당시 행정안전부)가 정부의 사회적경제 육성정책 가운데 하나로 추진되어 오던 것인데, 마을기업의 선정 요건으로 마을 주민 출자가 총 사업비의 10% 이상을 차지하고, 출자 주민이 의사결정구조에 참여하도록 한 점, 그리고 마을기업이 지역자원을 활용한 사업을 통해 수익을 창출하도록 하고, 수익 사업이 지역상권과 충돌되지 않도록 하며, 고용 인력의 70% 이상을 해당 지역주민을 고용하도록 한 점은 지역공동체의 활성화 측면에서 마을기업의 역할을 바라보고 있음을 잘 나타내고 있다.

서울시와 자치구 단위에서 '사회적경제지원센터'를 설치해 운영하면서 창업 이전 단계에서부터 마을 주민이 공동체를 이루도록 지원하고, 다양한 수준별 교육을 통해 진입 폭은 넓히되 구체적인 창업 단계에 가서는 지원 폭을 좁히는 소위 '깔때기' 형태의 지원구조를 설계해 운영하고 있다. 서울시는 그동안 마을기업을 2010년 9개, 2011년 65개, 2012년 12개, 2013년 26개를 선정하고 최대 8천만 원의 사업비를 지원해 왔다. 서울시는 2014년에도 지속가능한 마을기업을 선정해 사회적경제 생태계 조성과 지역경제 활성화에 도움을 주고자 총 65곳의 마을기업에 총 30억 7,200만 원(국비 포함)을 지원했다.

③ 학습을 통한 배움의 공동체 운동

마을이 가진 교육기능에 대해서는 마을공동체를 꿈꾸는 사람들이 오랫동안 이야기해 왔지만, 2014년 하반기에 들어서 서울시장과 서울시 교육감이 협약을 통해 '마을학교'가 구체적인 정책 과제로 자리 잡기 시작했다. 마을공동체의 활성화 차원에서 마을 교육 기능이 중요하게 결합되어야 한다는 측면과 마을이 공동체적인 공간으로 재구성되면 이것을 교육 활동으로 긴밀하게 연결시킬 필요가 있다는 측면이 함께 작용한 것으로, 마을 단위로 교육생태계를 만들어 가는 데 초점이 모

〈표 2-5〉 마을학교를 위한 단계별 지원 계획

단계	지원 초점	지원 규모
인큐베이팅	주민모임 교육 및 워크숍 지원	총 2억 원(개당 2백만 원, 총 100개소)
씨앗기	커뮤니티 조성 지원	총 6억 원(개당 2천만 원, 총 30개소)
성장기	마을학교 운영 활동 지원	총 5억 원(개당 5천만 원, 총 10개소)
안정기	마을학교 안정과 확장	총 3억 원(개당 1억 5천만 원, 총 2개소)

출처: 필자 작성

이고 있다. 마을이 가지고 있는 다양한 자원과 참여와 돌봄, 배움의 기능이 유기적으로 어우러질 때 마을공동체도 더욱 발전할 수 있을 것이다. 이와 관련해서 마을학교를 선정하고 지원하는 기준 역시 마을의 역량을 고려해 단계별로 설계하고 있다(표 2-5 참조).

④ 자원공유를 통한 지속가능한 공동체 운동

공유를 통한 운동 역시 도시공동체 운동에서 중요하게 고려해 볼 대목이다. 서울시는 2012년 9월에 '공유도시 서울 선언'을 하고, 공유촉진위원회 구성과 온라인 플랫폼 등을 운영하고 있다. 그동안 서울시는 35개의 공유단체 및 공유기업을 지정하고 사업비 2억 6천만 원을 지원했으며, 시범사업으로 '승용차 공동이용(나눔카) 서비스'와 '공공시설 유휴공간 개방'을 실시하여 현재 서울시와 자치구의 공공시설 736개소를 이용 대상으로 개방하고 있다.

(4) 거버넌스를 통한 입체적 지원체계 구축 및 운영

마을공동체를 이루기 위해서는 도시를 구성하는 각 부문과 영역의 경험과 자원을 효과적으로 연결시키고 모으는 역할이 필요하다. 서울시가 마을공동체 사업의 활성화를 위해 다양한 영역의 주체들이 참여하는 거버넌스 체계를 구성해 운영하는 것도 이 때문이다(그림 2-2 참조).

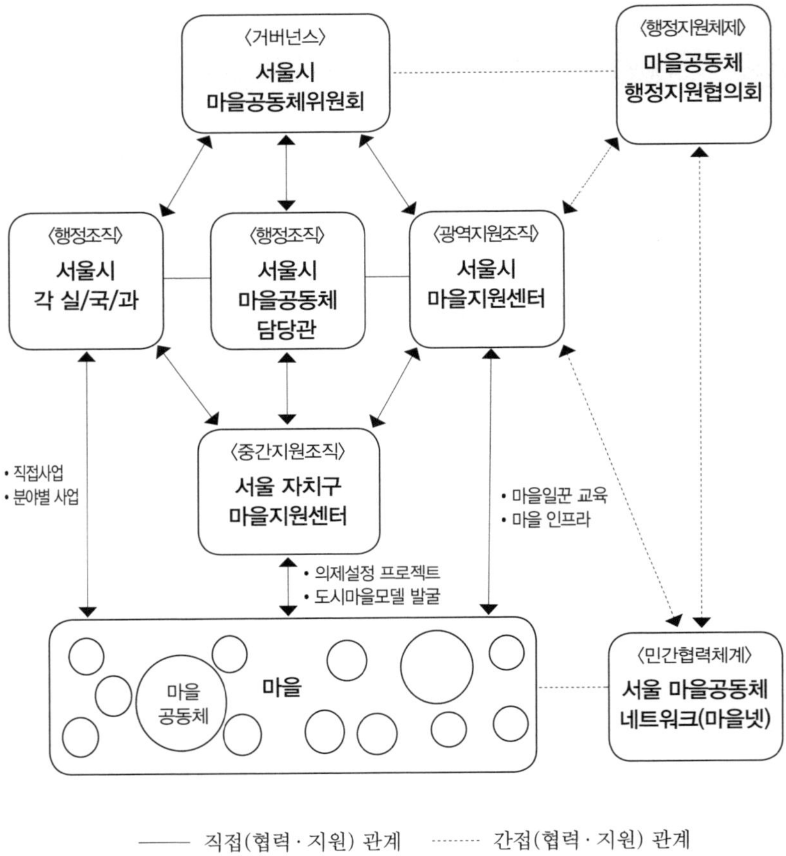

〈그림 2-2〉 서울시 마을공동체를 위한 거버넌스 체계[21]

서울시의 마을공동체를 지원하기 위한 거버넌스 체계로서 우선 '서울시마을공동체위원회'를 들 수 있다. 마을공동체위원회는 서울시 마을공동체 사업의 최상위 심의 기구로, 정무부시장과 민간대표가 공동위원장을 맡고 있으며, 행정부서 실국장과 민간위원이 동수로 참여

21 서울시마을공동체종합지원센터(2012b), 70쪽 참조.

하고 있다. 행정 영역에 들어가서 마을공동체 사업을 뒷받침하는 역할을 맡고 있는 '마을공동체담당관'을 공채를 통해 민간 출신으로 뽑은 것도 거버넌스의 가치를 일정 정도 반영한 것으로 볼 수 있다. 한편 서울시 마을공동체 사업을 실질적으로 기획하고 진행하는 중간지원조직도 거버넌스의 한 모습이라 할 수 있는데, 광역단위로 '서울시 마을공동체종합지원센터'를 두어 관설민영(官設民營) 형태로 운영하면서, 행정과 주민 간의 상호 협력을 매개하고 촉진하는 역할을 부여하고 있다. 또한 자치구별로도 마을공동체 활성화를 지원하는 센터가 필요한데 현재 성북, 금천, 도봉구에 마을지원센터를 운영하고 있다. 자치구지원센터가 없는 자치구의 경우 민간 차원의 중간지원 그룹으로 '마을생태계지원단'을 두고 서울시와 마을공동체종합지원센터, 자치구와 주민을 서로 연결하면서 마을공동체 활성화를 위한 역할을 맡기고 있다. 또한 자치구별로 '마을넷'을 두고 있는데, 이 역시 민간영역 차원의 협의기구로서 의미가 크다. 마을넷에는 마을공동체에 관심을 둔 시민과 단체, 전문가들이 네트워크 구성원으로 참여하고 있으며, 이들이 민간 영역의 대표성을 가지고 행정과 협력 파트너로 필요한 역할을 하고 있다. 마을넷은 단체 간 협의체 방식이 아니라 개인 자격으로 참가하는 것을 원칙으로 하고 있으며, 현재 은평, 강북 등 17개 자치구에서 마을넷이 만들어져 운영되고 있다.

(5) 주민 참여 확대와 역량 강화를 위한 맞춤형 지원

마을공동체는 결국 그것을 원하고 이루고자 하는 사람이 있을 때 가능하다. 하지만 치열한 경쟁 속에서 바쁘게 살아가는 지금의 도시민들로서는 마을공동체에 대한 경험도 역량도 매우 부족할 수밖에 없다. 따라서 이것을 마을공동체에 대한 꿈을 모으고 실천하는 것을 가까이서 돕는 사람들이 필요하다. 이런 점에서 서울시는 마을공동체

기본계획을 발표하면서 2017년까지 마을활동가 3,180명을 육성하겠다는 계획을 발표하고, 마을활동가 발굴과 육성을 위한 다양한 프로그램들을 운영하고 있다. 마을활동가는 마을에서 공동체를 일구는 과정을 돕는 강사, 상담원, 컨설턴트, 멘토 등을 말한다.

한편 마을공동체를 위해서는 결국 마을에서 살아가는 사람들의 관심과 참여를 이끌어 내는 것이 관건이다. 이와 관련해서 서울의 마을공동체 사업은 몇 가지 새로운 시도를 하고 있다.

우선 시민을 대상으로 한 마을공동체 사업에 대한 주민 참여의 기회를 넓히기 위해 사업신청 주체의 자격을 기존의 단체나 조직 중심에서 벗어나 주민 3인 이상이면 누구나 신청할 수 있도록 열어 놓았다. 또한 접수 방식도 수시접수 제도를 운영해 마음의 준비가 되면 언제든지 사업 제안이 가능하도록 했다. 그뿐만 아니라 예산지원 방식도 '포괄 예산제'를 도입해 현장의 특성과 사업 여건에 따라 예산 사용의 경직성을 풀어 준 점도 의미 있는 변화라 할 수 있다. 마을공동체 사업 담당자들은 맞춤형 수시공모 지원 방식을 '배식'에서 '뷔페식'으로, 포괄 예산제의 도입을 '꼬리표예산'에서 '바구니예산'으로 바뀌었다고 이야기한다(서울시마을공동체종합지원센터, 2012b).

또한 마을공동체의 목적과 특성을 반영한 평가 방식도 중요한데, 서울의 경우 공모사업 심사에 서면과 면접, 현장심사 방식 외에 주민참여 심사를 도입하여 의미 있는 성과를 거둔 바 있다. 2013년에 실시한 우리마을 프로젝트 사업 101건 중 27건에 대해 주민참여 심사 방식을 도입해 사업을 제안한 주민이 자신의 사업을 설명하고 질의응답하는 방식으로 진행하여 심사 과정에 상호 학습과 고류의 기회를 넓히고, 결과에 대한 순응성도 높였다는 평가가 나오고 있다. 따라서 마을공동체 사업에 과정과 사람의 성장을 고려한 평가, 질적 평가를 위한 지표와 방식을 확대하는 방안을 고민하고 있다.

〈표 2-6〉 마을공동체 사업 추진 단계

구분	1단계 씨앗기	2단계 새싹기	3단계 성장기
목표	마을공동체 초창기 주체 형성	활동 주체 중심의 마을계획 수립	종합적인 마을계획 수립 및 실행
신청 자격	주민 3인 이상	주민모임 2개 이상	주민모임 2개 이상
지원 한도	최대 150만 원	최대 500만 원	최대 2,000만 원

출처: 서울특별시(2014)

지금과 같은 도시환경 속에서 마을공동체를 이루기 위해서는 주민의 관심과 참여를 자신감과 책임감으로 연결시킬 수 있도록 역량을 강화할 필요가 있다. 이를 위해 서울의 마을공동체 추진 주체들은 '맞춤형 컨설팅'을 통한 지원 체계를 마련해 운영하고 있다.

공모사업의 경우 주민제안 사업에 대한 선정과 예산지원의 차원을 넘어 사업신청 전 단계에 현장조사와 상담 등을 통한 지원 기능을 배치하고, 나아가 사업 선정 후에도 계획대로 사업이 원활히 진행될 수 있도록 컨설팅을 하고 있다. 이처럼 사업 전 과정에서 단계별 지원 시스템을 구축함으로써 마을공동체 사업에 대한 주민의 자발성과 책임성을 높이고자 하고 있다. 한편, 이런 맞춤형 지원 체계는 개별 사업단위를 넘어서 마을공동체 사업 전반에 대해서도 성장 단계별 특성을 고려한 지원 기능을 설계해 운영하고 있다. 주민의 역량에 따라 마을공동체 사업의 단계를 크게 '씨앗기', '새싹기', '성장기'로 구분하고 단계에 따라 지원 규모와 방식을 달리하고 있다(표 2-6 참조).

초기 단계인 씨앗기의 경우 마을공동체의 씨앗 역할을 하는 주민모임을 만드는 데 초점을 맞추고 있는데, 주민이 서로의 필요를 해결해 가는 과정에서 모임을 형성하고 발전해 갈 수 있도록 지원하는 것이 주요 내용이다. 새싹기는 주민모임을 통해 주민의 필요와 마을의 문제를 발견하고 사업계획을 세워 해결을 위해 노력하는 단계로, 지원 대상에는 공간조성과 공간운영을 위한 활동비도 포함되며 지원 기간도 최대 3년까지다. 성장기는 그동안 축적된 경험을 토대로 주민 스스로 마을공동체 형성을 위한 종합적인 계획을 수립하고 실행해 나가는 단계로, 지원 내용과 방식도 여기에 초점을 맞추게 된다(서울특별시, 2014: 232-233).

3) 서울의 사례가 주는 시사점

우리나라의 수위(首位) 도시로서 서울이 가지고 있는 위치와 영향력을 고려할 때 인구 1천만의 거대도시[22] 서울에서 마을공동체 사업을 통해 시도되는 변화들은 앞으로 우리나라 도시 전반의 정책과 운동 영역에 상당한 영향을 미칠 전망이다. 그만큼 서울시의 도시공동체 운동이 서울시만의 경험으로 남지 않고 공동체적 삶을 꿈꾸는 전국의 많은 지자체와 도시민들에게 바람직한 영향을 줄 필요가 있다.

마을공동체 사업에 대한 설문조사 결과를 보면,[23] 다양한 지원제도가 주민이 마을지원 사업에 접근하는 데 도움이 되었다는 응답을 했는데, 주민 3인 신청 가능 제도에 대해서는 응답자의 79.9%, 소액지원 사업에 대해서는 72.1%, 찾아가는 마을공동체 강좌에 대해서는 81.9%가 긍정적인 평가를 했다. 특히 주목할 부분은 마을공동체 지원사업을 통해 개인과 사회가 공동체성을 가지는 방향으로 변화하고 있다는 인식이 나타났다는 점이다(표 2-7 참조).

---

22 2011년 기준 서울시 인구는 1,052만 명으로 우리나라 총인구 4,977만 9천 명의 21%를 차지하고 있다.

23 2012년부터 2013년 9월까지 마을공동체종합지원센터에 접수된 제안서에 이메일 주소를 기입한 2,679명을 대상으로 이메일 설문조사를 진행했는데, 그중 약 16.3%인 438명이 응답했다.

〈표 2-7〉 마을공동체 사업을 통한 변화[24]

개인의 변화			사회의 변화		
내용	빈도	비율(%)	내용	빈도	비율(%)
1) 이웃과 관계 회복	62	14.2	1) 나 · 우리 · 지역사회가 서로 친밀하게 알게 됨	171	39
2) 마을리더로 성장	46	10.5	2) 지역을 위해 봉사, 참여하는 인력 양성	64	14.6
3) 삶의 질 향상과 재미, 행복한 느낌	111	25.3	3) 민과 관이 협력하는 바람직한 문화 정착	41	9.4
4) 다양한 사업수행 능력과 경험을 쌓는 기회 획득	182	41.6	4) 다양한 주민의 행정참여 및 주민자치를 성장시키는 기회 확산	134	30.6
5) 기타	15	3.4	5) 기타	8	1.8
무응답	22	0.5	무응답	20	4.6
계	438	100	계	438	100

이런 성과를 가지고 현재 서울시는 공동체에 대한 사회적 관심을 바탕으로 기존의 활동 사례와 경험을 연결하여 '마을공동체 관광상품'을 만들 계획이다. 2014년에 서울시 문화관광디자인본부는 "서울 전역에 숨겨진 마을, 골목길 등 동네 이야기를 발굴해 다양한 관광자원을 개발하고, 동네관광상품을 운영하겠다"고 밝혔다. 5개 자치구를 선정해 대표적인 마을공동체를 중심으로 '서울 속 마을여행' 프로그램을 개발해 관광 상품과 연결시키겠다는 발상이다. 하지만 이런 성과가 더 지속적이고 확장되기 위해서는 해결해야 할 과제가 적지 않음을 확인할 수 있다.

24 서울시마을공동체종합지원센터(2013), 38쪽의 〈표 3-7〉과 〈표 3-8〉을 통합함.

(1) 마을공동체 관련 예산과 지원 구조에서의 변화

서울시가 마을공동체 활성화를 주요 정책으로 삼고 있지만, 사업을 시작하던 2012년에 비해 해가 갈수록 관련 예산 규모는 점점 줄어들고 있는 상황이다.[25] 서울시가 당면한 도시적 문제들을 마을공동체를 통해 해결한다고 했지만, 실제 해당 사업의 연간 예산은 시 전체 예산의 0.1%에도 미치지 못하는 수준이다. 또한 보조금을 통해 마을지원사업이 이뤄지다 보니 사업에 대한 책임을 주민과 공무원이 함께 지는 구조에서 발생하는 불편함이 제기되고 있다. 예산지원 방식의 변화와 함께 행정의 마을화가 필요하다는 의견이 나오고 있는 실정이다.

한편 마을공동체 지원은 자치구 자율성을 살릴 수 있는 방향으로 이루어져야 한다. 마을이라는 기초 생활권에 밀착해서 해당 지역주민이 활동의 주체로 설 수 있을 때 마을공동체도 제대로 뿌리내릴 수 있다. 그만큼 자치구 단위의 역할이 중요하다. 하지만 마을공동체 지원사업에 대한 서울시 보조금 대부분이 자치단체경상보조금으로 지원되는 현실에서는 자치구의 보조금 사용에 대한 서울시의 영향력이 클 수밖에 없고, 그만큼 자치구의 자율성은 약해진다는 문제가 제기되고 있다. 마을공동체 지원 사업이 서울시의 직접지원 방식이 중심이 되고 자치구는 사업비를 교부해 주는 창구 정도로 전락할 가능성에 대한 우려를 해소시키는 노력이 필요하다.

---

25 서울시의 마을공동체 관련 예산이 2012년에는 35개 사업에 725억 원이 편성되었으나, 2013년에는 21개 분야에 약 200억 원의 예산이 사용되었고, 2014년에는 16개 분야에 약 160억 원의 예산이 사용되었다.

(2) 기초 생활권 단위의 중간지원조직

개인화된 사람들이 살아가는 익명의 도시 속에 마을을 단위로 한 공동체적 관계를 새롭게 만들어 내기 위해서는 행정과 풀뿌리 생활권 단위 사이에서 소통과 협력 관계를 매개하고 촉진하는 중간지원조직의 역할이 필요하다. 서울시는 광역단위의 사회적경제지원센터, 마을공동체종합지원센터 등을 두고 관련 활동을 지원하고 있다. 하지만 인력과 예산이 충분치 않은 자치구 차원에서 중간지원조직을 운영하는 곳은 아직 많지 않다. 따라서 사회적경제, 마을, 지역재생 등을 종합적으로 아우르면서 기초 생활권과 밀착해서 마을공동체를 효과적으로 지원할 수 있는 체계가 만들어져야 한다(서울특별시 외, 2013). 이와 함께 여성, 시니어, 청년 등 다양한 마을주체들을 발굴하고 민간 차원의 네트워크를 강화시켜 자치구 중간지원 조직과 협력체계를 만들어 마을공동체 생태계가 풍성하게 이루어지도록 할 필요가 있다.

(3) 마을공동체를 위한 실질적인 거버넌스 작동

마을공동체 사업은 행정은 물론 민간영역에서도 축적된 경험이 별로 없는 새로운 영역이다. 그만큼 민과 관의 긴밀한 협력이 중요한데, 현실에서는 상호 간 인식 차이에 따른 문제가 나타나기도 한다. 마을공동체지원센터의 기능 및 역할과 관련해 행정과 민간 주체들 간 이견으로 조례 제정 후 센터가 운영되기까지 6개월 정도 시간이 소요된 것도 그 예라 할 수 있다. 행정은 센터가 지원 대상에 대한 현장조사와 상담 등 행정 보조적인 역할을 수행하기를 바란 반면, 민간영역에서는 센터가 독립적인 중간지원조직으로서 위상을 가지고 민간주도적으로 사례 발굴과 모델을 개발하고 조사연구와 인재육성, 인프라 구축, 협력체계 구축 등의 활동을 해 나가기를 바랐기 때문이다. 마을공동체의 활성화를 위해서는 행정의 관성 변화와 민간 영역의 책임 있는 역할 수행을 통한 실질적인 거버넌스가 이루어질 필요가 있다. 구성 요건만 갖춘 형식적 거버넌스는 상호 불신과 갈등을 촉발시킬 가능성이 높다.

한편 마을공동체와 관련한 인식의 차이는 민간 영역에서도 나타나고 있어 이를 극복하기 위한 노력이 필요하다. 중간지원조직 설립과 관련해 한편에서는 풀뿌리 차원의 마을공동체 관련 역량을 기르고 자치구 차원의 중간지원조직 토대를 우선 구축하자는 입장이 있었던 반면, 다른 한편에서는 서울시 광역단위의 종합적인 중간지원조직을 통해 마을공동체 사업에 대한 서울시와의 정책협의 역량을 갖춘 후 마을단위로 기반을 조성해 나아가자는 입장이 있었다. 이런 민간영역의 인식 차이는 마을공동체 사업이 진행되는 과정에서도 다양하게 나타나고 있다.

그뿐만 아니라 마을공동체 사업을 추진하는 그룹과 지역 현장의 주체들 간에도 불편함이 나타나고 있다(서울시마을공동체종합지원센터, 2012b: 107-108). 서울시 마을공동체 사업이 시민단체 주도로 추진되고 있다는 인식이 나타나면서 서울시나 자치구 행정과 관련을 맺고 활동해 오던 기존의 민간조직과 주민자치위원들이 불만을 표현하고 있다. 이들은 서울시 및 자치구로부터의 지원금을 받는 통로가 바뀌고 담당부서도 기존의 자치행정과가 아닌 마을공동체과(전담팀)로 바뀌면서 마을공동체 사업을 기획하고 추진하는 사람들은 특혜를 받으면서 자신들은 소외되고 있다고 생각하게 된 것이다. 주민자치위원회에는 사업비 지원도 하지 않았는데 시민단체에는 마을공동체 사업을 빌미로 다양한 지원금을 주고 있다는 것이다. 따라서 일부는 마을공동체 사업을 서울시장의 지원을 받는 진보적인 사람들이 추진하는 것으로서 정치적 목적을 가진 것이라고 비판하기도 한다.

2. 원주시의 협동조합 네트워크를 통한 도시공동체 운동

도시공동체의 협력모델로서 주목해 볼 영역이 네트워크에 기반을 둔 협동조합 지역사회다. 조합원들이 공동으로 소유하고 이용하고 통제하는 협동조합들이 서로 연계하여 해당 지역사회 전체의 공동체성을 높여 나가는 데 의미 있는 역할을 할 수 있다는 기대 때문이다. '협동조합 간 협동'과 '지역사회에 대한 기여'라는 협동조합의 원칙도 있지만, 실제로 협동조합은 지역사회가 가지고 있는 다양한 자원, 즉 물리적, 경제적, 사회 · 문화적, 생태적 자원들을 유기적으로 결합시키고, 그 결과를 함께 나누면서 지역사회 전체의 필요를 해결해 나가는 데 있어 가능성과 잠재력이 크다. 협동조합이 발달한 지역사회에서 지역 전체의 자립성과 관계성, 나아가 지속가능성이 상대적으로 높다는 점은 도시공동체 운동의 새로운 가능성을 말해 준다. 이 점에서 다양한 형태의 협동조합들이 서로 긴밀하게 관계를 맺으면서 활동하고 있는 원주 지역의 사례는 도시공동체 운동의 협력형 대안모델로서 주목해 볼 필요가 있다.

1) 협동조합 도시 원주의 역사와 현황

강원도에 위치한 인구 32만의 중소도시 원주는 1960년대 중반부터 신용협동조합운동, 소비조합운동, 협동적 부락개발 사업 등을 활발히 전개해 온 협동조합운동의 뿌리가 깊은 곳이다. 그뿐만 아니라 이런 협동조합운동의 경험이 지나간 역사에 머무르지 않고 현재에도 이어져 지금은 협동조합을 통한 지역사회 공동체 만들기의 대표적인 모델 도시로 주목을 받고 있다.

2012년이 유엔이 정한 세계협동조합의 해이고 연말부터 협동조합기본법이 발효되면서 협동조합이 커다란 사회적 관심사로 등장했는데, 이런 사회적 분위기 속에서 원주에서 펼쳐 온 협동조합운동의 경험과 성과들은 높은 평가를 받고 있다. 이것은 2012년 한 해 동안 원주의 협동조합운동 내용과 방식을 배우기 위해 원주를 방문한 사람이 92개 단체 2,760명으로, 개별 방문까지 포함하면 198개 단체 약 5,000여 명에 이른다는 사실에서도 잘 나타나 있다. 현재 원주 지역에는 전체 인구의 11%에 해당하는 약 3만 5,000여 명의 조합원(중복 조합원 포함)이 네트워크를 통한 협동사회경제 영역에 참여하고 있으며, 네트워크의 연간 매출액은 약 300억 원으로 460여 명의 사람이 고용되어 일하고 있다.

이처럼 원주가 오늘날 협동조합의 대표적인 모델 도시로 자리 잡게 된 데에는 약 반세기에 이르는 오랫동안 지역사회에서 축적해 온 협동의 경험이 중요하게 작용했다. 시대적 환경 변화에 창조적으로 대응하면서 지역사회의 자발적 노력으로 다양한 방식의 협동조합운동을 만들어 온 원주의 경험은 오늘날 많은 지역에서 협동조합에 관심을 두고 적용하려는 움직임이 활발한 상황에서 여러 가지 시사점을 제공해 주고 있다.

원주 모델의 특징은 '뿌리', '전환', '토대'로 표현해 볼 수 있다. 즉, 원주가 지금까지 비교적 성공적인 모델로 평가받고 있는 바탕에는 40년이 넘는 협동조합운동의 역사를 통해 지역사회에 협동조합운동 3세대가 공존하면서 경험의 세대 간 전승이 이루어지고 있다는 점, 그러면서도 다양하고 새로운 도전들 속에서 사상적 기반을 바탕으로 기존 운동방식들을 성찰하고 지속해서 진화시켜 온 점, 그리고 사상-사업-활동은 물론 사람-돈-물품을 유기적으로 연결한 상호부조 시스템과 인프라 조성을 통해 지역자립 기반을 지속가능하게 만들고자 노력한 점 등은 원주 모델의 주요한 힘이자 특징이라 할 수 있다.

원주지역의 협동조합운동이 가지고 있는 특성을 시대별로 구분

해서 그 흐름을 살펴보면 다음과 같다.[26]

(1) 재해대책사업위원회를 중심으로 한 협동적 지역개발 사업 전개 (1960~1970년대)

원주에서 협동조합운동은 1960년대 중반부터 시작되었다. 1966년에 원주 최초로 원동성당에서 자주적 협동조합인 원주신협이 설립된 이래[27] 여러 지역에서 신협들이 만들어지고 1968년에는 협동교육연구소도 만들어 운영되었다. 그러다가 1970년대에 들어서 원주를 중심으로 본격적인 협동조합 지역개발 사업이 전개되기 시작했는데, 결정적인 계기는 1972년 8월 19일에 남한강 유역에 대홍수가 발생하자[28] '재해대책사업위원회'를 만들어 단순한 재난 구호를 넘어 협동적인 방식으로 지역 자립을 도모한 것이다.[29, 30] 재해대책사업위원회는 농촌, 광산 지역의 신협운동을 통해 고리채 문제를 해결하고, 소협운동을 통해 생활용품과 농자재 등을 공동구입하는 활동을 펼쳤으며, 이 외

---

26 원주협동조합운동의 흐름과 변화를 농촌 농민문제 해결을 위해 신협과 소협운동을 펼친 '발흥기'(1970년대 초~1980년대 초), 친환경농산물 직거래에 기반을 둔 생협운동을 펼친 '정착기'(1980년대 중~1990년대 후), 협동조합 간 협동과 지역사회 기여 활동을 한 '확장기'(1990년대 초~현재)의 3단계로 구분하기도 한다(서성진, 2010).

27 원주신협의 설립 정신은 "고리채로부터 농민과 소상인을 보호하고 자본주의 모순 속에서 사람답게 사는 공동체를 만들자"는 당시 구호에서도 잘 나타나 있다.

28 남한강 유역 집중호우로 강원 · 경기 · 충북 3도 13시군 87읍면에 걸쳐 수재민 14만 5천 명, 주택 2만 2,967동, 농경지 1만 9,645정보에 달하는 막대한 피해를 입었다.

29 지학순 주교의 노력으로 국제 카리타스와 서독주교단으로부터 총 291만 마르크(당시 약 3억 6,000만 원)의 막대한 재원을 받은 것이 계기가 되어 1973년 재해대책사업위원회가 만들어져 협동적 지역개발사업들을 펼쳐 나갔다. 재해대책사업위원회는 이후 사회개발위원회(1979), 원주교구 사회사업국 사회개발부(1983), 사회선교국(1990)을 거쳐 1993년 해산에 이르기까지 20여 년간의 활동을 통해 지역사회에 협동조합운동이 뿌리를 내리는 데 중요한 역할을 했다.

30 김용우는 "이 사업에는 협동조합연구소를 중심으로 활동해 온 협동조합운동가들이 결합했고 단순한 구휼사업이 아니라 마을단위의 공동체 운동과 자립, 협동조합운동을 병행했다"고 밝히고 있다(2002: 20).

에도 주민의 자발적 참여를 통한 생산협동체, 이용협동체 등을 만들어 협동적 부락개발 사업을 전개했다. 여기에는 당시 지학순 원주 교구 주교와 장일순 선생 같은 뛰어난 지도자들의 역할이 컸다.

(2) 협동조합운동의 노선 전환과 새로운 모색(1980년대 초)

원주가 구심점이 되어 전개하던 협동조합운동은 1970년대 말에 새로운 모색을 하게 된다. 급속한 도시화, 산업화로 농촌 지역이 과소화(過疎化), 공동화(空洞化)되면서 농촌과 광산 지역에 만들었던 기존의 협동조직들은 한계를 맞게 된 것이다. 게다가 정부의 녹색혁명에 기반을 둔 식량증산 정책은 농촌 지역의 생태계를 파괴하고 농민들의 생존을 위협했다. 여기에 1970년대 말 박정희의 갑작스러운 사망과 함께 신군부의 등장, 1980년 광주민주항쟁과 군부의 폭력적 진압은 원주 지역 운동가들에게 큰 충격을 주었다. 결국 1980년대에 들어 원주 지역에서는 정치적 민주화에서 자립과 자치, 협동에 기반을 둔 경제 민주화로, 권력 구조의 변화에서 생명사상에 기반을 둔 삶의 방식 전환으로 운동 노선을 바꾸게 된다(김기봉, 1998: 82; 신병식, 2000: 29). 특히 1984년 일본 카리타스의 지원을 받아 당시 협동운동가, 농민운동가들이 일본의 제휴 운동, 생활협동조합 운동, 공동체 운동 사례들을 견학한 것은 새로운 운동 방식을 모색하는 데 큰 역할을 했다.

이런 과정을 통해 새롭게 등장한 것이 생명사상에 기반을 둔 협동조합운동으로, 생활협동조합(이하 생협)은 구체적인 실천 방식이었다. 따라서 원주를 중심으로 시작된 우리나라의 생협 운동은 경제적 약자로서 소비자의 권익을 실현하고자 했던 유럽형 소비자협동조합보다는 생활인들이 협동하여 생활재를 만들어 이용하고 삶의 자치를 실현하고자 했던 일본의 생활협동조합 유형에 가깝다. 하지만 원주에서 시작된 생명운동 노선의 협동조합운동은 친환경 농업을 통해 땅을 살리고 안전한 먹을거리를 생산하는 농촌의 생산자들과 이들의 가치와 수고로움을 올곧게 인정해 주는 도시의 소비자들이 손을 맞잡고 직거래 방식을 통해 도농상생의 공동체를 실현하고자 한 점에서 또 다른 특성이 있다(김용우, 2002).

원주의 경험을 바탕으로 시작한 한살림운동은 그 대표적인 예로서 운동의 목표는 "생산자는 소비자의 생명을 책임지고, 소비자는 생산자의 생활을 책임진다"는 구호에 잘 담겨 있다. 이 운동은 농촌과 도시, 생산과 소비를 연결한 보다 확장된 공동체 실현을 목표로 한 한국형 생협 운동으로 도시 지역으로 빠르게 확산되었으며, 1990년의 대중소비사회 등장과 2000년대의 웰빙 바람에 힘입어 우리 사회의 협동조합과 공동체 운동에 의미 있는 기반을 만들어 냈다.[31]

(3) IMF 경제위기와 협동조합 간 네트워크에 대한 모색(1990년대 말)

한편 원주 지역에서는 젊은 세대 협동조합운동가들을 중심으로 지역 차원의 새로운 협동조직 모델을 고민하기 시작했다. 우리나라 전체를 커다란 혼란과 혼동 속으로 몰아넣은 1997년 IMF 경제위기는 중요한 계기가 되었다. IMF 사태는 한국 사회 중산층의 몰락을 가져와 소득양극화, 사회계층 양극화를 심화시켰으며, 위기 극복을 위한 정부의 노동시장 유연화 정책은 기존의 평생직장 개념을 불식시키고 대량 실업과 고용불안 문제를 발생시켰다. 원주 지역도 예외는 아니었다. 그동안 원주에서는 개별 협동조합이 나름대로 지역에서 뿌리를 내리고 성장해 왔지만, IMF 경제위기와 같은 커다란 외부 충격 앞에서는 풍전등화와 같은 신세에서 벗어날 수 없다는 것을 확인하고(김선기,

---

31 물론 생활협동조합 운동의 빠른 성장에는 친환경농업육성법(1997)과 소비자생활협동조합법(1998) 등 제도적 환경 변화도 주요하게 작용했다.

2011: 34), 지역에 기반한 보다 단단한 협동조합운동의 토대 형성과 상호간 협력의 필요성을 자각하기 시작했다.[32]

그리고 이런 문제의식은 2003년 네트워크 조직인 '원주협동조합운동협의회'의 창립으로 이어지게 되었다. 위기 상황에서 개별 협동조합 조직의 분리된 활동으로는 지역이 당면한 문제들을 효과적으로 해결할 수 없다는 인식하에 네트워크 조직을 만든 것이다. 여기에는 2002년에 밝음신협, 한살림원주, 원주생협 등 원주 지역의 3개 협동조합이 공동출자를 통해 원주의료생활협동조합을 만들어 낸 경험도 중요하게 작용했다. 협동조합운동협의회는 참여 단체 간의 회의체 구조를 가져오다가 2007년부터 협의회에 사무국을 만들고 실무인력 배치를 통해 활동의 구심력을 만들어 왔다.

(4) 네트워크 연결망의 확장 및 심화를 통한 협동조합 지역사회 만들기 (2000년대 후반~현재)

원주의 협동조합 네트워크 조직은 2000년대 후반에 이르러 또 한 차례의 질적 전환을 모색하게 된다. 여기에는 기회와 위기 요인이 함께 작용하는데, 우선 2007년 사회적기업육성법 제정으로 원주 지역에도 사회적기업을 포함해 다양한 사회적경제 주체들이 등장하기 시작했다. 원주 지역의 의료복지 문제를 해결하기 위해 활동해 온 의료생활협동조합도 2007년에 사회적기업으로 인증받기에 이른다.

한편 2008년에 발생한 글로벌 금융위기는 세계경제의 침체와 장기 저성장 상태에서 양극화의 확대와 복지 및 일자리 문제 등 심각한 사

---

32 원주 지역 협동조합운동이 새로운 전망 모색을 하게 된 데는 신자유주의 폐해와 정부개입 증가 외에 원주의 초기 운동가들의 연로와 후진양성 미흡, 그리고 조합원 활동 위축에 대한 고민도 함께 작용했다(최혁진, 2006).

회 · 경제적 문제들을 만들어 내고 있는데, 이런 상황에서 원주협동조합 조직들은 기존의 느슨한 네트워크 방식으로는 당면한 문제를 해결하는 데 한계가 있다는 자각을 하게 된다. 네트워크의 관계망을 보다 긴밀하게 하면서 협동사회경제 영역의 재구성을 통해 지역사회 전체를 아우르는 공동체적 전망을 모색하게 된다. 사회적경제 조직 간의 네트워크와 상호부조 시스템의 확립으로 지역의 자원을 적극 활용해서 '보호된 시장', '연대의 시장'을 만들어 자립의 기반을 확대하고 지역공동체 역량을 높이는 방안을 찾기 시작한 것이다(원주협동사회경제네트워크, 2011).

그 결과 2009년에 기존의 '원주협동조합운동협의회'를 협동조합과 사회적기업 등 19개의 다양한 주체들이 참여하는 '원주협동사회경제네트워크'로 확대 전환하기에 이른다. 원주협동사회경제네트워크는 참여 주체들의 확대는 물론 내용면에서도 금융, 의료, 보육, 복지, 문화, 소비자, 생산자 협동조직 등을 아우르는 형태를 갖춤으로써 지역사회 전반의 공동체 형성에 대한 전망을 구체화하기에 이른다. 원주에서 협동조합 복합체를 통한 지역공동체 건설에 대한 논의가 활발하게 나오기 시작한 것도 이때부터다.

2012년 5월 12일에 열린 '원주에 사는 즐거움' 두 번째 잔치에서는 '협동조합 지역사회 건설을 위한 협동기금 추진 전략'과 '협동 교육체계 확립 및 운영 계획', 그리고 생산-유통-소비단체 간 협력을 통한 '원주푸드 물류협동조합' 설립 등을 제안하게 된다. 한편 2012년 말 협동조합기본법이 발효되면서 생협과 사회적기업 외에 다양한 유형의 일반협동조합과 사회적협동조합이 등장하는 상황에서 원주협동사회경제네트워크는 2013년 사회적협동조합으로 전환하기에 이른다. 이는 전국 최초로 협동조합을 위한 협동조합을 설립한 사례로, 협동조합기본법 시행에 맞추어 법인격 취득을 통해 당사자 조직으로서 협

〈그림 2-3〉 '원주에 사는 즐거움' 잔치

업체계 구축을 통한 지역사회의 사회적경제 생태계 조성과 공동체 실현을 위한 전망을 현실화시키고 있다(김선기 · 김달현, 2012). 여기에는 원주 지역에 존재하는 다양한 성격의 네트워크 회원 단체와 관련 단체들이 가진 기능과 역할, 자원, 역량, 경험들을 서로의 필요에 맞게 연결시켜 지역사회 전체의 공동체적 활력을 높이고자 하는 고민이 자리하고 있다.

2) 네트워크를 통한 협동조합 지역사회와 공동체 만들기

(1) 네트워크에 기반한 협동조합 지역사회

원주협동조합운동의 가장 대표적인 특징을 들어 보면 바로 '네트워크'다. 네트워크를 통한 상호 긴밀한 협력체계를 통해 각자가 가진 자원과 경험의 한계를 극복할 뿐만 아니라 새로운 가능성의 영역을 창조적이면서 효과적으로 만들어 내고 있다.

네트워크의 중요한 매개 역할을 하는 곳이 바로 '협동사회경제

네트워크'라는 조직이다. 2013년 말 기준으로 원주의 협동사회경제 네트워크 조직에는 신협(1개), 생협(4개), 사회서비스 기관(3개), 교육기관(2개), 농민생산자 단체(2개), 사회적기업(3개), 주식회사(3개), 사단법인(3개), 협동조합(2개) 등 총 23개의 조직이 '회원단체'로 참여하고 있으며,[33] 이곳을 통해 생산-유통-소비, 금융-교육-복지 등을 서로 연계하여 지역사회를 공동체적 그물망으로 만들어 가고 있다.[34]

현재 네트워크 사무국에는 사무국장과 차장, 협동조합해설자 2명, 협동조합설립지원업무 1명 등 총 5명이 근무하고 있다. 또한 원주시가 3억 8천여만 원을 들여 원주시 일산동 지하상가에 사무실과 회의실 등을 갖춘 921.38m^2 규모의 협동조합 광장(협동조합 존)을 조성했는데, 원주협동사회경제네트워크가 민간 위탁자로 선정되어 해당 시설을 활용해 협동조합 교육 및 견학 프로그램 등을 운영하고 있다.

원주협동사회경제네트워크는 지역공동체의 형성 및 발전에서 경제, 사회, 정치, 문화 등 다양한 영역에서 영향을 주고 있다(서성진, 2010). 특히 경제 · 사회적 측면에서 지역에서 일자리 창출과 저소득층을 위한 복지와 금융 서비스 등을 제공하는 다양한 협동 조직을 네트워크의 힘으로 만들어 운영해 오고 있는 점은 지역의 공동체성을 높이는 것과 깊은 관련이 있다. 예를 들어 '원주의료생협'의 경우 지역주민에게 일반 민간 의료기관들이 외면하고 있는 재가 서비스를 제공하고 저소득층 아동을 위한 아동센터를 운영하고 있으며, 전국에서 유일하게 노인들로 구성된 '원주노인생협'의 경우 협동조합형 사회적

33 이 외에도 원주 지역에는 다양한 유형의 활동 조직들이 네트워크 '관련단체'로 참여해 원주 지역의 협동사회경제 영역을 활성화하는 데 함께 하고 있다.

34 원주 지역은 협동사회경제 활동 주체들이 다양하고 사업과 활동을 활발하게 펼치고 있는 곳이어서 네트워크 참여 단체 현황은 해마다 바뀌고 있다.

〈표 2-8〉 원주협동사회경제네트워크의 지역공동체에 대한 기여

구분	내용
경제적 측면	협동조합 수익의 조합원 및 지역공동체 사업에 투자로 지역일자리 창출
사회적 측면	의료생협, 노인생협, 노숙자생협 등 소외계층에 대한 복지서비스 제공
정치적 측면	친환경 급식 조례 발의와 같은 제도개선과 지역 현안의 의제화
문화적 측면	벼룩시장, 문화행사 주체, 환경축제 진행 등

출처: 서성진(2010)

기업 형태로 지역 초등학교에 청소 서비스를 제공하고 식당 운영을 통해 스스로 일자리를 만들고 사회서비스도 제공하고 있다. 또한 '갈거리협동조합'의 경우 지역의 노숙자들을 대상으로 마이크로크레딧 사업을 실시하여 자활의 기반을 협동의 힘으로 만들어 내고 있다(표 2-8 참조).

한편 원주 지역의 협동조합운동이 대안적 지역공동체를 만들어 가는 데는 큰 틀에서 공통된 지향을 가지면서도 서로 각자가 가진 다양성과 차이를 균형 있게 포용해 나가는 힘이 중요하게 작용하고 있다(박준영, 2010). 특히 오랜 시간을 통해 지역사회에 축적해 온 협동의 문화와 경험이 세대를 이어 현재적 활동으로 연결되고 있다는 점에 주목할 필요가 있다. 이와 관련해서 서성진은 "장일순의 생명, 공생, 협동이 하나의 고리를 형성하는 사상적 기반과 협동조합운동 1세대들의 경험이 후세대 활동가들의 학습과 기억을 통해 재생산되고 있다"고 밝히고 있다(2010: 128). 실제로 원주 지역의 협동조합 영역에서 일하고 있는 활동가들은 원주의 협동 문화를 '협연(協緣)'으로 부르면서 이것이 네트워크를 통한 상호연대의 '협업'을 이끌어 내고 있다고 이야기한다.

(2) 상호부조와 협업 시스템을 통한 지역공동체 실현

원주는 지역에 존재하는 다양한 유형의 협동사회경제 주체들을 '그물망'처럼 엮어 상호부조와 협업 시스템을 만들어 감으로써 지역사회 공동체에 대한 전망을 실현해 가고 있다. 그 구체적인 방법들은 네트워크를 비롯한 지역 단체들의 사업과 활동 속에 드러나고 있다.

네트워크에 기반을 둔 사업으로는 협동사회경제 영역에 속한 지역 단체와 개인들의 급여 통장을 신협으로 통일해 협동적 금융 기반을 다지는 일에서부터, 각 단체의 회원들을 다른 단체 회원으로 중복으로 가입하도록 안내하는 일, 지역 내 다른 단체들이 생산한 재화와 서비스를 조직별로 책임 구매함으로써 사업적 안정성을 높이는 일, 나아가 공동의 자본 조성과 상호출자 등을 통해 경영적 어려움을 공동으로 해결해 나가는 일 등 다양하다. 이런 네트워크의 힘을 통해 만들어 낸 사업과 사업체로는 친환경급식지원센터, 행복한달팽이 식당 사업, 한살림원주의 살림농산 참기름 가공공장 분화, 나눔의집 햇살나눔 친환경과자 생산 사업 분화, 원주생협의 도정공장 및 지역유기축산 사업, 가톨릭농민회의 우리농매장 사업, 의료생협의 아동복지 및 교육과 장기요양서비스 사업 등이 있다.

네트워크를 통한 협업 체계는 활동 영역에서도 나타난다. 학교급식 조례제정과 로컬푸드운동 전개, 화상경마장과 골프장건설에 대한 반대 운동 등 주요 지역 현안들에 대해 효과적으로 대응해 왔으며, 참여 주체들 간의 소통과 역량 강화를 위한 홍보와 교류, 교육, 연수 등의 활동에도 상호 협의를 통해 공동으로 참여해 왔다(정규호, 2008). 네트워크 차원의 선진지 견학과 공동 토론회 및 학습모임 운영, 관련 단체들이 몇 년째 지속해 오고 있는 송년의 밤 행사와 2011년부터 함께 기획해 진행해 오고 있는 '원주에 사는 즐거움 잔치' 행사, 협동조합 공동소식지 『원주에 사는 즐거움』의 매월 발간과 회원단체의 공동게

〈그림 2-4〉 지역사회 협동조직의 인큐베이터 역할을 해 온 원주 밝음신협

시판 운영 등을 통해 상호교류와 이해를 증진시키고 있다.

이처럼 원주 지역에서 사업과 활동을 아울러 교류 및 협력이 활발하게 된 데는 오랜 기간 지역에 축적된 협동의 경험이 중요하게 작용하고 있는데, 대표적으로 원주 밝음신협은 오랜 기간 지역사회 협동조직의 인큐베이터로서 역할을 충실히 해 왔다. 이것은 현재도 밝음신협이 소유한 빌딩 내 공간을 여러 지역 단체들이 사용하고 있는 데서도 잘 나타난다. 한편 지역과 밀착해 활동하면서 형성된 신뢰의 기반은 밝음신협이 위기를 극복하는 데 중요한 역할을 하기도 했는데, 2000년 외환위기 여파로 누적 손실이 23억 원에 달해 밝음신협이 경영위기를 맞았을 때 조합원들의 도움으로 재기해서 2005년 말 흑자로 돌아섰고, 2008년 글로벌 금융위기도 극복하면서 2011년에 자산 1천억 원을 달성하는 성과를 만들어 내었다.

현재 원주협동사회경제네트워크에서는 '사람'과 '돈', '물품'을 매개로 한 상호부조 기반을 더욱 조밀하게 만들어 협업 체계를 강화하는 노력을 경주하고 있다. 그 일환으로 2011년 7월에 네트워크 내의

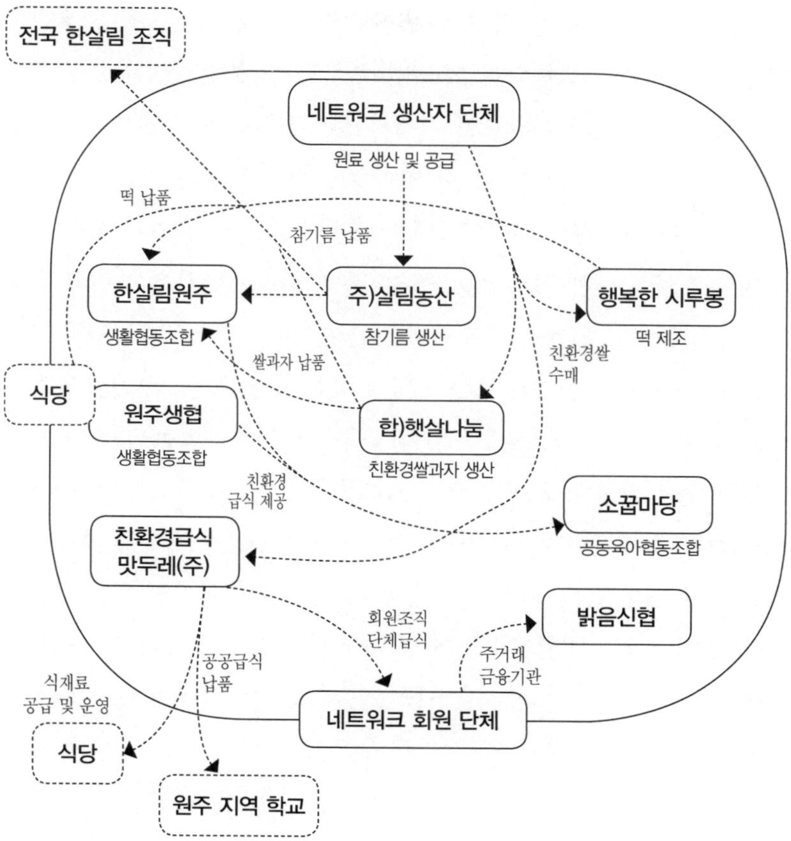

〈그림 2-5〉 원주협동사회경제네트워크 조직 상호간 주요 물품 거래 현황
출처: 정규호(2013)

6개 생협(의료생협, 한살림원주, 원주생협, 문화생협, 노인생협, 상지대생협)이 함께 모여서 하나의 생협에만 가입해도 다른 생협을 이용할 수 있도록 하는 '조합원 상호이용 협약'을 체결한 바 있다.

원주협동사회경제네트워크는 회원 단체들이 상호 출자해 연대기금을 만들고, 각 단체의 조합원들이 매달 공제비를 내 상호부조 시스템을 구축하는 계획을 세우고 있다. 네트워크 내에 '협동기금위원회'

를 설치해서 기금 조성 및 활용과 관련한 다양한 방안들을 모색하고 있다. 기금조성과 관련하여 2009년 한살림원주가 정관 개정을 통해 순이익의 5%를 협동기금으로 적립하기로 결정한 바 있으며, 다른 단체들도 기금조성에 대한 다양한 방안을 준비하고 있다.

그뿐 아니라 원주 지역의 상호부조 시스템을 만들어 가는 데 있어 네트워크 참여 단체들이 상호출자를 통해 협동사회경제 영역의 필요 재원을 마련하고 관계를 긴밀하게 만들어 가는 노력도 지역사회 공동체를 형성하는 데 중요한 자산이 되고 있다. 예를 들어 '한살림원주'의 경우 원주의료생협(1,500만 원)과 원주푸드사회적협동조합(1,000만 원), 행복한 시루봉(500만 원), 친환경급식맛두레(주)(1,000만 원), (주)살림농산(3,000만 원) 등 지역 내 여러 협동사업체에 출자하고 있으며, 출자를 받은 '행복한 시루봉'의 경우 원주한살림 외에 (합)햇살나눔(10만 원), 친환경맛두레(주)(100만 원), 협동사회경제 네트워크(50만 원) 등으로부터도 출자를 받지만 동시에 원주푸드 사회적협동조합(100만 원), 친환경급식맛두레(주)(100만 원) 등에 다시 출자하고 있다.

또한 네트워크 조직 간에는 사람과 돈 외에 생산과 유통, 소비 과정을 연결해 필요한 물자들이 지역 내에 상보적으로 흘러갈 수 있도록 협업 체계를 만들어 가고 있다. 예를 들어 사회적기업 '행복한 시루봉'은 친환경 떡을 만드는 데 필요한 쌀과 잡곡 등 원재료를 네트워크의 농민생산자 단체로부터 받아 만들고, 상지대생협, 한살림원주 매장 등을 통해 소비자에게 판매함으로써 상호 이익 체계를 만들어 운영하고 있다. 또 다른 사례로 '친환경급식맛두레(주)'의 경우 친환경급식을 위한 재료를 역시 네트워크의 생산자단체로부터 구입하고 원주 지역 학교나 네트워크 회원단체 등에 급식으로 제공하고 있다.

3) 원주의 사례가 주는 시사점

협동조합 지역사회를 통해 지역공동체를 만들어 가는 원주의 사례는 자율과 자립, 자치에 기반을 둔 지속가능한 도시공동체를 만들어 가는 데 있어 다양한 측면에서 시사점을 주고 있다. 최근 들어 서울과 수원 등 도시공동체를 적극적인 실천 과제로 삼는 지자체들이 나오고 있으나 재정적·인적 기반이 열악하고 단체장의 적극적인 의지가 뒷받침되지 않는 지자체들에는 이것 또한 상대적 박탈감을 가지게 하는 요인이 되기도 한다. 그런 점에서 원주는 수도권 대도시가 아닌 지방 중소도시의 사례로서 정부의 지원과 제도적 틀에 의존하지 않고, 단체장의 적극적인 도움도 받지 않은 채 시민사회 민간 영역의 자율적 노력으로 지역사회에 의미 있는 성과를 만들어 냈다는 점에서 의미가 크다. 최근 들어 제도적 지원을 통해 협동조합과 마을공동체를 인위적으로 확대해 나가려는 경향이 나타나고 있다는 점에서 더욱 그렇다.

원주는 외부 지원에 의존하지 않고 민간 영역의 자율적 노력으로 아래로부터 상호협력 체계를 통해 지역사회의 공동체성을 높여 가고 있다. 즉, 원주는 다양한 협동조합 주체들이 네트워크를 통해 '경계를 넘어선 협력' 체계를 만들어서 지역사회에 축적된 협동의 경험과 역량들을 체계적으로 연결시켜 냄으로써 개별 민간 주체들이 가지는 역량의 한계를 극복해 오고 있다. 그뿐만 아니라 원주의 협동사회경제 네트워크는 '사상-사업-활동'은 물론 '사람-돈-물품'을 유기적으로 연결시켜 원주 지역 전체를 협동사회경제의 '블록', '생태계', '그물망'으로 만들기 위한 전망을 세우고, '지역사회에 기반을 둔 협동조합 운동'에서 '협동조합이 이끌어 가는 지역공동체 만들기'로 역할 체계를 단계별로 변화, 확장시켜 오고 있다.

원주 모델이 가지는 또 다른 시사점은 오랜 기간 지역사회에 축적된 경험과 역량을 현재의 활동 속에 체계적으로 연결시켜 성과로 만들어 내고 있다는 점이다. 이런 원주의 경험은 정부나 지자체의 적극적인 주도와 지원에 따른 기존의 마을만들기나 마을공동체 사업이 '칸막이 행정', '형식적 거버넌스', '조급한 성과주의'에 막혀 민간 주체들로부터의 자발성을 이끌어 내지 못한 채 지역사회에 제대로 뿌리 내리지 못하고 있다는 비판들이 나오고 있는 상황에서 의미하는 바가 크다(양세훈, 2013: 2-3).

또한 원주의 협동조합 모델은 우리나라의 주류 협동조합들(농협, 수협, 축협, 중소기업협동조합 등)이 제도적 틀에 갇혀 협동조합의 본래 가치와 운동성을 상실한 상황에서 민간 자율적인 힘을 바탕으로 상향식으로 전개된 협동조합운동의 모범을 보여 주고 있다. 물론 원주의 협동조합들이 중앙정부와 지자체로부터 제공되는 제도적 자원들을 적절히 활용하는 사례도 적지 않지만, 중요한 것은 민간의 활동 주체 스스로 구심력을 갖추고 자율성을 잃지 않으면서 계획을 세우고 제도적 지원과 외부 자원을 효과적으로 활용하고 있다. 원주시는 원주의 협동조합 경험을 배우기 위해 지역을 찾는 사람들이 늘어나자 이것을 새로운 관광산업으로 연계하는 계획을 세우고 지역의 협동조합 주체들에게 적극적인 지원 방안을 마련하는 과정도 그러한 예다.

원주협동조합 모델의 또 다른 특성으로 지역사회와 민간 협동조합 조직이 당면한 문제들을 네트워크를 통해 성공적으로 해결해 온 경험을 풍부하게 갖고 있다는 점이다. 즉, 개별 민간 주체들이 가지는 역량의 한계를 네트워크를 통한 협동으로 극복하면서 지역사회 전체를 협동조합 생태계로 만들어 오고 있는 것이 원주가 가진 중요한 특징이자 장점이다. 원주는 전체 인구의 약 11%에 해당하는 사람이 금융, 소비, 생산, 교육, 의료, 문화 등 다양한 영역의 협동조합에 조합원으로 참여하고 있는 곳으로, 그만큼 다양한 영역을 아우르는 '협동조합 간 협동'의 사례가 다양한 곳이다.

우리 현실에서 활동 공간과 영역을 달리하는 주체들을 네트워크로 연결해 협력을 이끌어 내는 것이 쉬운 일은 아니다. 개별 조직들의 등장 배경과 목적, 조직 구조 및 운영방식 등이 서로 다른데다, 특히 경제활동 조직으로서 수익 구조와 배분방식은 민감한 문제여서, 이런 차이들을 극복하고 실질적인 협력 활동을 하는 것은 만만한 일이 아니다. 그런 점에서 원주의 협동조합 모델이 가지고 있는 네트워크 체계의 운영 비결을 찾아내는 것은 중요한 과제다. 그리고 그 실마리는 오랜 시간을 통해 원주 지역에서 진행되어 온 협동조합운동의 흐름과 축적된 경험 속에서 찾아볼 수 있다.

원주 모델의 특징은 협동조합 개별 조직의 범주를 넘어 지역사회 전체의 공동체적 전망을 구체적으로 실현해 나가고 있다는 점에 있다. 즉, 네트워크가 가진 상호협력의 힘으로 지역사회에 기반을 둔(community based) 협동조합운동에서 운동적으로 협동조합이 이끌어가는(cooperative driven) 지역공동체 만들기로 역할의 차원을 변화, 확장시켜 내고 있다는 점이다. 부문과 영역, 주체, 공간 등의 '경계를 넘어선 협력(cross-sectoral collaboration)'이야말로 지역사회를 활성화하고 지역공동체성을 높이는 중요한 힘인데, 원주의 모델이 그 가능성을 보여 주고 있다.

현재 원주는 생산과 소비의 상호 조직화와 다주체 간 협력 네트워크를 통해 협동사회경제 영역을 확장함으로써 지역공동체성을 실현해 가고 있다. 이를 위해 '협동사회경제 블록 단단하게 만들기', '사회적경제 생태계의 풍부한 조성', '살림의 그물망 촘촘하게 만들기' 등으로 자신들의 목표와 전망을 다듬어 가고 있으며, '생산-유통-소비-폐기'에 이르는 물질의 흐름을 협동경제 영역을 상호 연결해서 지역 자원순환 체계를 만들기 위한 노력을 하고 있다. 그리고 이런 목표들을 보다 효과적으로 실현하기 위해 네트워크를 통해 협동사회경제의 동종(同種) 영역 간 협동을 넘어 이종(異種) 영역 간 협동 체계를 만들어 왔다.

물론 남은 과제도 적지 않다. 네트워크의 더욱 확장된 역할을 위해 기존의 구심력을 바탕으로 지역사회의 다양한 관련 주체들(NGO, NPO 단체, 지역풀뿌리단체, 종교단체, 교육단체 등)과 파트너십을 강화하고 나아가 행정(중앙과 지방자치단체)와 의회, 기업 등과도 협동사회경제의 거버넌스 체계로 구체화시킬 필요가 있다. 또한 현재 원주의 네트워크가 조직 간 협업과 연대의 측면에서 상당한 역할을 하고 있지만, 앞으로는 조합원이 사는 생활권 단위로 기초 조직들을 단단하게 만들어 네트워크의 힘을 더욱 끌어올리는 노력도 중요하다. 이것은 자립에서 자치로의 전환과도 연결되는 과제인데, 현재 원주 지역사회를 둘러싼 각종 개발압력과 이주민 증가로 도시의 정체성이 크게 변화될 여지가 높은 만큼, 민간 자율적인 노력을 통해 지역사회에 협동사회경제 네트워크를 만들어 온 경험을 도시민들의 생활자치로 연결시키고, 나아가 협동의 가치로 정치, 제도적 변화를 이끌어 내어 지역 정체성과 공동체성을 보다 효과적으로 실현해 나아갈 필요가 있다.

Ⅴ. 도시공동체 운동의 의미와 과제

현재 대다수 사람이 살아가는 현대도시의 모습은 '도시는 있는데 마을은 없고, 주민은 있는데 이웃은 없다'고 해도 틀린 말이 아니다. 급속한 도시화, 산업화 과정에서 따뜻한 정이 흐르는 마을공동체는 사라지고, 삭막한 도시생활 속에서 사람들은 고독감과 소외감, 상실감을 겪고 있다. 오랜 인류 역사에 비추어 한 세기도 채 되지 않은 짧은 기간에 벌어진 현상이다.

우리의 근대화, 도시화 과정은 상당한 수준의 중앙 집권과 집중을 초래했으며, 그 부작용 또한 상당했다. 따라서 이런 문제를 극복하고 새로운 변화를 만들어 내고자 했던 사람들은 그동안 분권과 자치를 실현하는 데 많은 관심을 쏟았다. 하지만 집중과 집권의 폐해를 시정하고 분권과 자치를 실현하고자 제도적 개선에 초점을 맞추어 노력해 온 결과가 도시에서 실제로 살아가는 사람들의 삶과 생활환경을 개선하는 데로 제대로 연결되지는 못했다. 갈수록 치열해지는 경쟁 환경 속에서 사람들은 지쳐 가고 있는데다 각종 위험요소가 생활환경 속으로 깊숙이 침투해 들어오면서 불안감은 더욱 커지고 있다. 게다가 일자리와 복지, 교육, 먹을거리 등 생활의 기본 필요들을 개인 또는 가족 단위에서 해결하기에는 현실은 더욱 답답하고 팍팍해지고 있다.

이런 가운데 사람들은 오래된 미래로서 '마을'과 '공동체', '협동'을 다시 찾고 있다. 지난 몇 년 사이에 우리 사회에서 새로운 현상으로 주목받기 시작한 '마을의 귀환'과 '공동체의 부활', '협동조합 바람' 등이 대표적인 예다. 도시 속에서 마을에 주목하고 공동체를 새롭게 일구고자 하는 운동이 새롭게 일어나기 시작한 것도 이런 흐름의 연장이라 볼 수 있다.

주목할 부분은 그동안 도시, 지역, 마을 차원에서 공동체를 이야기하고 직접 만들고자 나선 쪽은 주로 민간영역이었는데, 이제 정부 차원에서도 지역공동체를 강조하면서 각종 정책이 시도되고 있다는 점이다. 정부(안행부)는 최근 들어 지역공동체 활성화를 지원할 법률(지역공동체지원법)을 제정하고, 이것을 뒷받침하기 위해 국무총리 산하에 위원회를, 안행부에 기획단을 설치해 범정부 차원의 공동체 활성화를 위한 지원을 계획하고 있다. 60여 개 지자체에서 지역공동체와 관련한 조례가 제정되어 시행되고 있는데, 이것을 체계적으로 뒷받침하기 위한 상위 법률을 만들었다. 안행부에는 중앙 지원센터를 만들어서 지역공동체 진단을 위한 지표를 개발하고 관련 조사나 연구를 수행하며, 지자체에는 지역지원센터를 설치해 시·군·구별로 지역공동체 활성화 계획을 수립하도록 하고 있다.

하지만 도시 지역에서 공동체가 올바로 뿌리내리기 위해서는 세심하게 살펴볼 부분이 여전히 많다. 공동체의 운명은 구성원들의 자발성과 상호 협력을 통한 자립과 자치의 역량에 의해 좌우된다. 이런 점을 간과할 경우 정부를 비롯한 외부의 지원은 심각한 부작용을 유발할 수도 있다. 사실 우리의 도시 현실에서 공동체는 그 필요성에 비추어 경험과 역량이 많이 부족한 것이 사실이다. 이것은 지난 시절 우리나라가 걸어온 근대화, 도시화 과정과 이것이 남겨 놓은 유산들과 관련이 깊다. 따라서 이런 현실에 착목해서 도시공동체의 방향과 역할을 찾고 만들어 가는 데 필요한 이론과 모델들이 필요하다. 그동안 우리 현실에서 다양하게 시도되어 온 도시공동체 관련 노력과 경험들은 소홀히 한 채 수입된 이론과 사례에 의존하는 경향이 적지 않았고, 행정과 민간 영역을 포함해서 활동과 사업을 부문별로 추진해 온 관성 또한 커서 도시의 경제-사회-공간을 전체적으로 아우르는 공동체적 전망은 여전히 미약하다. 이런 가운데 일각에서는 도시공동체나 협동조합에 대한 높은 기대에 편승해 주체 형성은 소홀히 한 채 제도적 지원에 의존해서 조급한 성과주의로 흐르는 모습도 나타나고 있다. 서울시의 경우 2012년 9월에 '공동체'와 관련해서 2017년까지 총 975개의 마을공동체 조성 지원과 3,180명의 활동가를 양성한다는 계획을 세워 추진하고 있고, '협동조합'과 관련해서도 2012년 7월 '협동조합 도시 서울' 비전을 선포하면서 향후 10년간 서울에 8,000개의 협동조합을 만들어 14조 3,700억 원 규모의 생산을 하겠다고 밝힌 바 있는데, 본래 의도와는 별개로 이런 방식의 목표 제시는 도시공동체의 생명이라 할 수 있는 '과정'과 '사람'을 놓치게 할 수 있다. 여기에 한편에서는 도시공동체와 관련한 제반 활동들을 이념의 잣대로 해석해서 폄훼하고 규제하려는 움직임까지 나타나고 있다.

하지만 운동은 분명한 지향과 가치를 가진 주체들의 목적의식적인 노력을 통한 변화 만들기다. 이 점에서 현재 도시에서 불고 있는 공동체 바람은 '운동'이라고 부르기에 충분하다. 특히 서울과 원주의 도시공동체를 활성화하기 위한 노력은 도시공동체 운동에서 중요한 시사점을 제공해 주고 있다. 자율과 자립, 자치의 가치를 가지고 아래로부터 상호협력 체계를 만들어 온 사례 지역들의 경험과 문제의식에 주목해야 할 때다. 대표적인 도시공동체 사례로 평가받고 있는 서울의 성미산 마을공동체 경우 민간 주체들의 자발적 참여를 통해 자신들의 공동의 필요들을 해결하면서 공동육아, 생활협동조합, 대안학교, 마을카페, 마을극장, 의료생협 등 공동체를 뒷받침하는 다양한 조직체를 단계별로 만들어 냈다. 원주의 경우 행정의 지원 없이 민간 차원에서 지역 내 다양한 협동조직체들이 긴밀한 네트워크를 통해 지역사회의 공동체성을 높이기 위한 활동을 해 오고 있다.

결론적으로 오늘날 도시공동체 운동은 이념이나 가치의 차원을 넘어 도시 속에 살아가는 사람들의 새로운 생존 방식으로 이해될 필요가 있다. 경제, 사회, 환경 등 생활 전반이 복합위기 상황에 노출되고 있는 가운데 경계를 넘어선 상호 협력을 통해 도시민들이 가진 경험과 자원, 지혜를 모으고 연결시킴으로써 새로운 삶의 대안을 만들어 가는 도시공동체 운동이 필요한 때다.

제3장

인간 삶 속의 위기,
호혜의 경제로 함께 건너다

신명호

I. 도시에서 지역공동체는 가능한가

인간은 생로병사의 과정에서 크고 작은 위기와 좌절을 맞이하는가 하면, 그것을 해결하고 극복하는 방안을 고안해 왔다. 일정 지역을 기반으로 정서적 유대감 위에 형성된 이른바 지역공동체는 예로부터 이와 같은 일상의 위험과 어려움을 구성원들이 함께 해결하는 장치였다. 그러나 자본주의라는 경제체제의 발전은 오랜 시간에 걸쳐 지리적으로는 '도시'라는 새로운 인간 생태계의 번성을, 그리고 삶의 방식에서는 개인화·개별화가 점증하는 방향으로의 변화를 가져왔다. 언제부터인가 도시의 사람들은 관혼상제와 같은 의례적 대소사나 느닷없이 닥친 개인의 불행한 사건들에 관해 더는 지역공동체 차원에서의 해결을 상상할 수 없게 되었다. 심지어 '전통적인 지역공동체가 과연 도시에서 가당키나 할 것인가'라는 회의론이 제기되기도 한다.

일단의 사람들이 동류(同類) 의식을 바탕으로 긴밀하고 호혜적인 관계를 유지하는 구성체를 공동체라 한다면, 공동체를 지향하는 성향은 인간에게 얼마나 보편적이고 근원적일까. 애덤 스미스의 가설대로 철저히 이기적인 것이 인간의 본성이라면, 이기심이야말로 최고의 생존 전략이라는 믿음이 팽배한 현대의 도시에서 공동체는 결코 발붙일 수 없는 것일까. 만약 고전학파 경제학의 주장처럼 타인을 배려하고 서로 협력하려는 성향이 결코 인간의 주된 속성이 아니라면 '공동체'란 시장에서의 경쟁이 미미했던 옛 시대의 우연한 유물에 불과할 것이다. 그리하여 자본주의 산업화와 시장경제의 토대 위에 자리하고 있는 오늘날의 도시에서는 지역공동체를 거론하는 것 자체가 마치 나무에서 물고기를 구하는 것과 같은 기이한 취미처럼 보일 수도 있다.

여기서 잠시 폴라니(Karl Polanyi)의 말에 귀를 기울여 보자. 폴라니가 '사회'라고 표현했던 개념 속에서 우리 관심사인 공동체에 관한 시사점을 찾을 수 있다. 그는 '사회'라는 단어를 스스로 정의하지 않았지만, 맥락을 통해 유추해 보면, '일단의 구성원들이 함께 사는 규칙으로 정해 놓은, 공동체적 규범과 관습, 법과 제도 등을 통해 구현되는 인간관계의 총합'이라고 할 수 있다.

그는 인류 경제활동의 역사를 분석한 끝에 자본주의가 발달하기 이전의 인간 모듬살이는 '사회'와 '경제'가 분리되지 않고 오히려 '경제'가 '사회' 속에 깊숙이 박혀 있는(embedded) 상태였다고 주장한다. 그리고 자본주의적 (자기 조정) 시장이 사회 전체를 지배하게 되면서 '경제'가 '사회'로부터 뽑혀 나오기 시작했다고 한다. 요컨대 인간의 경제활동은 다른 사람을 배려하고 동료와 협력하는 방식으로 오랜 기간 이루어져 오다가, 자본주의의 발달과 함께 개인의 이윤 동기에 의해 모든 것이 상품화되는 상황으로 바뀌면서 인간의 삶이 불행해졌다는 것이다.

인간 경제활동의 유구한 역사에서 '경제가 사회 속에 깊이 박혀 있었다'는 그의 설명을 좀 더 알기 쉽게 풀이해 보면 이렇다. 조선시대 어느 대장간에서 일어났음직한 예화를 하나 가정해 보기로 한다. 어떤 대장장이가 만든 한 자루의 호미가 당시 교환가격으로 5전(錢)이었다고 치자. 누구든 호미가 필요한 사람은 대장장이에게 5전을 주어야 호미를 살 수 있었다. 그런데 어느 날 한 가난한 과부가 호미를 사러 왔다. 전쟁터에 나간 남편이 전사하여 홀몸이 된 그녀는 줄줄이 딸린 어린 자식들을 굶기지 않기 위해 소작이라도 부쳐야 할 판이었다. 남의 땅을 일구려면 호미가 필요했으므로 어떻게든 5전을 마련하려 했지만 아무리 뒤져도 수중에는 3전밖에 없었다. 마침내 대장장이를 찾아온 그 과부는 자기의 딱한 사정을 이야기하며 3전만 받고 호미를 내줄 것을 간청했다.

과연 대장장이의 반응은 어땠을까? 만약 그가 과부의 청을 거절

했다면 순식간에 동네에 그 소문이 퍼져 주민들로부터 불매운동의 표적이 될 수도 있다. 가엾은 과부의 딱한 사정을 외면하고 금전적 이익에만 집착하는 것은 당시 그 사회의 도덕 관습상 상상할 수 없는 일이었다. 대장장이는 두말하지 않고 3전에 호미를 내주었을 것이다. 호미와 화폐의 교환을 경제 행위라 한다면, 거기에는 약자를 배려해야 한다는 일종의 사회적 규칙이 이미 작동하고 있었다.

그런데 자본주의화된다는 것은 다음과 같은 변화가 일어남을 뜻한다. 대장장이들은 더는 자립적인 생산자가 아니라 농기구 생산업자에게 고용되어 임금을 받고 일하는 노동자가 된다. 자본가는 그들을 고용해서 대량생산을 하는 한편, 농기구를 판매하는 매장을 내고 점원도 고용한다. 앞서 말한 가난한 과부가 3전을 들고 호미를 사러 왔다. 그녀는 점원에게 자신의 처지를 말하고 호미값을 깎아 달라고 사정한다. 하지만 점원은 자기에게는 그럴 권한이 없으니 사장에게 직접 말하라고 한다. 사장을 만날 길이 없는 그녀는 결국 호미를 구하지 못한다. 이 경우 한 자루의 호미는 무슨 일이 있어도 오직 5전으로만 교환된다. 같은 동네 사람으로서 어려운 처지의 이웃을 어떻게 대해야 하는가 하는 관계의 규범은 경제행위 속에 전혀 끼어들 여지가 없다. 이러한 상황을 폴라니는 경제가 사회로부터 뽑혀 나왔다(disembedded)고 말하고, 이런 분리가 일어날 때 자연과 인간은 파괴되기 시작한다고 했다.

우리의 도시공동체 논의에서 폴라니에 주목하는 것은, 애덤 스미스와는 정반대로, 다른 사람과 호혜적 관계를 맺으려는 속성을 그는 인간의 본성으로 규정했기 때문이다. 다음의 구절은 그가 인간의 관계성을 얼마나 본원적인 것으로 인식하고 있는지를 잘 보여 준다.

> 사람은 사회에 산다고 해서 사회적 존재가 아니라, 오히려 의식의 내면 자체가 본질적으로 사회적이기 때문에 사회에 살 수 있다. 따라서 '사회'는 사람들 사이(between)에 있거나 위(over)에 존재하는 어떤 것이 아니라, 그들 안(within)에, 각자 안에, 그들 모두 안에 있다. 그러기에 사회는 실재(reality)로서 결코 개념이 아니며 각자 개인의 의식 안에 내재해 있다(Polanyi-Levitt and Mendel, 1987: 24).

우리가 폴라니의 주장에서 도시 지역공동체의 가능성을 발견하는 것은 크게 두 가지 점에서다. 그게 인간의 본성이라면 자본주의 사회의 도시는 전통적 개념의 공동체가 자라나기에 설사 불리한 환경일 수는 있어도 지역공동체의 발생 자체가 불가능한 공간이라고 단언할 수는 없게 된다. 인간에게 다른 이들과의 관계 맺기를 희구하는 성향이 존재하는 한, 과거 농촌사회의 지역공동체와는 양태가 다를지언정 도시라는 생활환경의 특징에 부합하는 새로운 모습의 지역공동체를 상정해 볼 수 있다. 또한 폴라니는 경제가 사회로부터 분리됨으로써 인간이 파괴되는 조짐이 일어나지만, 사람들은 그런 움직임에 마냥 피동적으로 휩쓸려 가는 게 아니라 온전한 상태를 회복하려는 반작용의 운동을 일으킨다고 했다.

이상과 같은 폴라니의 주장을 이론적 가설이나 주관적 희망 사항으로 치부해 버릴 수 없는 까닭은 이를 뒷받침하는 증거들이 오늘날 자본주의 사회의 도시들에서 실제로 발견되기 때문이다. 그리고 우리나라의 도시 역시 그런 점에서 예외가 아니다.

오늘날 한국의 도시에서 전통적인 모습의 지역공동체가 빈번하게 발견되는 것은 아니지만, 분명 지역공동체로 규정할 만한 사회현상들이 도처에서 발견되는 것 또한 사실이다. 이 책에서 다루고 있는 다양한 사례가 그 증거라고 할 수 있는데, 여기서 소개된 사례는 극히 일부에 지나지 않는다.

요즘 우리나라에서도 부쩍 관심이 고조되고 있는 소위 사회적경제(social economy) 운동도 실은 시장경제체제의 확장이 몰고 온 폐해를 공동체적 방식으로 해결하기 위한 반작용의 움직임이다. 협동조합, 사회적기업 등을 포괄하는 개념의 사회적경제는 특히 자본제적 도시에서 심화되어 온 실업 및 빈곤에 대한 호혜적 원리의 처방인 셈이다.

해방 이후 우리나라에 '진짜' 협동조합이 처음 등장한 시기를 따지자면 1960년대로 거슬러 올라간다. 군사정권이 통치적 필요에 의해 만든 관제 협동조합을 제외하고, 민주적 원리에 의해 운영되는 민간 협동조합들이 생겨난 것은 1960년부터였다. 그 후 우리 사회의 협동조합은 그 수와 종류에서 지속적인 발전과 분기를 거듭하는데, 그런 과정에서 강원도의 원주 지역은 마치 발원지와 같은 역할을 했다. 원주 지역에서는 일찍이 소비자생활협동조합, 신용협동조합 등이 부단히 실험되었고 그렇게 축적 확장된 경험은 오늘날 다양한 사회적경제 조직의 지역 네트워크를 형성하기에 이르렀다. 그러한 협동조합 운동은 달리 말하면 지역주민이 자신들의 문제를 스스로 해결하기 위해 공동체를 조직하는 운동이었다고 할 수 있다. 따라서 70여 년에 걸친 원주에서의 운동은 지역공동체 운동이자 사회적경제 운동인 셈이다.

이 장에서는 도시에서 전개되는 지역공동체 운동의 한 유형으로서 사회적경제 운동의 역사와 원리를 살펴보고자 한다. 그리고 원주 지역의 사회적기업과 협동조합 두 사례를 분석함으로써 오늘날 사회적경제 부문의 주요 과제인 지속가능성을 높이기 위해 유용한 시사점을 이끌어 낼 것이다.

II. 사회문제의 발생과 그 대응

오늘날 사회정책이 해결하고자 하는 각종 사회문제 가운데 일부는 경제체제의 공동체성이 약화되면서 더욱 두드러지기 시작했다. 18세기부터 20세기에 걸친 서구 자본주의의 태동 및 발달을 기점으로 그 이전과 이후를 비교해 보면 명확해진다.

근대 초기까지 영국에는 토지에 대한 절대적 소유권이 확립되지 않았고 오직 보유의 개념만이 존재했었다. 그때까지 토지의 사용권을 인정받았던 영국의 농민들은 새로운 지주 계급의 등장으로 이러한 관습적 권리를 빼앗기게 되었다. 개방지, 공유지에 울타리를 쳐서 농민들의 토지 이용을 제한하는 인클로저(enclosure) 제도는 영세농들을 빈곤과 실업으로 내몰았다. 그들은 "공유지에서 땔감을 마련하고 수렵할 권리뿐 아니라 치안판사가 결정한 임금을 받을 수 있는 권리, 실직하거나 동절기에 농업노동에서 해고될 경우에 빈민구제를 받을 수 있는 권리 등도 박탈당했다"(버첼, 2003: 14).

땅을 빼앗긴 이들은 일자리를 찾아 도시의 공장으로 몰려들었고, 구직자가 넘쳐나는 탓에 노동자들의 실질임금은 오히려 하락했다. 더욱이 일시적으로 불경기라도 닥치면 대규모의 실업 사태가 야기되었는데, 예를 들어 "1842년 잉글랜드 북서부의 볼튼(Bolton)에서는 공장 노동자의 60%가 일자리를 잃었으며 … 노동 조건도 열악하기 짝이 없어 하루 12~15시간의 노동은 보통이었다"(허구생, 2002: 237-238). 그리고 자동화된 기계는 숙련된 장인 노동자들의 일자리를 앗아 갔다. 이전 사회가 품고 있던 약자에 대한 도덕률은 사라졌고, 오직 화폐 형태의 이윤을 위해서 모든 수단이 동원되는 새로운 경제체제가 확립되었다.

협동조합이 처음 싹을 틔운 것은 이런 배경에서였다. 자본주의의 발달로 극도의 가난과 실업에 내몰리게 된 노동자들은 일종의 자구책으로 공동소유의 경제조직을 창안하게 된다. 초기의 협동조합 사상가들은 사적 자본의 폐지와 경쟁 및 가격 체제의 배제를 주장하는 이론들을 제시함으로써 노동자들의 이러한 운동을 뒷받침했다.

수많은 시행착오와 실패 끝에 1844년 로치데일에서 소비자협동조합이 성공적으로 설립되었고, 이것을 기화로 다양한 유형의 협동조합들이 생겨나고 확산되었다. 19세기 중반 이후로 유럽 전역에는 일종의 생산공동체인 노동자협동조합, 금융서비스를 공동으로 이용하는 신용협동조합, 농업협동조합과 주택협동조합, 소비자협동조합 등이 빠르게 퍼져 나갔다. 이는 자본재의 사적 소유권을 근거로 소유물에서 얻은 이익을 전유(專有)할 권리와 자본재를 노동자로 하여금 사용하지 못하게 할 권한(해고권)을 휘두르는 자본가에 맞서 노동자 다중이 자신들의 권익을 공동으로 지키기 위한 새로운 방안이었다. 이는 또한 경제가 사회로부터 분리됨으로써 노동자들이 경쟁시장의 파괴력에 노출되어 '악마의 맷돌'에 갈리는 상황으로부터, 양자가 분리되기 이전의 건강한 상태로 되돌아가려는 노력이기도 했다.

하지만 실업과 빈곤이 아니더라도 오래전부터 인간 사회에는 제도를 통해 집합적으로 해결해야 할 문제들이 있어 왔다. 예컨대 노령화로 인한 신체 기능의 상실, 질병이나 사고로 인한 건강의 상실과 장애의 발생, 가장(家長)의 예기치 않은 죽음으로 인한 가족원들의 막막한 생계 등이 그것이다. 이 같은 불행한 사건들은 누구의 인생에나 닥쳐올 수 있는 혹은 어떤 개인도 미리 통제할 수 없는 위험 요소들로서 인간의 불확실한 존재 조건에서 비롯되는 것이었다.

그리하여 일찍이 이러한 위험이 누구도 피해 갈 수 없는 문제임을 깨달은 사람들은 공동체 조직을 형성해서 미래의 불행을 상쇄할 수 있는 자원을 함께 비축해 두고자 했다. 신라시대부터 생겨났다는 우리나라의 계(契)는 '계원이 수해, 화재, 도난, 기타 위급에 직면한 때 금품을 거출하여 상부상조했고, 온 집안이 병에 걸렸을 때는 가업을 돕고 구휼(救恤)에 진력했으며, 가난하여 혼인행사를 못 할 때에는 부조하고 사망자가 있을 때에 위로하고 금품을 증정했다'는 기록이 전해진다(주봉규, 1990: 250). 또한 산업혁명이 일어나기 전인 17세기 말에 영국에서는 선술집에 '머니박스(money box)'를 마련해 놓고 평소에 소액의 돈을 추렴해 두었다가 중병 환자가 생겼을 때 치료비로 주거나 사망자의 유가족에게 위로금을 전하는 관습이 이미 일반화되어 있었다고 한다. 이러한 머니박스의 전통은 이후 유럽 각지에서 '공제(共濟)조합'(혹은 상호공제회)이라는 형태로 발전하여 오늘날의 보험과 같은 기능을 하게 되었다.

한편 근대 민주주의의 발달은 개인의 자유뿐 아니라 시민의 자발적인 조직 결성의 자유도 가져다주었다. 언제나 권력은 평민들의 결사 움직임을 의심의 눈초리로 바라보고 감시와 탄압을 하기 일쑤였다. 그러나 점차 자유권의 신장과 더불어 공동의 목적을 가진 시민이 하나의 결사를 조직하는 일이 가능해졌다. 프랑스에서는 "구식 길드가 어소시에이션(association)의 원칙에 따라 보통선거와 노동자 주권을 받아들이는 소규모 직종별 조직으로 전환되었다"(샤니알·라빌, 2008: 131). 그리고 수십 년의 논쟁을 거쳐 1901년 비영리 민간단체를 법적으로 인정하는 법률이 생겨났다.

이제 협동조합(cooperative), 공제조합(mutual society), 어소시에이션(association) 등은 소수 특권층이 아닌 다수 구성원이 공동의 이익을 위해서, 혹은 사회적 약자를 위해서 함께 소유하고 관리하는 새로운 조직 형태로 발전해 나갔다. 유럽에서는 나라마다 시기적 차이가 있고 조직 유형에 따라 출현 및 발전 과정이 다르기는 하지만, 대체로 18세기 초부터 20세기 전반에 이르기까지 공제조합, 협동조합, 그리고 민간 차원의 결사들이 속속 등장하고 꾸준히 확산되었다. 이는 서민 대중들이 자신들의 삶에 깃든 불확실성, 그리고 현실적 욕구와 필요에 대응해서 조직적으로 문제를 해결해 나가는 과정이었다.

그런 가운데 이들 협동조합과 공제조합, 어소시에이션이 지닌 공통점에 주목한 사람이 있었다. 기독교 사회주의자였던 프랑스의 샤를 지드(Charles Gide)는 협동이야말로 비인간적인 자본주의 시장경제에 대한 대안이며 사적 이윤을 폐지하고 이윤을 공유하는 방안이라고 믿었다. 그는 협동조합과 다양한 형태의 공제조직들을 성장시킴으로써 자본주의의 문제, 특히 분배의 불평등을 점진적으로 개선할 수 있다고 확신했다. 그는 1903년에 발간한 한 보고서에서 '사회적경제(économie sociale)'라는 개념의 범주 안에 ① 협동조합 및 공제조합과 같은 결사체, ② 고용주의 사회적 공헌, ③ 사회적 입법과 같은 공공의 규제를 제시하고 있다. 즉, 자본주의 시장경제가 필연적으로 수반하는 이윤의 독점과 불평등을 해소하고 견제할 수 있는 사회적 장치들을 통틀어 사회적경제라고 했던 것이다. 사실 역사상 '사회적경제'란 용어를 맨 처음 사용한 사람은 19세기 프랑스의 자유주의 경제학자 샤를 뒤노와이에(Charles Dunoyer)라고 알려져 있지만, 오늘날의 의미와 견주어 보면 그보다는 지드의 개념을 원류로 보아야 할 것 같다.

III. 사회적경제의 부활

'사회적경제'라는 용어는 그 이후 역사 속에 그냥 묻혀 버렸다. 협동조합, 공제조합, 그리고 각종 민간단체는 각개약진하면서 흥망성쇠의 길을 걷게 된다. 협동조합은 꾸준히 개체 수를 늘리면서 유럽을 넘어 세계 전역으로 확대되었지만, 한편에서는 시장에서 경쟁하는 가운데 본성을 잃고 영리기업처럼 변질해 버리는 현상도 일부 나타났다. 또한 지역 단위의 보험제도 역할을 하던 공제조합들은 전국 차원의 사회보장체계가 수립되는 과정에서 그 구조로 편입되어 들어갔다.

잊혀 있던 '사회적경제'라는 용어가 다시 수면 위로 떠오른 것은 유럽의 자본주의가 저성장의 길을 걸으면서 실업과 불평등의 문제가 심화되기 시작했던 1970년대였다. "영광의 30년(Trente Glorieuses)"이라 불릴 정도로 풍요를 구가하던 전후 서구의 자본주의는 첫 번째 오일 쇼크가 찾아온 1973년을 기점으로 서서히 내리막길을 걷기 시작했다. 점차 제조업이 쇠퇴하고 서비스 산업의 비중이 높아지는 소위 탈공업화(deindustrialization) 현상이 나타났다. 중화학공업의 생산기지 역할을 했던 유럽과 미국의 국제경쟁력은 환태평양권의 신흥공업국에 밀리기 시작했다. 제조업 공장들은 생산 규모를 축소하거나 아예 문을 닫는 지경에 이르렀다. 자연히 경제성장률은 둔화되고 실업자가 증가했으며, 빈곤 상태로 떨어지는 사람들도 생겨났다.

설상가상으로 1980년대부터 본격화된 세계경제의 글로벌화 경향과 신자유주의의 공세는 노동자의 처지를 더욱 어렵게 만들었다. 정보통신 기술의 발달과 무역 자유화로 상품과 금융자본의 이동은 신속하고 거침없어졌다. 전 세계적으로 노동 비용과 세금 등을 절감할 수 있는 초국적 생산 네트워크가 구축되었을 뿐 아니라, 단기간에 고수익을 노리는 금융자본들의 이동도 빠르고 수월해졌다. 결국 초국적 기업의 경영자들은 투자금을 회수해 가는 대주주들의 응징을 피하기 위해 오직 수익률을 높이는 데 혈안이 되고, 그것은 노동자들의 몫과 그들에게 들어가는 비용을 줄이기 위한 갖가지 전략과 방법들을 불러왔다. 지속해서 실업률은 높아지고, 일하는데도 가난한 근로빈곤층의 비율도 점차 증가했다.

처음에 유럽 정부들은 예전에 관대하게 설계했던 사회보장제도를 활용해서 위기를 관리하려고 했다. 예를 들면 50대에 실업자가 된 사람에게 노령연금의 지급시기를 앞당겨 줌으로써 실업으로 말미암은 빈곤화를 막고자 한 것이다. 하지만 경기 불황과 재정 수입의 감소가 근본적으로 해결되지 않는 상태에서 사회보장체계를 이용한 대응에는 한계가 있었다. 더구나 저출산 고령화의 경향은 국가의 공공재정 수지를 더욱 악화시키는 원인이 되었다. 복지 재정의 수입원인 젊은 경제활동인구는 감소하는데, 기대수명이 늘어난 노인 인구에는 더 많은 의료와 돌봄 서비스의 비용이 들어갔다.

옛날에는 넉넉한 기준으로 지급되던 각종 사회복지 수당과 서비스는 수급 자격이 점차 엄격해지고 제공되는 양에도 제한이 가해졌다. 복지 혜택의 내용을 축소하고 조정하는 이른바 사회복지 시스템의 개혁이 불가피해졌다. 그동안 국가가 공급해 오던 공공재로서의 사회서비스는 과거에 비해 위축되고 어떤 부문에서는 공백이 생겨났다. 공공부문이 주도하는 사회서비스 체제의 문제점은 그 밖에도 또 있었다. 서비스의 질과 내용이 획일화된다는 것이었다. 세상이 변하면서 욕구가 다양화되는데도 국가가 제공하는 사회서비스는 수요자의 생각과 기대를 정확히 반영하지 못하는 경우가 많았다.

이처럼 일자리가 있어야 하는 실업자들이 늘어나고 국가가 공급하는 사회서비스의 양과 질이 부족해지는 상황에서 등장하게 된 것이 '사회적기업(social enterprise)'이다. 일단 기업으로서의 성격을 가지므로 시장에서 재화나 서비스를 판매하는 영업활동을 하고 그 결과 수익을 창출함으로써 재정에서의 독립성을 확보한다는 특성을 띤다. 그와 동시에 영리기업들과는 달리 사회적으로 유익하고 가치 있는 목적을 추구한다면 그것은 여러 가지 사회 문제를 해결하는 특별한 경제조직이 될 수 있다고 보는 것이다.

이때 사회적 목적이란 예를 들면, 혼자 힘으로 노동시장에서 일자리를 구하지 못하는 취업애로계층, 즉 장애인, 근로능력 미약자, 장기 실업자, 출소자 등을 위해 고용을 창출하는 것이 될 수 있다. 이들을 고용해서 사업체를 꾸리는 것은 이들 취약계층에게 일자리와 어느 정도의 소득을 마련해 주는 것이므로 그 자체로서 사회적 가치가 있는 일이라 할 수 있다. 다시 말해 노동으로부터 소외된 사람들을 다시 노동의 상태로 통합하는 것인데, 유럽에서는 흔히 이런 조직을 노동통합형 사회적기업(work integration social enterprise)이라고 한다.

사회적기업의 등장과 함께 그동안 제3섹터로 분류되어 오던 시민사회 영역의 역할도 새롭게 주목받기 시작했다. 국가와 시장, 그 어디에도 속하지 않는 비영리·자원(自願, voluntary) 조직 부문은 이 같은 사회문제에 관심이 깊었을 뿐 아니라 해결의 잠재력 또한 가지고 있었다. 날로 심화되는 실업 문제와 복지의 축소에 대해 무력하기만 한 정부를 향해 시민사회 진영은 적극적인 대응을 요구하는 한편 자신들의 역할도 키워 나갔다.

1970년 6월, 프랑스에서는 협동조합, 공제조합 및 어소시에이션들이 공동보조와 연대의 필요성을 느끼고 CNLAMCA라는 전국 조직을 결성한다. 또한 1981년 미테랑의 사회당 정부가 들어서자 세계 최초로 '사회적경제'라는 용어를 채택한 행정부의 공식기구(DIES)가 만들어진다. 이 같은 프랑스에서의 움직임은 스페인, 벨기에, 포르투갈 등으로 퍼져 가는 한편, 유럽연합(EU)의 정책에도 영향을 미치게 되었다. 1970년대 후반부터 유럽연합의 자문기구인 유럽경제사회위원회(EESC)와 집행위원회(European Commission: EC)가 협동조합, 공제조합 및 어소시에이션의 유럽 단위 회의를 적극 후원하고, 1989년에는 집행위원회 안에 '사회적경제국'이라는 부서를 설치했다. 또한 1990년부터 유럽의회는 회원국들의 사회적경제 포럼인 '사회적경제 인터그룹(Social Economy Intergroup)'을 가동하고 있으며, 2009년에는

'사회적경제 결의안'을 채택한 바 있는데, 여기서 회원국들에 '노동시장 불균형의 3대 요소인 실업과 고용 불안 및 사회적 배제를 바로잡기 위해 제3섹터 전반에 대해 법과 제도 등을 적절히 갖추라'고 권고하고 있다.

IV. 사회적경제의 특성과 한국적 수용

서구 사회복지의 역사를 일별해 보면, 인간이 살면서 직면하게 되는 여러 위험, 즉 질병, 노령, 장애, 사망, 실업, 빈곤 등에 대처하는 주체가 처음에는 가족과 커뮤니티(community)였다가 차츰 국가와 공적 부문으로 확장되었음을 알 수 있다. 또한 자본주의가 발달하면서 다수 노동자가 생계를 의존하게 된 기업 역시 이러한 위험들을 해소하는 긍정적 기능을 담당했다. 이른바 '기업복지'라는 개념이 등장하게 된 이유다. 사실 미국은 유럽 각국이 앞다투어 복지국가를 건설하던 1945~1960년대에, 경제호황에 기대어 국가복지 대신 기업복지를 선택했던 나라다. 그리고 이러한 전통은 각종 사회보장 관련 서비스를 국가 대신 시장이 공급하는 체제를 공고히 했다.

경제성장이 원활하고 따라서 국가의 재정이나 기업의 수익이 넉넉하던 시절에는 크게 문제될 것이 없었다. 하지만 앞에서 살펴본 것처럼 기존의 복지국가 체제를 유지하기 어려운 경제 난국 앞에서 사회보장체계의 개편은 불가피해졌다. 또한 복지 문제를 개인이 시장을 통해 사적으로 해결하도록 권장하는 영미 계통의 자유주의 복지국가에서는 서민들의 사정이 더욱 심각했다. 시장의 '보이지 않는 손'을 통한 자원의 합리적 배분이라는 가설은 실업과 빈곤의 역사가 깊어갈수록 타당성을 의심받을 수밖에 없었다. 사회적경제는 이러한 '정부의 실패'와 '시장의 실패'를 넘어서기 위한 대안으로 등장했다.

한편, 종래의 지역개발계획이 야기해 온 문제에 대한 반성으로부터 지역사회가 주체가 되는 '커뮤니티경제개발(Community Economic Development: CED)'이라는 새로운 담론도 생겨났다. 영국은 1980년대부터 강력한 노동시장 유연화 정책을 실시했고, 그 결과 사회적 배제와 불평등의 문제가 더욱 심화되었다. 이미 이전부터 저성장과 실업이라는 이슈는 영국 전역의 고질적인 문제였으므로 지역경제를 활성화하기 위한 개발계획들이 무수히 실시되어 왔다. 하지만 이들 프로젝트는 외부의 자원을 끌어들여 기반시설을 건설하는 데 치중했고, 무엇보다 지역의 욕구를 고려하지 않는 하향식(top-down) 사업 방식이 문제였다.

1980년대에 이르러 이러한 접근법이 한계에 다다르자 진정한 지역사회의 참여를 도외시하는 기존의 개발방식을 비판하면서 사회·경제·환경 차원의 활동을 결합하여 지속가능한 재생을 꾀해야 한다는 주장이 나타나게 된다. 또한 이들 지역개발계획의 재정자금을 지원해오던 유럽연합 역시 지역개발 사업은 '지역산업의 복구와 발전을 가져올 수 있는 역량 강화와 사회적 자본(social capital)의 활성화를 목표해야 하며, 주류 경제의 중심으로 커뮤니티가 되살아나는 과정이 되어야 한다'는 지침을 제시하기에 이른다. 그리하여 커뮤니티경제개발은 사회적으로 배제된 지역사회의 경제 문제를 지속가능한 방식으로 해결하며, 특히 한계에 도달한 공적·사적 영역의 고용자원에 대한 대안으로서 '사회적경제'를 확장시키는 것을 주요 전략으로 삼게 되었다.

사회적경제는 서민 대중들이 자신의 욕구와 필요를 해결하기 위해 스스로 만든 역사 속의 다양한 경제조직 형태를 나중에 이론가들이 개념화한 것이어서 만인이 동의하는 단일한 정의라는 것이 존재하지 않는다. 그렇기는 해도 대체로 자본주의 시장부문과 국가 공공부문의 중간적 성격을 지닌 경제 영역을 가리키는 말로 이해된다. 대표적인 조직 유형으로는 협동조합, 사회적기업, 어소시에이션, 공제조합 및 재단 등이 포함되며, 이들은 투자자 개인의 이익이 아니라 넓은 의미의 공동체 및 그 구성원들의 이익을 추구한다는 공통점을 지닌다(Defourny and Nyssens, 2006: 7).

반면 조직의 유형보다는 조직의 성격과 운영원칙에 근거해서 정의를 내리는 접근법도 있다. 그렇게 본다면 "사회적경제는 시장·비시장(재분배) 및 비화폐(호혜성) 경제들의 혼성체(hybridization)로서 광범위한 계열의 조직 형태와 이니셔티브를 가리키며, 경제가 비단 시장에만 국한되는 것이 아니라 재분배와 호혜의 원리도 포함하고 있음을 나타낸다"(Moulaert and Ailenei, 2005: 2044)고 할 수 있다.

유럽연합 차원의 당사자 조직이라고 할 수 있는 '유럽사회적경제(Social Economy Europe)'는 2002년 채택한 헌장에서 사회적경제의 기본원리를 다음과 같이 명시하고 있다.

- 사람과 사회적 목적이 자본보다 우선한다.
- 회원 자격은 자발적이어야 하고 개방되어 있다.
- 조직은 회원들에 의해 민주적으로 운영되어야 한다(재단의 경우는 회원이 없으므로 예외).
- 회원 및 이용자의 이익, 기타 보편적 이익 등을 고루 안배해야 한다.
- 연대와 책임의 원칙은 반드시 준수되고 적용되어야 한다.
- 공공기관으로부터 자율성과 독립성을 유지해야 한다.
- 잉여의 대부분은 지속가능한 발전의 목표, 회원의 이익 및 보편적 이익을 위해 사용되어야 한다.

따라서 이상의 원칙에 따라 운영되는 경제조직들의 집합을 '사회적경제'라고 할 수 있는데, 우리나라에서 예를 들면 사회적기업과 자활기업, 마을기업 및 농어촌공동체회사, 노동자협동조합, 소비자생활협동조합(생협)과 의료생협, 공동육아협동조합, 그리고 어소시에이션에 해당하는 공익형 민간단체(공동모금회, 마이크로크레디트 기관 등)와 각종 시민단체가 포함된다고 할 수 있다.

우리나라는 1970년대부터 신용협동조합이나 소비자생협 등을 통해서 밑으로부터의 자발적인 협동조합운동이 꾸준히 전개되어 왔고, 이는 우리나라 공동체 운동의 대표적인 영역 가운데 하나였다. 그뿐 아니라 교육·보육, 환경, 사회복지 분야의 새로운 필요와 욕구를 해결하기 위한 시민사회운동의 조직적인 노력도 계속되었으므로 '사회적경제'라는 용어가 수입되기 이전부터 우리 사회에는 이미 그에 해당하는 활동과 성과가 있었던 것이 사실이다.

그런 가운데 2000년대 들어 사회 양극화 현상이 더욱 심해지고 서구에서처럼 실업과 빈곤의 문제가 날로 심각성을 더해 가자 정부 차원에서 유럽의 사회적경제 정책의 경험을 차용하고자 법제화를 하기에 이르렀다. 우리나라 정부는 사회적기업육성법(2007년), 협동조합기본법(2012년)의 제정 및 관련 지원정책을 통해 사회적경제 확산 정책이 이러한 사회문제들을 완화하고 지역경제의 활성화를 가져오기를 기대하고 있다.

V. 사회적 자본이란 무엇인가

앞에서 제시한 사회적경제 조직의 기본원리를 다시 정리해 보면 첫째, 사회적 목적의 추구, 둘째, 자본과 이윤의 사회적 소유, 셋째, 조직의 민주적 운영 및 관리로 요약할 수 있다. 첫째, 사회적 목적을 추구한는 것은 영리기업처럼 자본 소유자 몇몇의 이익을 도모하는 것이 아니라 다수로 구성된 공동체(커뮤니티)의 이익을 추구한다는 의미다. 이때 공동체란 공동의 이해관계를 갖는 지역사회 성원들의 집단을 가리킬 수도 있고, 혹은 사회적 취약계층—실업자나 여성 가장, 돌봄서비스를 필요로 하는 노약자나 아동, 장애인, 다문화 가정, 출소자 등—의 집단을 지칭할 수도 있다(Campi, Defourny, and Grégoire, 2006: 30). 우리나라의 〈사회적기업육성법〉 시행령(제9조)은 사회적 목적을 "① 취약계층에게 일자리나 사회서비스를 제공하는 것, ② 지역사회의 인적·물적 자원을 활용하여 지역주민의 소득과 일자리를 늘리는 것, ③ 지역의 빈곤, 소외, 범죄 등 사회문제를 해결하는 것, ④ 지역사회에 사회서비스 또는 일자리를 제공하거나 지역주민의 삶의 질을 높이는 것 등으로 규정하고 있다. 그리고 하나의 조직은 복수의 사회적 목적들을 가질 수 있다. 둘째, 사회적 소유란 경제조직의 자본금은 구성원들이 공동으로 조달하고 소유하며, 잉여생산에 의한 이윤이 발생하더라도 그것을 자본금의 출자 지분에 비례해서 배당하는 방식은 엄격히 제한한다는 뜻이다. 즉, 주식회사처럼 자본의 사적 재산권이 곧 이윤의 독식 및 처분 권한으로 이어지는 구조를 용인하지 않겠다는 것이다. 이는 달리 말하면 민주적 지배구조를 채택한다는 의미이기도 하다. 따라서 셋째, 민주적 운영 및 관리라는 것도 특정인의 의사에 휘둘리지 않고 모든 구성원이 조직의 운영에 참여해서 민주적으로 의사결정을 해야 한다는 원칙이다.

그런데 여기서 사회적경제의 가장 본질적인 특징에 주목할 필요가 있다. 사회적경제는 시장경제·비시장경제 및 비화폐경제의 혼합물이라는 것인데, 이는 사회적경제 조직이 경쟁시장에서 재화나 서비스를 생산, 판매하면서 재정적 지속가능성과 효율성을 확보하는 동시에, 그런 과정에서 비자본제적 요소—재분배와 호혜성의 원리—를 적절히 결합해야 함을 의미한다. 이것을 자본의 측면에서 보면, 사회적경제 조직은 이해당사자 개인들이 조달하는 현금 자본뿐 아니라 공적 부문인 정부의 지원금 또는 보조금, 자원(自願) 부문의 후원금이나 기부금, 더 나아가서 화폐 형태가 아닌 호의와 신뢰 등의 협력 자원(資源)을 두루 활용할 수 있고 또 그렇게 하는 것이 바람직하다는 뜻이다. 이때 후자에 해당하는 비화폐 자본(호의와 신뢰 등)을 흔히 '사회적 자본' 또는 '사회자본(social capital)'이라고 한다.

사회적 자본이란 개념은 다소 모호한 측면이 있지만 일단 '상호 이해의 조정과 협력을 용이하게 하는 네트워크, 규범, 신뢰 등 사회조직의 특성들'이라고 정의하기로 한다(Putnam, 1993b). 그리하여 한 사회적기업이 사회적 자본을 발굴하고 확보한다는 것은 다양한 네트워크를 개발해서 지역 내의 경제·사회정치적 행위자들과 협력의 정도를 높여 나간다는 것을 뜻한다.

이처럼 사회적경제 조직이 이용하는 자본의 출처와 성격은 다양한데, 그중에서도 특히 사회적 자본은 사회적경제의 정체성과 관련되어 있을 뿐 아니라 조직의 상업적 성과에도 밀접한 영향을 준다고 알려져 있다. 그래서 어떤 경영학자는 기업의 성공을 결정짓는 공식 안에 사회적 자본을 중요한 변수로 포함시키기도 한다.

> 성공 = 아이디어 + 노우 하우(Know How) + 노우 후(Know Who)

여기서 '노우 후'란 정보, 자원, 고객, 신용, 안내와 지원 등을 직접 제공해 주거나 그것들을 확보하는 데 도움이 되는 사람을 발굴 접촉할 수 있는 네트워크로서(Peterson and Ronstadt, 1987; Bridge, Murtagh, and O'Neil, 2009: 10에서 재인용), 일종의 사회적 자본이라고 할 수 있다.

그렇다면 사회적 자본이란 무엇인가? '사회적 자본'(이후에는 '사회자본'이라는 용어와 혼용하기로 한다)이라는 개념은 1980년대 학계에 등장한 이래 선풍적인 인기를 누리는가 하면,[1] 한편에서는 논쟁과 비판의 대상이 되어 왔다. 비슷한 시기에 이 개념을 사용했던 부르디외(P. Bourdieu)와 콜만(J. Coleman)은 비록 같은 용어를 쓰고 있었지만, 두 사람의 인식론적 토대는 상당히 달랐으며 학계에서 인용된 지명도에 있어서는 콜만과 퍼트남(R. Putnam)이 압도적이었다.

부르디외는 불평등과 차별의 사회구조를 설명하는 장치로서 상이한 형태의 자본들(경제자본, 문화자본, 사회자본 및 상징자본)의 작동 원리를 제시하는 가운데, 그중의 하나로서 사회자본을 언급한다. 그는 사회자본을 '서로 알고 인정하며 지내는 제도화된 관계의 네트워크를 지속적으로 보유함으로써 어떤 개인 혹은 집단이 갖게 되는 (실질적 혹은 잠재적) 자원들의 총합'이라고 정의한다.

사회자본이 존재하고 활용된다는 것은 친족이나 친구, 사제지간처럼 다른 목적을 위해서 형성된 관계의 네트워크가 이미 선행적으로 존재하고 있음을 뜻한다. 하지만 사회자본이 가져오는 효과는 개별 행위자가 개인적으로 보유하고 있는 속성들의 단순 집합이 아니다. 결국 "부르디외의 문화자본 개념이 부모와 부모의 관계망이 갖는 문화적 자원이 자식 세대로 전승되어 가는 과정에 주목하고 있다면, 그

1 하니판(Lyda Hanifan)이 1916년 "The Rural School Community Center"라는 논문에서 'social capital'이라는 용어를 맨 처음 썼다고 알려져 있으나, 엄밀한 정의 없이 비유적으로 사용된 용례는 그 이전으로 거슬러 올라갈 수도 있을 것이다. 학술적 개념으로 이 용어를 처음 사용한 사람은 프랑스 사회학자 부르디외(P. Bourdieu)이고, 이후 미국의 콜만(J. Coleman)과 퍼트남(R. Putnam)이 새로운 용례를 만들어 내었다.

의 사회자본은 더욱 포괄적인 사회관계 속에서 각 개인이 가진 연결망과 집단에의 소속이 당사자에게 주는 다양한 사회적 기회자원을 총칭하고 있다"(김상준, 2004: 69).

이에 비해 콜만은 보다 개인주의적 관점에서 사회자본을 행위자의 합리적 선택 동기로 설명한다. 그는 사회자본의 개념을 다음과 같이 정의한다(Coleman, 1988: S98).

> 사회자본은 그 기능으로 정의된다. 그것은 단일한 실체가 아니라 두 가지 요소를 공히 갖춘 상이한 여러 가지 실체들이다: 이들은 사회적 구조의 제 측면들로 이루어져 있고, 그 구조 안에서 (개인이든 집단행위자든 간에) 행위자들이 어떤 행위를 용이하게 할 수 있도록 해 준다. 다른 형태의 자본들과 마찬가지로, 사회자본은 생산적(productive)이며, 그것이 없었다면 가능하지 않았을 어떤 목적들을 달성하게 해 준다.

'사회자본이 없었으면 가능하지 않았을 목적을 달성하게 해 준다'는 다분히 기능론적이고 동어반복적인 정의를 더욱 명확히 이해하기 위해 콜만 자신이 들고 있는 사회자본의 예를 하나 소개하기로 한다.

> 다이아몬드 도매상이 거래할 때는 한 상인이 다이아몬드 원광석이 가득 든 가방을 자신의 거래처 상인에게 그냥 주고 가는 경우가 흔히 있다. 상대방이 시간 날 때 원광석을 차근차근 살펴보고 값을 매기도록 하기 위함이다. 만약 다이아몬드를 맡은 쪽에서 나쁜 마음을 먹는다면 진품 하나를 빼돌리고 가짜 모조품으로 바꿔치기하는 것이 얼마든지 가능하다. 이에 대한 다른 안전장치는 없다. 게다가 이 물건들은 수십만 달러 상당의 값어치가 나간다. 그런데 뉴욕의 다이아몬드 도매시장을 주름잡고 있는 유대인들은 자기들끼리의 긴밀하고 신뢰 어린 관계를 이용해서 이

런 식의 거래를 한다. 그들은 브루클린에 커뮤니티를 형성해 살면서 끼리끼리 결혼하고 또 같은 유대교회당을 다닌다. 그들은 같은 민족으로서의 정체성을 갖고 또한 가까운 가족 관계로 얽혀 있다. 이러한 관계가 위와 같은 신용거래를 가능하게 해 준다. 만약 공동체 내의 누군가가 다이아몬드 거래를 하면서 상대방에게 사기를 친다면 그는 지역사회와 종교 커뮤니티로부터 영원히 추방될 것이다. 이러한 신용거래는 시장 기능을 원활히 하고 교환 행위의 효율성을 높인다. 신뢰라는 사회자본이 경제의 효율성을 높이는 것이다.

콜만은 사회자본이 신뢰성(trustworthiness), 상대방에게 갖는 의무감(obligation), 정보의 통로, 규범 및 효과적인 제재(sanction) 등 다양한 실체로 이루어진다고 보았다. 즉, 다이아몬드 거래를 하는 유대인들 사이에는 신뢰의 정서와 신의를 저버리지 않게 행동해야 하는 의무 및 관계의 규범 등이 존재하고 이러한 기대와 규율을 깬 구성원에게는 보복적인 제재가 가해진다는 사실을 모두가 알고 있는 것이다.

콜만에 의하면 구성원들이 일정한 규범을 구성하고 기꺼이 그것을 지키고자 행동하는 이유는 행위자 개인의 이익을 실현하기 위해서다. 사회적 관계망에 속한 행위자들이 그들이 합의한 규범을 준수하는 것은 자기의 효용을 최대화하기 위한 합리적 선택의 과정이다. 각자는 자신이 신뢰의 관계를 지킬 경우에 돌아오는 기대이익과 그것을 파기할 때 맞이하는 기대손실을 비교하여 항상 이익이 손실보다 커지는 방향으로 선택하고 행동하는 것이다.

그런데 이러한 콜만의 개념을 따라가다 보면 사회자본을 낳는 관계망은 언제나 '닫혀' 있어야 마땅하다. 그가 말한 바로는 구성원들의 관계가 외부인과 연결되지 않고 철저히 닫혀 있을수록, 그리고 관계의 밀도가 높을수록 그들의 사회자본은 강력해진다. 다시 말해 구성원 간의 내적 결속이 깊고 강할수록 그들이 배타적으로 누리는 사회자본의 효과는 더 크기 마련이다. 모든 구성원의 사돈의 팔촌까지 널리 확대된 느슨하고 데면데면한 관계망이라면 그것이 특별히 조직 내 구성원들에게 가져다줄 차별적 편익도 신통치 않을 것이다.

그렇다면 개인 대 개인이라는 미시적 차원을 넘어 좀 더 광범한 거시적 차원에서 긍정적 관계망이 형성되는 경우는 없을까? 퍼트남(R. Putnam)은 콜만의 사회자본 개념을 국가와 정치의 영역에 적용했다. 그는 사회자본을 "협력된 행동을 촉진함으로써 사회의 효율을 개선시켜 주는 신뢰, 규범, 네트워크와 같은 사회적 조직의 요소들"(Putnam, 1993a: 167)이라고 정의한다. 콜만의 정의를 연상시키지만, 퍼트남은 적용 범주로서 지역사회 및 국가를 상정함으로써 다른 이들의 개념에서는 간과되었던 비영리성과 공공성의 측면을 강조했다(김상준, 2004: 81).

퍼트남은 이탈리아의 북부 지역('롬바르디아'와 '에밀리아로마냐')이 남부 지역('바실리카타'와 '칼라브리아')에 비해 경제 발전과 지방정부의 성취도 등에서 훨씬 앞서게 된 것은 북부 지역이 오래전부터 협동조합이나 상조회, 문화적 결사체가 활발하게 조직될 정도로 시민 참여의 전통과 공동체 문화가 발달했기 때문이라고 설명한다. 그는 결사체의 빈도, 투표 성향 등으로 나타나는 시민공동체의 발달 정도가 오늘날 경제 발전의 정도와 밀접한 상관관계를 보인다고 주장하면서, '예전의 경제적 풍요로움이 오히려 시민 참여의 전통을 낳은 것은 아닌가'라는 역의 인과론적 가능성에 관해서는 역사적 자료를 근거로 기각하고 있다. 다시 말해 북부 지역은 경제 발전이 원인이 되어 시민공동체의 분위기가 형성된 것이 아니라 신뢰와 협력의 정도가 높은 공동체 문화의 전통 때문에 경제·사회적 발전이 이루어졌다는 것이다.

이 같은 퍼트남의 연구는 사회자본이 경제 발전에 미치는 효과에 관한 학문적 관심을 촉발했다. 그의 영향을 받은 후속 연구들이 줄을 잇게 되는데, 한 예로 사회자본을 타인에 대한 신뢰도와 시민의 공중도덕으로 측정하여 경제 발전과의 관계를 분석한 한 거시연구는 사회자본이 국가 차원의 경제 활동에 상당 부분 긍정적 영향을 미친다고 결론지었다(Knack and Keefer, 1997). 한편 미국 48개 주의 경제지표들을 비교한 다른 연구는 사회자본이 경제성장과 고용창출에 유의미한 영향을 준다는 증거는 없으나, 소득의 불평등 같은 현상과는 밀접한 관련이 있어 보인다고 했다(Casey and Christ, 2005). 반면 중소기업을 분석단위로 한 미시연구에서는 기업 간의 협력과 네트워킹을 강화함으로써 형성된 사회자본이 실제로 개별 기업의 사업 성과와 혁신의 기회를 높여 준 것으로 나타났다(Cooke and Wills, 1999).

베스트룬트와 아담(Westlund and Adam, 2010)은 사회자본과 경제적 성과의 관계를 다룬 65편의 기존 연구들을 메타분석한 논문에서, 경제적 성과가 발현되는 조직의 공간 규모에 따라서 사회자본의 영향이 긍정적으로 나타나기도 하고 그렇지 않기도 하다고 주장한다. 그들이 분석한 연구들 가운데는 국가 차원의 경제성장과 신뢰지수의 상관관계를 다룬 논문이 있는가 하면, 어떤 국가 안의 일부 지방이나 그보다 훨씬 작은 규모의 근린지역(neighborhood)을 분석대상으로 한 것도 있고, 일개 회사의 경영 실적과 네트워크의 관계를 분석한 연구들도 있었다. 이 65편의 논문은 일단 사회자본은 '사람 간의 신뢰와 네트워크'라는 광의의 정의에서 출발하고 있지만, 실제로 사회자본과 경제적 성과를 무엇으로 측정하는가, 각각의 대리변수들(proxies)을 무엇으로 삼는가에 관해서는 천차만별의 차이를 보이고 있었다.

이에 관해 필자들은 분석단위의 공간적 크기가 클수록, 즉 지역이나 국가 차원의 연구에서는 사회자본이 경제적 성과에 미친 영향이 일관되게 나타나지 않는 반면, 기업과 같은 작은 단위에서는 경영 성과와의 정적(正的) 관계가 뚜렷하다고 결론짓고 있다. 이는 어떤 사회적 행위자들이 공유하고 있는 신뢰와 가치 규범이 다른 부문, 예컨대 시장부문 행위자들과의 경제적 거래에 얼마만큼 영향을 미칠 수 있는가의 문제로서, 공간 규모가 커질수록 구성원들의 이질성과 관계의 복잡성이 증가한다는 점을 고려하면 이들의 주장은 어찌 보면 상식적으로 예측 가능한 결론이라고 할 수 있다.

이상의 선행연구들에서 다시금 확인하게 되는 것은 적어도 작은 규모의 경제조직에서는 사회자본의 영향력이 확실하게 인정된다는 사실과 그럼에도 그 개념은 여전히 모호한 측면이 있다는 것이다.

사실 일부 경제학자들은 사회자본이 '자본'으로서의 성질, 즉 시간적 지속성(extension in time), 현재 편익의 희생을 통한 미래 편익의 확보(deliberate sacrifice in the present for future benefits), 양도가능성(alienability) 등을 결여하고 있다는 점에서 자본으로 보기 어렵다고 주장한 바 있다(Fragkandreas, 2012: 262-263). 이들의 문제 제기로 다양한 견해가 속출했지만 주목할 것은 사회자본에 관한 반대의견 못지않게 이것의 자본적 특성을 역설하는 주장들이 쏟아져 나왔을 뿐 아니라 이러한 이론이 점차 힘을 얻기 시작했다는 사실이다.

사회자본이 사회적 관계를 분석하는 데 유용할진대, 그것이 하나의 사물을 다른 사물로 변환하는 능력을 인정해야 하며 사회자본은 생산적이고 형태 전환이 가능(transformative)하므로 자본의 속성을 지닌다는 주장도 있다(Robison, Schmidt, and Siles, 2002: 5; Schmidt, 2002: 750). 이들은 사회자본이 '자본'으로서의 속성을 모두 가진다고 주장하면서, 다만 그러한 속성들이 발휘되는 것은 한 구성원이 다른 구성원에게 영향을 미칠 수 있는 관계, 그들 간의 친밀감과 연대의식이라는 공감(sympathy)의 조건이 충족될 때만 그러하다는 점을 강조했다.

그렇다면 문제는 사회자본이 어떻게 해서 경제적 자산(economic

asset)으로 전환될 수 있느냐 하는 것이다. 사회적 관계 및 상호작용이 어떻게 '자본'이 되는가? 다시 말해 협력과 신뢰의 관계, 호혜적 네트워크 등으로 표현되는 사회자본이 어떻게 경제적 수익을 높이는 자본으로서의 효과를 발휘하느냐 하는 점이 중요해진다. 이론적으로는 첫째, 사회자본이 경제적 관계의 효율성을 높임으로써 사람들의 소득과 저축을 증대시킨다고 되어 있다. 경제적 관계의 효율성을 높인다는 것은 거래비용을 줄인다는 의미로도 해석된다. 둘째, 자원을 공동으로 사용하고 관리할 때 혹은 공공재와 관련해서는 사회자본이 무임승차자(free rider)의 문제를 해소할 수 있다. 셋째, 사회자본은 지식이나 기술의 혁신을 촉진할 수 있다(Bridge, Murtagh, and O'Neill, 2009: 186). 즉, 한 조직의 앞선 지식이나 기술은 친밀한 인간관계를 통해 다른 조직으로 전파되거나 혁신을 자극할 수 있는 것이다.

이제 한 조직의 사회자본이 경제적 성과를 높이는 과정의 기제를 더욱 구체적으로 살펴볼 필요가 있다. 설사 사회적 관계가 협력적인 행위를 가능케 해 주는 자원의 성질을 지닌다 하더라도 관계의 어떤 특성들이 어떤 과정을 거쳐 경제적 수익 제고에 영향을 미치는지를 천착해 보아야 한다. 이러한 기제의 규명을 위한 사례 분석에 들어가기에 앞서 사회자본의 속성에 대한 이해를 한층 높이기 위해 유형 구분에 관한 퍼트남의 견해를 한 번 더 살펴보자. 퍼트남은 미국 사회의 공동체 붕괴 현상을 다룬 다른 책에서 사회자본의 유형을 두 가지로 나누어 설명하고 있다(Putnam, 2000: 22).

어떤 형태의 자본은 의식적으로 혹은 필요에 의해 내부를 향하고 있고, 배타적 정체성과 그룹의 동질성을 강화하는 경향이 있다. (이 같은) '결속적 사회자본(bonding social capital)'의 예로는 동족끼리의 공제조직, 교회 여신도들의 독서모임, 부유층의 컨트리클럽 등이 있다. 이와 다른 네트워크는 외부를 향하고 있으며 서로 다른 사회적 분파 사람들을 모두 아우른다. (이 같은) '연계적 사회자본(bridging social capital)'의 예에는 시민권 운동, 청소년 봉사단체, 초교파적 종교조직이 포함된다. '결속적 사회자본'이 일종의 사회적 강력접착제 기능을 한다면, '연계적 사회자본'은 사회적 윤활유의 기능을 한다고 할 수 있다.

결속적 사회자본이란, 말 그대로 조직 구성원들의 동질적 요소에 의해 발현되는 내적 결속력의 형태를 띠는 반면, 연계적 사회자본은 상이한 집단들이 서로의 이질성을 넘어 동일한 목적을 위해 함께 행동하는 협력의 관계로서 나타난다. 다음 절에서 원주의 사례를 통해 이러한 사회자본들이 어떤 과정을 거쳐 경제적 성과로 이어지는지를 살펴볼 것이다.

VI. 원주 사례를 통해 보는 사회적 자본의 효능

1. 원주 지역 사회적경제 운동의 역사

현재 강원도 원주에는 24개[2]의 각종 협동조합, 사회적기업, 영농조합법인 등으로 구성된 '원주협동사회경제네트워크'가 있다. 원주는 '한국 협동조합운동의 메카'라고 일컬어질 정도로 각종 협동조합의 철학적 토대와 주요한 전범(典範)들이 처음 만들어진 곳이다. 협동조합운동은 구성원들의 '우애와 연대'의 정신에 기초한 지역 차원의 운동인데, 원주 지역에서는 1960년대부터 다양한 형태의 협동·자립 운동이

2 이 글은 2013년도에 조사된 자료에 근거하고 있으므로 현재 시점의 실태와는 차이가 있을 수 있다.

시도되어 왔다. 1964년 가톨릭 원주교구가 생기자 지학순 주교는 제2차 바티칸공의회의 정신에 따라 저소득층을 위한 신용협동조합운동을 시작했고, 이후 1966년에는 협동의 방법을 통한 농민운동의 주체로서 '가톨릭농촌청년회'의 결성을 적극 지원했다. 이는 이후에 '가톨릭농민회'로 발전한다. 장일순의 사상적 제자들은 그가 가졌던 협동조합운동의 취지를 "돈이 중심이 되는 자본주의의 모순을 해결하고 '더불어 함께, 사람답게' 살기 위한 운동이었으며, … 협동조합 조직을 키워서 땀 흘려 노력하는 민중이 대접받는 사회를 만들어 가자는 것"이었다고 말한다(무위당을 기리는 모임, 2004).

1970년대는 원주 지역의 협동조합운동이 본격화된 시기였다. 장일순은 이러한 협동의 문화가 교육을 통해서만 성공할 수 있다고 믿고 후학을 양성하고 협동정신을 널리 알리는 데 주력했다. 1972년 12월, 원주 지역 최초의 협동조합인 '원주밝음신용협동조합'(이하 밝음신협)이 문을 연 것은 이러한 노력의 결과였다. '밝음신협' 태동의 주체는 장일순이 설립한 대성중고등학교 제자들과 그와 뜻을 같이하는 사람들이었다. '밝음신협'의 설립 목적은 지역 내 저소득층을 고리대금업으로부터 보호하고 경제적으로 자립할 수 있는 기반을 마련해서 주민자치의 역량을 강화하는 것이었다.

특히 1972년에 발생한 남한강 일대의 수해 피해를 복구하는 사업은 협동조합 정신을 피해 지역주민에게 교육시키고 스스로 실천하게 하는 계기가 되었다. 지학순 주교는 당시 정부 지원이 부족한 상태에서 직접 해외로부터 구호자금을 조달했는데, 이렇게 조달한 자금을 피해 농가에게 개별적으로 할당하지 않고 농민들이 스스로 농촌개발사업을 할 수 있도록 역량을 키우는 데 사용했다. 당시 재해대책사업위원회 농촌담당이었던 박재일은 다음과 같이 회고한다.

마을에 신뢰가 생깁니다. 신뢰가 쌓이니까 자금이 모이고…. 버선 속이나 장판 밑에 숨겨 두었던 푼돈들이 햇빛을 보게 되었지요. 사채, 고리채로 고생하던 사람들도 그것들에서 해방할 가능성이 엿보였고요. 그러자 인근 마을에서도 같이 하자고 나서더군요. 자연스럽게 마을 연대가 이뤄졌지요. 신협 몇 개가 모여 지역 단위 신협도 결성되었고요(이용포, 2011).

1980년대에는 도시와 농촌의 상생이라는 주제로 협동조합운동이 진화했다. 생산자와 소비자가 함께하는 직거래운동, 먹을거리의 환경개선운동, 삶의 질을 높이는 방향 등이 새롭게 모색되기 시작했다. 1985년 6월에는 '밝음신협'의 후원하에 지역 내 친환경농업을 육성하고 소비자와 생산자의 신뢰에 기초해 새로운 유통질서를 세운다는 취지로 '원주소비자협동조합'(현 원주한살림생협)이 창립되었다. 장일순은 "'하나, 전체, 함께'라는 뜻의 '한'과 '살려낸다, 산다'는 뜻의 '살림'을 합쳐 만든 '한살림'"이란 명칭을 제안하면서 "온 생명이 한 집 살림을 살 듯 더불어 살자"는 뜻을 강조했다. 또한 1989년에는 친환경농업을 하는 농가의 확대를 위해 생산자 중심의 '호저소협'(현 원주생협)이 설립되었다. 이렇듯 1980년대의 원주협동조합운동은 '공생'과 '연대'를 더욱 강조했는데, 그 이념적 배경을 제공한 이는 장일순이었다.

… 이게 그렇지를 않고 이 운동이 우리끼리만 요렇게 일이 되어 돌아갈 적에는 어떻게 되느냐. 결국은 그걸로 우리 운동은 끝이 나요. 운동이란 것은 여러 사람과 더불어서 같이 가는 거다 이 말이에요. 그래서 공생하자는 것인데 이제 시대는 공생의 시대예요. 자연과도 공생해야 되지만 제대로 사는 것을 모르는 사람하고도 공생해야 된다 이거예요. 그런데 그 모르는 사람들에게는 우리가 가서 만나고 안아 주고 그렇게 하고 그

사람 네들의 요구를 들어 주고 그렇게 하는 속에서 연대가 되는 거다 이 말이에요(장일순, 1997).

이러한 다양한 형태의 협동조합이 생기고 발전했음에도 불구하고, 1990년대에는 원주 지역의 협동조합운동이 정체기를 맞게 된다. 이는 내부적으로 그동안 운동을 이끌었던 '원주캠프'가 해산된 탓도 있지만, 신자유주의의 확산으로 인한 금융시장과 경제구조의 재편, 경쟁의 가속화 및 양극화 심화라는 외부적 요인도 크게 작용했다. 이러한 가운데 한국 사회에는 1997년 말 외환위기로 인해 대량 실업과 빈곤화 문제가 대두되는데, 당시 원주 지역에서는 저소득층의 자립을 협동조합 방식으로 지원하려는 노력이 있었다. 그 결과 1999년, '성공회 원주 나눔의집'과 2001년에 '원주자활후견기관'(현 원주지역자활센터)이 설립되었다. 당시 원주 지역의 협동조합들은 변변한 공동 논의의 틀도 없이 각개약진하고 있는 실정이었다.

2000년대에 들어서는 식품의 안전성에 대한 사회적 관심이 증폭하는데, 이로 인해 원주 지역의 생협운동이 다시금 성장하게 되었다. 2002년 5월에는 의료의 상업화를 극복하고 주민의 참여를 보장하고자 '원주의료생협'이 '밝음신협'과 '원주한살림', '원주생협'의 공동발의로 설립되었다. '밝음신협'이 공간을 제공하고 여타의 기존 협동조합들이 기관 출자를 하는가 하면 주민이 개인 출자를 함으로써 '협동조합 간의 협동'이라는 방식으로 '원주의료생협'을 설립한 것이다. 이는 원주의 협동조합운동이 안전한 먹을거리를 공동구매하는 소비조합 중심에서 보건의료 서비스라는 사회서비스 영역으로 확장해 나가는 것을 의미했다. 그리고 2003년 6월, '협동과 자치'라는 이념을 공유하는 8개 협동조합운동 조직이 '원주협동조합운동협의회'(현 원주협동사회경제네트워크)라는 네트워크를 결성했다. 이 협의회는 주민 참여를 통한 지역경제의 활성화, 자연생태계와의 조화로운 경제구조 건설, 협동경제 이윤의 지역복지로의 환원 등을 목표로 했다. 나아가 협동조합공동신문(『원주에 사는 즐거움』)의 창간, 지역협동사회연구원 개원, 생명교육연구소 창립 등을 통해 더욱 체계적인 협동조합운동의 기반을 마련하고자 했다.

2004년 5월에는 '원주협동조합운동협의회'가 원주 지역 시민사회단체협의회에 공식적으로 참여하면서 지역 내 각종 현안에 대한 구체적인 기획을 시민단체와 함께하는 등 활동의 범위를 넓혀 가고 있다. 2007년 이후에는 회원 단체 중 일부가 사회적일자리 사업을 활용해 사회적기업 인증을 받기도 하고, 기존 단체에서 분리되어 독립 조직으로 운영되기도 하면서 네트워크는 점차 확대되었다. 처음 8개 단체로 시작한 네트워크는 2009년 13개로 확대되었고, 2012년에는 협동조합뿐 아니라 사회적 목적을 지향하는 다양한 사회적경제 주체들이 참여해서 19개 단체로 확대되었다. 2013년 현재, '원주협동사회경제네트워크'는 친환경농업(소비), 보건의료 서비스, 보육 및 교육, 복지, 문화, 환경생태 등 생활 전반을 아우르는 총 23개 조직으로 구성되어 있다.

지학순과 장일순에서 시작된 협동생명운동이 지금까지 원주 지역에 형성해 놓은 것은 공생의 가치체계와 그에 동의하는 사람들의 인맥이다. 원주의 협동조합운동사에서 특히 주목해야 할 부분은 단순히 조직의 외적인 성장이나 발전이 아니다. 협동조합의 양적 규모나 그들 간의 연대의식이 다른 지역의 부러움을 사기에 충분할 만큼 눈에 띄는 것은 사실이나, 더욱 중요한 것은 그것을 가능하게 했던 교육운동이다.

원주의 운동사에서 선각자 두 사람의 이름이 부단히 거론되는 것은 그들이 보통의 사회변혁운동론과는 다른, 훨씬 대중적이면서도 독특한 공동체 이념을 전파했기 때문이다. 그것은 주민들의 실생활과 직결된 생활공동체 운동이었고, 동시에 투쟁과 대립을 포용과 화합으로 대체하는 설득력 강한 운동 노선이었다. 생명과 공생을 강조하는 이러한 이념체계는 끊임없는 교육과 실천을 통해 서서히 확산되어 왔다. 그것은 그냥 말로만 하는 데 그치지 않고, 협동조합 조직의 결성과 그로 인한 구성원들의 일상생활 변화로 이어졌기 때문에 깊이 뿌리내릴 수 있었다. 이러한 가치관과 실천 활동은 일반 주민뿐 아니라 다른 노선의 사회운동가들에게도 영향을 주고 그들을 끌어들임으로써 더욱 탄력을 받을 수 있었다. 실제로 현재 '원주협동사회경제네트워크'에 속한 단체에서 일하는 실무자들의 상당수는 한때 급진적인 사회운동에 몸담았던 활동가들이다. 이들 사회운동가의 역량과 에너지가 협동조합 조직들로 흡수될 수 있었던 것도 오늘날 원주의 네트워크가 활기를 유지하는 비결의 하나라고 할 수 있다. 이처럼 이념과 가치를 공유하는 사람들의 관계가 형성되어 있으므로 조직 간의 연대와 협동이 원활하게 이루어질 수 있다.

원주에서 대안학교를 운영 중인 김용우 씨는 자신의 경험을 통해 이 같은 과정을 생생하게 증언한다. 50대 초반인 그는 장일순과 함께 활동했던 70대의 선배 그룹과 20~30대의 현장실무자 그룹을 연결하는 중간 허리 역할을 자임하고 있다. 젊은 날, 급진주의 계급운동의 중심에 섰던 그는 1990년까지 장일순의 생명운동 노선을 거부했으나 마침내 그것이 옳음을 깨닫고 1996년부터 협동조합운동에 투신하여 오늘에 이르게 되었다.

> 88년에 저를 불러 놓고 장 선생님이 얘기할 때는 솔직히 (그 얘기가) 안 들어왔어요. 당시 혈기방장했던 저의 입장에서는 안 받아들여지더라구요. … 1980년대에 원주에는 두 개의 흐름, 큰 틀에서 보면 두 개의 운동

노선이 있었던 거예요. 여전히 계급투쟁이론에 입각한 사회변혁적 노선과 전환된 생명운동 노선이 있었던 거죠. 그래서 선배세대들은 생명운동, 한살림운동, 이런저런 얘기하시고, 민주화운동도 하시되 비폭력적이고 평화적인 운동을 지지하셨고, 근데 이쪽은 그게 아니었죠. [중략] 그런데 91년에 동구 사회주의권이 무너지고 내부에서 겪어 보고 하니까 확 눈이 뜨이더라구요. 다시 원점에서 생각해 봐야 되겠구나, 존재 자체를 근원에서부터 생각해야겠다 하면서 갑자기 장 선생님 생각이 난 거죠. … (변하는 것은) 금방 순간이더라구요, 진리라는 게 그런 거 같아요. 진리라는 것은 당장은 내가 거절할 수 있어도 언젠가는 반드시 나를 끌고 들어가더라구요. 이론은 언제든 벗어날 수 있어요, 틀릴 수도 있고. 근데 진리, 진실은 일관되게 통하는 거거든요. [중략] 운동권의 젊은 세대들도 서서히 바뀌면서 협동조합운동 진영으로 들어오기 시작했지요. 옛날에 사회운동을 했던 젊은 친구들 중에 이 운동으로 전환하는 데 걸린 시간으로 따지면 제가 가장 빠른 거고, 가장 최근에 들어온 게 아까 그 ○○○에요. (김용우, '원주 한알학교' 교장)

김용우 씨는 원주의 협동생명운동은 미국이나 스페인의 몬드라곤, 그리고 일본의 협동조합운동과 다르다고 강조한다. 그는 일본의 소비자조합은 반독점 소비자주권만을 내세울 뿐 생산자는 아랑곳하지 않는 데 비해 우리나라의 생협운동은 생산자와 소비자가 같은 동반자로서의 지위를 갖는 운동이며, 우리처럼 생명과 생태의 가치를 추구하는 협동조합운동은 세계 어디에도 없다고 역설한다. 그는 원주에서 싹튼 이 운동을 지역 차원에서 완성하기 위해 후배 그룹들과 힘을 합치고 있다.

2. 사례로 톺아보기

1) 사례 1: '행복한 시루봉'

2008년부터 친환경 쌀로 떡을 만드는 사업에 대한 논의가 시작되었다. 원주시 호저면의 친환경 쌀 생산단지의 물량이 수요를 초과해서 쌀이 남아돌게 되었고, 이로 인해 500여 생산 농가가 어려움에 처하게 되자 대책을 마련하자는 의견이 젊은 활동가들을 중심으로 모아졌다. 당시 '원주협동조합운동협의회'의 사무국장 조세훈 씨가 대표로 있던 '맞두레'가 먼저 나섰다. 2008년 '원주한살림', '원주생협', '남한강 삼도생협',[3] '원주가톨릭농민회' 등이 힘을 합쳐 '친환경급식지원센터 맞두레'[4]를 세우고, 친환경 쌀을 학교 급식 재료로 공급하기 시작한 것이다.

이런 가운데 친환경 쌀로 떡을 만들어 팔되 일자리와 근로소득을 절실히 필요로 하는 장애인과 취약계층이 생산을 담당하면 좋겠다는

---

3 남한강 삼도생활협동조합(이하 삼도생협)은 2003년 남한강 유역의 충북 충주시, 강원도 원주시, 경기도 여주군 등 3도 지역주민이 참여해서 만든 주민자치 생활협동체다. 토박이 농민, 귀농인, 일반 주민 등 친환경 농업을 하는 생산자들로 구성되어 있으며, 생명살림의 가치관을 중심에 놓고 새로운 농촌문화의 건설과 복지사회의 구현을 목표로 하고 있다.

4 친환경급식지원센터 '맞두레'로 출발하여 ① 친환경 농산물 생산 확대, ② 공공급식 친환경 식재료 사용 의무비율 설정 및 친환경 농업기반 확대 지원을 위한 활동, ③ 소규모 학교를 위한 급식 모델 발굴, ④ 강원도 지역에 맞는 강원도 학교형 급식 모델 개발을 위한 활동, ⑤ 로컬푸드시스템 구축을 위한 지역 먹을거리 협의체 구성 등의 활동을 해 왔다. 2011년 농업회사법인 '친환경급식 맞두레'로 독립한 후 원주산 유기농 쌀을 관내 학교 급식 재료로 공급하고, 결식아동들에게 반찬을 직접 조리해서 배달하는 한편, 로컬푸드 식당 '행복한 달팽이'를 운영하고 있다. '행복한 달팽이'는 한국YMCA, 원주중고등학교와 예비군 훈련장에 단체급식 및 도시락을 공급하고 있다. 최근에는 '행복한 달팽이'가 생산한 도시락을 데워서 먹을 수 있는 식당형 카페를 새로 열었다. '친환경급식 맞두레'는 협동조합기본법이 발효되고 나서 2013년 사회적협동조합으로 전환했다.

아이디어가 구체화되기 시작했다. '장애인자립생활센터'[5]를 중심으로 '원주의료생협', '원주자활후견기관'의 간부들이 모여 의논한 끝에 2009년, 자활후견기관의 사회적일자리 사업으로 생산을 시작했다. 자활후견기관(현 지역자활센터)의 참여자들이 동참하게 된 것은 떡 만드는 일이 힘든 육체노동을 수반하기 때문에 장애인만으로 운영하기에는 한계가 있었기 때문이다.

처음부터 협동조합 방식의 운영을 지향했기 때문에 자본금도 협동조합운동의 네트워크를 동원해서 모았다. '원주한살림', '원주가톨릭농민회', '장애인자립생활센터'가 각각 500만 원씩을 출자했고, 세 군데 사회적기업(맞두레, 다자원, 원주의료생협)이 100만 원씩, 그리고 장애인자립생활센터의 사무국장에서 '행복한 시루봉'으로 자리를 옮긴 변상훈 대표가 2,500만 원을 출자했다. 이 밖에 개인 자격으로 출자금을 내고 가입한 조합원들도 대부분 이 네트워크에 속한 기관에서 일하는 사람들이다. 즉, 개인 자격으로 조합원이 되었지만, 이들이 흔쾌히 뜻을 함께하게 된 것은 그동안 지역에서 공동체 운동을 하면서 맺어진 인적 관계가 있었기 때문이다.

이렇게 '행복한 시루봉'을 설립하는 데 동의하는 사람과 자본금을 모으는 과정에서 협동조합운동의 네트워크가 큰 힘을 발휘한 것 이상으로, 안정적인 매출과 판매처를 확보하는 데서도 네트워크의 위력은 컸다. 대개 처음 상품을 생산해서 판매하는 기업이 당면하게 되는 가장 큰 어려움은 손익분기점을 넘어설 때까지 꾸준하게 소비자를 확대해서 매출을 늘리는 것이다. 창업 초기부터 미리 안정적인 판매처

5 '장애인자립생활센터'는 2005년 처음 문을 열 때는 정부지원금을 받지 않는 임의단체였다. 장애인들의 건강 증진을 위한 자조모임으로 출발했으나 장애인 이동권 확보를 위한 저상버스 도입, 활동보조인 시간 연장, 장애아동 육아문제 등의 이슈를 제기하면서 운동의 폭을 넓혀 나갔고, 이후 정부로부터 장애인자립생활센터로 지정받게 되었다.

를 확보하고 시작하지 않는 한 소비자로부터 품질을 인정받고 신뢰가 쌓이는 단계까지 지속적으로 영업 활동을 할 수 있느냐의 여부가 모든 신생 기업의 성패를 가르는 일차 관문이 된다.

'행복한 시루봉' 역시 떡을 생산한 이래로 매출이 어느 정도 안정적인 궤도에 오르기까지는 상당한 시간과 노력이 필요했다. 하지만 이러한 수준에 도달하기까지의 과도기적인 과정에서 협동조합운동 네트워크는 일종의 안전망 같은 역할을 했다. 우선 '행복한 시루봉'이 생산한 떡을 지역의 소비자생협들이 납품을 받아 주었다. 일반 영리기업 같았으면 판매처를 확보하기 위해 밤낮없이 영업활동에 매달렸어야 했을 것이고 당연히 그 과정에서 거래비용이 발생했을 것이다. 말하자면 협동조합운동 네트워크는 공동선을 가치로 공유하고 있는 탓에 그 일원인 '행복한 시루봉'에 대해서 '호의'라는 사회적 자본을 제공한 셈이다. 그러나 창업 초기에는 생산 관련 기술의 수준이 저급해서 '떡이 맛이 없다'거나 '포장 상태가 나쁘다'는 등의 항의가 들어올 정도로 상품으로서 몇 가지 결함이 있었다. 이것은 매출에 타격을 줄 수 있는 중대한 위험요인이었는데, 역시 판로를 담당했던 소비자생협들이 이러한 위기를 넘기는 데 결정적인 도움을 주었다. 생협의 실무자들은 '장애인들이 친환경 쌀로 어렵게 만든 제품'이라며 소비자들을 설득하고 지속적인 이용을 당부하는 한편, '행복한 시루봉'에는 소비자의 불만을 전하면서 시급히 품질 개선에 힘쓰도록 촉구했다. 이러한 과정을 통해 '행복한 시루봉'은 매출의 감소를 겪지 않으면서 꾸준히 품질을 높여 오늘날에는 상품으로서도 큰 손색이 없는 제품을 내놓고 있다.

> '한살림'(생협)에서 '행복한 시루봉'의 떡을 파는데, … 모양이 반듯하고 보기 좋게 나와야 하는데, 들쭉날쭉하고, 포장도 비닐로 (맵시 있게) 되

어 있어야 하는데, 그게 아니고, 비닐 안에 툭 던져서 모양도 들쭉날쭉하게 온 거죠. … 그리고 일단은 맛이 좀 균등하게 나와야 한다, 같은 떡이라도 어떨 때는 맛이 좋다고 하는데, 어떨 때는 짜다고 하기도 하고, 이런 걸 빨리 통일시켜야 했죠. … 그런 것들을, '지역 물품이라는 것', '어렵게 만들었다는 것', 이런 걸 가지고 (조합원들과) 소통을 하고, 사무국이나 조합 차원에서는 그런 것이 아주 결정적인 하자가 아니었기 때문에 소통을 해 주었던 거죠. [중략] 초기 2년까지는 (이런 식으로) 주변에서 상당히 도와주었기 때문에 빨리 성장할 수 있었죠. (박준영, '원주의료생협' 전무)

이처럼 사회적기업이 스스로 경쟁력을 갖추기까지 네트워크 내의 기관들이 돕고 지원했던 예는 비단 '행복한 시루봉'만이 아니다. 그 이전에도 유사한 사례들이 있었는데, 처음에 여성 생산자 두 명이 재래식으로 두부를 제조했던 '텃밭두부'도 그중의 하나다.

'한살림' 매장 가면 '텃밭두부'라고 지역 두부가 나와요. … 그 두부도 자리 잡게 하는 데 한 1년 이상 걸렸죠. 처음에 여성 생산자 두 분이 새벽에 일어나서 가마솥에다가 옛날 방식으로 하는 거예요. 김이 모락모락 나는 상태로 가져왔죠. 50대 이상들은 되게 좋아하는 거죠. 근데 서너 시간 지나서 식으니깐 냄새가 나는 거예요. 포장한 것도 아니니까 금세 상해 버리는 거죠. [중략] 그 두부를, … '한살림'이 갖고 있는 운동단체로서의, 직거래 운동단체로서의, 생명사상, 이런 것이 중심이다 보니까, 조합원의 클레임이 들어와도 매장 활동가나 저희 사무국에서 자꾸 설명을 드리는 거죠. 그나마 경쟁력 있고 일반 두부 비슷하게 나오게 하는 데 한 1년 걸렸나? '(행복한) 시루봉'도 마찬가지예요. … "전통 방식으로, 수작업으로 하다 보니까 그런 게 있다"고 (설명하고), … 처음엔 그랬는

데 간수(苦鹽) 받고 노력하다 보니깐 지금은 일주일 이상, 열흘까지 가요. [중략] 처음에는 '텃밭두부' 사 가신 분이 후라이팬에 녹색물이 나오는 것을 그대로 들고 오셨어요. (그렇게 되면) 제대로 된 상품으로서의 경쟁력을 갖기 힘들잖아요. 그런 거를 '한살림'이나 생협들이 좀 인내해 주고 괜찮은 상품으로 갈 때까지 피드백을 꾸준히 해 주지 않는 한, 누가 생존을 하겠어요? (박준영, '원주의료생협' 전무)

그러나 '행복한 시루봉'의 위기는 이런 기술적인 문제 외에 다른 곳에서도 찾아왔다. 창업 당시에는 정부가 지원하는 사회적일자리 프로그램의 형식을 빌려 사업을 개시한 탓에 일하는 구성원들은 협동조합에 대한 이해가 깊지 못했고, 이 사업체가 자신들의 소유라는 인식도 부족했다. 자신들의 인건비는 정부로부터 나온다는 생각에 젖어 떡의 주문량과 매출이 늘어서 일감이 많아지는 것을 달가워하지 않았다. 지원 기간이 끝나면 온전히 시장에서의 영업수익으로 꾸려 나가야 하고 그것을 위해 꾸준히 매출을 늘려 나가야 한다는 데까지 생각이 미치지 못한 것이다.

외부에서 도와주는 것만큼 내부가 튼튼하게 받아들일 수 있어야 했는데 '시루봉'도 한 번은 어려움을 겪었어요. … 인건비 지원을 받다 보니까 내부 구성원들의 일에 대한 집중도(가 떨어지고), 그다음에 의사결정 구조의 느슨함, 책임성의 결여, 그러니까 주문이 많이 들어오면 좋은 거잖아요? 근데 주문이 많이 들어오는 것을 좋다고 느끼기보다는 '일이 많아진다, 힘들다, 새벽에 나와서 일을 하는데 일반 공장처럼 2교대, 3교대도 안 된다'(는 불만을 가지는 거죠), 주문을 많이 해 주면 좋아해야 하는데. 그게 (정부) 일자리 사업이 갖는 보편적인 문제점인데. [조사자: "지금은 그런 분위기가 바뀌었나요?"] 이제는 많이 바뀌었어요. 떡을 만드는 공장장 그분이 기술자인데 그분도 한 번 바뀌었죠. 그분이 중심적으로 큰 틀(의 역할을)을 해 주고 나머지는 보조 역할들인데 … 그런 것들이 있었죠. (박준영, '원주의료생협' 전무)

정부로부터 인건비 지원을 받는 인증 사회적기업들은 지원이 계속되는 약 3년의 기간 동안 영업에 의한 수입의 비중을 지속해서 높여 마침내 시장에서의 완전한 자립을 이룬다는 과제를 부여받는다. 하지만 이런 과제를 성공적으로 달성하는 사회적기업들의 비율은 높지 않다. 지원금에 의존하는 관성이 생겨서 대부분 미래를 위해 시장을 개척하고 확장하는 노력을 적극적으로 하지 않는 탓이다. 이 점이 인건비 지원 제도의 부작용 내지 유해성으로 지적되는 부분이다.

'시루봉' 역시 초창기에 이 제도를 이용한 탓에 일부 구성원들의 생각 속에는 정부 지원금에 대한 의존성이 나타나고 있었다. '시루봉'을 설립하고 이끌어 가는 핵심인물들의 지향이 협동조합이었음에도 자활후견기관을 통해 들어온 참여자들은 노동자협동조합 구성원으로서의 정체성과 주인의식을 아직 확립하지 못하고 있었다.

만약 '시루봉'이 원주협동조합운동 네트워크로 인해서 주문량이 증가하고 근로자들의 업무량이 늘어나지 않았다면, 다시 말해 매출의 증가로 인한 불만과 갈등이 표면화되지 않은 채 여느 사회적기업처럼 주로 지원금 수입에 의존해서 평온하게 3년을 보냈다면, 현재처럼 시장에서의 자생력을 갖지 못했을지도 모른다. 생산시스템과 구성원들의 조직문화가 시장의 상황과 요구에 맞게 변화되지 않았을 것이기 때문이다. 결국 근로시간의 증가로 인해 갈등이 표출된 것은 '행복한 시루봉'으로서는 자기 조직의 지향을 명확히 하고 그에 맞게 구성원과 체계를 재편하는 전화위복의 계기였던 셈이다. 그리고 전화위복의 계기를 맞이하게 된 배경에는 협동조합운동 네트워크의 지원 기능

〈그림 3-1〉
행복한 시루봉
출처: 원주협동사회경제네트워크

이 작용했다.

현재 원주시에는 약 60개의 떡집이 있는데, 이들 중 '행복한 시루봉'의 매출 규모가 단연 수위를 차지한다. 보통 개인 떡집이 월 500만 원 정도의 매출을 올릴 경우 수지가 맞는다면, '행복한 시루봉'은 조직을 유지하기 위한 운영비만 한 달에 800만 원이 들어간다. '행복한 시루봉'이 만든 떡은 시장 경쟁력의 측면에서 강점과 약점을 모두 갖고 있다. 친환경 쌀을 사용하기 때문에 안전한 먹을거리를 찾는 소비자를 독점적으로 확보할 수 있고 그런 식품을 취급하는 생협 등으로부터 조직적 지원을 받을 수 있다는 것이 강점이다. 그러나 역으로, 친환경 쌀의 가격이 비싸므로 이윤 폭이 작다는 것은 도리 없이 감수해야 하는 불리한 점이다. 더구나 학교 급식 재료로 들어가는 양이 증가하면서 최근 친환경 쌀의 공급이 부족한 것도 가격 면에서 압박으로 작용하고 있다.

> 대부분의 먹거리(먹을거리) 조합들이 무너지는 경우가, 일반 기업보다는 느슨한 체제이고 경영을 돈벌이 목적으로 하는 것이 아니기 때문에 느슨하게 하고, 원가 비중이 높다는 거죠. '맞두레'나 저희('시루봉') 같

은 경우 원재료 비율이 45%가 넘어요. 근데 음식점의 경우 원재료비가 30%를 넘어가면 망한다고 그러거든요. … 재료비 비중이 큰 데 반해서 많이 팔아야 하는 박리다매(의 구조)죠. 다른 떡집의 원재료 비용이 25% 정도 될 건데, 다른 업체는 정부 비축미를 쓰죠. … 저희는 쌀을 최소한 저농약을 쓰고요, 저희가 쓰는 쌀이 한 가마에 21만 원, 다른 집에서 쓰는 쌀이 5~8만 원짜리니까 세 배 이상 차이가 난다고 봐야죠. … 시장 떡값이 형성되다보니깐 재료비가 많이 든다고 해서 다른 떡집보다 비싸게 받지 못하는 … [중략] 지역 쌀을 구하기도 어려워요. … 쌀 수급에 무리가 있고 공급이 딸리니까 쌀값이 올라서 전국 평균보다 5만 원이 높아요. [중략] 생협에 한 달에 500만 원 정도 나갔어요, 작년까지. 올해 목표는 800만 원 정도로 높이는 방안을 생각하고 있습니다. 어린이집 쪽이 월 400~500만 원 정도 되고요. 나머지는 일반 소비자. … (소비자들이) 다른 떡집의 떡을 믿지 못하는 것도 있죠. 저희가 떡을 하면서 다른 떡집하고 충돌하지 않는 이유도 납품하는 데가 겹치지 않는 것이죠. 저희 떡을 먹는 어린이집이나 유치원이 '한살림'이나 '맞두레'에서 (식재료를) 받는데요, 전체의 7분의 1 정도의 어린이집에서 '한살림'이나 '맞두레'에서 식자재 납품을 받아요. 저희는 거기에 따라 들어가는 거죠. (변상훈, '행복한 시루봉' 대표)

몇 해 전 원주의 '한살림'과 생협들은 조합원 총회에서 자신들이 취급하는 물품의 30%까지를 지역에서 생산된 제품으로 납품받기로 결의했다. 이러한 결정은 원주의 생산자들로서는 안정적인 판로가 생기는 반가운 조치가 아닐 수 없었다. 따라서 그전까지 원주·횡성 지역의 생산물들이 일단 중앙물류센터로 올라갔다가 다시 내려오던 방식으로부터 곧바로 지역에서 직접 배달하는 시스템으로 바뀌었다. 중앙물류를 거치지 않음으로써 비용을 절약할 수 있을 뿐 아니라 운송 차량의 탄소 배출량을 줄인다는, 일종의 푸드 마일리지(food mileage) 단축 운동인 셈이다. 이런 취지의 변화로부터 제일 먼저 혜택을 본 것이 '행복한 시루봉'이었다. 원주 지역의 소비조합들이 판매하는 떡은 거의 '행복한 시루봉'이 독점하다시피 한 것이다.

현재 '행복한 시루봉'은 '원주한살림'과 '원주생협'의 6개 매장에 매주 5일간 떡을 납품한다. 그리고 국공립 어린이집과 천주교에서 운영하는 어린이집, 그리고 '원주한살림'과 '원주생협'에서 식재료를 납품받는 어린이집들에 매주 간식용으로 떡을 공급한다. 그 밖에 협동조합운동 네트워크 안에 있는 사람들이 개인 소비자로서 떡을 주문하기도 한다. 최근에는 원주 지역 신생아 엄마들의 인터넷 카페를 통해 좋은 재료로 떡을 만든다는 사실이 알려지면서 백일이나 돌잔치용 떡을 주문하는 소비자들이 크게 늘었다.[6] 앞으로 원주교구 내 3개 성당에서 우리농산물 매장을 열 계획으로 있어 조만간 여기에도 납품할 계획이다. 현재 협동조합 네트워크를 통한 매출이 전체의 70% 정도를 차지하고 있는데, 향후 일반 판매량의 비중을 높여 네트워크에 대한 의존도를 줄여 나가려 하고 있다.

---

6 이 인터넷 카페가 '행복한 시루봉' 떡의 매출에 기여하게 된 계기도 같은 원주협동사회경제네트워크에 속해 있는 의료생협을 통해 마련되었다. 원주의료생협은 다른 병원들에 비해 의료 수가가 저렴한 편이다. 예를 들어 A형 간염 예방주사를 한 번 맞을 때 일반 병원에서는 20~40만 원이 드는데, 의료생협에서는 13만 원을 받는다. 일반 소아과 병원에서 5종류의 예방주사를 각각 3차례씩 맞을 경우 총 300만 원이 드는 데 비해 의료생협에서는 200만 원이면 되므로 약 100만 원이 절약되는 셈이다. 원주의료생협의 한 조합원이 신생아 엄마들이 모이는 인터넷 카페에 자기 경험을 글로 올렸다. 그러면서 '행복한 시루봉'이라는 떡집에서 친환경 재료로 떡을 만든다는 사실이 전해지면서 의료생협의 조합원 수뿐만 아니라 '시루봉'에서 떡을 사는 소비자도 많이 늘어났다.

2) 사례 2: 원주노인생활협동조합

2005년, 노인 문제를 국가에 의존하지 않고 협동조합 방식으로 지역에서 스스로 해결 보자는 취지에서 '원주노인생활협동조합'(이하 '노인생협') 설립준비위원회를 만들었다. 주로 원주 지역의 협동조합—'밝음신협', '한살림생협', '원주의료생협' 등—의 임원과 장일순 선생의 영향을 받은 지역인사들이 주축이 되었다. 설립 당시부터 중심 역할을 해 오고 있는 박태진 이사장도 처음 준비위원회를 구성할 당시 '원주의료생협'의 이사장을 맡고 있었다.

'늙음은 어쩔 수 없지만, 협동은 건강한 노년을 만든다'는 신조로 우선 노인들의 일자리를 제공하는 사업을 주 사업으로 삼았다. 노인들이 자존감을 갖고 자립을 이루기 위해서는 무엇보다 근로의 기회와 적절한 소득이 필요하다고 판단했기 때문이다. 2007년 교육청으로부터 '깨끗한 학교 만들기 사업(초등학교 화장실 청소용역)'을 위탁받아서 노인들에게 일감을 제공했다. 또 원주시와 협의해서 환경미화원들이 손을 대지 못하는 이면도로의 쓰레기를 치우고 청소하는 일을 사회적 일자리로 맡게 되었다. 그러면서 2008년 사회적기업 인증을 받았고, 원주시의 16개 동뿐 아니라 읍면동 단위까지 사업을 확대하기로 원주시와 계약을 맺었다. 사실 이 이면도로 청소사업은 고용노동부로부터 인건비 지원금 이외의 수익금이 없다는 이유로 재심사 과정에서 탈락되는 비운을 겪기도 했으나, 청소사업의 효과가 확연하고 시민으로부터 좋은 평가를 얻게 되자 원주시가 나서서 지자체 사업(일명 '크린콜' 사업)으로 위탁을 한 것이다. 이 외에도 '노인생협'은 방역 및 소독 사업, 노인의 취업을 촉진하기 위한 시니어인턴십 사업[7] 등을 하고 있고,

---

7 만 60세 이상의 노인을 단기근로자 신분으로 고용한 기업에 대해 참여 노인 급여의 50%를 3개월 동안 지원하고, 계속 고용이 되면 추가로 3개월분의 급료를 더 지원하

〈그림 3–2〉
'노인생협'이 운영하는 식당
'만남의 집' 내부
출처: 원주협동사회경제네트워크

별도의 수익사업으로 '만남의 집'이라는 식당을 운영하고 있으며, 조만간 경비회사도 새로 설립할 계획이다.

2005년 설립 당시 300명 정도 되었던 조합원이 현재는 1,000명을 훨씬 넘어섰다. 이 가운데 절반인 500여 명은 협동조합의 취지에 공감하고 참여를 통해 돕겠다는 생각으로 조합에 가입한 사람들로, 자신이 일자리를 소개받는 등의 혜택을 누릴 생각이 없는 조합원들이다. 직접 일자리를 소개받아 현장에 투입되는 조합원은 연인원으로 250~300명 정도 되는데, 일자리 수는 이에 못 미치지만 보통 10개월 가량을 일하고 6~10개월을 쉬었다가 다시 취업하는 방식으로 순환되기 때문에 투입 연인원이 다소 늘어난다. 초창기에 가입한 조합원 중에는 본인이 취업을 희망하지만, 너무 연로해서 소개하기 곤란한 사람들도 있다. 취업 지원을 받아 일하는 조합원들은 매월 1만 원의 출자금을 더 내고 있다.

는 제도로서, '노인생협'은 그동안 재활용기업, 톨게이트 주유소, 공용주차장 등의 기업에 노인 인력을 제공했다.

이 '노인생협' 역시 처음 조합원과 자본금을 모을 때 이전부터 쌓여 온 협동조합운동의 전통과 인맥이 효력을 발휘했다. 2005년 박태진 현 이사장이 '노인생협'의 창립을 준비하고 있을 때, 장일순 선생과 동고동락하면서 민주화운동을 같이했던 선종원 씨가 돕겠다며 사무실로 찾아왔다.

> 협동조합은 기본이 300명에다가 자본금이 3,000만 원인데 저희 준비위원들도 처음에 시작은 했지만 누가 책임을 지고 추진한다는 게 여간 어렵지 않더라고요. … (선종원 선배가) 사무실로 찾아와서 "당신이 이걸 한다는데 내가 도울 일이 있을 것 같아 왔다"는 거예요. [중략] 그당시에는 이창복 씨가 국회의원을 했어요. … 이창복 씨한테 얘기를 듣고 (저의 고등학교 담임이었던) 김용현 선생님이 오셨어요. 무위당(장일순) 선생님하고는 각별한 분이시죠. (장일순 선생이) 서울에 있는 분(김용현)을 원주로 오라고 해서 교직을 시켰지. 그분이 오셔가지고 500만 원 출자를 해 주더라구요. … '밝음신협'에서 대출을 받아가지고. [중략] (이창복 의원이 소개를 해서) 박우순 변호사라고 그분이 이제 우리 인연이 된 거야. … "좋은 일이니 내가 도와드려야겠다" 하고 1,000만 원을 냈어요. … 그래가지고 무난히 300명을 채웠죠. 그래서 (조합원) 303명에, 3,330만 원인가 해서 저희가 설립 과정을 밟아서 인가를 받았죠. 그게 한 1년이 좀 더 걸린 것 같아요. [중략] 이건 뜻있는, 꼭 필요로 하는 일을 한다고 하니까 뜻을 같이한 거지, 자기네 출자금 배당이니 그런 거를 위해 돈을 출자하신 분들은 하나도 없죠. (박태진, '노인생협' 이사장)

50만 원 이상 출자를 한 6~7명을 제외하고 나머지 조합원들은 각기 1~5만 원씩 출자금을 납부했다. 그리고 거의 2년간 조합이 자리를 잡을 때까지 무보수로 봉사하는 (노인) 실무자들도 관계의 연줄을 통해서 확보했다.

> 장일순 선생님이 저희들하고는 자주 뵙고 그러잖아요. '한살림'도 그분이 직접 만드신 거고. 거기에 참여했던 사람들이 전부 내 1년 후배들이요, 처음에 고생했던 사람들이. 그래서 '밝음신협'도 그렇고 대부분 후배들이 거기 많이 있었고, 여기('노인생협') 사무국장도 '밝음신협' 전무로 있던 사람인데, 퇴직하고 쉬는 걸 내가 데려다 놨지. 선후배 간이고 편하더라구, 업무에 대해서 잘 알고. (박태진, '노인생협' 이사장)

무보수로 일하게 한 지 2년쯤 되어 실무자에게 처음으로 월 50만 원을 주었고, 이후 80만 원, 100만 원으로 조금씩 상향 조정했다. 현재 사무국의 유급 직원은 3명으로 직급은 달라도 급여 수준은 모두 동일하다. 이처럼 '노인생협'이 처음 결성되는 과정에는 장일순 선생 등이 벌여 온 협동조합운동의 연줄을 통해 발굴된 사람들과 기존 조합에 속해 있던 조합원 및 종사자들이 뜻을 함께하고 출자금을 모으는 데 동참했다. 사회적경제 운동의 전통이 없고, 따라서 그로 인한 관계망이 형성되어 있지 않은 다른 지역과 비교해 보면, 조합의 결성 과정이 그만큼 신속하고 수월한 편이었다. 그것은 협동조합의 정신을 이해하고 공감하는 사람들의 밀도가 상대적으로 높다는 의미이기도 하다.

그렇다면 '노인생협' 사업의 지속가능성을 높이는 데도 이러한 네트워크는 긍정적으로 작용하고 있을까? 앞에서 살펴본 '행복한 시루봉'의 경우는 제품을 판매하여 영업수익을 올리는 과정에서 사회적경제 운동의 네트워크가 매출의 증가에 뚜렷이 기여하는 현상을 볼 수 있었다. '노인생협'의 경우는 주 사업이 조합원들에게 일자리를 알선하는 것이고, 일자리 대부분이 지자체 등 공공부문에서 공급되는 것이므로 이러한 네트워크가 혹시 원주시의 공무원이나 시의원 등 정책의 의사결정 그룹에 긍정적인 영향을 주고 있는지 확인이 필요한 것이다.

조사 결과는 협동조합운동의 관계망으로 인해 '노인생협'이 공공기관과의 계약을 수주하는 데 유리한 위치에 서는 일은 없다는 것이다. 즉, 원주시의 간부 공무원들 가운데 1960년대부터 이어져 온 원주 협동조합운동의 인맥과 닿아 있거나 그러한 전통에 대한 호감 때문에 '노인생협'과 같은 사회적경제 조직에 호의적인 정책을 베푸는 사람은 특별히 없었다. 오히려 현재의 원주시장은 지역경제를 살리기 위해 외지의 대기업 유치 전략에만 골몰하는 편이어서 원주의 협동조합운동 진영과는 그다지 우호적인 관계를 갖지 못했다. 다만 최근 들어 협동조합기본법의 제정과 함께 원주가 협동조합운동의 모범사례 지역으로 알려지면서 외지로부터 견학방문단이 줄을 잇자 이를 관광산업화하기 위해 원주협동사회경제네트워크 측과 협의를 하고 있다.

그동안 '노인생협'이 위탁받은 사업들은 원주시의 입장에서 보면 사회적경제에 대한 호의가 작용했다기보다 비용 대비 효과의 면에서 만족스러웠기 때문이다. 고용노동부가 수익금이 적다는 이유로 탈락시킨 사업을 원주시가 자체 재정으로 다시 살려낸 것은 '노인생협'이 적은 인건비를 감수하면서 사업을 성과 있게 해낸다고 판단해서다.

> 그랬더니 얘기 나오는 게, 제일 골치 아픈 게 청소더라구. … 어떻게 하면 쓰레기를 이걸 좀 정리해 줄 수 없느냐? 환경미화원은 큰 도로만 합니다. 근데 이면도로, 뒷골목 남의 집 이런 데, 맨날 검은 봉투 해서 버리니깐 이거 골치 아픈 거야. 이걸 정리해 줬으면 좋겠는데 시(市)가 예산이 없다는 거야. [중략] 1억 가지고 구성을 해 보자 한 게 12명인데, 6시간을 줄여 버린 거야. 보수가 줄 거 아니야, 75만 원. 그렇게 4월 달부터 시작을 하니깐 12월 달까지 맞아떨어져. 시에서 가만히 보니까 이게 없

으면 시에서 난리가 나는 거지. 이게 뭐, 시도 깨끗해졌겠다, CCTV 이런 것도 설치할 필요 없겠다, 시민 호응도 좋겠다, 시가 가만히 보는 거야. [중략] 이거를 시의 16개 동만 했는데 그러지 말고 몽땅 해 달라는 거야, 읍면동까지 전부다. 예산은 어떻게든 만들어서 뒷받침할 테니까. 그래가지고 이게 후반기에 2억 2천으로 늡니다. 금년에는 3억 2천으로 전 지역으로, 1월 달부터 해라 이거야. 이게 성공한 거 아니냐고? [조사자: "혹시 시의 관계자들이 '노인생협'이 좋은 일 한다고 호의를 갖고 특별히 도와주거나 한 것은 없습니까?"] … 그쪽에서 마땅히 도와주어야 한다고 생각하는 건 찾아보기 힘들더라구요. … 저희들('노인생협')이 공부를 더 많이 해야 한다고나 할까, (우리 스스로 일감을 더 많이) 찾아내기 위해서 노력을 해야 되는 것 같아요. (박태진, '노인생협' 이사장)

별도로 운영되고 있는 식당 '만남의 집'은 '노인생협'을 알고 관계하는 사람들이 일부러 찾아와서 매상을 올려주는 경우가 자주 있다. 시장에서 일반 소비자를 대상으로 영업하고 있으나, 행인이 많지 않은 동네의 건물 2층('노인생협' 사무실 맞은편)에 자리 잡고 있어서 일반인 고객을 확보하는 데는 다소 어려움이 있어 보인다. '노인생협'의 취지에 공감하는 사람들의 의도적인 소비는 이런 한계를 극복하려는 자발적인 노력이라 할 수 있다.

3. 협연: 협동으로 맺어진 인연

원주시의 떡집 '행복한 시루봉'과 '노인생활협동조합'의 사례를 통해서, 이들 조직의 생성과 운영 과정에 원주협동조합운동의 전통이 어떤 영향을 미쳐 왔는지 살펴보았다.

1960년대부터 이어져 온 원주협동조합운동의 역사는 다른 지역에 비해서 많은 수의 협동조합과 조합원,[8] 그리고 사회적경제의 가치관을 지닌 종사자들과 그들의 네트워크를 형성했다. 그러니까 민주적인 조직으로서의 협동조합과 조합원, 실무자들과 '협동사회경제 네트워크'라는 관계망은 그간의 원주 공동체 운동의 전통과 역사가 만들어 낸 혹은 외화(外化)된 결과물이라 할 수 있다. 그리고 이러한 결과물은 새로운 협동조합을 추동하는 힘이 되기도 하고, 사람과 자본을 모아 조직화하는 바탕이 되기도 하며, 때로는 시장이나 공공영역에서 구할 수 없는 자원을 주고받는 관계의 통로가 되기도 한다. 우리는 위 두 개의 사례를 분석하는 과정에서 바로 이러한 현상이 일어나고 있음을 확인했다.

'행복한 시루봉'과 '노인생협'은 처음 결성의 의사를 천명하고 참여자와 자본을 모을 때, 그동안 공동체 운동의 가치를 확산하고 조직화하는 과정에서 축적되어 온 인맥과 조직 간 협력의 관행을 십분 활용했다. 이러한 사람의 관계와 상호협력의 전통을 한 활동가는 '협연(協緣)'이라고 표현했다. 혈연, 지연, 학연과 더불어 원주에는 협동조합운동으로 생겨난 연줄로서 '협연'이라는 게 존재하고 이것이 여타 지역과 다른 원주 지역만의 특징이라고 했다. 이것은 자본주의의 원리를 넘어서고자 하는 사회적경제 조직들 혹은 그 조직의 구성원들이 공유하고 있는 철학과 가치관에서 비롯되는 호혜와 협력의 관성이다. 그리고 이것은 무형의 믿음이나 이념체계에 머물지 않고, 수익을 발생시키는 사회적 자본이나 구체적인 화폐 형태의 자본(출자금)으로 전

8 원주시의 인구가 32만 4천 명이고 협동조합이 19개, 협동조합의 조합원 수가 3만 5천 명이므로, 협동조합 1개당 인구 비율은 1:17,000, 전체 인구 대비 조합원의 비율은 10.8%로, 우리나라 다른 어느 지역보다 협동조합의 밀도가 높은 편이다. 여기서 협동조합은 일반 주민이 조합원으로 참여하고 있는 조직만 가리키며, 사회적경제의 원칙들을 실질적으로 준수하고 있다고 보기 어려운 농협, 수협, 새마을금고 등은 제외한 개념이다.

환되기도 한다.

실제로 '행복한 시루봉'은 흔히 사회적기업들이 겪는 경영상의 위기—안정적인 판로와 소비자를 확보하지 못하는 문제—를 이러한 경제공동체 운동의 네트워크를 통해서 성공적으로 넘겼다. 만약 소비자생협 등으로부터의 조직적인 판매 지원과 '의도적' 소비를 권장하는 보호 장치가 없었다면, '행복한 시루봉' 역시 과도기의 위험을 극복하지 못하고 시장에 뿌리내리는 데 실패했을지 모른다. 예컨대 '행복한 시루봉'과 비슷한 취지로 설립된 경기도 수원시의 '한사랑복지센터'의 경우, 구성원인 장애인들의 경제적 자립을 위해서 한때는 우리콩두부와 꼬마김밥을 생산 판매했으나 시장에서 충분한 매출을 올리지 못해 그 수익사업을 접고 장애인 직업재활시설의 역할만 하게 되었다. '행복한 시루봉'의 경우처럼 지속적인 판로 확장을 뒷받침해 줄 체계적인 지원이 없었던 탓이다. 또한 원주 '노인생협'처럼 노인들의 일자리를 알선하는 수원의 사회적기업, '영통시니어복지인력사업단'은 수원시 영통구청에서 운영하는 노인대학의 수강생들을 중심으로 결성된 봉사단체다. 지자체의 프로그램을 계기로 결성된 일종의 하향식 조직이라고 할 수 있다. 개인 차원의 봉사활동 조직으로서의 성격이 강해서 노인의 일자리 제공이라는 사회적 목적은 원주의 경우에 비해 약한 편이다.

사회적경제의 활성화를 위한 생태계에 대한 논의가 활발한 요즈음 사회적기업이나 노동자협동조합처럼 시장에서의 생존을 목표로 하는 조직들이 활성화되기 위해서는 단순히 관련 법이나 제도가 구비되는 것뿐 아니라 시장에의 적응 과정에 동반자가 되어 줄 유사한 사회적경제 조직들의 실질적인 협력체계가 중요함을 다시금 확인하게 된다.

인터뷰를 했던 원주의 한 활동가는 원주 지역 공동체 운동의 또 한 가지 특징으로 협동조합이 경제운동체이기 때문에 거기에 관여하는 활동가들의 생계 문제가 자연스레 해결되었다는 점을 지적했다. 협동조합들의 광범한 존재가 공동체 운동가들에게 생활기반을 제공했고, 많은 실무자가 지역을 떠나지 않고 뿌리를 내림으로써 서로 순환, 교류되는 인적 풀(pool)이 만들어질 수 있었다는 것이다. 사회적경제 조직의 네트워크는 가치의 공유뿐 아니라 사람들의 지속적인 인프라가 유지될 때 유효하게 작동하는 것임을 깨닫게 하는 대목이다.

Ⅶ. 호혜의 경제가 발전하기 위한 조건

애초에 사회적경제는 자본주의가 필연적으로 수반하는 노동으로부터의 소외와 불평등에 맞서는 대응책으로 싹튼 것이다. 따라서 탈자본주의적 원리와 지향을 중심가치로 삼지만, 그와 동시에 자본제적 시장에서 생존해야 하는 운명을 지니고 있다. 사회적기업이든 협동조합이든 사회적경제 조직은 시장에서 일정 정도의 경쟁을 견디면서 존속할 수밖에 없다.

영리기업들의 각축장이 아닌 공공부문의 시장, 혹은 보호된 시장의 경우도 마찬가지다. 공공기관과 계약을 맺고 서비스를 공급하는 사회적기업들도 영리시장에 비해 경쟁의 강도가 덜한 환경에 있는 것일 뿐 독점적 지위를 누리는 경우를 일반적으로 상정할 수는 없다. 원주 '노인생협'의 사례는 영리업체들이 눈을 돌리지 않는 틈새시장을 찾아서 최대한 경쟁을 피하는 전략을 사용한 경우다. 또한 서비스의 질에 만전을 기함으로써 거래 상대인 지자체로부터 긍정적인 평가를 이끌어 낸 것도 주요한 성공 요인이었다.

오늘날 도시의 지역민들이 겪고 있는 실업·빈곤 등 삶의 위기를 사회적경제가 성공적으로 해소하려면 무엇보다 시장에서의 지속가능성을 확보해 나가야 한다. 그리고 그처럼 지속가능성을 높여 나가는 데는 지역에서 사회적 자본을 발굴하고 축적하는 과정이 매우 긴요함을 거듭 확인하게 된다.

원주 사례에서 사회적 자본의 두 가지 측면, 즉 ① 규범과 가치, ② 사회적 관계 및 네트워크로서의 사회자본을 모두 발견할 수 있었다. 이 두 양태는 서로 분리된 것이 아니라 공동체 운동의 이념(철학)과 그것의 실천 과정 및 결과로서 통합적 관계를 이루고 있다. 원주의 사회적경제 조직들이 시장에서의 지속가능성이 비교적 높은 것은 이처럼 오래된 지역공동체 운동 속에서 길러진 내발적 힘과 역동성이 존재하기 때문이다.

사회적경제를 활성화하기 위한 정부의 법제와 정책을 바라볼 때 유의해야 할 점이 이것이다. 구성원들의 의지와 내발적 역량을 가늠하지 않고 무차별적으로 주어지는 정부의 지원정책은 건강한 사회적경제의 확산에 오히려 독이 될 수 있다. 사회적경제는 당사자인 사람으로부터 나오는 힘, 사람들의 관계에서 나오는 힘이 조직을 추동할 때 비로소 자생력을 가지게 된다. 자신들이 무엇을 해야 할지 골몰하는 대신 정부 정책에 의해 자신들의 운명이 어떻게 달라질지, 어떤 지원을 더 받아 낼 수 있는지를 고민하는 '정부바라기' 조직들은 결국 오래 살아남지 못한다. 정부가 주도하는 하향식 정책이 아무리 좋은 취지와 많은 재정자원을 가졌더라도 실패의 위험을 벗어날 수 없는 이유다. 어떤 혁명가의 말처럼 "적절한 온도에서 달걀은 병아리로 변하지만, 어떤 온도도 돌을 병아리로 만들 수는 없다".

〈후기〉

위의 글에 등장하는 원주 사례의 내용은 2013년에 조사한 것으로 그해 『정신문화연구』(제36권 4호)에 논문 형태로 실린 바 있다. 그리고 3년에 걸친 도시 지역공동체 공동연구를 총정리하는 의미로 단행본을 발간하자는 데 뜻이 모아져 앞서의 논문을 다시 손질하게 된 것은 근자의 일이었다.

출간 준비를 서두르던 차에 우연히 원주의 '행복한 시루봉'이 폐업했다는 소식을 접했다. 재정적 어려움을 견디지 못하고 2015년 12월에 사업을 접었다는 것이다. 이 사례를 통해 호혜와 협력의 네트워크가 시장경쟁의 파고를 이길 수 있게 해 준다고 주장했던 필자로서는 참으로 당혹스럽고 난감한 소식이었다. '협연(協緣)'이라고까지 확신했던 사회자본의 효능이 결국 허풍에 불과했단 말인가, 하는 자성의 의문이 들었다.

그래서 원주협동사회경제네트워크(이하 원주네트워크)에 관여하고 있는 원주의 지인 두 사람에게 연락을 취해 의견을 들었다. 우선 문병선 원주네트워크 전 이사는 '행복한 시루봉'의 폐업이 '사회자본의 효과 없음'으로 읽혀서는 안 된다고 단언했다. '행복한 시루봉'의 좌절은 호혜의 네트워크가 충분히 힘을 발휘했음에도 불구하고 참여자의 취약한 근로능력이라는 또 다른 문제를 극복하지 못한 결과라고 했다. 달리 말하면, '행복한 시루봉'이 2009년부터 6년간을 유지해 온 데에는 실제로 협연의 경제가 큰 버팀목이었음을 부인할 수 없으며, 다만 그것이 시장 생존력의 충분조건은 아니라는 점을 확인한 셈이었다.

김선기 원주네트워크 사업지원국장의 의견도 그 점에서 동일했다. '행복한 시루봉'의 패인은 대표가 떡 만드는 사업에만 전념하지 못했던 경영의 문제에 있다고 했다. 그리고 외부의 지원과 협력이 6년을 버티게 한 원동력이었음은 분명하다고 말했다.

폐업의 직접 원인에 대한 해석은 다소 달랐지만, '행복한 시루봉'의 경우에도 사회자본이 경제적 성과에 긍정적인 영향을 주었다고 보는 점에서는 두 사람이 같은 견해였다. 저간의 사정을 잘 아는 원주네트워크 관계자의 말이므로 믿을 만하다고 생각했다. 이 같은 사후 조사를 통해 '행복한 시루봉'이 비록 폐업을 맞이했음에도 신뢰와 협력의 네트워크가 조직의 경제적 성과를 높여 준 사례로 보는 데 문제가 없음을 확인할 수 있었다. 그런 점에서 사회자본의 효용에 관한 필자의 처음 논지는 여전히 유효하다.

제4장

마을만들기로 꿈꾸는 도시 지역공동체

신중진

I. 도시의 변화와 지역공동체

1. 왜 지역이고 공동체인가

1) 예전과 다른 우리의 도시

우리의 도시는 예전과 다르다. 그 차이는 2006년 정부·민간합동작업단이 발표한 '함께 가는 희망한국 VISION 2030'에서 우리 사회가 직면한 내부적 문제가 집약된 키워드로 밝힌 '저출산·고령화', '저성장', '양극화'로 이해할 수 있다. 고도성장시대에 만들어진 도시들은 에너지를 낭비하는 비효율적인 도시가 되고, 저출산·고령화로 변화된 인구구조에 대응하기 어렵게 되었으며, 빈익빈 부익부의 양극화는 더욱더 심화되고 있다. 변화된 도시의 이러한 문제들은 세계화 그리고 급속한 도시화로 인한 경제·사회구조 변화 등과 같은 심층적·구조적 요인들이 그 기저에 있기 때문에 기존 개념과 방식으로는 적절한 해법을 찾기 어렵다. 이에 세계의 많은 도시가 같은 키워드를 두고 지역과 공동체를 통한 해법으로 도시를 재생하려 하고 있다.

과거부터 도시계획은 다수 만족과 공공성 실현이라는 원칙으로 도시공간구조를 체계화했다. 하지만 이렇게 골격이 맞춰진 도시는 빠른 사회변화 안에서 유연하게 대응하지 못하고 병들게 되었다. 또한 기존 도시개발은 민간의 힘을 빌려 노후하고 기능을 잃은 도시를 위해 사업단위의 재정투자 형태로 재생을 시도했지만, '사람'과 '장소'에 대한 고려 없이 효율성이 중심이 되는 시장 논리로 이루어진 재생은 또 다른 병증을 유발했다. 요즘에는 과거의 실수에 대한 반성과 함께 현대의 복잡한 사회문제에 대해 공동체가 스스로 해답을 찾아가고 해결방안을 모색하는 마을만들기가 부상하고 있다. 공동체는 마을만들기를 통해 자신이 생활하는 지역에 대해서 정주 환경, 경제, 사회복지, 교육, 문화 등 일상 속 마을의 현안 문제들을 해결하고 있지만, 개별적, 단발적인 실험단계에 머물고 있어 공동체를 넘어 지역과 도시의 재생을 이루기에는 아직 갈 길이 멀다.

지역과 도시가 숲이라면 마을과 그 구성원인 주민과 공동체는 나무와 같은 생물들이다. 숲은 똑같은 나무로 이루어지는 것이 아니라 큰 교목과 중간의 아교목, 낮은 관목과 지피식물, 그리고 지표의 지의류와 지중생물들이 공간을 고루 점유하고 더불어 살아가는 곳이다. 거대한 숲의 생태계가 재생되기 위해서는 어느 생물종만 잘 사는 것이 아니라 생물종의 다양성과 물질의 순환, 개체 간 상호 의존의 건강한 관계가 회복되어야 한다. 지역과 도시의 재생 역시 구조화된 논리나 우리 공동체, 우리 마을만 중요하다는 식으로는 이루어질 수 없다. 공동체와 마을이 서로 간의 다양성을 확보하고 관계를 맺고 상생할 때 숲의 모자이크가 실현가능하고 지속가능하게 되는 것이다.

이런 도시재생의 관점에서 봤을 때 우리에게는 뜻을 함께하는 사람들이 모여 이루는 '공동체'를 넘어 지역이라는 범위 안에서 상생할 수 있는 '지역공동체'가 필요하다. 과거 농촌공동체나 가족공동체의 원형으로의 회복이 아니라 현재와 미래의 도시에 맞는 '공동체성'의 재생이 필요한 것이다. 공동체성은 에너지의 효율적 이용과 충실한 생활지원서비스, 재능 공유를 통한 자아실현을 포함해 생활의 즐거움과 풍요로움[1] 등 더불어 살아가는 이점을 지역공등체 안에서 느끼는 것이다. '나'라는 사람에서 시작되어 '이웃'으로 '마을'이라는 장소로 퍼져 나가는 재생은 그 각각이 지역과 도시의 재생을 이루는 개성 있는 색을 가진 모자이크의 조각이 될 수 있다는 점에서 중요하다.

---

1 야마모토 리켄 외(2014)는 미래사회에 대응하는 모델로 지역사회권을 설정하고 더불어 살아가는 이점을 그 필요성으로 이야기하고 있다.

2) 지역공동체를 담는 도시계획[2]

공동체의 기본 요소라 일컬어지는 지역성(territory), 사회적 상호작용(social interactions), 공동의 결속감(common ties)을 보면(Hillery, 1955), 공동체는 물리적 영역과 사회적 영역을 동시에 가지고 있음을 알 수 있다. 이 두 개의 영역은 언제나 일치하는 것이 아니며, 사회의 규모가 확대, 분화될수록 공동체의 물리적 범위와 사회적 범위의 괴리가 발생하게 되었다. 공동체 개념을 포함한 근현대의 도시계획들은 산업도시의 병폐를 치유하기 위해 시작되어 일정 기준에 따라 물리적 영역의 범위와 사회적 영역의 범위를 서로 일치시키고자 노력을 진행해 왔다. 즉, 도시계획은 사회변화에 따라 이상적인 공동체의 상을 그리고, 그것을 실현할 수 있는 공간의 범위와 계획 내용을 설정했던 것이다(신명호, 2000).

과거 산업혁명으로 과도하게 인구가 집중된 도시에는 급속한 도시화 현상과 도시문제가 발생했고, 그 대안으로 오웬(Robert Owen), 푸리에(Charles Fourier), 고댕(Jean-Baptiste Andre Godin) 등의 유토피아 사회주의자는 소규모의 이상적 생활공동체를 구상하고, 각종 서비스와 편의시설, 문화설비, 협동노동, 사회적 연대와 분배의 정의, 노동과 여가의 결합, 환경친화적 주거 등 도시계획의 중요한 요소를 제시했다. 그리고 이런 공동체의 확산을 통해 자본주의 사회를 개조하려는 실험을 진행했다. 하지만 19세기 후반 오스만의 파리 대개조, 도시미화운동으로 만들어진 백색도시 등 권력과 자본에 의한 근대도시의 정비는 자본의 이해관계가 강하게 작동한 기념비적 건조물의 보존과 신설 등으로 공동체의 물리적 범위와 사회적 범위의 괴리를 심화시켰다.

---

2 민유기(2009)의 내용을 재정리함.

유토피아 사회주의자들의 이상이 일시적으로 되살아난 것은 하워드(Ebenezer Howard)의 '전원도시계획'이었다. 하워드는 거대도시의 문제점을 해결하기 위해 도시와 농촌의 장점을 결합한 자족적 공동체로 전원도시를 구상했다. 전원도시계획은 인구 3만 2,000명 정도를 이상적인 공동체 규모로 설정하고, 전원도시 주변에 충분한 농업지대, 경제기반 등의 확보, 개발이익의 사회 환수, 토지의 공유와 사용권 제한 등의 내용을 담고 있다. 도시 형태도 중심광장 주변으로 공공시설을 배치하고 방사형 대로를 따라 공원-상업시설-주거지-공업시설-철도-녹지(그린벨트)를 배치했다. 이 계획은 이상적인 도시 지역공동체와 그 생활권을 새로운 도시에 대입하는 방식으로, 실제로 여러 나라의 신도시 건설의 모델이 되었다. 하지만 대안적인 지역공동체를 통해 궁극적으로 추구하려던 사회적 건설의 이상은 실천되지도, 이후의 모델에 온전히 이어지지도 못했다.

한편, 19세기 후반의 권력과 자본에 의한 근대도시의 정비를 통한 기념비적 도시 건설에 반발한 르 코르뷔지에(Le Corbusier)를 중심으로 1928년 결집한 근대건축국제회의(Congres Internationaux Architechitecture Moderne: CIAM)는 아테네 헌장에서 근대 도시계획의 네 가지 기능으로 주거, 생산 활동, 여가 및 레크레이션, 교통을 강조하여 기능에 따른 도시공간의 조직과 배치를 일반화했다. 기능주의적 근대 도시계획이 도시공간의 기능적 조직을 최우선시하면서 자본과 정치권력의 논리를 배제하거나 최소화하려던 노력은 기능의 효과성과 저렴한 비용 덕분에 여러 신도시에서 쉽게 받아들여져 확산되었다. 하지만 지역적 특성, 전통과 문화, 역사적 경험 등에 큰 의미를 부여하지 않아 공동체가 속하는 지역을 고려하지 못하는 문제를 만들었다.

또한 하워드의 전원도시계획이 제시한 도시의 규모를 기준으로 계획하는 생활권 개념의 영향을 받아 도시계획의 중심에 인간관계를 등장시키고, 물리적 환경의 계획을 통해 사회 기초단위로서의 공동체를 보호하고자 한 아이디어가 반영된 도시계획으로 페리(C. A. Perry)의 '근린주구단위계획'이 있다.

'근린주구단위계획'은 하나의 초등학교 운영에 필요한 인구 5,000명 정도를 공동체 규모로, 보행권을 기준으로 주구면적과 주구 내부의 최대거리 반경 1/4마일을 공동체 생활권의 범위로 설정했다. 통과교통을 주구 외곽의 간선도로로 계획하고, 내부는 쿨데삭(cul-de-sac)으로 만들어 차량동선과 보행동선의 조화를 꾀하며, 근린주구 내부에서의 안전한 이동을 보장했다. 또 공공시설은 주구 중심에 배치하고, 상업시설은 교통결절부에 배치하여 가급적이면 주구 내 모든 사람이 가까운 거리에서 편리하게 서비스를 제공받을 수 있도록 계획했다. 사회적으로는 커뮤니티센터 운동으로 공동체 의식을 회복하고, 사회교류를 통해 지역사회에 관한 관심 및 참여를 유도하고, 풀뿌리 민주주의의 기반을 마련하는 내용을 담고 있다. 근린주구의 개념은 이후 교외화 현상으로 발생하는 주거지 대량 건설의 표준으로 확산되었지만, 그 때문에 기능주의적 근대 도시계획과 마찬가지로 지역의 특수성 발현을 어렵게 만들기도 했다.

제2차 세계대전 후 탈식민지화의 흐름 속에서 기능주의적 근대 도시계획에 대한 비판과 대안 제시의 움직임이 시작되었다. 전후의 건축가와 도시계획가, 인문사회과학자들은 "공동체 참여의 요구, 역사적 보존에의 새로운 관심, 그리고 환경보호운동의 전개 등 소규모 도시개발을 요구"했고, 디자인 개념을 높이 평가하기 시작했다(바넷, 1997: 157). 20세기 중반 포스트모던 시대의 도시계획 역시 근대 도시계획의 일방성과 하향적 계획 과정을 비판하며 정부-시민-도시계획가 간 소통과 협력 모델, 누구에게나 공정한 도시계획 등을 강조했다. 하지만 이론적 차원에서의 비판은 현실화 과정에서 신자유주의적 세계화 흐름이라는 장애를 만나 자본, 전문가, 일부의 사람만 중요시되는 도시의 특성이 강화되는 것을 막지 못했다.

현대도시의 이런 특성을 극복하고 사람이 중심이 되는 도시를 만들기 위해 1993년에 결성된 뉴어바니즘협회(Congress for the New Urbanism: CNU)는 역사적 양식과 건축을 중시하고 지역공동체와 공공성을 중시했다. 이들은 뉴어바니즘 헌장에서 사람이 걸을 수 있는 환경, 연계성, 복합용도 및 다양성(다양한 사회계층과 세대의 공존), 주택의 혼합, 건축과 도시설계의 질, 전통적인 근린구조, 고밀도, 스마트 교통체계, 환경적 영향을 최소화하고, 주민참여 기반을 통해 지속가능성을 확보하고 지역성과 장소성을 강화하여 삶의 질을 향상하는 것 등을 기본원리로 제시하고 있다.

19세기 전반 유토피아 사회주의자들에 의해 제시된 지역공동체를 담은 도시계획은 19세기 후반에는 정치권력, 20세기 전환기에는 전문가들의 주도하에 진행되며 오늘날의 도시에 그 흔적을 남겼고, 현대의 마을만들기는 이런 흔적이 남긴 과제를 도시지역에서 살아가는 지역공동체를 중심으로 하는 네트워크와 거버넌스를 통해 풀어 보려 하고 있다. 또 근대의 도시계획에서 지역공동체 도시계획의 이상을 실현하고자 하는 실험은 주로 신도시 건설이나 전면적인 도시정비에서 이루어졌으나, 마을만들기는 지금 도시민들이 살아가고 있는 삶의 현장에서 점진적인 실천을 통해 이루어지고 있는 것이다.

2. 마을만들기는 왜 필요한가

1) 마을만들기란

'마을만들기'는 일본의 마찌즈쿠리(まちづくり)라는 용어를 직역한 말로, 지역 환경에 관심을 두고 지역에서 발생하는 문제를 주민 스스로

해결하기 위한 활동을 지칭하는 단어로 사용되기 시작하여 현재까지 다양한 의미로 해석을 더해 가고 있다. '마을만들기'에서 '마을'은 주민의 삶이 영위되는 일정 영역의 공간·공동체를 의미하며,[3] 이러한 '마을'의 개념을 바탕으로 하므로 그 활동의 주체성이 요구된다. '만들기'는 공간·시설·가로·건축물 등 물리적 환경을 포함한 하드웨어적인 부분의 '장소 만들기'와 축제와 삶의 질 향상을 위한 프로그램으로 이야기를 만들어 주는 소프트웨어적인 부분의 '프로그램 만들기', 주민과 조직·약속(협정)·운영 시스템 등 사람을 포함하는 휴먼웨어적인 부분의 '사람 만들기'로 해석되기도 한다(신중진·송승현, 2008). 또한 '마을만들기'는 공동체의 삶을 회복하는 활동이며, 그 과정에서 주민이 학습과 체험 등의 경험을 통해 민주시민으로 거듭나는 것(마을연대, 2002)이므로 만들어지는 결과보다 과정을 중요시하는 '과정 만들기'라고 해석되기도 한다.

이러한 마을만들기는 최근 행정의 마을만들기 사업과 함께 환경·안전·교육·문화 등 다양한 분야로 유행처럼 빠르게 번져 가고 있다. 이런 변화 때문에 마을만들기를 갑자기 일어난 현상이나 과거 새마을운동의 변형으로 인식하는 이들도 있지만, 꽤 오래전부터 사회의 변화에 대응하기 위한 움직임들과 이를 지원하기 위한 제도적 변화가 있어 왔다.

세계적으로는 '중간기술(intermediate technology)'[4]의 중요성을 이

---

3 최근 지방자치단체의 마을만들기 조례에 있는 마을의 정의를 살펴보면, 주민들이 일상생활을 영위하는 범위와 같은 공간적 개념 외에도 경제·환경·문화 등 사회적 개념을 포함하여 정서적 유대의식을 바탕으로 공동체를 이루어 모여 사는 지역사회의 가장 기초적인 집단으로 정의하고 있다.

4 누구나 쉽게 접근할 수 있을 만큼 값이 싸고, 노동집약적이며, 소규모 이용에 적합한 인간의 창조적 욕구에 부합하는 기술, 민주적 기술 혹은 민중의 기술이라고 한다. 근대의 지식과 경험을 활용하되 집중보다는 분산을 지향하며, 생태계의 법칙과 공존하

야기하는 슈마허(E. F. Schumacher)의 '작은 것이 아름답다(Small is beautiful)', 오늘의 세계는 하나라는 지구촌의 보편주의에 대응해 지역 특유의 연대의식과 공통의 이익과 일체감을 강조하는 '지역주의(regionalism)' 등 도시 지역의 정체성이 담긴 문화나 지역성, 다양성에 가치를 두고 지역성의 회복을 꾀하려는 움직임이 있었으며, 과거의 실패를 교훈 삼아 사회경제운영에 있어 중간영역이 필요하다는 인식이 확산되어 왔다.

우리나라의 경우도 도시재개발 과정에서 주민이 자신들의 삶터를 지키기 위해 저항한 도시공동체 운동, 쓰레기나 소음·교육·환경 등 다양한 지역 문제에 대응하는 도시공동체 운동과 아파트 공동체 운동에서, 국가의 관료체계나 시장의 자유경제체계와는 다른 가치로 작동하는 대안적 모델을 만들기 위한 창조적 도시공동체 운동까지, '운동'으로 진행되는 마을만들기가 나타났다(정규호, 2012b). '운동'형 마을만들기는 중간영역의 필요성을 주창하는 세계의 변화와 지방자치 및 주민의식의 발달을 바탕으로, 2000년대에 이르러서는 정책과 제도의 뒷받침을 받는 '사업'의 형태로 나타났다. 전국의 마을만들기 활동은 시범마을을 지정하여 하나의 프로세스를 통해 지원하는 사업화 과정으로의 의미가 있는 '살기 좋은 도시만들기'[5]를 시작으로, 2011년부터 시작된 '수원시 마을르네상스'와 '서울시 마을공동체 사업' 및 '주민참여형 재생 사업' 등 마을공동체의 회복을 전면에 드러내어 법적인 지원체계를 갖추고 행정이 지원하는 마을만들기 사업이 진행되고 있다(신중진·정지혜, 2013). 이러한 움직임은 다른 지방자치단체

는 가운데 자원을 낭비하지 않도록 사용되는 기술을 이른다.

5 2007~2009년까지 시행되었으며, 이후부터는 도시활력증진지역 개발사업으로 변경되어 시행되었다.

로도 확산되고 있어 담당공무원의 배정뿐만 아니라 조례를 제정하고, 민간과 지방자치단체와의 파트너십으로 지원센터를 구성하여 마을만들기 사업을 추진하거나 준비하는 곳이 많아지고 있다.

2) 마을만들기, 이대로 좋은가

마을만들기가 이처럼 빠르게 번지게 된 주요한 이유는 '주민참여'를 내세운 마을만들기가 기존 도시계획의 한계를 보완하는 새로운 도시계획 수법 혹은 민관협력 방식을 추진하는 용이한 수단으로 인식 적용되었기 때문이다. 지구단위계획, 거리가꾸기, 경관협정 사업, 휴먼타운(주민참여형 재생 사업), 도시재생 사업 등 다양한 계획에 적용되고 있는 마을만들기는 외형상으로는 '사람'을 다시 주인공으로 등장시키고, '장소'의 가치를 만들어 가려 노력하고 있다. 하지만 계획 및 사업이 가지는 특성과 주민을 중심으로 하는 실천운동으로서의 성격이 결합되는 과정에서 과제들이 나타나고 있다.

그동안 마을만들기를 평가함에 있어서 크게 주민의 과제, 진행주체의 과제, 행정적 · 제도적 지원체계 과제가 제기되고 있다.[6] 우선, 주민의 과제는 주민 자질의 한계와 주민 대표성의 한계를 이야기하고 있다. 주민은 행정에 대한 전문적인 지식과 경험이 없기 때문에 행정상의 결정을 내릴 정도의 역량을 갖추기 어렵고, 일부 지역에서는 이익에 얽매여 무책임한 권리주장으로 지역이기주의를 조장하고 있는

6 김세용 외(2013)에 따르면 그동안 마을만들기는 주민, 진행주체, 행정적 · 제도적 지원체계상의 과제를 가지고 있으며, 이 과제의 해결을 위해 주민의 역량을 강화할 수 있는 프로그램을 도입하고, 어느 한 기관이나 주민만의 참여가 아니라 다양한 파트너십과 거버넌스 차원의 실천운동으로 발전시키고, 정부는 성과에 집착하는 과오를 되풀이하지 않고 자리가 잡힐 때까지 차분하고 지속적인 지원과 마을계획 실현을 위한 지원책 마련을 제안하고 있다. 이 장에서는 과제 인식과 분류를 같이하되 일부 해석을 추가하고자 한다.

것이다. 그리고 마을만들기에 참여하는 주체가 대다수 주민을 대표하지 못하고 특별한 이해를 가진 사람들의 대표로 구성되는 경우가 많아 특정집단의 관심을 대변하게 되는 경우가 나타난다고 한다. 하지만 실제 사례에서는 교육과 실제 마을만들기 실천 경험을 바탕으로 주민이 공공성을 가지고 충분히 지역사회와 도시를 고려한 결정을 내리는 경우도 나타나고 있어, 향후 마을만들기에 있어서도 주민 자질의 과제를 해결할 수 있는 가능성이 있다고 생각된다. 또 주민 대표성의 한계도 주민이 주체가 된 다양한 네트워크가 지역 내에서 공동의 협의구조를 만들거나, 행정이 동 단위의 협의기구 조성을 지원하는 사례 등을 통해 그 가능성을 새롭게 해석하고자 한다.

다음으로 진행 주체의 과제는 마을만들기 참여 주체들의 역할에 대한 것인데, 행정이 주도하는 경우 가시적인 성과는 내기 쉬우나 주민의 이해와 공감을 이끌어 내고 지속하기에는 어려움이 있다는 것이다. 행정과 전문가는 주민이 지역의 과제를 인식하고 스스로 해결방안을 결정하고 실행해 나갈 수 있도록 지원 지지해야 하는데, 대부분의 마을만들기가 일부 주민 또는 행정중심의 공공사업으로 이루어지고 있다. 이 부분은 행정 주도에서 주민 주도로 주도권이 이양되어야 한다기보다는 함께 해 나가는 거버넌스를 구축하고, 거버넌스 내에서 역할상의 균형을 올바로 가져가야 한다는 방향으로 전환되었으면 한다. 더불어 균형 있는 관계를 위해서 행정은 가시적 성과 도출을 위한 무리한 진행을 자제하고, 주민은 앞서 살펴본 주민의 과제를 해소하여 건강한 견제가 가능한 역량을 구축하는 방법론에 대해 짚어 보고자 한다.

마지막으로 행정적·제도적 지원체계상의 과제는 마을만들기가 제대로 이루어질 수 있도록 조례 제정, 전담부서 마련, 지원센터 설치, 주민교육 프로그램 실행, 사업비 지원 등의 지원체계를 종합적으로 구축한 사례를 찾아보기 어렵다는 것이다. 실제로 지자체 및 중앙정부의 공모사업을 통해 지역 내에서 다양한 마을만들기 주체와 사례들이 발굴되고 있지만, 단발적, 개별적으로 이루어지는 경우가 많아 지역과 도시의 재생으로 확대될 수 있는 전환이 필요하다. 한편 주민이 마을만들기를 통해 수립한 마을계획이 재정적·제도적 한계로 인해 실제로 구현되기 어려워 지속가능성이 담보되지 못하고 있고, 법적으로 인정받을 수 있는 제도적 틀 또한 갖추지 못한 것도 과제다. 마을만들기가 지역사회의 과제를 해소하는 만병통치약이 아님을 인식하고, 다양한 구현 방법을 고민하는 것이 필요하다. 종합적인 지원체계를 구축 시행하고 있는 수원의 마을르네상스 사례를 통해 향후 마을만들기가 나아갈 방향에 도움이 될 수 있는 내용을 살펴보고, 주민과 행정, 대학의 거버넌스가 마을계획을 수립 실천해 나가고 있는 개봉3동의 사례를 통해 다양한 마을계획 구현 방식을 소개하고자 한다.

이처럼 우리 사회에는 마을만들기 개념을 도입한 도시 지역재생의 시도가 이루어지고 있고, 그에 따른 과제가 나타나고 있다. 마을만들기 과정을 통해 통합협력의 거버넌스를 구축하고, 도시계획의 이상과 마을만들기의 현실을 연결하여 지역을 포함한 도시의 재생을 꿈꾸는 것이다. 마을만들기 과정을 통해 우리 지역 및 도시의 문제와 자원, 그리고 비전을 공유하며 성장하는 지역공동체 구축 과정과 그 결과로 창조 공유되는 공간과 프로그램, 일자리까지 포함하는 마을만들기로 꿈꾸는 도시 지역공동체의 가능성을 진단해 봄으로써 앞으로의 마을만들기에 필요한 지혜를 살펴보고자 한다.

Ⅱ. 마을만들기로 도시 지역공동체는 무엇을 공유하는가: 수원시 마을르네상스 사업과 서울시 구로구 개봉3동 사례를 중심으로

1. 함께 만드는 마을 공간 및 시설

1) 문제의 장소, 고쳐 쓰기

마을의 공간과 시설은 마을에서 문제가 가장 잘 드러나는 장소이자 마을만들기로 지역공동체가 공유하는 가장 두드러진 결과물이기도 하다. 쓰레기가 무단 투기 되는 장소, 걷기 불편한 보행로, 후미져 청소년의 흡연 장소로 이용되는 골목길, 버려진 폐가, 불법주차로 혼잡한 거리 등 마을에는 다양한 형태의 문제를 가진 장소가 존재한다. 주민의 일상 속 이런 문제들은 쉽게 공감될 수 있고 개선 후의 가시성과 파급효과가 크기 때문에 마을만들기 아이디어를 발굴할 때 우선 대상이 된다. 이후 마을만들기 활동의 촉매와 매개의 대상으로 활용되기도 한다.

문제의 장소가 발생하는 원인은 생각보다 복잡하므로 해결이 간단하지 않다. 그리고 문제를 해당 장소에서 밀어 내기만 할 뿐 근원적인 해결이 함께 이루어지는 경우는 많지 않다. 쓰레기가 쌓이는 문제의 장소에 CCTV를 설치하여 쓰레기 투기를 막았다고 해도 쓰레기를 제대로 버릴 수 있는 수거 장소와 주민의 약속이 이루어지지 않으면 그 쓰레기는 마을 어딘가에 다시 버려지게 되는 것이다. 문제의 장소를 개선하는 작업을 위해서는 장소뿐만 아니라 그 안에서 문제를 만들고 있는 혹은 가지고 있는 사람, 생활에 대한 고민을 함께해야 한다.

1997년 유네스코 세계문화유산으로 지정된 수원 화성 안에 위치한 행궁동은 12개의 법정동으로 이루어져 있는데, 그중 북수문(화홍문) 아래 흐르는 수원천 옆으로 옛 골목길을 남겨 둔 북수동이 있다.

〈그림 4–1〉
낡은 집을 리모델링한 '대안공간 눈'

〈그림 4–2〉
밝고 깨끗해진 벽화 골목

〈그림 4–3〉
쓰레기 무단 투기 장소에 조성한 화단과 벽화

〈그림 4-4〉
골목 안 담장을 허물고 생겨난 변화

문화재 보호를 위해 개발이 제한되어 작은 필지와 골목으로 구성된 북수동은 집을 함부로 고치지도 못하고, 노후되고 있었다. 골목은 어둡고, 학생들이 숨어 흡연하고 버린 담배꽁초와 쓰레기들로 더러워지고, 종종 싸움도 일어나 노인들은 무서워 나올 수 없는 문제의 장소였다. 토박이 부부가 화성이라는 문화재 때문에 뒷전으로 밀려난 주민의 삶의 공간에 활기를 주기 위해 2005년 골목 안에 있는 집을 개조하여 '대안공간 눈'이라는 문화예술공간(카페, 전시관)을 만들고, '행궁동 사람들'이라는 이름으로 2010년부터 벽화를 그리기 시작하면서 문제의 장소에는 변화가 생겨났다.

마을만들기 사업으로 벽화를 그릴 때는 많은 사람의 참여가 있었다. 작가들은 주민들과 직접 이야기하고 함께 놀이도 하면서 작업을 진행했다. 주민, 북수동에 위치한 학교 학생, 지역의 대학생, 봉사단체 등이 참여해 낡은 담벼락을 보수하고 벽화를 그리고 골목길마다 이름을 붙이면서 스스로 만든 골목에 대한 애정이 커졌고, 마을만들기 활동은 참여대상이 다양해지고 범위가 넓어지면서 계속되고 있다. 쓰레기가 쌓이는 곳에는 작은 화단을 만들고 재미난 벽화를 그려 캠페인을 했으며, 인접한 도매 문구 거리에서도 상인회와 함께 추억을 느낄 수 있는 골목 가꾸기가 진행되었다. 최근에는 '행궁동 벽화골목'을 방문하는 사람들을 위한 체험과 탐방 프로그램이 운영되고 있다. 골목이 밝아지고 활기가 생겼다. 학생들은 즐겁게 사진을 찍고 골목에서 일어나는 다양한 문화행사에 참여할 수 있으며, 주민들도 골목을 유지하기 위해 가꾸고, 만남을 이어 간다. 심지어 벽을 허물고 울타리를 낮추어 골목에 마당을 내보이며 사랑방 역할을 하는 집도 생겨났다. 벽화골목은 이제 마을에서 무서운 문제의 장소가 아니다.

2) 활력이 떨어진 공간, 다시 쓰기

마을에는 새로이 조성한 공용공간임에도 이용하는 사람이 별로 없어 활력이 떨어진 채 방치되는 경우가 적지 않다. 활력이 떨어진 공간을 다시 쓰기 위해서 많은 노력을 하지만 활력을 되찾는 데 성공하는 경우는 흔치 않다. 활력은 사람으로부터 나오는 것이다. 활력이 떨어졌다는 것은 해당 공간이나 시설에 대해 사람들이 흥미를 잃거나 무관심하거나 불편함을 느낀다는 것이다. 공간이나 시설, 심지어 마을에 대한 애정은 '나'의 것, '우리'의 것이 되었을 때 자연스럽게 생겨날 수 있다. 또 내가, 우리가 하고 싶은 일들, 필요한 요구를 해소할 수 있는 공간이나 시설에 대해 애정을 갖게 된다. 이런 이유에서 활력이 떨어지는 공간을 다시 쓰기 위해서는 공간을 활용할 사람들이 원하는 새로운 기능을 수용할 수 있는 형태로, 또 그들이 주인의식을 가지고 운영할 수 있는 시스템으로 공간 및 시설을 만들 필요가 있다.

수원시 권선구 호매실동에는 1998년에 시작된 공동육아를 비롯하여 청소년교육나눔터 둠벙, 칠보산자유학교, 칠보산청소년방과후학교, 칠보산도토리교실 등 10개가 넘는 공동체가 칠보산 주변에서 공동체 활동을 하고 있었다. 하지만 마을행사에 공동체 식구들만 참여하고 지역사회의 다른 주민이 함께하지 못하면서 그들만의 마을만들기라는 이야기도 나왔다. 칠보산 마을공동체들은 지역과 함께하기 위한 돌파구로 단체마다 참여자를 모집해 마을만들기 사업으로 마을신문을 발간했다. 이를 통해 지역사회와도 함께 소통하게 되었고, 지역사회의 문제도 함께 고민하던 중 공실이 생기고, 재래시장터가 방치되며, 지역주민의 발걸음이 줄어든 호매실동 구시가지가 마을의 과제로 떠올랐다. 호매실택지개발이 이루어지면서 대형 마트가 들어서고 호매실동의 옛 상권이 위태로워진 것이다. 호매실동의 마을공동체는 대형 마트 입점에 따른 문제를 상인들의 문제가 아닌 주민 모두의 문제로 인식했다. 지역경제는 물론 마을공동체 문화가 소비문화로 변화할지 모른다는 우려 속에 주민 스스로 할 수 있는 대책과 대안을 고민하게 되었다. 그리고 주민이 주인이 되어 사람을 모으고, 공동체 문화를 권장하고 보장할 수 있는 장소를 만들어 보기로 했다.

구시가지 내에 3년 동안 비워져 있던 약 210m² 규모의 지하 호프집을 임대해 '칠보문화놀이터'를 만들기 시작했다. 상우회는 사업목적에 공감해 공간을 보증금 없이 임대할 수 있게 도와주었고, 마을만들기 사업의 보조금으로 부족한 부분은 마을신문에 게시해 펀드를 모집했다. 후원은 돈, 물품, 재능기부 등 다양한 방식으로 이루어졌고, 후원자들의 이름은 벽면에 적혔다. 호매실초등학교 학부모, 칠보산자유학교, 사이좋은어린이집, 칠보산어린이집, 사이좋은방과후 등 많은 공동체가 함께 직접 공사하고 공간을 꾸미고 청소했다. 직접 천장을 뜯고 도배를 하고 현판을 만들어 꾸민 공간의 주인은 참여한 모두였다.

칠보산마을신문과 칠보농악전수회, 칠보푸드테라피는 지역주민의 의사를 물어 공간운영을 위한 프로그램을 구상했다. 풍물, 손뜨개를 시작으로 주민이 함께하고 싶은 것이 생기는 대로 몸살림운동, 민요, 손바느질, 음식, 기타, 캘리그라피 등 다양한 수업이 만들어졌다. 마

〈그림 4-5〉
구시가지에 위치한 칠보문화놀이터 입구(왼쪽), 칠보문화놀이터에서의 주민모임(오른쪽)

〈그림 4-6〉
리모델링 전의 지하 호프집(왼쪽)과 리모델링 후 칠보문화놀이터 교실로 변한 모습(오른쪽)
출처: 칠보산마을신문 카페

을 문화나 생태, 역사에 대한 강연이나 동아리모임을 위한 공간으로도 왕성하게 활용되고 있다. 칠보산 공동체에 속해 있지 않은 마을 주민도 프로그램을 신청하고 참여하면서 생태나 로컬푸드 등 공동체 문화에 관한 관심도 높아지고, 지역사회 내 소통이 확대되어 구시가지에 활력을 주는 희망공간 1호로 자리 잡게 되었다.

3) 숨어 있는 공간, 찾아 쓰기

숨어 있는 공간은 눈에 잘 띄지 않는 공간이라는 의미도 있지만, 가치나 가능성이 숨어 있는 공간이라는 의미도 있다. 주택가에서는 주택과 주택 사이 좁은 공간에 담장을 둘러치고 숨어 있는 공간을 서로 터서 쌈지공간을 만들어 내어 공동정원을 꾸미거나 아이들의 쉼터를 만들기도 하고, 주택 전면의 담장을 허물어 사적이지만 공적으로 전용될 수 있는 공간의 의미를 찾고, 공유하기도 한다. 또 아파트 단지에서도 아파트의 지하공동시설과 같은 곳을 발굴해 주민의 사랑방이나 동아리 연습실을 만들고, 입주자대표회의실을 공유해 반찬 만들기나 마을 활동이 이루어질 수 있는 공간으로 만들어 공간의 새로운 의미를 찾기도 한다.

수원시 팔달구 화서동 꽃뫼버들마을 LG아파트에서는 2000년대 초 3명의 주부가 아파트 화단에 꽃을 심으면서 아파트 주민 간 소통이 시작되었다. 비슷한 또래의 아이를 둔 엄마들이 모여 급한 사정이 있을 때는 아이를 대신 봐 주기도 하고, 아이들을 데리고 함께 나가 놀며, 공부를 봐 줄 수 있는 엄마는 영어나 수학을 가르치기도 했다. 이웃과 말 한마디 하지 않을 정도로 삭막하다는 아파트 생활에서 정말 가까운 사이가 되며 공동체가 생겨났고, 그들은 단지 내 화단에 지속해서 꽃을 심고 가꾸었다. 아파트 단지는 특성상 주민들의 참여가 적은 데 반해 말이 많았다. 하지만 묵묵히 꽃을 심고 가꾸는 공동체 활동에 다른 주민들의 시선 및 참여도 달라졌다. 함께하고 싶은 의지와 자원이 생겨나면서 그것을 담을 거점이 필요했고, 잡동사니가 쌓여 있던 아파트 지하의 공동시설공간을 찾아내어 정리하고 '어울림방'을 만들었다. 100m^2 정도의 공간에 모여 앉을 수 있는 책상을 두고, 벽에는 책꽂이를 마련했다. 마을만들기 사업에 공모해 난방과 환기 시설을 마련하기도 했다. 시설의 보강과 운영을 위해 바자회도 열

〈그림 4-7〉
마을놀이터 화단에 야생화를 심는 모습(왼쪽), 어울림방 아이들과의 체험학습(오른쪽)
출처: 꽃뫼버들나누며가꾸기회

〈그림 4-8〉
아파트 지하공동시설에 위치한 어울림방(왼쪽)과 공부방으로 쓰는 어울림방 내부(오른쪽)

고 다른 마을에 견학도 다녀왔다. 이렇게 해서 만들어진 시설은 단출했지만, 공간의 활용은 다양했다. 이곳에서는 요일별로 마을 주민을 위한 그림 동아리, 기타 동아리, 영어 공부모임이 이루어지고, 시험기간에는 매일 주민 도우미들이 나와 아이들과 함께 공부하는 공부방으로 활용되었다.

어울림방을 활성화하기 위해 아파트 주민뿐만 아니라 화서동 주민 모두에게 공간을 개방했고, 주민은 스스로 수업의 강사가 되기도 수강생이 되기도 하며 어울림방을 운영해 가고 있다. 방학에는 고2 학생들이 중3을 가르치고, 중3 학생들이 초등학교 6학년 학생을 봐 주는 식으로 공부방 봉사 물림도 하고, 화서동 다문화가정에서 강사를 초빙해 중국어를 배우기도 했다. 주말에는 초등학생으로 구성된 봉사대가 환경정비활동을 하고, 어울림방에 오는 아이들끼리 작은 발표회를 열기도 한다. 아파트 공동정원을 만들기 위해 꾸준히 심고 가꿔 오던 화초 덕분에 한국기록원(구 한국기네스협회)으로부터 대한민국 아파트 중 목초본류 최다 보유기록을 인정받기도 했다.

숨겨져 있던 공간을 찾아 잘 활용하다 보니 시기를 받아 잠시 운영을 못하게 되기도 했었지만, 활발해진 공동체 활동을 담을 공간에 목마른 주민의 바람으로 어울림방은 다시 문을 열었다. 현재 어울림방과 꽃뫼버들마을 공동체는 주민이 필요로 하는 모임을 만들어 지속적인 연대를 형성하고, 능력 있는 자원을 발굴하고 도와주는 인큐베이터로서 그 가능성을 지속해서 성장시키고 있다.

4) 점 · 선 · 면, 마을환경 맥락의 확장

마을은 정해진 행정구역이 아니고, 개개인이 인지하는 마을의 범위도 서로 다르다. 작게는 내가 사는 집에서 시작해서 작은 골목을 공유하는 이웃, 학교나 시장 가는 길, 그보다 더 넓은 범위까지 확장될 수 있다. 인지한다는 것은 어떤 대상을 인정하여 아는 것이므로 마을에 나와 관계된 장소와 공동체가 확산될수록 마을의 범위는 넓어진다. 마을만들기로 만들어지고 공동체가 공유하는 공간은 작은 쌈지공원이나 마을 카페와 같은 점이 될 수도 있고, 특정 골목이나 가로와 같은 선이 될 수도 있으며 또는 일정 구역의 면이 될 수도 있다. 점·선·면으로의 맥락이 있는 마을환경의 확장은 마을단위에서 도시공간을 재구성해가는 과정이다. 마을만들기를 지속하다 보면 개별 마을만들기 사업을 연계하여 공간적인 맥락을 형성할 수 있게 된다. 사회적 자본으로서의 인프라를 형성하고, 수변이나 녹지 등의 네트워크 공간이 형성된다. 이렇게 개별적이고 불연속적인 마을만들기 사업이 유기적으로 연계됨에 따라 공간적 맥락이라는 것이 형성되는 것이다.

서울시 구로구 개봉3동은 경기도 광명시와 인접해 목감천이 흐르는 개웅산 자락에 자리 잡은 마을로 1970년대 토지구획정리 사업으로 만들어진 정형화된 주거지역을 가지고 있다. 대부분 2종 일반주거지역으로 빌라형의 다세대주택이 우후죽순 들어서는 과정에서 마을을 떠나는 사람들이 생겨나고, 남은 사람들은 '자연환경도 좋고 조용한 이 마을에서 계속 살 수는 없을까?' 하는 고민이 생기기 시작했다. 이와 동시에 행정도 '이 양호한 주거지를 제대로 관리할 수 없을까?' 하는 고민을 하고 있었다. 행정이 이러한 고민을 대학과 함께해 보기로 하면서 마을은 새로운 변화를 하게 되었다.

성균관대학교는 2011년 도시설계 스튜디오를 통해 마을을 조사하고 많은 주민과 인터뷰를 하면서 마을의 이야기를 발굴했다. 오래된 주거지이다 보니 개봉3동에는 환경적으로 개선하고 싶은 과제들도 많았다. 하지만 훌륭한 자연환경과 이미 왕성한 봉사 및 커뮤니티 활동을 하고 있는 공동체 등 자원이 풍부했다. 공간적으로도 구로구에서 적극 추진하고 있던 담장허물기사업이 골목단위로 진행되어 커뮤니티 가로도 일부 조성되어 있었다. 하지만 이 모든 것은 서로의 자리에 있을 뿐 함께 마을의 과제를 해결하거나 주변으로 확산되지 못하고 있었다. 대학은 이런 이야기를 모아 주민과 함께 만들어 가는 마을계획을 세우고 공유했다. 이 과정을 거치면서 주민과 행정, 그리고 대학은 지금까지도 함께하는 파트너가 되었다.

파트너들은 마을계획의 내용 중에서 우선순위가 높았던 과제들을 국토부의 도시활력증진 지역개발 사업에 공모해 마을변화에 점을 찍었다. 공원의 환경을 개선하고, 마을 내 위험한 계단을 깔끔하게 정

〈그림 4-9〉 점 · 선 · 면으로 확장되는 마을환경의 공동체적 맥락

리했다. 자신들이 직접 과제를 제안하고 참여한 일들이 변화로 나타난 사실에 고무된 마을 주민들은 직접 축하 잔치도 열었다. 자신감이 생긴 주민들을 포함한 파트너십 조직이 눈을 돌린 것은 마을의 생활가로였다. 동경계와 중앙을 관통하는 시장길과 달리 이 생활가로는 학교의 통학로로 학부모나 주민이 함께할 수 있는 가능성이 높은 장소였다. 이 생활가로를 대상으로 주민들이 함께 약속으로 거리의 경관을 가꾸는 경관협정 사업을 제안해 마을만들기 사업을 연계했다. 워크숍을 함께하고 직접 동의를 받는 과정에서 주민들의 역량이 성장했고, 가로를 중심으로 건축물 입면 · 담장 · 간판 · 건축물 사이 공간 · 시설물 등이 맥락 있게 개선되었다.

많은 변화가 진행되고 있었지만, 마을은 공원과 같은 특정한 장소의 개선이나 가로를 중심으로 건축물의 외관만 다룰 수 있는 경관협정 사업만으로는 다가가기 어렵고, 좀 더 면(面)적이고 총체적인 대안이 필요한 곳이 있었다. 개웅산 자락 바로 아래 작은 구역으로 남겨진 1종 일반주거지였다. 과거에는 훌륭한 단독 주택지였지만 주변에 신축 빌라와 아파트가 들어서면서 사정은 달라졌다. 주민들은 소외와 함께 불안함을 느끼게 되었다. 2012년 파트너십 조직에 함께했던 학생들은 이곳 주민들의 이야기를 좀 더 상세히 정리해 서울시의 살기 좋은 마을만들기 공모전에 응모했고, 대상을 받아 후보지로 선정되었다. 이후 주민동의 과정을 거쳐 주민참여형 재생사업의 대상지로 선정되었다. 이웃을 중심으로 안전하고 안심하는 '이심전심 개봉3동' 만들기의 시작이었다.

주민참여형 재생사업은 공간적으로나 공동체적으로도 흩어져 있던 마을의 자원들을 연계하고 네트워크를 확장해 가는 형태로 이루어졌다. 구역에 해당하는 면에는 안전을 테마로 통행로 만들기, CCTV 설치, 건축물 개량 등 다양한 공간 및 시설 과제를 해결하기 위한 지원사업이 연계되었고, 주택을 매입해 해당 구역 주민뿐만 아니라 개봉3동 주민이 함께 이용할 수 있는 주민공동이용시설도 만들었다. 주민공동이용시설의 운영과 활성화를 위해 공동체 자문계획가를 선정하여 그동안 점적인 자원으로 존재하던 마을의 공동체 자원을 서로 네트워킹하고, 개봉3동을 넘어 구로구, 주변 지역까지도 네트워크를 확장했다. 오래된 하수관 냄새를 해결하기 위해 EM(Effective Microorganisms, 유용미생물) 만들기를 시도하고 싶었지만 방법을 몰라 헤매던 모임도 이제는 주민들이 전문가가 되어 EM 전도사로 활동하고, 드럼이나 공예와 같이 배우고 싶은 것과 만들고 싶은 것도 함께 모여 네트워크 안에서 지도 선생님을 구하면서 주민교실이 다양화되었다. 주민들도 주민교실의 합리적인 운영을 맞추어 나가는 연습을 하면서 주민 공동이용시설의 운영을 준비할 수 있었다.

〈그림 4-10〉
점적으로 개선된 마을의 계단(위: 왼쪽), 임대주택 담장허물기로 바뀐 골목(위: 오른쪽), 경관협정으로 가꾼 통학로(아래: 왼쪽), 주민 네트워크가 운영하는 녹색장터(아래: 오른쪽)

마을만들기에서 마을환경의 맥락을 확장한다는 것은 단순히 정비되고 개선된 마을환경이 많아지는 것을 의미하지 않는다. 마을의 기반이 되는 주거 및 공공 시설, 자연자원, 인적자원, 산업자원 등 주민들이 접근할 수 있는 다양한 지역자원을 최대한 활용해 그것들을 연결하고 지역 내에서의 자원순환을 실현하는 것이다. 공동체와 자원, 장소의 관계 맺기가 순환되면서 마을 곳곳으로 확장되면 지역자원의 보전과 활성화가 이뤄지는 것이다. 이렇게 점·선·면으로 마을환경의 공동체적 맥락을 확장해 나가는 일은 마을계획을 바탕으로 한 작은 점으로 시작된 장소와 관계의 재생이 어떻게 마을과 도시의 재생으로 확장되어 나갈 수 있는지 보여 주는 좋은 예다.

2. 함께하는 마을 프로그램

1) 생각의 공유

마을에는 많은 이슈를 가진 키워드들이 있다. 지역의 역사나 환경, 문화재, 인물에 대한 것일 수도 있고, 생활의 불편함이나 에너지, 생태, 먹을거리, 돌봄 등 범사회적 키워드일 수도 있다. 마을 사람들은 저마다 인지하고 있는 키워드가 다를 것이고, 같은 키워드에 대해서도 다양한 생각을 할 수 있다. 마을만들기는 끊임없이 생각의 다름을 공유하는 과정이고, 프로그램은 이야기 모임, 캠페인, 강의교육, 전시 등 다양한 모습으로 그 과정을 지원한다. 하나의 이념으로 설득하는 것이 아니라 마을에서 살아가는 방식에 대해 공감하고 생각을 공유하는 것은 공동체의 동질적이며 강한 집단적 연대감을 만드는 작업이다. 또 함께 공유하는 생각은 함께하고 싶은 일들을, 그 일들을 프로그램으로, 또 그 프로그램을 담을 수 있는 장소를 생산하기도 한다.

생활운동 프로그램은 실천의 과정 안에서 생각을 공유하는 것이다. 함께 아이들의 통학을 지도하면서 안전에 대한 생각을 공유하고, 거리 청소를 하면서 깨끗한 마을에 대한 생각을 공유한다. 강의교육 프로그램에서는 배움을 통해 생각을 공유한다. 강의교육의 주제는 마을의 다른 사람들과 함께 공유하고 싶은 생각의 키워드가 된다. 또 마을에 대해 좀 더 깊게 이해하고 정체성을 고민할 수 있는 발판이 되기도 한다. 마을 주민이나 마을의 과거 사진을 골목에 전시하거나 마을의 역사와 현재를 담은 도서나 안내지도, 홍보물을 만드는 프로그램도 마을 사람의 생각을 모으고 공유하는 프로그램이다.

자전거 타기는 훌륭한 유산소 운동이고, 인간을 동력으로 저탄소 녹색성장을 실천하는 매개다. 하지만 막상 마을에서 자전거를 타려면 전용도로가 아닌 겸용도로에서 연출되는 아찔한 자전거 안전사고와

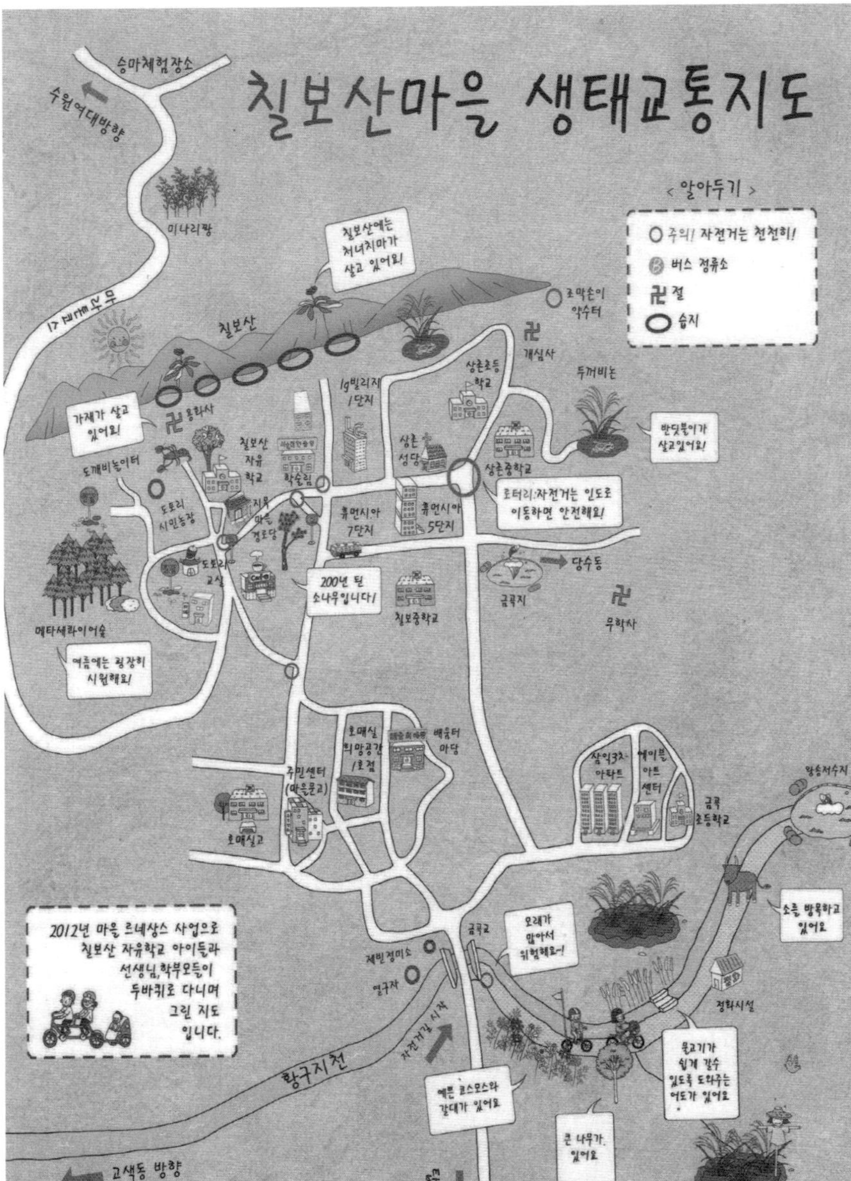

〈그림 4-11〉 함께 만든 칠보산 마을 생태교통지도
출처: 칠보산 마을 꿈꾸는 자전거

정비 능력 부족으로 방치되거나 버려지는 자전거가 다시 마을의 문제가 되기도 한다. 이처럼 자전거는 건강·환경 및 생태·안전 등의 키워드를 함께 가지는 생활운동 프로그램이다. 수원시에서는 특히 레포츠 중심이 아닌 시민 중심의 생활자전거, 도시 곳곳에 방치되어 폐기되는 자원자전거, 인도에서는 사람이 도로에서는 차가 무서워 다니기 어려운 안전자전거에 대한 고민을 가진 (주)자전거시민학교가 마을과 함께 자신들의 생각을 공유하고 있다.

자전거시민학교가 마을과 생각을 공유한 첫 시작은 비교적 평탄한 지형으로 역과 주요 공공시설로의 접근 거리가 멀지 않으며, 아파트 단지와 공원 및 하천 변을 이용해 안전한 자전거 이용이 가능한 수원시 장안구 정자3동에서였다. 환경과 건강을 위한 자전거 생활운동을 기본으로 올바른 자전거 이용을 위한 자전거 안전교육, 생활관리를 위한 자전거 정비교육이 이루어졌다. 교육에 필요한 자전거는 수원시에 방치되어 폐기될 운명인 자전거 20대를 정비하여 사용했다. 자전거 안전과 정비에 관한 강의교육을 받고 도로주행도 함께해 보았다. 또 어린이들을 위해 학교와 연계한 자전거 교육도 진행했다. 교육 후에 마을 주민들은 자전거를 구입해 실생활에서 자전거를 이용하고, 교육생들을 중심으로 마을 자전거 모임도 결성했다.

자전거시민학교를 통해 정자3동에서 시작된 생각의 공유는 다음 해에 마을에서 안전하게 자전거를 탈 수 있는 환경을 고민한 수원시 권선구 칠보산 마을로 옮겨 가 마을의 자전거 지도를 만들게 되었고, 또 다음 해에는 수원시 팔달구 행궁동에서 이루어진 생태교통축제에서 자전거 체험장 운영을 통해 자전거문화에 대한 생각을 전파했다. 그리고 자전거 시민학교의 생각을 담을 수 있는 장소로 자전거포인 '노란자전거'를 열었다. 마을 안에 자리를 잡은 '노란자전거'는 간단한 정비방법을 몰라 버려지는 자전거가 생기지 않도록 생활자전거에 대한

〈그림 4-12〉
자전거시민학교가 운영하는 '노란 자전거'

수리, 기름칠, 기어 변속, 브레이크 점검 등을 해 주고, 가정 내에서 기본적인 자가정비를 할 수 있을 정도의 교육도 병행하면서 생태교통마을의 변화를 지속해서 지원하고 있다.

2) 놀이의 공유

우리 전통의 지역공동체인 농촌 공동체를 보면 자연스러운 놀이의 공유를 볼 수 있다. 그들은 놀이터와 놀이 기구 및 시설도 공유하며, 놀이 시기도 공유한다. 집집이 마당이며 골목, 마을 동구목이나 당산목, 앞개울이 모두 놀이터이고, 이 장소는 누구도 독점할 수 있는 공간이 아니며, 마을 사람이라면 모두 공유하는 공간이다. 농촌 공동체의 가장 대표적 놀이인 풍물놀이를 보면, 놀이기구인 풍물은 개인적으로 독점하지 않고 구입 후 마을 공동 악기이자 마을 재산으로 만들고 누구나 필요할 때마다 자유롭게 이용하도록 한다. 마을마다 공동 악기가 갖추어져 있고, 마을공동체가 필요할 때마다 자유롭게 연주할 역량을 갖추며, 마을의 잔치 및 축제에서 공연하는 것이 자연스러운 놀이의 공유다.

하지만 요즘 아이들의 장난감은 모두 상품화되어 있어 경제력에 따라 구입하여 소유하게 되어 있다. 더군다나 끊임없이 새롭고 값비싼 놀이기구들이 개발 공급되고 있어서 늘 소유욕을 충족시키지 못하고 있다(임재해, 2012). 장난감뿐만 아니라 아이들이나 어른들이 취미로 악기나 그림을 배우려고 해도 마찬가지다. 개인이 감당해야 하는 강습료나 장소 이용료가 만만치 않다. 놀이의 장이 되는 축제도 많지만 기업화, 상품화되어 소비될 뿐 주민이 직접 참여로 만들어 나가는 모습이나 마을 고유의 문화 특색이나 유대를 찾아보기 어렵다. 인간의 본질적 기능을 표현한 인간관의 하나인 호모 루덴스(homo ludens: 유희의 인간)적인 관점에서 보면 인간의 문화는 유희 속에서 유희로서 발생하고 전개된다. 즉, 유희가 문화를 창조하는 기능을 가지는 것이다. 함께 놀지 않는데 마을공동체만의 문화가 생기기는 어려운 일 아니겠는가.

수원 화성행궁의 남쪽에 위치한 남창동에는 마을을 관통하는 행궁길이 있고, 이 길에 접해 마을의 공동 식수원이었던 한데우물이 자리하고 있었다. 수원 화성 내에 다른 법정동들과 마찬가지로 중심성이 사라진 행궁길에는 공실이 늘어나고, 점차 침체되어 가고 있었다. 세계문화유산 등록 이후 더 많은 관광객이 찾는 화성행궁이 바로 옆에 있지만 마을을 넘어 시 전체의 큰 축제인 수원화성문화제가 열릴 때조차 거리 안을 찾는 사람은 많지 않았다. 하지만 2007년 한데우물 일대의 환경개선사업 이후 관심 있는 단체, 작가들이 참여하여 다양한 프로그램을 진행했고, 점차 빈집이 사라지고 공방이 입주하는 등 많은변화가 일어났다. 변화 속에서 2008년부터 관광객을 유치하고 거리를 활성화하기 위해 여러 작가를 초빙해 체험 프로그램, 빈집미술

〈그림 4-13〉
마을축제에서 체험에 참여하는 마을 아이들(위: 왼쪽), 마을축제에서 음식을 나누는 주민들(위: 오른쪽), 한데우물 앞에서 열린 마을축제(아래: 왼쪽), 마을축제에 참여한 단체들의 명패(아래: 오른쪽)

관전시회, 정크아트 등이 있는 한데우물문화거리축제를 만들고 운영해 왔다. 마을에 놀이의 장은 생겼으나, 주민이 보다 주체적으로 참여하는 마을공동체 문화가 꽃피기에는 아쉬움이 있었다.

이런 아쉬움을 느낀 사람들은 2011년 마을 주민이 중심이 되는 축제에 대한 고민의 해법을 옛 마을의 기억에서 찾았다. 행궁길에 자리한 한데우물은 옛날부터 마을의 모임과 정보 및 음식 나눔이 있던 곳이었다. 이곳을 중심으로 마을 주민, 행궁길 공방의 예술가들과 상가들이 즐길 거리를 나누는 축제를 기획했다. 마을의 커뮤니티 중심 공간인 한데우물에 대한 스토리텔링을 영상으로 만들어 발표하고, 마을이 배경이었던 영화 〈사랑방손님과 어머니〉를 상영하면서 마을공동체의 기억을 상기하는 시간을 가졌다. 또 작가들이 중심이 되어 옛 사진전과 작가장터를 준비하고, 상가와 마을 내 초등학교인 남창초등학교의 어머니들이 음식 나눔을 준비하고, 마을 주민이 장기자랑을 준비해 다양한 즐길 거리를 마을축제에서 나눌 수 있었다.

스스로 준비한 마을축제의 경험은 남창동 사람의 모임을 더욱 활발하게 만들었다. 이들은 함께 노는 것에 그치지 않고, 마을 사람을 위한 프로그램과 장소만들기까지 고민을 확장하여 마을만들기를 해나갔다. 마을축제를 통해 마을공동체 문화가 꽃을 피운 것이다. 2011년 이후 주민들은 문학교실, 솟대만들기 등 다양한 마을 프로그램을 운영했다. 이렇게 운영된 마을 프로그램은 어린이와 주민이 함께하는 시낭송회와 연주회 등의 형태로 마을축제에서 발표회를 갖기도 했다. 또 지저분하고 어두운 골목길을 아이들이 안전하게 뛰어놀 수 있는 장소로 꾸미고, 물고기 모양으로 한지 등을 만들어 달고 축제의 장소로 삼기도 한다. 그뿐만 아니라 주민이 모델로 나서고 지역의 예술가가 함께하는 패션쇼와 마을 주민부터 초등학생, 상가 아르바이트생까지 모두 주인공이 되어 참여하는 정조대왕 행차 퍼레이드 등으로 마을 고유의 축제문화를 만들어 가고 있다.

3) 세대의 공유

우리가 가장 쉽게 모일 수 있는 공동체는 아마 또래 공동체일 것이다. 주부, 직장인, 청년, 청소년 등 또래들은 같은 고민이나 비슷한 시대상을 공유하기 때문이다. 또래가 아닌 세대 간에는 어떤 것을 소통하고 공유할 수 있을까? 세대 간 소통을 위해서는 문화·놀이·일자리 등 관심 주제를 가지고 공유할 기회를 만들어 주는 것이 필요하다(양정호, 2014). 예를 들어 문화체육관광부와 한국국학진흥원이 진행하는 '아름다운 이야기할머니' 사업은 노인세대가 유아나 어린 학생들에게 다양한 이야기를 전해 주며 이야기를 공유하고 있으며, 서울시도 '서울동네문화클럽'처럼 끼와 재능을 가진 성인이 청소년 동아리와 연계해 문화예술 활동을 공유할 수 있는 장을 마련하고 있다.

수원시 팔달구에는 수원화성의 동쪽에 지동이라는 마을이 있다. 지동은 1960~1970년대의 오래된 가옥들이 밀집해 있고, 좁고 복잡한 옛 골목을 간직한 마을이다. 성벽과 떨어진 남동쪽은 주택재개발이 예정되어 있지만, 성벽과 가까운 곳은 문화재 보호를 이유로 집을 고치기도 쉽지 않아 빈집도 많다. 마을에 문화시설도 문고가 전부라 소외감이 컸다. 수원화성 안 행궁동과 같이 화성 밖 지동도 인구공동화 현상이 일어났고, 마을에는 대부분 어르신들만 남게 되었다. 마을의 오래된 집과 골목, 저렴한 세에 끌려 한 젊은이가 이곳에 자리를 잡으면서 마을에는 세대 간 공유라는 변화가 시작되었다.

지동에 온 청년은 맨처음 마을 주민과 문화를 공유하기 위해 이웃(EWUT)센터를 만들었다. 누구나 들어와서 자유롭게 책을 보고 차를 마실 수 있는 공간이었다. 하지만 공간을 매개로 한 세대 간 소통은 쉽지 않았고, 이웃에 계신 어르신들보다는 외부인들이 더 많이 찾아오는 것이 사실이었다. 이웃인 어르신들과의 문화공유를 위해서는 좀 더 어르신을 위한 공간을 만들 필요가 있었다. (주)이웃을 만들어 다방문화를 떠올리며 누구나 즐길 수 있는 카페문화를 어르신들과 함께 공유해 보기로 했고, 핑퐁음악다방을 열었다. 공간 리모델링과 카페용품 구입을 위해 지역문제에 관심 있는 시민 86명으로부터 500만 원을 크라우드 펀딩(crowd funding)으로 후원받고, 500만 원을 더해 완성했다.

핑퐁음악다방을 열고 골목에 나오신 어르신들을 모셔 와 차를 대접했다. 쓰레기를 버리러 나오신 할머니께 커피를 드리고, 인생 이야기도 듣고 하면서 어르신들을 불러 모았고, 뭐 하나 부정적으로 바라

〈그림 4-14〉
핑퐁음악다방(위: 왼쪽), 커피를 내리는 시니어 바리스타(위: 오른쪽)(출처: 이웃문화협동조합 페이스북 페이지, 핑퐁음악다방 블로그); 핑퐁음악다방 내부(아래: 왼쪽), 크라우드펀딩에 참여한 사람들(아래: 오른쪽)

보던 어르신들도 시선이 달라졌다(염상균 외, 2012). 좀 더디고 어려웠지만 이렇게 시작된 카페문화의 공유는 놀이, 일자리 등 다른 것도 세대 간에 공유할 수 있게 만들었다. 오전에는 탁구를 하며 놀이를 공유하고, 오후에는 LP판에서 나오는 올드팝이나 옛 가요, 커피문화를 공유했다. 그리고 경력 바리스타를 초청해 어르신들에게 교육을 제공하고, 시니어 바리스타를 양성하여 일자리를 공유했다. 나이가 들면서 젊은 사람들과 소통할 수 있는 공간이 없어 아쉬웠던 시니어 바리스타들은 핑퐁음악다방에서 커피를 내리며 세대 간 소통을 이루었다. 최근에는 이웃문화협동조합을 설립하여 지역주민, 젊은 예술가 등 다양한 지역사회 구성원이 조합원이 되어서 각자의 시간과 재능을 모아

핑퐁음악다방을 날마다 다르게 운영하고 있다. 젊은이나 어르신의 재능 공유가 이뤄지는 파티장, 늘 회의의 장을 열어 함께 마을의 고민을 공유하는 마을 사랑방이 되기도 한다. 이런 세대 간 공유는 앞선 세대가 뒤따르는 세대의 선생님이 되는 구도에서 벗어나 서로에게 배우고, 함께 만들어 나가는 구도로 전환되어 진정한 의미의 소통을 이루고 있다.

3. 함께 나누는 마을 경영

1) 마을만들기의 지속을 위한 최소의 자금

마을만들기가 붐을 이루면서 마을만들기 사업 보조금의 형태로 많은 행정부처에서의 지원이 이루어지고 있는데, 이에 대한 우려의 목소리가 사업의 주체인 주민을 포함한 각계에서 나오고 있다. 마을만들기가 마을만들기 사업 보조금에 의존하다 보니 활동의 규모가 주민이 직접 운영하기에 버겁게 확장되는 경우도 있고, 자발적인 부담의사가 축소되는 경우도 있다. 행정의 입장에서도, 마을만들기 사업에 지원하는 주체는 점차 늘어나고 한정된 재원 안에서 지원하다 보니 형평성 문제도 있어 기존에 지원을 받았던 곳에 연속해서 지원하기가 쉽지 않다. 이런 이유로 마을만들기 사업 보조금의 지원이 없을 때에도 마을만들기를 지속할 수 있도록 활동의 범위를 현실화하고, 최소의 자금을 마련할 필요성이 요구되고 있다.

마을만들기 사업은 지역의 경제기반과 연대하며 진행되어야 한다. 지역사회나 행정에 일방적으로 부담을 주는 것이 아니라 지역의 자율적인 경제기반을 구축하는 것과 병행하는 사업을 구성할 수 있어야 한다. 자율적인 사업의 기획과 시행에 맞추어 지역경제기반의 정비가 동시에 추진되는 것이다. 다양한 지역조직과 연대하여 협동체제를 조직하고 마을 주민의 참여와 자율적 운영으로 수익을 창출하고, 마을의 공익을 위해 이를 공유하는 경제기반이 필요하다. 기금을 통한 경제기반의 마련은 지역사회나 대중이 마을의 문제에 대해 공감할 수 있는 기회를 제공하고, 기부나 조합원 투자를 통해 함께 만들어 가는 데 의미가 있다. 이 방법은 초기 종잣돈을 만드는 데 유리하지만, 지속가능성을 담보하기 어려워 수익을 창출할 수 있는 마을 카페나 기업으로 경제기반을 가꾸는 움직임이 나타나고 있다.

수원시 장안구 조원1동은 다세대 다가구 밀집지역으로 다문화가정 등 소외계층이 많이 사는 곳이다. 소외계층의 경제적인 어려움이나 문화적 결핍을 해소하기 위해 주민들은 다양한 복지·교육·문화 프로그램을 마을만들기 사업으로 추진해 왔다. 마을 내에 위치한 다람쥐공원과 작은 도서관을 중심으로 다문화 축제, 지역 아동을 위한 교육 및 체험교실 운영, 영화 상영 등 마을만들기 사업공모에 지원해 많은 활동을 전개해 나갔지만, 사업이 종료된 후에도 이러한 활동을 모두 지속하기에는 예산이 부족했다. 마을 내 마을만들기 추진 주체인 대추동이 문화마을만들기 추진단은 고민 끝에 사회적협동조합을 설립해 취약계층 주민의 일자리를 창출하고, 안정적·지속적 공익사업을 이어 갈 수 있는 동력을 마련할 수 있도록 마을가게를 만들어 보기로 했다. 정육점을 운영한 경력이 있는 추진위원장의 조언으로 마을가게의 취급 품목은 돈가스가 되었다.

2013년 봄, 대추동이 나눔터 협동조합 구성을 위한 발기인 대회 및 총회를 열고, 사업계획서을 작성해 기획재정부에 인가신청을 냈다. 전문 지식이 없는 주민끼리 만들다 보니 주요 사업이 되어야 하는 마을복지가 기타 사업으로, 돈가스 판매가 주요 사업으로 기재되어 서류를 재작성하는 웃지 못할 해프닝도 있었다. 여름에는 조원시장에 가게를 마련하여 리모델링 공사를 진행하고, 돈가스 품평회와 요리

〈그림 4-15〉
마돈나 가게 (위: 왼쪽), 급식지원과 공방운영 안내(위: 오른쪽), 마돈나에서 판매하는 돈가스와 탕수육(아래: 왼쪽), 마돈나 공방에서 만들어 판매하는 상품(아래: 오른쪽)

및 서비스 교육도 진행했다. 가게 이름도 마돈나(마을을 가꾸는 돈가스 나눔터)로 지어 다시 인가신청서를 제출했다. 가을에는 오픈식을 가지고 기획재정부 사회적기업진흥원의 실사도 받았다. 좋은 의미로 만들어지기는 했지만, 수익을 내기 위해서는 경쟁에서 살아남아야 했기에 시식과 홍보행사에도 적극 나서고, 서비스 품질을 개선하기 위해 노력했다.

마돈나에서는 2~3일 주기로 돌아가며 지역주민 5명이 일하고 있다. 또 나눔터라는 이름에 맞게 마을 주민의 재능을 나누기 위해 마돈나 공방을 운영하고 있다. 재료비만 받고 맛간장 만들기나 리본 만들기 등 주민이 가진 재능을 나눠 공방교실을 운영하고, 수세미나 비누를 만들어 가게에 전시 판매하기도 한다. 마돈나는 돈가스와 더불어 마을에서 생산된 이런 상품들을 가게를 방문한 손님과 마을만들기 사례를 답사하러 온 외부인에게 판매하여 수익을 내고 있고, 2013년 겨울 사회적협동조합으로 인가를 받았다. 마돈나의 돈가스는 마을 주민의 먹을거리 나눔뿐만 아니라 지역 학교의 급식 지원과 함께 판매수익으로 지역사회 기부와 봉사를 진행하며, 마을만들기 지속을 위한 재원이 되고 있다.

2) 마을에서 일하기

지역공동체 활성화로 생활의 즐거움과 풍요로움을 증진하고자 하는 지역사회의 고민은 '지역 내 일자리'의 필요성을 제안하는 단계에 이르렀다. 개인의 취미나 특기를 다른 사람을 위해 활용할 수 있는 환경을 만드는 것이다. 예를 들어 아이를 잠깐 맡아 주거나 나무를 가꾸어 그늘을 제공하거나 주말 목수가 되거나 외국어 강의를 진행하는 등의 일을 생각해 볼 수 있다. 개인이 서비스의 수용자일 뿐 아니라 제공자도 될 수 있다. 자기실현이라고 표현하면 너무 거창하지만 다른 사람에게 자신의 재능을 기부할 수 있기에 기쁨을 느끼는 것이 바로 지역공동체 생활이다(야마모토 리켄 외, 2014: 99).

그 밖에도 관심과 보살핌이 있는 관계가 있는 상황에서는 빈곤이 존재하지 않는다는 것을 전제로 빈곤 문제로부터 해방되는 길로 공동체적 관계의 부활이 강조되고 있다. 국가와 시장경제가 빈곤문제를 해결해 줄 것이라는 기대는 환상이라는 사실이 지금 전 지구적으로 겪는 금융위기를 통해 분명해졌고, 그러므로 가장 현실적인 대안은 새로운 노동공동체 또는 지역공동체를 만들고, 그 공동체 안에서 주민 스스로 나눔과 돌봄을 통해 문제를 해결하는 것이라는 관점에서(조순경, 2009) '지역 내 일자리'를 제안하는 것이다.

〈그림 4-16〉
행궁솜씨가 입점 운영하는 아트샵 카페(위: 왼쪽), 행궁동 마을 안내지도(위: 오른쪽), 판매되고 있는 어르신과 작가들의 작품(아래: 왼쪽), 벽화체험 접수대(아래: 오른쪽)

수원시 팔달구 행궁동에서 '대안공간 눈'을 열고 어두운 골목을 벽화마을로 만들어 환하게 밝혔던 부부는 벽화골목을 찾아와 사진만 찍고 마을을 떠나는 사람들을 아쉬워했다. 마을을 찾아온 사람들이 좀 더 머무를 수 있고, 즐길 수 있고, 작은 먹거리라도 함께할 수 있게 만들어 지역경제에 보탬이 되었으면 했다. 이런 생각 끝에 꾸준한 마을만들기 활동으로 강화된 마을의 역량과 인력을 활용해 마을기업인 '행궁솜씨'를 만들었고, 2011년 안전행정부의 마을기업 공모에 선정되었다. '행궁솜씨'는 세계문화유산인 화성과 벽화마을 같은 환경자원과 지역의 인적자원을 활용해 매력적인 마을 이미지를 창출하고, 관광 인프라를 개발하며, 갤러리와 아트숍을 조성 운영하는 '행궁동

예술마을만들기 사업'을 진행하고 있다.

행궁동은 중심 기능을 상실하면서 인구공동화가 일어났고, 젊은 세대들이 빠져나간 마을에는 노인들만 남게 되었다. 65세 이상 인구가 14세 이하 인구의 2배 정도 되는 마을에서 노인은 중요한 인적자원이지만 마을 일자리에서는 소외되고 있었다. 또한 행궁동에는 '대안공간 눈'과 철거대상이었던 건물을 활용해 작가들의 작업실, 갤러리, 소극장으로 이용하는 '행궁동레지던시'를 중심으로 많은 지역 예술가가 마을의 새로운 주민으로 들어왔는데, 임대한 공간에서의 작업과 전시 외에도 마을과 지역예술활동을 함께하는 것이 입주 조건이었다. 마을의 원주민이지만 일자리에는 소외되어 있던 어르신들과 마을로 이주해 온 작가들을 연계해 마을을 위해 일할 수 있는 마을기업이 만들어진 것은 그 의미가 특별하다.

작가와 행궁동 내 7개의 경로당을 매칭한 예술마을만들기 프로젝트 '어르신 솜씨 발굴 프로그램'은 그림, 판화, 글쓰기, 소리, 공예 등 어르신들의 작은 이야기와 솜씨를 발굴했다. 그리고 어르신들이 함께 수놓은 조각보로 만든 커튼과 향기주머니, 예쁜 꽃무늬를 그려 넣은 고무신 등 프로그램의 결과물과 기록을 전시하면서 역량을 강화시켰고, 상품을 개발했다. '행궁솜씨'는 행궁동레지던시 건물 옆에 마을안내소 겸 아트숍을 만들어 '대안공간 눈'과 함께 지역예술가와 주민의 솜씨를 활용해 개발한 관광상품, 아트 상품, 생활 소품 등을 판매하고 있다. 그뿐 아니라 행궁동레지던시, 북수동 벽화골목, '대안공간 눈', 북수경로당 등 마을의 주요 거점을 연계한 다양한 체험 및 관광 프로그램을 운영하고 있다. 또 더 많은 주민의 일거리 공유를 위해 별별예술 프로젝트를 진행해 누구나 자신이 가지고 있는 솜씨를 일거리로 만들 수 있도록 하고 있다. 이런 마을기업의 활약으로 한 달에 200~300명 정도였던 '대안공간 눈'의 관람객은 평균 2,000명 정도로 증가했고,

경제적 침체를 벗어나 지속적인 공동체 활동을 위한 재원을 마련하고 있다.

3) 지속해서 마을에서 살아가기

현대도시에서는 한마을에서 태어나 그 마을에서 생을 마감하는 것이 드문 일이다. 학업이나 경제적인 문제, 혼인과 출산, 이직 등 다양한 변화에 따라 적합한 곳을 찾아 이동한다. 마을만들기의 목표가 계속해서 살고 싶은 마을을 만드는 것에 있다면 우리는 배려와 돌봄이 순환되는 마을을 만들기 시작해야 한다.[7] 배려와 돌봄의 시작은 측은지심의 공유이고 공동체다. 물론 공동체는 좋은 사람이나 마음 맞는 사람하고만 어울려 지내는 폐쇄적인 생활방식으로 나타나기도 하지만, 작은 섬이 큰 섬으로 땅을 넓혀 가듯이 마을공동체의 네트워크형 마을, 다양한 기능이 마을 안에서 사람들을 엮어 내는 마을, 삶터인 마을에서 일하고 배우고 신명 나게 노는 마을의 모습에서 마을공동체의 진정성이 나타난다(우미숙, 2014).

서울시 마포구의 성미산 마을은 공동육아로 시작되어 '공동체'를 실현하며 살기 위한 10년 이상의 마을만들기 활동의 결과로 지금의 모습을 갖추게 되었다. 사실 공동육아 학부모라는 특정한 소수 그룹이 지역 공동체 활동으로 전환하게 된 것은 유기농 먹을거리를 다루는 '마포두레생협(이하 생협)'을 시작하면서부터다. 먹을거리는 누구에게나 필요한 것이며, 생협의 가입은 누구에게나 열려 있었다. 생협 설립 직후 시작된 성미산 지키기 운동 역시 특정 공동체를 넘어 지역주민이 함께 공유할 수 있는 마을의 환경 문제였고, 생협은 이 운동에서 주요

---

7 서울시 주최 '마을공동체 학술세미나' 조한혜정 교수의 강연 중에서(2012. 4. 30).

한 조직의 구심 역할을 담당했다. 성미산 지키기 운동 승리 이후 공동체 마을 확산에서도 주요한 교두보 역할을 했다. 이는 2000년 설립 당시 100가구에서 2003년 성미산 지키기 운동 승리 직후 800가구, 현재 2,000가구 이상으로 늘어난 생협 가입률의 추이를 보면 분명해진다(유창복, 2009).

경제적으로 침체되거나 사회적 갈등이 불거지면 지속적인 마을만들기와 마을살이는 끝이다. 그런 의미에서 생협의 성공은 사회적기업, 협동조합형 사업방식을 마을에 확산시키고 마을만들기를 지속하는 데 커다란 영향을 미쳤다. 관심이 있는 다수가 십시일반으로 자금을 출자해 사업의 밑천을 마련하고, 직접 운영자를 뽑는다. 그리고 출자한 사람들이 다시 해당 사업의 주된 이용자가 되는 방식은 마을 내에서 일자리도 창출하고 수익도 공유하는 순환구조를 가진다. 소액다수 출자방식이건 다액소수 출자방식이건 혹은 동업방식이건 출자의 형태는 조금씩 달라도 협동조합형 방식은 '동네부엌'이라는 반찬가게로 이어지고 '떡두레', '작은나무(그늘나무) 카페', '차(車)병원' 등 이후의 다양한 기능을 가진 성미산의 마을기업에서 나타난다. 물론 모든 마을기업이 성공한 것은 아니고 실패하여 사라지는 마을기업도 있었다. 그것들이 쌓이면서 현재 성미산 마을의 생태계가 만들어진 것이다.

마을기업과 함께 성미산의 공동체가 지역과 함께하는 장은 마을축제다. 공동육아 어린이집의 '전래놀이 한마당', 성미산 지키기 운동 이후에 열린 '숲속음악회'와 그 이듬해 열린 '동네야 놀자' 축제를 시작으로 지금까지 지속되고 있는 성미산 마을축제는 성미산 여러 단체가 주체가 되어 각각의 역할을 담당하고, 지역사회 주민이 광범위하게 참여하는 협력을 보여 준다. 축제에 참여하는 다양한 주민 동아리들도 공동체 구성원이 아닌 지역의 주민이 공동체에 적극 접속할 수 있는 다양한 통로와 방법을 제공한다는 점에서 의미가 있다.

〈그림 4-17〉 공동체 모임공간 '작은나무' 카페(왼쪽), 마을 게시판(오른쪽)

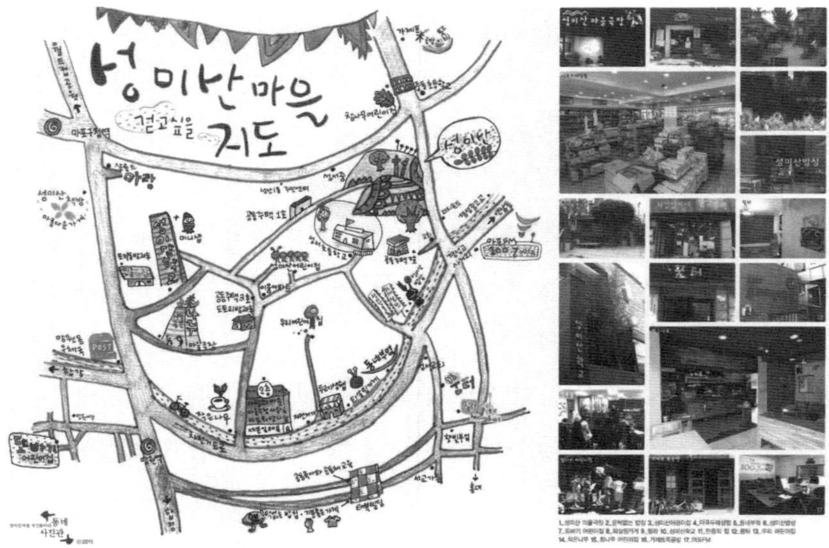

〈그림 4-18〉 다양한 공동체가 함께하는 성미산 마을 생태계
출처: 성미산 마을 사진동아리 동네사진관

이 모든 활동을 주체적으로 이어 온 성미산 마을에도 시험의 계기가 있었다. 국토부(당시 건설교통부)의 '살고 싶은 마을만들기' 시범사업에 공모하게 된 것이다. 당시 모든 마을만들기 사업과 활동, 행사를 주민의 십시일반으로 해결해 온 공동체의 정체성이 지원금을 받

으면서 훼손되지 않을까 하는 우려도 있었다. 하지만 성미산 지키기 운동 이후에 생태, 교육, 마을기업, 문화 등 다양한 분야로 뻗어 나가던 마을공동체들의 피로감이 심했고, 공모 신청을 준비하면서 마을의 현황과 과제를 공유하고 성찰해 보는 기회로 삼고자 시작되었다.

시범사업 이전에 성미산의 각 공동체 실무자들은 모두 상근하는 활동가들도 아니고, 주민인 경우도 다수였으며, 생계활동이 따로 있었기 때문에 다른 참여주민도 모두 해당 공동체 활동에 적극적, 직접적으로 참여하고 있었다. 하지만 공모에 선정되면서 마을만들기 사업의 실행기관 역할로 '(사)사람과 마을'이 설립되고, 시범사업 동안 인건비가 형성되어 마을에 상근 인력이 생기며, 프로젝트 단위로 실무자들의 책임이 중요해지다 보니 상근인력을 포함한 실무자 중심의 활동으로 다른 주민의 참여가 다소 간접화되었다. 시범사업 이후 성미산 마을은 이를 교훈 삼아 다시 공동체 모두가 주체적 책임의식을 가지는 마을만들기 활동을 지속하기 위해 상근자를 없애고, 마을공동체 운영 조직을 활동별로 운영해 경량화하고 있다(성균관대학교 산학협력단 · (주) 이락, 2013).

Ⅲ. 마을만들기로 도시 지역공동체는 어떻게 활성화되는가

1. 마을만들기의 준비, 기획단계

1) 어떻게 시작되는가

마을만들기는 마을을 만드는 과정이 중요하다. 마을만들기의 과정을 일반화하기는 어렵지만, 마을만들기의 과정을 이론적으로 접근했을 때에는 보통 '기획단계', '계획 및 조성 단계', '운영단계'로 구분한다.

그리고 이것은 일련의 과정으로 마치는 것이 아니라 모니터링과 평가 및 수정을 통해 지속적으로 순환되는 구조를 가진다(성균관대학교 산학협력단·(주)이락, 2013). 물론 마을만들기에서 만들고자 하는 '과정'은 단순히 '프로세스'에 한정된 것은 아니다. '참여'의 과정, '합의'의 과정, '시스템'을 구축해 가는 과정 등 소프트한 모든 것이 과정으로 기획 준비될 수 있다. 그렇다면 마을만들기에서 기획과 준비는 어떻게 시작되고 이루어지며 누가 하는 것일까?

마을만들기는 사랑에 빠지는 일과 비슷하다. 어느 순간 사랑에 빠지고, 시간이 지난 후 그때부터였지 하고 기억을 정리하는 것처럼, 마을만들기가 어떻게 시작되었는지는 시간이 흐른 뒤에 참여한 혹은 그 일을 정리하고자 하는 사람에 의해 그 시작이 정리된다. 한 명이라도 마을만들기의 필요성을 느낀 시점부터인지, 다수 사람이 공감하고 함께 마을만들기를 위한 모임을 만든 이후부터인지는 보는 사람의 관점에 따라 달라지는 것이다. 하지만 한 명이든 여러 명이든 관계없이 마을만들기가 필요하다고 느낀 시점부터 개개인의 마을만들기 역사는 시작되고, 모두 마을만들기의 기획가가 될 수 있다.

혹자는 주민이나 시민참여 마을만들기라면 당연히 거주자로서 주민이 기획가가 되는 것이 옳은 일이 아니겠느냐고 질문할 수 있다. 하지만 지역을 정주와 일 및 휴식의 장소인 삶터로 이해한다면 '기업 및 영업시민', '행정시민' 등 다양한 시민이 지역공동체의 구성원이 될 수 있고, 마을만들기의 기획자가 될 수 있다는 것을 받아들일 수 있을 것이다. 함께하고 싶고 나누고 싶은 필요를 느낀 기획자가 나타나면 마을만들기의 준비는 시작된다.

2) 온도 맞추기

현장에서 마을만들기를 함께하다 보면 온도 차이에 의한 어려움이 빈번히 나타난다. 주민이나 행정, 전문가 누구든지 너무 뜨거운 사람, 그 온도를 따라가지 못하는 사람이 있기 마련이다. 너무 뜨거운 사람은 그렇지 못한 사람이 적극 함께해 주지 못함을 서운해하고, 차가운 사람은 좀 더 이성적으로 대응하기를 원한다. 이런 온도 차는 지역에 대한, 서로에 대한, 또 공동체에 대한 이해의 폭이 서로 달라서 나타난다. 온도를 맞추기 위해 가장 중요한 것은 지역과 마을만들기에 대한 이해를 공유하고, 서로의 차이를 공감하고 인정하는 것이다. 개인의 삶과 현실적인 이해관계의 지나친 집착에서 벗어나 자신과 다른 생각과 다른 가치를 가진 사람들과 함께 공동체적인 삶을 살기 위해 가장 먼저 요구되는 것이 다른 사람의 삶을 인정하는 일인 것처럼 마을만들기도 서로 다를 수 있음을 인정하는 것부터 시작한다(도시연대 커뮤니티 디자인센터, 2009).

현대 도시의 지역민들은 복잡한 이해관계 속에 엉켜 살고 있기 때문에 환경문제나 혐오시설 등 강력한 외부 충격이 발생하지 않는 한 자신의 이해를 벗어나 뭉치려고 노력하기는 어렵다. 그 때문에 준비단계에서 소수의 개인이나 행정만 그 필요성을 인지하고 있는 경우에는 온도를 맞추기 위해 함께 '모이는 것'과 '공부하는 것', 즉 합의형성구조를 갖춘 '마을조직'과 마을만들기 여건을 해독할 수 있는 '마을 교육'이 필요하다. 사실 온도 맞추기는 준비단계에서만 필요한 것이 아니고 마을만들기의 전 과정에서 필요하다. 처음에는 뜨거웠던 사람들이 다른 사람들의 온도가 높아질 때까지 너무 오래 기다림으로써 식어 버려 참여를 포기하거나, 뜨거웠던 문제의 해결로 인해 관심이 사라져 버리는 경우도 있다. 또 마음이 맞는 몇몇에 의한 공동체가 지역공동체로 활성화될 때도 서로의 가치 기준이 다르므로 온도 차이가 발생할 수 있다. 따라서 온도 맞추기는 각각에서 단계에서 다양한 방법으로 시도되어야 한다.

3) 마을조직으로 합의의 조직과 장 마련하기

마을만들기를 준비하는 다양한 주민의 모임인 '마을조직'은 크게 세 가지로 구분해 볼 수 있다. 우선 주민자치위원회, 통장협의회, 상인회 등과 같이 마을범위(가로 단위, 블록 단위, 행정동 단위)를 중심으로 한 이해관계를 맺는 단체, 다음으로, 마을범위를 중심으로 하지만 영역이 제한되지 않는 경우도 있으며, 특정의 테마(복지, 전통문화, 문화예술, 생태 등 다양한 분야에 대한 관심사)를 계기로 한 이해관계를 맺는 단체, 마지막으로, 지자체를 범위로 활동하지만, 활동영역이 제한되지 않으며 특정 테마에 대한 활동가 등으로 구성된 전문기관 NPO 등의 조직인 중간지원조직이 있다.

마을만들기를 준비하는 공동체들은 과거에는 공동의 이해에 대응하기 위해 조직을 구성하는 경우가 다수였지만, 마을만들기 사업이 활성화되면서부터는 이미 조직력이나 추진력을 가진 기존 동 소속의 단체[8]나 단체의 리더가 조직한 모임, 마을 교육 과정에서 마을에 관한 인식을 공유한 신규 마을조직 등 다양한 양상으로 나타나고 있다. 이들 공동체는 마을만들기를 독자적으로 진행하는 것이 아니라 마을만들기에 대한 합의형성을 위해 '합의의 조직'을 구성하게 된다. 합의의 조직은 일정한 형태가 없으며, 주민협의회, 행정이 주관하는 간담회, 그 밖에 집회 등 다양한 형태로 나타난다. 합의의 조직에서 중요한 것은 협의를 주도할 책임이 누구에게 있느냐가 아니라 조직의 운영을 민주적으로 하는 것이다.

또한 협의의 장은 리더그룹의 협의, 지역별 집회, 테마별 집회, 총

8 국민운동단체들을 포함해 주민센터마다 6~8개 이상의 조직(예: 주민자치위원회, 통장협의회, 새마을지도자협의회, 새마을부녀회, 새마을문고회, 바르게살기협의회, 방범기동대 등)이 존재한다.

회 등이 있는데, 다루는 문제와 단계별 또는 상황과 협의의 성격에 따라 그 범위를 조정할 수 있다. 행정이 주민참여를 시작한 초기에 주로 이용했던 '주민설명회'는 합의형성의 장으로는 부족한 부분이 있다. 이미 정해진 계획과 문제점을 설명하는 형태는 협의를 통해서 합의한다는 본래 성격에 반하고, 주민의견을 수렴한다는 보장과 피드백이 부족하기 때문이다. 같은 맥락에서 모임 못지않게 중요한 것이 주민협의회의의 경과와 내용을 담은 소식지나 인터넷 카페, 페이스북 등을 통해 내용을 공유하는 것이다. 이것은 협의회의의 참가자가 소수일지라도 다수의 검토를 거친 것과 같은 효과를 볼 수 있게 한다. 사람들의 의견교환이 많아진다고 해서 반드시 문제가 해결된다고는 할 수 없지만, 많은 사람의 참여와 이해의 공유로 온도 차를 줄일 수 있고, 다양한 입장을 고려한 결정을 내릴 수 있어 '용기'와 '지혜'를 얻을 수 있다.

한편, 마을만들기 준비단계에서 합의의 내용이란 결론이 아니라 과정별로 다루어지는 테마와 같은 것으로 마을만들기의 진행 과정을 만드는 방법이다. 우선 기본적으로 합의형성의 원칙과 기본적인 내용을 합의의 대상으로 하는데, 주민주체의 마을만들기를 지향하고, 주민 개개인의 의견을 수렴하여 합의하에 마을만들기를 추진하며, 합의에 입각한 것을 마을만들기의 목표로 하겠다는 것이다. 다음으로는 주민들 사이에 마을의 현상, 주민의 당면 상황에 대한 공통된 인식을 찾는다. 특히 일상생활이나 직업상 야기되는 문제를 중시하고, 일상생활 가운데서 중요한 문제를 집약하는 과정이 필요하다. 공통인식으로서 확인한 문제점을 정리하고, 과제를 분명히 하며, 과제를 해결한 미래의 모습을 마을만들기 구상으로 정리한다. 이른바 마을만들기 '총론'에 대한 합의를 형성하는 것이다.

4) 마을 교육으로 마을만들기의 여건 해독하기

마을만들기는 어디서 해야 할까? 마을만들기 사업이 목표로 하는 마을의 재생과 활성화를 위해 마을만들기가 필요한 곳과 할 수 있는 곳이 있겠지만, 지속가능한 마을만들기를 위해서는 원하는 곳에 기회가 주어져야 한다. 행정이나 전문가의 시각이 아닌 주민의 입장에서 문제의식이 있는 곳, 지금보다 좀 더 살기 좋아졌으면 하는 바람이 있는 곳이 마을만들기의 싹이 자라는 토양이 될 수 있다. 우리는 자신이 살고 있는 마을에 대해서 얼마나 관심과 애정을 가지고 있는가? 가족·친구·동료·이웃·사회·국가 어느 하나에도 신뢰가 없고 무관심한 현실 속에서 '마을 교육'으로 마을만들기의 여건을 해독하는 일은 마을에 관심을 두는 발단이 될 수 있다.

마을 교육이라고 해서 가르치는 사람과 학생이 있는 딱딱한 교실을 상상할 필요는 없다. 강의도 가능하지만 마을을 함께 걷기도 하고, 그림을 그려 보기도 하고, 인터뷰로 마을이야기를 모아 보기도 하고, 상황극을 해 보기도 하고, 지도를 만들어 보기도 하는 등 알기 쉽고 흥미로운 색다른 체험과 대화의 채널을 마련해 마을에 관한 관심을 두게 하는 것이 교육이다. 이런 과정으로 마을의 현황이나 문제점을 공통 인식으로서 확인하는 것이 우선이다. 인식의 공유가 신뢰와 관심의 시작이다. 마을 전체에 대한 것이 어렵다면 개개인의 주거 문제나 학교 가는 길, 시장 가는 길 등 가까운 생활환경부터 생각해 볼 수도 있다. 개인의 적극적인 욕구가 없는 한 적극적인 마을만들기 의견은 나오기 어렵기 때문이다. 또한 주민의 정주의향 실현, 안심하고 계속 살아갈 수 있는 마을만들기를 기본으로 해야 한다. 단순히 마을의 환경을 개선하고 주민이 사라질 마을만들기는 지속될 수 없기 때문이다.

마을에 관한 관심이 생기면 교육의 방향을 좀 더 마을에 대해 알고 싶어 하는 마음을 가지도록 전환한다. 점점 더 무엇인가 있구나 생각하게 되고, 좀 더 제대로 마을을 알고 싶도록 하는 유익한 만남을 만들어야 한다. 마을의 해독은 마을의 이야기, 자원과 과제를 읽고 이해하며 공유하는 것이다. 마을의 자원과 과제는 모든 사람이 똑같이 느낄 수 있는 절대적인 것이 아니다. 어느 개인에게는 과제로 느껴지는 요소가 자원이 될 수도 있고, 반대의 경우도 존재한다. 제대로 마을을 아는 것은 서로 다름을 아는 것이고, 그 다름의 배경을 이해하는 것이며, 그것들을 인정하는 것이다.

'모이는 것'과 '공부하는 것'의 순서는 중요하지 않다. 공부해 보기 위해 모일 수도 있고, 마을만들기의 필요성을 느낀 사람들이 모여 공부할 수도 있다. 또 마을만들기에서 '모이는 것'과 '공부하는 것'은 모두 일회적인 것이 아니다. 마을만들기의 과정 안에서 상황에 맞추어 형태와 규모를 바꿔 가며 계속되는 것이다. 한 번 형성된 조직과 교육 과정으로 그들의 역량이 발전되었다고 해서 모든 과정에 능숙할 정도로 발전되었다고 보기는 어렵다. 마을만들기 과정은 계속해서 마을에 새로운 도전을 제시한다. '마을 교육'을 통해 마을 주민은 도전과제를 수행할 수 있는 내적 역량을 키우고, '마을조직'에서 자신의 역할과 다른 관계자들과의 적절한 협력의 관계를 찾는 외연의 확대로 '인큐베이팅'을 진행한다.

마을의 여건을 해독하고 교육하는 주체 역시 주민 자신이 되어야 한다. 서로의 이야기 속에서, 과제를 해결해 가는 과정에서 배우는 것이지 선생님 혹은 전문가에게 배우는 것이 아니다. 교육을 진행하는 자는 여러 가지 교육 수법을 진행하고, 전문적·객관적 정보를 제공하며, 주민의 대화를 경청하여 적극적인 참여와 상호작용 촉진을 돕는 퍼실리테이터(facilitator)의 역할을 수행해야 한다.

사실 보통의 주민은 스스로 하기보다는 다른 이의 힘을 빌려 문제를 해결하고 새로운 희망을 찾기를 원한다. 스스로 할 수 없다고 생

〈그림 4-19〉 다양한 마을 구성원이 참여한 마을 교육(수원시 팔달구 행궁동)

각해서이기도 하지만, 귀찮고 어려운 갈등과 합의의 과정을 피하고 싶기 때문이기도 한 것 같다. 이런 주민이 교육의 진행자나 전문가를 만나면 하는 질문이 있다. "당신 머릿속에 이미 답이 있지 않소? 거기 있는 답이 뭐요?" 이 질문에 대한 답은 우리 마을 문제의 답은 전문가의 머릿속이 아니라 '우'리의 '문'제는 '현'장에 '답'이 있다는 '우문현답'이다. 현장을 모르는 탁상행정이나 전문가의 지식은 독이 된다. 현장에서 답은 쉽게 보이기도, 발견해야 하기도, 물어 봐야 하기도, 문헌을 해부, 해석해야 하기도, 재현, 재구성해 봐야 하기도 한다. 경우에 따라서는 실험하거나 시범을 해 보여야 하기도 한다. 보고, 묻고, 듣고, 깨닫는 이 같은 노력은 일회성에 그치는 것이 아니라 마을만들기 과정 안에서도 시시각각으로 변화하는 마을만들기의 여건을 지속해서 해독 적용할 수 있어야 한다.

2. 계획과 조성 과정을 통한 기반 다지기, 계획 및 조성 단계

1) 마을만들기 프로세스의 계획, 마을만들기 마스터플랜

마을에 관한 관심을 두고 서로의 온도를 고려하며 모임과 공부를 통해 마을을 알고 나면 마을만들기의 씨를 뿌릴 밭을 만드는 준비 과정이 어느 정도 이루어졌다고 볼 수 있다. 마을과 우리 이웃에 대해 알아가는 과정을 통해 우리는 사람마다 선호가 다르다는 것을 인정한다. 그렇다면 이러한 인정을 바탕으로 서로 다른 마을의 사람들이 각자의 방법으로 마을을 사랑하고, 참여할 수 있는 마을만들기를 위해 누구나 선택가능한 프로그램과 역할을 구상해 시스템을 마련해야 한다. 지역에서 생활하고 경영하는 사람들, 행정의 주체적 조건, 재원에 대한 예측 등을 근거로 계획 수단의 시간적 배열을 구상하고, 이벤트나 프로젝트 등 프로그램을 조합시키면서 시스템의 구축을 도모하는 것도 중요하다. 프로그램은 '과정'을 채우는 요소이고, 역할은 '관계' 속에서 형성되므로 마을만들기 프로세스의 계획은 '과정과 관계' 만들기라고 할 수 있다. 또 마을만들기는 지역의 여러 과제를 해결해 가는 '시스템'을 구축하는 것이며, 그 시스템 속에서 개별적 · 구체적 대처를 해 나가는 것이라고 할 수 있다. 하나하나의 과제를 해결해 가는 프로세스임과 동시에 지역에 근거한 삶이나 생활환경 또는 문화와 전통을 지키고 육성해 가는 시스템 그 자체라고 할 수 있을 것이다(마쓰노 히로시 · 모리 이와오, 2010).

마을만들기 프로세스의 계획은 과정과 관계의 기획이며 시스템의 구축이다. 마을만들기의 이상 및 목표를 추구하기 위한 이 기본적인 계획을 '마을만들기 마스터플랜'이라고 한다. 마을만들기 마스터플랜은 비전의 공유다. 따라서 계획함에 있어 다음의 세 가지를 유의해야 한다.

우선은 마을만들기 마스터플랜의 기간이다. 종래의 도시계획이나 지역의 사업들은 단기간에 성과를 올리기 위한 방식으로 과제를 추출하고 사업을 진행했다. 이러다 보니 지역에 거주하고 생활하는 사람들의 의견이 무시되거나 아무도 환영하지 않는 결과물이 생기기도 했

〈그림 4-20〉
마을학교에서 진행된 마을 계획 워크숍
(수원시 팔달구 행궁동)

다. 변화된 모습이 주변에 큰 충격을 줄 만큼 크고, 자극적이고, 빠르게 완성되어 괄목할 만한 성장을 이룬 것이 효과적인 사업이라는 발상은 많은 지역공동체와 지역의 맥락을 파괴했다. 언제까지 완성되는 것이 아니라 미완성의 연속으로 이루어지는 것이 마을만들기다. 마을만들기의 여건을 해독하다 보면, 긴 시간과 다양한 과정을 통해 만들어 가야 할 문제도 있고, 시급한 문제도 있을 것이다. 이런 문제 해결을 위한 구체적인 사업을 전개하면서 장기적으로 지역의 기본적인 목표를 이룰 수 있는 프로세스를 만드는 것이 마을만들기 마스터플랜이다. 마을의 미래상을 공감, 공유하고 공동의 시간 속에서 지금 해야 할 일과 그러지 않아도 될 일을 명확히 하는 것, 5년 또는 10년의 계획을 넘어 다음 세대를 고려하고, 마을만들기의 주체가 될 아이들에게 마을을 사랑하고 이해하도록 하는 마을 교육이 마을만들기 마스터플랜에 포함되어야 한다.

다음은 마을만들기 마스터플랜은 고정불변의 완성된 계획이 아니라는 것이다. 마을만들기가 계속되는 동안 우리도, 마을도, 둘러싸고 있는 사회도 변한다. 변화를 수용하지 못하는 프로세스 계획은 결국 계획을 위한 계획이 되어, 계획의 주체인 사람과 공동체를 잃어버리게 된다. 따라서 마을만들기 프로세스는 유연하게 기획되어야 한다. 목표가 되는 마을의 미래상 역시 사전에 확정할 필요는 없다. 마을만들기 활동이 지속되면서 상호 간의 관계 등이 화학적으로 작용하여 만들어 가는 상호 디자인(interactive design)으로 마을의 미래상은 그 윤곽을 드러낼 수 있다. 지속적인 여정 안에서 경과적 실천을 해 나가는 동안 마을의 미래상이 변화하고 구체화될 수 있으며, 그 미래상을 실현하기 위해 지원하는 마을만들기 활동의 과정과 조직의 관계 역시 유연하게 변화되어야 한다. 이것이 가능하기 위해서는 주기적으로 마을만들기 프로세스를 점검, 수정할 수 있는 구조를 만들어 두어야 한다.

마지막은 마을만들기 마스터플랜은 혼자 만들 수 없다는 것이다. 마을만들기 마스터플랜은 함께 만들어 가는 것이다. 지역사회와의 개방적인 관계를 구축하고, 다양한 지역주체와 연대하여 서로의 활동을 지원하는 구조를 기획해야 한다. 비전의 공유하에 마을 내에 특정한 인물이나 단체에 국한되지 않고, 열린 조직을 토대로 상호 정보를 교환하고 서로 지원하는 협의운영의 파트너십을 구축해 마을만들기 프로세스를 기획해야 한다. 나아가 마을만들기의 내용이 지역사회의 재생과 이어질 수 있도록 고민해야 한다.

2) 마을만들기 워크숍으로 마을만들기의 아이디어 모으기

마을만들기 마스터플랜에서 추구하는 이상이나 목표를 실현하기 위해서는 마을의 과제에 대응하는 다양한 마을만들기 활동의 아이디어가 필요하다. 이런 아이디어를 모으기 위해 진행되는 회의, 대화, 실험 등 직접 계획하는 과정의 참여기법인 마을만들기 워크숍을 살펴보자. 워크숍은 임상심리학의 한 수법으로 시작된 것이다. 초기에는 연극이나 댄스 등의 창조적 활동에 널리 활용되었는데, 워크숍이 마을만들기에 도입된 것은 1960년대 미국의 조경설계사인 할프린(Lawrence Halprin)에 의해서였다. 할프린은 워크숍을 통해 장소가 갖는 독특한 특성을 몸소 체험하면서 고정관념에 얽매이지 않고 새로운 발상을 이끌어 내는 것을 중시했다. 일본에서는 광장이나 공원 등의 공공시설을 시민 또는 아이들과 함께 디자인하면서 만들어 가는 사례가 소개된 바 있는데, 이때부터 마을만들기 워크숍이 급속도로 퍼져 나가기 시작했다(사토 시게루 외, 2008). 우리도 주민참여가 시작되면서부터 다양한 형식의 워크숍이 도입되었으며, 참여의 범위가 점점 확대되면서 다양한 마을만들기 워크숍이 나타나고 있다.

마을만들기 워크숍은 '논의를 풍부하게 하는', '계획을 구체화하는', '계획을 실현하는' 목적으로 활용되고 있다.[9] 우선 대부분의 마을만들기 워크숍은 논의를 풍부하게 하는 수법으로 활용되는데, 마을에 대한 공통인식을 키우고, 마을만들기와 목표 이미지를 공유하며, 구체적인 마을만들기 목표를 정해 디자인을 실천하는 합의형성 프로세스 전 과정에 적용되고 있다. 또 계획을 구체화하기 위해서는 디자인게임 워크숍이, 계획을 실현하는 목적으로는 직접 벽화를 그리거나 조형물이나 시설을 만드는 디자인 워크숍이 활용된다.

마을에 대한 공통인식을 키우는 과정에는 마을걷기, 걸리버지도 만들기, 아이디어 창안대회, 커뮤니티 맵핑 등의 워크숍이 활용되었다. 마을걷기 워크숍에서는 어른, 어린이, 노인 등 다양한 시각의 참여자들이 마을을 함께 돌거나, 마을 주민들을 인터뷰하면서 마을의 과제와 자원 등 이야기를 발굴하고, 이것을 공유할 수 있도록 걸리버지도(마을지도)를 만들어 본다. 아이디어 창안대회도 마을의 의제를 찾는

---

9 사토 시게루 외(2008)는 워크숍을 '논의를 풍부하게 하는', '계획을 구체화하는' 수법으로 정리하고 있다.

〈그림 4-21〉
그림카드로 마을의 목표 이미지를 정하는 마을만들기 워크숍
(서울시 구로구 개봉3동)

워크숍으로 활용되고 있다. 최근에는 커뮤니티 맵핑이라는 이름으로 특정 주제에 대한 데이터를 지도상에 모아 마을에 필요한 것을 고민하는 워크숍도 활용되고 있다. 이런 워크숍은 마을만들기를 통해 무엇인가를 할 수 있음을 생각하게 하고, 많은 정보와 새로운 가치관, 다른 사람들의 생각을 모아 논의와 상상력을 풍부하게 만든다.

마을만들기의 시나리오 이미지를 공유하는 목표 이미지 게임에서는 주민이 표현하기 어려운 마을의 이상향을 이미지 카드로 작성해 목표로 하는 마을의 이미지를 구상하고 그 내용을 공유한다. 또 목표공간의 이미지를 공유하는 콜라주 게임은 다양한 생활 모습과 공간 이미지를 담은 사례 사진들을 오려 붙이는 콜라주를 통해 글로 표현된 마을 목표를 공간의 형상으로 표현하며 다양한 아이디어를 도출한다.

다음으로 계획을 구체화하기 위한 디자인게임 워크숍[10]에서는 직접 계획안을 작성하고, 목표공간의 이미지를 만들어 봄으로써 합의를

---

10 시가지 디자인게임, 재건축 디자인게임 등.

형성한다. 도면이나 모델 등 시각적인 매체를 활용한 디자인 시뮬레이션으로 공간을 체험하고, 특정 역할을 담당해 계획 프로세스를 체험하고, 현실과 연동시키는 경험을 가진다. 디자인게임 워크숍에서 주민은 실제의 공간에서 일어날 수 있는 변화와 사건의 시나리오를 미리 경험하며, 대안을 검토 실험하여 최상의 합의가 이루어질 수 있도록 계획안을 구체화할 수 있다.

구체화된 계획을 실현하는 디자인 워크숍은 벽화나 조형물, 시설공간 등을 주민이 직접 참여하여 만드는 것이다. 전문성이나 예술성이 다소 부족할 수는 있지만, 주민이 직접 목공, 벽화, 식재 등에 참여하여 만들어진 장소에는 이야기가 담기게 되고, 경험치와 애정도가 높아져 향후 유지관리에도 도움이 된다.

워크숍의 내용은 다소 전문적인 검토가 필요한 부분이 많아 전문가에 의해 진행되는 경우가 대부분인데, 워크숍에서 전문가는 결정권자가 아닌 중재자다. 쉽게 진행하고 어떤 입장의 주민이라도 참여할 수 있도록 해야 한다. 항상 백지 상태에서 생각하고, 서로 주고받는 관계 속에서 진행하며, 한 가지 구상만 절대시하지 않아야 한다. 계획 과정에서 주민이 오해하거나 잘못 이해하는 부분에 대해 정정하고, 한계를 명확히 설명하고, 이해를 도와 보다 나은 계획안으로 합의할 수 있도록 조언하고 도와주어야 한다.[11]

3) 마을만들기 사업을 통해 실전으로 배우기

주민공모로 이루어지는 마을만들기 사업은 마을만들기의 실전이다. 요즘은 앞서 설명한 마을만들기 기획이나, 마을 교육, 마을 워크숍 하나

---

11 서울특별시(2011) 참고.

하나가 모두 마을만들기 사업으로 지원되고 있다. 이 과정에서 계획된 공간과 프로그램을 조성 운영하는 것 역시 마을만들기 사업으로 진행되고 있다. 지역공동체는 이런 마을만들기 사업을 직접 계획하고 일련의 합의형성 및 과제해결 프로세스를 경험해 보면서 공동체 역량을 갖추게 된다. 일단 마을에 대한 애착과 응집력을 갖게 되어 마을을 인식하고 공동의 유대에 헌신할 수 있게 된다. 그리고 행정사업 운영의 역량을 학습하고 재정 확보 능력을 배양하여 마을의 과제를 해결하고 자원을 동원하는 역량의 기반을 구축할 수 있다.

경험은 학습의 원천이다. 비구조화된 방식의 학습인 경험은 그것에 대한 관찰과 성찰을 동반하고, 개개인의 무작위적 경험을 일련의 의미 있는 경험으로 재구성한다. 이 과정을 통해 개개인은 새로운 원리를 발견하고, 이를 재적용하면서 역량의 기반을 구축한다. 마을만들기 사업은 지역의 입지나 구성원의 특성 등에 따라 비슷하면서도 다른 경험을 개개인에게 제공하기 때문에 일률적, 인위적으로 구조화한 학습을 통해 얻을 수 있는 자극보다 잠재력이나 영향력이 큰 자극을 제공한다. 따라서 마을만들기 사업을 진행하는 방식 역시 일률적일 필요는 없다. 마을의 상황에 적합한 다양한 시도가 필요한 것이다.

마을만들기 사업을 진행할 때 마을만들기 사업 주체 중 리더나 일부 임원들에게 책임이 집중되고, 역량 강화가 이루어질 수 있다. 마을의 과제와 미래상을 만드는 주체로서 참여할 수 있는 가능성을 직접 실감하게 되는 마을 리더의 역량이 특별히 강화되는 것은 자연스럽지만, 마을만들기 사업의 과정이 사업을 담당한 주체의 의무감이나 책임감만으로 진행되어서는 안 된다. 마을만들기 아이디어를 모을 때처럼 워크숍이나 다양한 창조적 프로세스를 도입해 많은 사람의 참여 욕구와 호기심을 불러일으켜야 하며, 변화의 가능성을 보여 주고 공동의 역량을 강화할 수 있는 기회로 활용해야 한다.

더 나아가 하나의 마을만들기 사업이 기초가 되어 이후 복수의 마을만들기 사업이 계획 진행되어 다양한 마을만들기 사업과 연계되고, 이들이 네트워크를 형성할 수 있게 된다. 네트워크 안에서는 상호 정보교환이나 토의 등을 통해 서서히 개별 사업을 넘어 마을만들기 전체의 비전과 실현을 위한 프로그램이 공통으로 인식되는 학습의 기반구축이 이루어질 수 있다. 마을만들기 사업을 촉매로 네트워크 연대의 고리가 늘어나고, 이렇게 사업에 의해 생성된 마을만들기 주체가 사업의 전개로 한층 더 확장되고, 전문가들과 함께 프로세스를 이끌어 가면서 노하우를 축적해 가는 것이다. 마을만들기 마스터플랜의 초기에 구축되기 어려웠던 비전도, 수년에 걸친 마을만들기 사업을 통해 차곡차곡 쌓여 나타날 수 있는 것이다.

4) 총론의 합의 각론의 반대, 성장통 극복하기

마을만들기는 서로 다른 사람들이 함께 좋은 마을을 만들기 위해 계속해서 합의를 이루어 가는 과정이다. 마을만들기 안에서 이루어지는 합의는 총론과 각론, 마을 차원과 개인 차원의 문제, 기본 구상과 사업 등과 같이 마을 전체 차원과 개인이나 특정집단 차원에 관한 합의로 나누어 볼 수 있다. 총론, 즉 마을 전체 차원의 합의는 살기 좋은 마을을 만들기 위한 보통의 이상을 바탕으로 큰 주제를 다루기 때문에 그 내용과 순서를 적절한 모임에서 민주적인 방법을 통해 협의하면 비교적 용이하게 합의를 이룰 수 있다. 하지만 각론의 합의는 그야말로 전쟁의 시작이다. 소유권, 재산권의 침해 문제를 비롯하여 개개인의 성숙도를 떠나 내 집과 우리 단체의 문제는 합의 과제가 일률적일 수 없고, 멀리서 보면 간단해 보이는 구조도 가까이 다가가면 복잡한 관계를 맺고 있기 때문에 각론의 합의는 어려울 수밖에 없다.

총론의 합의, 각론의 반대는 거의 모든 마을만들기 현장에서 나타나는 현상이다. 어렵다고 해서 각론의 합의 없이 총론의 합의만으로 마을만들기를 지속할 수는 없다. 예를 들어 '걷기 좋은 마을만들기'라는 기본 구상, 총론에 합의했다면 도로포장, 보행로 조성 위치, 보행에 방해되는 주차나 차량통행 개선, 수목식재, 담장허물기, 보행로 주변 꾸미기 등 여러 가지 계획 요구가 나타날 것이다. 하지만 모든 계획의 요구를 주민의견으로 받아들이는 것은 곤란하다. 한 사람의 의견이라도 간과되는 경우에는 참여 거부가 일어날 수도 있고, 의견이 분산되어 합의점을 찾기 어려워질 수도 있다. 각론의 합의 없이는 계획 요구가 실현될 수 없고, 마을만들기는 제자리걸음을 하게 된다. 이러한 현상을 극복하기 위해서는 개개인의 이야기에 귀 기울이는 방법, 개별 청취를 통해 계획 요구에 숨겨진 이해관계 또는 동기로부터 주민 당사자의 속내를 알아내는 것이 중요하다.

주민 의견은 당사자의 생활 역사를 듣는 가운데 알 수 있다. 삶의 역사를 공유하면 서로에 대한 이해의 기초가 생기고, 신뢰관계가 형성되기 시작한다. 개개인의 역사를 통해 생활실태를 확인하고, 주거현황을 파악함으로써 주민이 당면하고 있는 주거생활에 관한 문제가 파악될 수 있다. 이러한 개별적인 상황은 마을 특성에 대응하고 있음을 알게 되고 공통과제도 분명해진다. 주민생활에 근거한 집약된 요구는 마을 전반에 관한 공통인식과 맞물려 주민 사이에 공감대를 형성하고 일치된 개선요구로 나타날 수 있다. 개별 청취는 각론의 합의를 목적으로 하긴 하지만, 합의에 도달하기 위해 설득하는 것은 바람직하지 않다. 개별 청취는 말 그대로 당사자의 조건이나 요구사항에서 그 의견의 배경을 파악 이해하는 데 핵심이 있다.

개별 청취를 통해 주민 간의 합의가 이루어졌다고 해서 각론의 합의가 완성되는 것은 아니다. 생활실태에서 나타난 주민요구는 항상 종합적이고, 그 해결방안이 도시계획이나 주택정책의 범위를 넘어 복지와 교육, 다양한 분야로까지 확대된다. 따라서 행정은 더욱 종합적인 계획의 대응을 위해 내부의 합의형성을 촉진시켜야 한다. 이렇게 대응해 나가는 가운데 주민은 확신하지 않았던 주변 문제에 대한 해결책에 차츰 희망을 품게 되고, 이러한 희망이 마을만들기 의식을 성장시키고 종합적인 마을만들기로 이어질 수 있게 한다. 주민 사이에서 주민과 전문가, 주민과 행정 사이에서, 그리고 행정 내부에서 서로 이해하고 신뢰를 쌓는 개별 청취를 통한 각론의 합의는 마을만들기의 합의형성구조를 만들기 위한 성장통으로 이해할 수 있다.

3. 끝이 아닌 시작, 성장과 지속의 운영, 운영단계

1) 이 사업 끝나면 난 그만둘래!

마을만들기를 계속하다 보면 종종 마을만들기 사업의 위원장이나 마을조직의 임원들 입에서 "이 사업 끝나면 난 그만둘래!"라는 이야기가 나온다. 이런 이야기가 나오는 배경은 몇 가지가 있는데, 마을만들기를 지속하기 어려운 배경과도 일맥상통한다.

우선 합의형성구조가 미흡한 상태에서 마을만들기 사업을 진행한 경우다. 사업이라는 틀이 제공하는 시간이나 보조금의 제약 속에서 합의를 이끌어 내는 과정은 피로도가 높다. 기간 내에 결과를 만들어 내야만 하고, 보고나 정산 등 복잡한 행정절차도 역량을 갖춘 상태이건 아니건 부담이 된다. 특히 적절한 합의형성구조가 만들어지지 못한 상황에서 사업의 책임이, 마을 사람 모두가 공감하지 못하고, 마을조직 대표, 리더에게 집중되는 경우에는 그만두고 싶다는 마음이 더 간절해질 것이다. 내 일처럼 함께 나서서 일해 주는 주민들 없이 특정 인물이 기획하고 일부가 동의해 마을만들기 사업을 진행하는 경우도 마찬가지다. 마을만들기를 지속하는 데 마을 리더의 카리스마가 필요 없는 것은 아니지만, 마을의 일은 큰 책임이 따르는 일이고, 여러 입장과 의견 차이가 있을 수밖에 없다. 카리스마의 리더십으로 개개인을 설득하거나 참여거부 의사를 가진 사람들을 배제하고 마을만들기를 진행하다가는 어느 쪽이건 난관에 봉착하게 된다. 혼자 하면 빨리 쉽게 갈 수 있지만, 함께해야 즐겁게 오래갈 수 있다. 좀 더디더라도 부족하고, 틀리고, 실수한 것도 고칠 기회가 있는 것이다. 마을리더 중 누군가가 지치더라도 함께하는 마을조직과 협의 시스템이 있다면 이웃과 함께 더불어 살기 좋은 지역사회를 만드는 마을만들기는 지속될 수 있는 것이다.

다른 경우는 마을이 미래상에 근거한 장기적인 목표 없이 마을만들기 사업을 진행했을 때 나타난다. 사업의 완성이 마을만들기의 목표가 된 것이다. 특별한 동기부여가 없다면 주민은 또 다른 마을만들기 사업이나 활동을 지속할 이유를 찾을 수 없다. 마을만들기 사업의 결과가 기대에 미치지 못하는 경우도 있고, 사업의 과정이 생각처럼 순탄치 못한 경우도 있다. 이런 경우에는 힘이 들고 그만두고 싶은 생각이 간절할 것이다. 하지만 마을에 대해 주민이 이루고 싶은 꿈이 있다면, 지금의 결과가 미미하고 과정이 어려웠다 해도 새로운 시도를 할 수 있을 것이다. 또한 마을의 미래상과 마스터플랜을 가진 마을이라면, 연계적으로 도모하기로 한 마을의 과제들을 천천히 지속해서 시도해 나갈 수 있을 것이다. 물론 모든 마을이 마을만들기를 시작할 때 마을의 미래상이나 마을만들기 마스터플랜을 세우는 일부터 하는 것은 아니지만, 마을만들기 사업부터 시작했더라도 그 과정에서 마을이 계속 추구하고 싶은 꿈을 발견하지 못한다면 마을만들기는 지속될 수 없다. 마을만들기는 돈이나 제도가 아닌 사람이 하는 것으로 꿈과 상상력이 필요한 것이다.

2) 마을홍보로 시작되는 네트워크, 함께하는 지속

흔히 PR이라고 하는 홍보(public relations)를 행정학 사전에서는 공공관계라고 풀이한다. 그 내용을 보면 '공공(public)'이란 조직과 관련이 있는 조직 밖의 많은 사람, 즉 공중을 의미한 말이고, '관계(relations)'란 조직이 이러한 많은 사람으로부터 이해와 지지를 얻으려는 의식적인 노력을 의미하는 것[12]으로 나타난다. 이를 마을에 적용해 보면 홍보란 어떤 마을조직이 많은 주민과 이익집단의 의견을 수렴하여 마을만들기에 반영하고, 결정된 내용을 널리 알리고 설명함으로써 그들로 하여금 우호적, 신뢰적인 태도를 보이도록 하여 마을만들기에 적극 참여하도록 하려는 모든 활동이라 정의할 수 있다.

네트워크는 어느 한쪽에 귀속되는 강압적인 관계가 아닌 '느슨한 연대'의 관계다. '느슨한 연대'는 일종의 '백기 들기'라고 한다. 항복의 의미도 있지만, '나는 너를 공격할 생각이 없고 너와 이야기하고 싶어서 내가 그리로 가고 싶다'라는 파트너를 초대하는 깃발의 의미다.[13] 그런 의미에서 마을홍보는 대화를 위한 초대, 파트너의 초대, 네트워크로의 초대다. 마을홍보의 범위는 작게는 다른 지역사회 구성원(주민, 이해관계단체, 행정 등)부터 크게는 전국, 세계로까지 확대될 수 있다. 홍보에는 주민이나 활동가, 행정 및 중간조직 스스로 가장 중요한 매개가 될 수 있다. 그리고 그들이 직접 운영하는 소식지나 마을신문, 온라인의 카페나 블로그, 홈페이지, SNS(Social Network Service), 마을만들기 사업의 결과보고서, 중간지원조직이나 그들의 연대인 마을만들기 전국네트워크가 지원하는 대화모임, 마을넷(혹은 마주넷), 전국대

---

12 공공관계(公共關係, public relation, public relations)(이종수, 2009).

13 조한혜정 블로그 중 〈배영호, "느슨한 연대"〉, http://chohanlab.net/?document_srl=2742(최종 검색일: 2016. 6. 22)

회, 주간행사, 박람회, 저널, 도서 등도 홍보의 매개다.

예를 들어 많은 마을이 발행하고 있는 소식지나 마을신문은 지역사회 내에서 마을만들기에 적극 참여하지 못하고 있는 다른 구성원들에게 활동을 알리고, 다양한 구성원의 의견수렴 내용을 피드백해 주면서 신뢰를 쌓아 갈 수 있도록 도와주고 있다. 이 같은 오프라인 홍보매체와 함께 온라인 홍보매체도 행정, 지역사회의 다른 이해관계단체 등에 마을의 활동을 보여 주면서 각각 가지고 있는 자원이나 추진하고자 하는 사업, 자금 마련 등을 함께할 가능성을 확인할 수 있게 한다. 한편 마을의 범위를 넘어 도시 내에서 서로 유사한 관심주제나 마을의 과제를 가진 사람들끼리 이야기를 나누는 대화모임은 행정단위 차원[14]과 전국단위 차원[15]에서 이루어지며, 서로의 이야기를 공유하는 가운데 마을만들기를 지속할 수 있는 역량이나 아이디어, 그리고 연대의 이음매를 얻을 수 있게 한다.

마을만들기를 지속하다 보면 단일 조직의 역량으로는 한계를 느끼게 되고, 연대를 통해 공동 비전을 토대로 민간영역이나 공공영역 각종 프로그램 등 지역 전체의 마을만들기 과제를 매개 운영할 필요성이 나타난다. 다양한 마을만들기 과제를 연대시켜 운영하는 것이 '마을만들기 파트너십 조직'이고 '거버넌스'다. 파트너십 조직의 연대는 파트너의 다름을 사랑하고, 파트너의 자발성에 의지하며, 파트너와

---

14 서울시에서는 구 단위에서 마을만들기를 추진하고 있는 여러 주체와 지역사회 시민단체 활동가, 행정 등이 함께하는 마을넷(예: 성북마을, 구로마을넷 등)의 형태로, 수원시에서는 중간지원조직인 마을르네상스센터에서 커뮤니티 공간/청소년/마을신문/마을 축제/생활환경/마을문화/회계 등 관심 주제별로 모여 함께하는 대화모임과 장풍/이음과 같이 장소나 사람 중심으로 모여 함께하는 대화모임이 운영되고 있다.

15 마을만들기 전국네트워크는 전국단위의 대화모임을 통해 마을만들기를 논의하고 상호 간의 경험을 나누며 발전의 기회를 마련하고 스스로 횡적인 연대의 기회를 만들고 있다.

〈그림 4-22〉
2013 마을만들기 전국네트워크 주제별 대화모임

함께 만들어 가는 '의외성'과 '융합'을 즐기고, 그것으로부터 창출되는 힘을 믿는 것이다. 같은 일을 중복해서 하기보다는 하나의 목표를 향해 함께 일하며 함께 일함으로써 모두가 풍요로워지지만, 각각의 이해가 언제나 공평하지 않을 수 있다는 것을 받아들여야 한다. 마을만들기는 평균을 만드는 것이 아니라 평형을 만드는 일이기 때문이다. 파트너의 부족함 때문에 그의 파트너인 우리가 필요함을 인정하고 '관리'하기보다는 '공유'하고, 네트워크의 미래를 '기획'하기보다는 '기대'한다면 마을홍보로 시작된 네트워크는 마을만들기를 함께 지속하는 힘이 될 것이다.

3) 마을 모니터링, 평가와 대화 강화를 통한 성장

행정학에서 모니터링은 어떤 일의 운용 상황과 집행의 혜택이 대상집단에게 제대로 돌아가고 있는지를 평가하는 의미가 있다. 그리고 모니터링은 시간과 인적자원, 일정한 전문성과 객관성을 필요로 하는 일이다. 그렇다 보니 마을이 자체적인 모니터링을 진행하기보다는 함께하는 전문가나 학계, 마을만들기 사업을 지원하는 행정이나 중간조직에서 진행하는 경우가 많다. 이런 배경 때문에 마을에 모니터링을 나가 보면 모니터링 요원을 감시 및 감사자의 역할로 이해하고, 마을의 고민과 상황을 허심탄회하게 이야기하지 못하고 문제를 감추려는 경우가 대부분이다. 여기에는 몇 가지 오해가 있다.

첫 번째는 평가의 대상이다. 평가의 대상에 대한 오해는 모니터링 요원인 기관과 주민 양측에서 모두 모니터링을 통해 평가하는 대상을 마을만들기의 결과물 자체에 두고 있는 경우에 나타난다. 예를 들어 모니터링에서 마을쉼터로 벤치를 만들기로 했는데 벤치가 몇 개 만들어졌는지, 계획대로 나무벤치가 설치되었는지, 정해진 위치에 세워졌는지 확인할 수는 있지만, 그런 결과만을 평가하는 것은 아니다. 벤치를 어떤 과정으로 설치했는지, 그것이 마을에서 정한 목표에 맞는지를 평가하고 그 전개 과정을 진단하는 것이 중요한 부분이다. 모니터링이 결과평가라는 오해를 풀기 위해 모니터링이란 '특정 개인이나 집단의 행동이나 태도 또는 특정 사건의 전개 과정 등을 체계적으로 관찰하거나 기록하는 일'이라는 인문학적 정의에 집중할 필요가 있다. 마을만들기가 과정만들기라는 기본을 모니터링에서만 잊는다는 것은 좀 우스운 일이다.

두 번째는 모니터링의 목적이다. 평가나 진단을 하는 이유는 현장에서의 대화를 강화하고, 그 목소리를 담아 성장하기 위함인데 평가와 진단 그 자체가 목적이 되는 경우가 있다. 어려움이나 진행상의 의견이 모니터링되었다면 반영이 있어야 한다. 단순한 관리나 보고가 아니라 현장의 소리에 집중한 세밀한 대안이 모니터링의 결과로 나타나야 한다. 중간지원조직이나 행정이 주체가 된 모니터링이라면 마을만들기를 지원하는 제도에 현장의 목소리를 담고, 대안을 마련한 부분과 그렇지 못한 부분에 대해서 마을에 다시 피드백을 주는 과정을 통해 신뢰의 파트너십을 형성할 수 있다. 마을 주민 자체의 모니터링도 마을만들기 과정 안에서 들리는 여러 목소리를 반영하고 피드백하는 대화 강화를 통해 마을만들기를 지속할 수 있어야 한다. 자체의 모니터링 역량에 한계가 있다면 객관성이나 전문성을 확보하기 위해 성미산과 같이 주민과 연구자(전문가)가 함께 모니터링을 진행할 수도 있다.[16]

마지막은 모니터링의 시기다. 모니터링은 수시로 진행되어야 한다. 하지만 중간지원조직이나 행정이 모니터링하는 경우 여러 가지 제약에 의해 수시 모니터링에 어려움이 있을 수밖에 없고 마을만들기 사업 중간이나 후에 이루어지는 정기 모니터링에 집중하게 된다. 정기 모니터링은 제도 개선 등의 의미는 있겠지만, 마을 현장에서는 사후약방문이 될 수도 있다. 마을만들기 현장에 함께하는 활동가나 전문가가 모니터링을 대신 해 주는 경우도 있지만, 모든 마을이 그럴 수 있는 상황은 아니다. 그 때문에 마을 주민이 수시로 기록하고, 묻고 진단하며, 대안을 마련해 나가는 모니터링이 중요하다. 어떤 일의 과정을 기록하는 것은 물론이고, 과정이 끝난 뒤에는 평가 및 진단회의를 가져 자료로 축적하는 것이 필요하다. 마을의 모니터링 자료는 일기나 회의록, 사진, 설문이나 인터뷰지 등으로 남게 되고, 이것들이 모여 마을의 데이터베이스가 될 수 있다. 데이터베이스를 네트워크 안에서 공유하게 되면 특정 주제에 대한 정보가 모이는 아카이브도 구축할 수 있을 것이다.

---

16 성미산 마을은 주민과 연구자들이 함께 마을 모니터링 결과로 2012년 「성미산 마을 조사연구보고서」를 만들었다. 마을 관계망의 생성과 작동을 설문조사와 인터뷰, 연구모임을 통해 정리한 것이다. 어떤 마을보다 다양했던 마을만들기 활동들과 조직들을 추적해서 그들이 가졌던 경험을 모니터링하고, 지역공동체의 형성과 마을만들기가 지속될 수 있는 네트워크의 작동원리를 방법론으로 정리하고자 했다.

Ⅳ. 마을만들기로 꿈꾸는 도시 지역공동체

1. 마을만들기 과정에서 형성되는 도시 지역공동체

마을만들기는 그 과정과 결과가 모두 공유와 상생을 전제한다는 점에서 공동체 활성화에 큰 영향을 끼칠 수 있다. 유행처럼 번지는 주민공모 마을만들기 사업에 대한 우려의 목소리도 있지만, 그들이 발굴해 낸 마을의 다양한 공동체와 함께 살아가는 것에 대한 학습효과는 부정할 수 없다. 마을만들기를 기획하고, 마을만들기 계획을 세워 사업을 실행하며, 지속적으로 운영해 나가는 마을만들기의 모든 과정에서 공동체는 가치를 공유하는 폐쇄적인 공동체에서 벗어나 지역사회에서 더불어 살아가는 도시 지역공동체로 활성화되고 있다.

① 마을만들기의 기획 과정에서 개인이나 공동체는 외발적 혹은 내발적 요인에 의해 자신을 포함한 이웃과 마을에 관심을 두게 된다. 그리고 교육과 진단을 통해 마을의 정체성에 대해 고민할 수 있게 된다. 공동체 내·외부의 온도를 맞추며 서로 이해하고 인정하는 과정, 서로 다른 개인과 공동체가 모여 합의할 수 있는 조직과 장을 마련하는 과정에서 지역공동체 형성의 기반을 마련할 수 있다.

② 마을만들기 계획과 조성의 과정에서 마스터플랜을 세우고, 아이디어를 모으며, 마을만들기 사업을 수행하는 과정을 통해 공동체는 지역공동체로 성장할 수 있는 역량을 학습하게 된다. 지역사회에 대한 비전을 공유하고, 실천하는 과정에서 지역공동체로서의 기반을 다지는 것이다. 지역공동체의 마을만들기 마스터플랜은 지속적으로 개방적이고 유연한 형태를 갖추어야 한다. 마을만들기의 아이디어 역시 다양한 방식으로 풍부하게 모을 수 있어야 한다. 마을만들기 사업은 실전을 통해 공동체가 지역사회와 관계할 수 있게 해 주고, 각론에 대

한 합의 과정에서 합의형성구조를 더 견고하게 만들어 준다.

③ 마지막으로 마을만들기를 지속하고 마을을 운영해 나가는 과정에서는 지역공동체의 네트워크가 확장 성장하게 된다. 계획 및 조성 단계를 통해 쌓인 지역의 비전은 지역공동체가 지속해서 마을만들기를 운영할 수 있는 바탕이 된다. 도시 지역공동체는 서로를 알리는 홍보와 고민을 공유하는 모임에서 협력의 고리를 발견한다. 또 네트워크 안에서의 평가와 대화를 통해 성장의 발판을 마련할 수 있다.

마을만들기를 하는 동안 공동체는 그들만의 역량이나 합의로는 실현 불가능한 과제들을 만나게 되고, 공동체만의 역량으로 가능한 일들도 지속하기 위해서는 외부의 역량이 필요하게 된다. 그럴 때 공동체에 속하지 않은 지역주민, 행정이나 전문가, 중간지원조직을 포함한 NPO와 함께 네트워크를 조직해 과제를 극복하는 경험을 가질 수 있다. 마을만들기 과정을 통해 형성되는 공동체가 주민공동체에서 벗어나 지역주민, 행정, NPO 등과 다양한 협력관계를 구축하며 도시 지역공동체, 협력 거버넌스로 성장하는 것이다. 게다가 공동체는 마을만들기의 결과인 마을시설과 공간, 프로그램, 일자리 등을 지역과 공유한다. 순서는 바뀔 수 있지만, 문제가 있거나 활력이 떨어진 공간 혹은 숨겨진 공간을 발굴 개선하고, 생각과 놀이, 세대를 함께 공유할 수 있는 프로그램을 만든다. 또한 공간과 프로그램을 운영 지속할 수 있는 재원을 협동조합 방식을 통한 마을기업(사회적기업) 등으로 마련하여 공간과 프로그램, 일자리가 서로 융합되며, 지역공동체와 그들이 속한 지역에 활력을 만들고 있다.

2. 모자이크 도시를 그리는 마을만들기의 지혜

저출산 · 고령화, 저성장, 양극화로 침체되고 있는 사회에 마을만들기로 활성화된 도시 지역공동체가 활력을 주고 있다. 행정의 원칙이 담긴 도시계획과 시장논리로 점철된 도시개발, 마을이나 개별 공동체에 한정되어 진행되는 마을만들기는 도시재생에 각각의 한계와 실수를 경험했다. 이런 실수를 벗어나 함께 협력하며 지역공동체를 활성화하고 도시를 재생하는 것이 마을만들기 사업을 통해 시도되고 있다. 마을만들기 사업에 의한 지속가능한 지역사회의 개선과 운영은 이 새로운 시대를 이끌어 갈 가능성을 가진 흐름이라고 말할 수 있다. 그리고 마을만들기 사업을 포함한 넓은 의미에서의 '도시재생'이 미래사회에 대응한 핵심적인 도시재편의 방법으로 그 가능성을 열 수 있을 것이다(사토 시게루, 2013).

마을만들기로 그리는 우리의 도시는 변화에 대응하기 위해 '선택가능'하고 '지속가능'한 도시가 되어야 한다. 이것이 '실현가능'하기 위해서는 숲과 같은 모자이크 도시가 이루어져야 한다. 모자이크가 유리나 타일 등 여러 가지 재료의 조각들을 맞추어 조화로운 무늬나 그림을 만들어 내듯이 우리 도시도 다양한 선택가능의 모자이크 조각(Tessera)으로 조화로운 그림을 지속할 수 있는 것이다. 모자이크의 조각조각은 근린생활권(지역사회권)의 개념이 되어야 한다. 도시계획을 통해서는 나무가 볼 수 없는 큰 그림, 도시에 대한 꿈과 이상을 제시할 수 있지만, 실현담보는 작은 부분인 공동체와 마을로부터 만들어 가야 한다.

사례를 통해 지역공동체가 마을만들기를 통해 다양한 공간자원을 지역사회의 것으로 공유하는 방식을 확인할 수 있었다. 지역공동체는 공간뿐만 아니라 프로그램으로서 함께 살아가는 지혜를 얻기 위해 가치를 공유하고 있다. 또한 마을만들기의 지속을 위한 최소의 자금을 확보하고 마을에 일자리를 마련하여 지속적으로 살아가는 생태계를 만들고 공유하는 모습이 나타났다. 마을만들기로 공유된 다양한 내용은 지역사회의 모자이크를 풍성하게 만들었다.

먼저 이처럼 모자이크 도시의 실현을 위해 '공유'는 필수적인 키워드다. 문제와 자원에 대한 공유, 비전의 공유가 필요하다. 하지만 공유의 결과가 동화(同化)가 되는 것이 아니라 각 공동체와 마을의 '정체성'을 살려 조화로운 그림을 만들 수 있어야 한다. 모자이크는 전체가 어우러진 조화로 하나가 되지만, 각 개체는 특성이 있기 때문이다. 특성이 살아나면서 도시 전체의 모습을 가지게 되면 양극화, 다분화되는 생각들도 이 속에서 퍼즐을 맞출 수 있는 것이다. 사람 사는 모습이, 또 마을이 비슷할 수는 있지만 같은 모습의 마을만들기는 없다. 좋은 사례를 따르더라도 우리 마을의 맥락을 깊이 고민하고, 마을의 체질에 맞는 마을만들기를 해야 한다.

다음으로 모자이크의 조각들은 자신이 스스로 모자이크를 완성하는 부분임을 깨닫고 '주체성'을 가지고 공동창조에 임해야 한다. 공동창조를 위해서는 참여가 필요하고, 중요하다(김상훈, 2012). 마을만들기의 과정을 진정한 참여가 이루어질 수 있도록 디자인해야 한다. 또 각각의 과정과 활동이 지역사회와의 관계에서 어떤 역할을 할 수 있을지 고민해야 한다. 주민공모 마을만들기 사업은 다양한 생각을 발굴하여 모자이크로 완성되는 그림의 밑바탕이 되기 때문이다. 파편적이고 선적인 마을만들기의 산물들을 이어지게 하는 것이 중요하다. 이를 위해서는 한 해에 끝나는 것이 아니라 여러 해의 마을만들기가 축적되고 그 안에서 이어진 그림을 그릴 수 있는 비전이 마련되어야 한다.

이렇게 마을만들기의 '지속가능성'을 위해서는 통합협력의 거버넌스가 구축되어야 한다. 하나의 주민공동체 역량에 기댄 마을만들기는 지속되기 어렵다. 하나의 공동체만을 위한 사업은 지역사회의 다른 공동체와의 갈등을 야기하고, 무한한 봉사로 쌓이는 피로는 공동체 내부의 갈등을 불러일으킨다. 보조금에 의존한 마을만들기 사업의 재원은 고갈되어 일회성 사업에 그치게 된다. 따라서 사회·경제적 측면을 고려한 거버넌스는 마을만들기를 지속하는 힘이 될 수 있다. 작게는 협동조합의 사회적기업의 형태로 시작해 네트워크 안에서 다양한 협력의 거버넌스를 구축해 내야 한다.

제5장

사회적 교류 증진과 도시 지역공동체 형성

양영균

I. 왜 도시공동체인가

산업화와 자유주의적 풍조 속에서 인간은 분자화, 익명화되었다. 노동이 상품화되고 경제적 가치가 모든 것에 우선시되고 사회 성원 간에 부와 권력의 획득을 중심으로 하는 세속적 성공을 향한 경쟁이 격화되었다. 이런 분위기에서 흔히 인간성 상실, 풍요 속의 빈곤, 군중 속의 고독, 부유하지만 불행한 인생에 관한 이야기를 들을 수 있게 되었다. 그런데 이런 경향이 훨씬 더 강력하게 나타나는 곳은 농촌보다는 도시일 것이다.

인류역사상 도시 형성의 역사는 매우 길다. 하지만 도시가 일부 지역에서나마 지배적 거주 지역으로 자리 잡은 것은 산업화 이후이며, 한국에서 도시화가 본격적으로 이루어진 것은 비교적 최근이라고 할 수 있다. 한국의 도시화율, 즉 전체 인구 중에서 도시에 거주하는 인구의 비율은 1970년에 50%를 간신히 넘어섰지만, 1980년에는 68.7%, 2005년에는 90%에 이를 정도로 빠르게 증가했다. 따라서 도시에서 뚜렷이 드러나는 자본주의와 산업화의 폐해로부터 거의 모든 한국인이 영향을 받고 있다고 보아도 무방할 것이다. 물론 그런 영향은 대도시에서 더욱 클 것이다.

한국의 대도시에 사는 주민이 흔히 겪는 문제로는 주거, 교통, 환경, 복지, 교육 등이 있다. 도시의 급격한 인구증가로 말미암은 주거지 부족 문제와 무분별한 도시 확장 과정에서 생겨난 무허가 주택, 불량주택 등의 문제를 해결하기 위해 택지 개발, 신도시 건설, 재개발 혹은 재건축을 시행해 왔다. 수시로 발생하는 교통체증 해소와 대중교통 이용률 제고를 위해 다양한 방안을 모색, 실행하고 있다. 환경의 악화와 그 때문에 식수, 먹을거리 등의 안전성이 위협받고 공기오염도 심각한 지경이다. 압축적 성장 과정에서 복지는 도외시되었고, 한국이 소위 선진국 대열에 합류했다고 한 이후에도 복지에 대한 지출은 여전히 등한시되어 OECD에서 최하위를 기록하고 있다. 그 때문에 많은 도시민이 인간다운 삶을 누리지 못할 뿐만 아니라 생계까지 위협받고 있는 실정이다. 사회적 성공을 위해, 하다못해 제대로 먹고살기 위해서라도 좋은 대학 나오는 것이 당연시되고, 그것을 위해 아이들을 무한경쟁으로 내몰며 시험 기계로 전락시키고 있는 교육 또한 큰 문제가 되고 있다. 이런 여러 문제 중 일부는 도시 혹은 도시민에게만 적용되는 것은 아니겠지만, 그 문제가 가장 심각하게 받아들여지고 해결책을 마련해야 할 필요를 절감하는 것은 도시지역에 사는 사람들이라고 할 수 있을 것이다.

이처럼 심각한 문제에 덧붙여 도시민이 느끼는 심리적 문제도 있다. 도시민은 성공을 위해 주부의 매니지먼트를 받으며 각자의 자리에서 경쟁에 몰두하고 있고(김은희, 1995), 가족의 테두리를 벗어나서는 안정된 소속감을 느끼고 심리적 소외감을 완화시킬 수 있는 적당한 집단을 갖지 못한 채 고립감, 외로움, 인간적 교류에의 욕구를 느끼고 있다. 당장 집 밖을 나서면 마주치게 되는 이웃과 간단한 인사조차 나누지 않는 혹은 못하는 많은 도시민은 가족과 집이라는 울타리에 갇힌 신세에 빠진 것처럼 보인다.

이러한 복잡다단한 문제들을 해결하기 위해 여러 주체가 많은 노력을 기울여 왔다. 중앙정부의 여러 부처, 지방정부, 국회, 정부 산하단체, NGO, NPO, CSO 등으로 불리는 여러 민간단체도 각자의 영역에서 해당 문제들에 대해 다양한 해결책을 내놓고 있다. 그뿐 아니라 주민들도 자신들의 필요에 따라 기존의 조직에 참여하거나 조직을 만들어서 문제 해결에 힘쓰기도 한다. 그런데 최근 들어 위에 열거한 여러 문제에 대응하는 방식으로 공동체적 방식이 주목받고 있다. 주민에 의해 자발적으로 공동체적 방식을 도입하는 경우도 있지만, 행정조직이나 시민단체들이 공동체 형성을 유도하는 경우도 많다. 그렇다면 공동체란 무엇을 이르는 걸까?

아마도 농촌 마을이 공동체의 대표적 사례로 가장 먼저 머리에 떠오를 것이다. 한국의 전통적 농촌마을은 어떤 특징을 가지고 있을까? 불과 40여 년 전인 1975년에 출판된 『한국농촌사회연구』에서 최재석이 언급한, 전통적이고 전형적인 농촌마을을 상정한 것이지만, 책을 집필할 당시에는 상당히 유지되고 있었던, 농촌마을의 특징을 간단히 정리하면 다음과 같다.

각 마을은 대개 이웃 마을과 지형적으로 구분되는 지점에 있으며 그 마을에 속한 집들 사이의 거리는 다른 마을에 속한 집들과의 거리보다 가깝다. 즉, 한마을에 속한 집들은 옹기종기 모여 있는 것이 일반적이다. 마을 사람들은 여러 가지 활동에 공동으로 참여하여 일상적으로 아주 긴밀한 상호작용을 한다. 농업생산에서 필요한 협업을 위해 마을 내에서 두레와 품앗이가 조직되고, 논밭에 물을 대는 수리시설의 유지와 관리를 위한 조직도 존재한다. 마을의 안녕을 위해 동제를 공동으로 지내고, 마을 구성원이 혼례나 장례를 치를 때 참여하고 또 상호 부조를 한다. 또한 각종 계를 통해서 경제적으로 협력하고, 각종 오락도 함께 즐긴다. 마을 내 질서와 평화를 유지하기 위해 도덕, 관습, 심지어 법에 어긋나는 짓을 한 자에 대해서 외부의 사법기관에 호소하기보다는 마을 내에서 공동제재를 가하기도 한다. 이처럼 마을 사람들은 마을 내에서 거의 모든 생활을 영위했으며, 그들 정체성의 매우 큰 부분이 마을에 의해 결정되었다. 요약하면 농촌마을 사람들은 일정한 지역 내에 거주하면서 긴밀한 관계를 맺고 있었고, 어느 마을 사람이라는 공동의 정체성을 가지고 있었다.

도시 지역에 이런 특성이 있는 공동체의 형성이 가능할까? 물론 현대의 대도시에서는 거의 불가능하다고 볼 수밖에 없다. 공동체

(community)의 특징으로 가장 많이 논의되는 것은 지역성(territory), 사회적 상호작용(social interaction), 공동의 결속(common ties)이며, 이런 특징은 가장 폭넓게 적용될 수 있기에 공동체의 가장 기본적인 특징이라고 할 수 있다.[1] 앞에 서술한 농촌마을의 경우 이런 특징이 매우 뚜렷하고 강도 높게 나타난다. 도시 지역에서도 근린주구(neighborhood)를 기준으로 보았을 때 '공동체적' 성격의 이웃을 찾아볼 수 있다. 1960년대와 1970년대 삼선동 주택가의 골목길에서 볼 수 있었던 광경과 그것으로부터 사회적 교류의 장으로서 골목길과 골목길을 공유하는 집들로 이루어진 동네를 통해 도시공동체의 성격을 추정할 수 있을 것이다(황익주, 2005).

동네의 골목길들은 아이들에게는 주된 놀이터가 되었고, 남자 중고등학생들에게는 운동하거나 바둑, 장기, 담소 등을 즐기는 장소가 되었다. 남자 어른들에게도 바둑, 장기, 윷놀이, 담소 등을 즐기는 여가의 공간이 되었고, 여자 어른들에게는 이웃 아줌마들과 대화를 나누는 장소가 되었다. 특히 더운 여름날 밤이면 가족 단위로 골목길에 돗자리를 펴고 앉아 음식을 먹으며 이야기를 나누는 장소가 되기도 했다(황익주, 2005: 70).

> 요컨대 1960년대에서 1970년대에 걸친 나의 어린 시절의 우리 동네 골목길은 그 안에서 전개되는 다종다양한 사회적 상호작용을 통해 주민들로 하여금 동네에 함께 살고 있는 다른 가족들과의 지역공동체적 유대관계를 확인하고 표현하고 강화시켜 주는 촉매로서의 기능을 톡톡히 수

1 농촌마을의 성격에서나 공동체의 특징에서 볼 수 있듯이 여기서 이야기하는 공동체는 지역공동체를 이르며, 이 장에서도 마찬가지다. 따라서 이 장에서 공동체나 도시공동체는 지역공동체 또는 도시의 지역공동체를 의미하는 것임을 밝혀 둔다.

행했다고 생각된다(황익주, 2005: 71).

위의 글에서 떠올릴 수 있는 단독주택들로 동네가 채워지고 그 주택들로 만들어진 골목길의 풍경은 그 당시 한국 사회에서 흔히 발견할 수 있었고, 부산에서 성장한 필자의 어린 시절 기억 속의 동네 풍경과도 매우 유사하다. 하지만 골목길에서 사회적 상호작용을 하며 이웃과 공동체적 유대관계를 맺었던 주민은 과연 얼마나 오랫동안 같은 지역에 거주하면서 같은 사람들과 관계를 맺었을까? 즉, 그들이 형성한 지역공동체는 어느 정도의 안정성과 견고함을 가지고 있었을까? 또한 근래 한국 도시민들의 거주 안정성은 어느 정도일까? 안타깝게도 마지막 질문에 대한 답은 매우 부정적이 될 가능성이 높다.

앞서 언급했지만, 한국의 도시들은 이촌향도의 인구이동으로 매우 빠른 속도로 확장되어 왔다. 인구가 늘어남에 따라 주택 부족 현상은 심화되었고, 부동산 가격은 급등했다. 이 문제를 해결하기 위해 신도시 건설을 포함한 새로운 주택 건설이 활발하게 이루어졌다. 그럼에도 불구하고 주택 가격 안정은 쉽사리 이루어지지 않았다. 주택을 소유하고자 하는 도시민들의 강력한 욕구가 있었기 때문이다. 게다가 주택을 거주를 위한 공간으로뿐만 아니라 투자(혹은 투기)를 위한 대상으로 인식하는 경향이 자리 잡고 있었기 때문에 도시민들은 자신의 주택을 소유하게 된 것에 만족하지 않고, 앞으로 가격이 많이 오를 주택을 찾아 이사하고, 자신이 거주하는 주택 이외에 투자를 목적으로 둘 이상의 주택을 소유하는 경우도 흔히 찾아볼 수 있었다. 이런 경향으로 도시 내에서의 인구이동도 매우 활발하게 이루어졌다. 더 좋은 주택, 투자 가치가 높은 주택을 찾아 한 곳에 정착하기보다는 여러 곳을 전전하게 되는 것이다. 더는 대규모로 주택을 건설할 택지를 찾기 어려워지자 더 깨끗하고 더 좋은 주택에 대한 욕구를 충족시키고,

도시를 정비한다는 명목으로 재개발과 재건축에 눈을 돌리게 되었다. 낡은 아파트와 단독주택을 허물고 그 자리에 고층 아파트를 건설하는 재개발, 재건축 열풍이 한국 도시를 휩쓸고 지나가게 된다. 이런 도시민들의 인식과 행태, 정부와 건설업자들, 부동산과 건축 전문가가 결합하여 끊임없이 새로운 주택을 건설하거나 기존의 주택을 허물고 새로운 주택을 건설한다. 도시민들은 한 도시 안에서 더 살기 좋고 투자가치가 높은 곳을 찾아서 한 곳에 정착하기보다는 옮겨 다니게 되고, 이런 경향은 도시 내에 주민의 지속적 교류와 유대관계를 기초로 하는 도시공동체의 형성을 심각하게 저해하게 되었다.

또 하나 우리가 주목해야 할 점은 이렇게 새로이 건설되는 주택 대부분이 아파트라는 것이다. 수도권을 중심으로 살펴보면 1970년대에 수도권 인구 분산을 위해 안산(반월)과 과천에 신도시를 건설했다. 1980년대에 수도권 주택부족문제 해결을 위해 목동지구나 상계지구와 같이 도시 내에 대단위 신시가지를 건설하기도 했다. 1980년대 후반에는 주택보급률을 높이고 주택가격을 안정시키기 위해 분당, 일산, 평촌, 산본, 중동 등 5개의 신도시를 건설했다. 2000년대에도 수도권의 부동산 가격 폭등을 억제하기 위해 2기 신도시 건설을 추진하기 시작했다. 김포 한강, 인천 검단, 화성 동탄, 평택 고덕, 수원 광교, 성남 판교, 송파 위례 등이 이에 해당하는데, 이들은 1기 신도시와 비교하여 충분한 녹지율을 확보하고 자족기능을 강화하는 등의 차이가 있다. 그런데 1980년대 이후 건설된 신시가지나 신도시, 그리고 뉴타운 사업으로 불리는 재개발 사업 등을 통해 건설된 주택은 압도적 다수가 아파트다. 이는 아파트에 대한 한국인의 선호도가 압도적으로 높기 때문이다. 이러한 경향을 반영하듯 한국의 도시에서 아파트에 거주하는 주민의 비율은 매우 높다. 2005년의 경우 한국 전체 주택 가운데 아파트 비율은 52.7%였고, 서울은 54.2%였다. 한국의 대

도시들 가운데 아파트 보급률이 가장 높은 곳은 광주로 70%에 이르며, 울산(64.1%), 대전(63.8%), 대구(60.1%)가 그 뒤를 따르고 있다. 도 단위로 보면 경기도가 62.4%로 가장 높고 전남이 32.1%로 가장 낮다.[2] 5년 후인 2010년에는 전국 평균이 58.4%로 급격히 높아졌는데, 서울은 58.8%로 전국 평균과 비슷한 수치를 보인다. 이에 비해 주택 중 아파트 비중이 가장 높은 광주는 76.5%이었으며, 대전(70.3%)과 울산(70.2%), 대구(67.2%)가 그 뒤를 따르고 있다. 도 단위로는 경기도가 67.9%로서 광역시 중 대구, 부산, 인천보다 높았고, 가장 낮은 전남은 36.8%를 나타내었다.[3] 즉, 2005년에서 2010년에 이르는 5년 동안 총 주택 중 아파트의 비중이 많이 늘어난 것을 알 수 있다. 2010년 전국 평균이 60%에 육박하고 있기 때문에 도시 지역에서는 70%에 가까운 주민이 아파트에 거주한다고 추정할 수 있을 것이다.

도시 주민은 한 주택에서 얼마나 거주하는 것일까? 2010년 자료에 의하면 전국 평균은 7.9년이었다. 시도 단위에서 평균거주기간이 가장 짧은 곳은 경기도(6.0년)이고, 그 뒤를 서울시(6.3년), 대전시(6.4년), 인천시(6.5년), 광주시(7.1년), 울산시(7.4년) 등이 따르고 있으며, 평균거주기간이 가장 긴 시도는 전라남도로서 13.8년이었다. 이 수치를 분석해 보면, 수도권에서 주민의 평균거주기간이 대체로 짧고, 그 외에는 총 주택 중 아파트의 비중과 평균거주기간은 대체로 반비례한다는 것을 알 수 있다. 즉, 아파트의 비중이 클수록 평균거주기간이 짧은 것이다. 실제로 2010년 전체 주택 거주자 중 5년 미만 거주자의 비율이 51.6%인 데 비해 아파트 거주자 중 같은 비율은 56.1%였다.[4]

---

2 국가통계포털에서 2005년 주택총조사 내용을 기초로 필자가 계산한 수치임.

3 국가통계포털에서 2010년 주택총조사 내용을 기초로 필자가 계산한 수치임.

4 국가통계포털에서 2010년 주택종조사 내용 중 주거실태조사 내용을 기초로 필자가 계산한 수치임.

아파트가 한국 대도시에서 지배적인 주거양식으로 자리 잡으면서 아파트 거주자들의 사회적 교류에 주의를 기울일 필요가 있게 되었다. 아파트 거주를 선호하는 이유로 여러 가지가 거론되지만, 프라이버시와 익명성이 보장된다는 점은 상당히 중요한 것 같다. 내가 원하지 않는 한 이웃과의 교류 없이 나의 정체를 밝히지 않고 생활하는 것이 가능하다는 점이 장점으로 여겨지는 것이다. 이런 현상의 이면에는 아파트 거주자들 사이에 사회적 접촉이 거의 없고 공동체 의식이 희박하므로 진정한 이웃이 존재하지 않는다는 비판이 놓여 있다. 현대 도시 생활의 삭막함이 아파트라는 거주 형태에서 더 극명하게 드러나고 이웃 간의 친밀한 관계 형성은 거의 이루어지지 않고 있는 것이다. 그뿐 아니라 아파트 거주자들의 평균거주기간이 비교적 짧은 것 역시 이런 현상을 더욱 심화시킨다고 할 수 있다.

도시민들이 프라이버시와 익명성을 중요시하기도 하지만, 고립감과 잦은 이사 등으로 지속적이고 실질적인 이웃 관계를 맺지 못하고 있는 상황을 변화시키고자 하는 욕구 또한 엄연히 존재하고 있다. 이러한 욕구가 기반이 되어 도시 내에 지역공동체가 형성된다면, 심리적 문제뿐만 아니라 주거, 교육, 복지, 환경 등의 다양한 문제들을 해결할 수 있는 실마리가 된다는 점에서 지역공동체는 실질적 의미가 있기도 하다.

II. 도시의 지역공동체 형성과 마을만들기

마을이란 단어는 농촌이나 어촌 등에서 사용되기 때문인지 매우 정겹고 향수를 불러일으키는 것 같다. 그래서인지 현대 도시 생활, 특히 이웃 간의 소원한 인간관계로 인한 삭막함의 원흉으로 지목되곤 하는 대규모 아파트 단지에 마을이란 단어가 포함된 이름을 짓는 것이 한때 유행이었고, 지금도 일정 정도 유지되고 있다.[5] 즉, 도시의 삭막함을 조금이라도 가리고자 하는 의도로 마을이라는 단어에 내포된 정감을 활용하는 것이지, 실제로 마을이란 이름을 붙인다고 해서 현실적으로 달라지는 것은 없을 것이다.

그런가 하면 최근 들어서 유행이 되고 있는 마을이란 단어의 쓰임새는 마을만들기에서 찾을 수 있다. 마을만들기란 용어는 일본의 마찌즈쿠리라는 용어를 직역한 것으로서 "주변 환경에 관심을 두고 지역에서 발생하는 문제를 주민 스스로 해결하기 위한 활동들"(성균관대학교 산학협력단 · (주)이락, 2013: 21)을 뜻한다. 이 용어는 1995년경에 도입되었는데, 2000년대 초까지만 해도 '동네가꾸기', '마을가꾸기' 등과 혼용되어 사용되다가, 지금은 거의 통일적으로 사용되고 있다. 이 쓰임새에서 마을은 주민을 하나로 묶을 수 있는 단위를 뜻하는데, 마을만들기는 그 지역을 더 좋게 만든다는 의미가 있다고 볼 수 있다. 또 하나는 하나의 거주 지역을 마을로 만든다는 의미가 있다. 이때 마을은 지역공동체적 성격을 갖는 것이다. 즉, 주민의 관계를 더 친밀하게 만들고 자신의 지역에 애착을 두게 한다는 의미가 있는 것이다.

마을만들기가 유행이 되고 있는 것은 현대 한국 도시에서 지역공동체를 형성해야 할 필요성에 대해 주민의 관심이 고조되고 있기 때문이다. 그런데 도시에서 자연발생적으로 지역공동체가 형성되는 것이 불가능하므로 공동체적 관계와 가치를 추구하기 위한 공동체 운동

5 필자의 직장이 있는 판교 지역은 2010년경에 입주가 시작된 최근에 개발된 곳인데, 여기도 산운마을, 판교원마을, 백현마을, 봇들마을 등의 이름을 쓰고 있다. 그런데 판교의 경우 하나의 동과 마을의 영역이 일치하고 있다. 산운마을은 운중동, 판교원마을은 판교동, 백현마을은 백현동, 봇들마을은 삼평동이며, 각 마을이 다시 여러 개의 단지로 구분되고 있다. 즉, 전통적 마을과 내용상 아무런 공통점이 없는, 단지 어감만 빌려 온 쓰임새라고 할 수 있다.

을 통한 공동체성 증진이라는 과정을 거칠 수밖에 없음을 주민이 인식하고 있으며, 그러한 인식을 바탕으로 실질적 행동에 옮기려는 움직임이 나타나고 있다는 것이다. 이러한 움직임을 공동체 운동이라고 볼 수 있을 텐데, 공동체 운동의 역사는 상당히 오래되었다. 왜냐하면 산업화 이후 서구사회가 공동체 파괴의 경험과 도시에서 인간관계의 파편화를 오래전에 겪었기 때문이다.

최병두(2000)는 산업화 시기의 고전적 공동체 이론과 신자유주의 영향하의 현대 공동체 이론을 살펴본 다음 현재 한국의 도시에서 이루어지고 있는 공동체 운동을 크게 두 가지로 나눈다. 좁은 의미의 공동체 운동에는 지역을 기반으로 하는 협동조합운동, 생태공동체 운동, 그리고 아파트를 비롯한 주거공동체 운동 등이 있고, 넓은 의미의 공동체 운동은 노동운동, 환경운동, 도시사회운동 등 보다 포괄적이고 변혁적인 성향의 운동을 포함한다. 현재 도시의 공동체 운동이라고 할 때는 주로 전자를 지칭하는 것이고, 본 연구 또한 그러한 공동체 운동을 대상으로 하고 있다. 그러나 이러한 공동체 운동의 결과 지역공동체의 형성이 어느 정도 성공적으로 이루어진다고 하더라도 공동체를 둘러싸고 있는 외적 조건의 변화 없이는 도시의 바다에 떠있는 섬과 같은 상태를 벗어나기 어려울 것이라는 최병두의 지적은 눈여겨볼 만하다.

구자인(1996)은 공동체 운동의 갈래들을 살펴본 다음, 다양한 공동체 운동들이 네트워크로 연결되어 연대를 이루는 것이 지속가능하고 확산가능한 공동체를 형성하는 데 필요하다고 지적했다. 신명호(2003: 150)는 도시에서의 공동체 운동이 안고 있는 두 가지의 과제를 언급했다. 하나는 일상적인 삶 속에서 주민의 인간관계가 공동체적 관계로 발전하도록 하는 것이고, 다른 하나는 사회적 관계의 범위를 확장하고 질적 수준을 높이는 것이다. 사회적 관계가 확장되고 질적 수준이 높아진다는 것은 주민의 관심이 자신들이 속한 집단의 이해관계를 넘어서서 사회 전체의 공동선을 지향하는 수준으로 발전하는 것을 의미한다. 이는 최병두가 지적한바 포괄적이고 변혁적인 성향의 운동을 의미하는 것이다. 여태까지는 공동체 운동의 사회운동적 성격을 지나치게 강조하여 일상적 차원에서 주민의 관계가 긴밀해져서 공동체적으로 발전해 가는 부분에 소홀한 경향이 있는데, 주민 사이의 긴밀한 공동체적 관계가 전제되지 않고는 넓은 범위에서의 공동체적 변혁이 이루어지기 어렵다는 신명호의 지적은 매우 적절하다. 본 연구에서 지역주민 사이의 인간관계에 초점을 맞춘 이유도 긴밀한 인간관계가 지역 공동체의 기초가 된다고 보았기 때문이다. 그러한 기초가 탄탄하게 형성되기 위해서는 어떤 조건과 노력이 필요하며, 그러한 기초를 바탕으로 지역 공동체의 형성은 어떻게 가능할 것인지를 탐색하는 것이 본 연구의 목적인 것이다.

마을만들기라는 이름으로 이루어지는 혹은 그 명칭을 사용하지 않더라도 도시 지역의 공동체성 증진을 위해 이루어지는 많은 사업이나 활동들은 한 주체의 노력만으로는 목표를 달성하기 어렵다. 즉, 다양한 주체들의 협력적 관계가 매우 중요한데, 주요 주체로는 주민, 시민단체, 행정기관, 전문가 등이 있다. 지역에 거주하는 주민이 가장 중요한 주체임은 분명하지만, 그들의 역할은 각 사업이나 활동마다 조금씩 상이하다. 즉, 계획부터 실행 단계까지 주도적 역할을 수행하는 경우도 있고, 역할이 크지 않은 경우도 있다. 시민단체가 계획 단계부터 직접 개입하여 주민들을 설득하여 끌고 나가는 경우도 있고, 단순한 지원에 그치는 경우도 있다. 행정기관의 역할과 비중 역시 상이하여 조례 제정이나 정책적 지원에 그치는 경우도 있지만, 재정적 지원을 하거나 주민을 이끄는 역할을 하기도 한다.

건설교통부에서 2007년부터 2009년까지 추진한 '살고 싶은 도시

만들기' 사업은 행정기관이 공모를 통해 사업대상 주체를 선정하고 지원한 대표적인 경우일 것이다. 또한 안산시, 수원시, 서울시, 부산시 등은 마을만들기를 지원하는 센터를 설립하여 주민의 참여를 유도하고 적극적으로 지원하고 있다. 뒤에서 다루게 될 작은도서관의 경우, '도서관법'에서 작은도서관을 공공도서관의 일종으로 규정하고, 건축법상 '커뮤니티시설의주택건설기준등에관한규정'을 제정하여 일정 규모 이상의 공동주택단지에 작은도서관 설치를 의무화하고, 국립중앙도서관이나 시립도서관 등이 작은도서관을 지원하는 정책을 펴고 있다. 행정기관은 마을만들기를 직접 지원하기보다는 작은도서관이 지역의 공동체성을 증진하는 역할을 할 수 있는 여건을 조성한 것이다. '살고 싶은 도시만들기'의 시범마을 사업과 사업 종료 후의 상황을 망라하여 분석한 결과, 행정 주도의 마을만들기와 가시적인 성과와 물리적 환경조성에 치우진 사례들은 한계를 드러내고 있으며, "주체성을 갖춘 주민이 참여하고 이들을 중심으로 마을공동체를 구성해 마을활동을 진행하는 것"이 지속적인 마을만들기가 가능하기 위해 가장 필요한 조건임을 알 수 있다(성균관대학교 산학협력단 · (주)이락, 2013: 21).

2006년 안산 선부2동에 안산YMCA는 '별자리 작은도서관'을 개관했다. 개관 이후 동네 아이들의 만남터가 된 도서관은 2007년부터 주민들과 함께 다양한 마을만들기 활동을 벌였다. '마을정원만들기 프로젝트'를 추진했고, 그 성과를 바탕으로 동네 초등학교의 담장을 허물고 학교마을정원을 조성하기도 했다. 또한 어린이 마을문화예술교육이나 마을만들기 주민대학처럼 교육문화 프로그램을 운영하고 마을축제도 매년 개최하고 있다. 시민단체가 씨를 뿌리고 주민들의 적극적인 참여로 지역에서 다양한 활동을 통해 공동체성 증진이 이루어지고 있는 것이다(안현찬, 2012). 고지대의 무허가 판자촌인 장수마을로 불리는 성북구 삼선4구역이 마을만들기를 통해 공동체로 발전해 가는 과정에서도 시민단체와 전문가의 협조가 큰 역할을 했다. 장수마을은 주택재개발예정구역으로 지정되었지만, 문화재를 끼고 있고 급경사 구릉지라는 특성 때문에 재개발이 이루어지지 않았다. 이에 철거를 통한 재개발에 대한 반성과 장수마을의 역사적 가치를 보존하면서 생활환경을 개선하고 주민의 지역에 대한 애착심을 고취하기 위해 마을만들기 프로젝트가 진행되었다. 계획 단계부터 마을학교와 마을목수 프로그램을 중심으로 벼룩시장, 작은 미술관, 벽화 그리기, 마을 카페 등을 실행하며, 공동체로 발전해 나가는 과정에 녹색사회연구소, 성북주거복지센터, 주거권운동네트워크, 고려대 건축학과, 환경정의 시민연대, 두꺼비하우징, 온공간연구소, 한국도시연구소, 구가도시건축연구소 등 다양한 시민단체와 전문기관들이 참여해서 주민들과 협력적 관계를 이루었다(여관현, 2013; 이윤석, 2012). 대구 삼덕동공동체의 경우에는 대구YMCA가 주축이 되어 담장허물기, 벽화꾸미기, 마을축제 등의 활동을 10년 이상 꾸준히 이어 오고 있다(김경민, 2008; 윤옥경, 2008; 김은희 · 김경민, 2010). 그러나 전반에 걸쳐 주민의 적극적 참여가 잘 이루어지지 않아 기대한 만큼의 성과는 올리지 못하고 있다.

주민이 자발적으로 지역문제에 관심을 두고 활동을 시작하여 마을만들기를 해 나가는 과정에서 행정기관이나 시민단체 등의 지원을 받는 경우도 있다. 광명시 하안동의 경우, 아파트 문제 해결을 위해 주민이 힘을 합치는 과정에서 주민 사이에 활발한 상호작용이 발생하고 광명YMCA 주부 회원들의 협조를 받아 '두레'가 결성되고 커뮤니티 활동이 전개되면서 주민의 정주의식과 공통의 유대가 상당히 긴밀하게 형성되었다(김기현, 2003). 부산 반송의 경우, 화장장 반대운동과 산업폐기물 매립장 반대운동을 통해 주체적 활동의 힘을 실감한 주민이 '반송을 사랑하는 사람들'이라는 모임을 결성하고, 이를 중심으로 지역신문 발간, 벽화 그리기, 다양한 동호회 활동을 전개하며 지역발전에 대한 열망과 지역에 대한 애착심을 높여 갔다. 이후 '반송을 사랑하는 사람들'의 이름을 '희망을 꽃피우는 지역공동체, 희망세상'으로 바꾸고 활동의 폭을 넓혀 나눔가게, 어린이도서관 등을 열고, 마을신문 발행, 다양한 봉사활동 등의 활동을 이어 나갔다. 이 사례에서 특히 주목할 점은 마을만들기에서 중심적 역할을 했던 사람을 구의원에 당선시키고 마을자치위원회에 적극 참여하여 주민자치의 실현에 힘썼다는 것이다(고창권, 2005; 최숙자, 2003). 잘 알려진 성미산 마을의 사례도 대표적이다. 공동육아 협동조합을 시초로 생활협동조합 창립과 성미산 지키기 투쟁을 거치며 마을의 역량이 확충되었고, 다양한 마을기업 창립, 마을극장 개관, 지역 라디오방송국 설립, 마을축제 개최 등의 활동을 활발하게 전개하고 있다. 이 과정에서 건설교통부의 살고 싶은 마을만들기 프로젝트에 당선되어 마을의 다양한 활동을 계획 조율하는 '사단법인 사람과 마을'을 설립했고, 마을극장의 개관을 위해서 여성민우회, 환경정의, 녹색교통, 함께하는시민행동 등 시민단체의 지원을 받기도 했다(유창복, 2010; 이주영, 2006; 한상훈, 2011).

III. 작은도서관: 지역공동체 형성의 거점

지역공동체 형성을 위한 기초로서 주민들 사이의 인간관계에 주목하고 있던 필자는 기존의 관련 연구들을 살펴보면서 적합한 인류학적 연구의 사례를 찾고 있었다. 그리고 인천 가좌2동의 어린이도서관 사례(이혜경, 2007)에 주목하게 되었다. 한국 사회에서 자녀교육에 대해 부모들이 가지는 열의를 고려해 보면 아이들을 위한 도서관이란 개념은 부모들의 관심을 이끌어 내기에 더할 나위 없이 좋은 것이었다. 더구나 어린이도서관의 운영은 부모들의 적극적 참여 없이는 불가능하므로, 어린이도서관의 설립과 운영을 위해 참여한 부모들이 활발한 교류를 가지면서 사회적 네트워크를 형성하고 그 네트워크가 지역공동체 형성을 위한 밑거름이 될 수 있을 것이라는 추론을 할 수 있었다. 최근에는 작은도서관이란 명칭으로 어린이도서관과 주민 주도의 도서관 운동을 포괄하고 있기에 이 장에서는 이 용어를 쓴다.

앞에서도 언급했다시피 마을만들기에 있어서 가장 중요한 요소는 주민들의 자발적인 참여이므로 작은도서관의 설립과 운영은 주민참여를 이끌어 내기에 좋은 계기가 되는 것이다. 마을만들기가 성공적으로 이루어지기 위해서는 다양한 참여주체들의 협력과 지원이 매우 중요한데, 행정과 시민단체, 그리고 주민의 협력적 관계 형성의 좋은 예를 작은도서관에서 찾을 수 있다. 즉, 작은도서관이 마을만들기의 거점 역할을 충분히 수행할 수 있는 것이다(안현찬, 2012).

이 장에서 다룰 작은도서관의 정의와 역사를 살펴보면 다음과 같다. 2012년 2월 17일에 일부 개정된 도서관법에 따르면 제2조제4호에서 공공도서관을 다음과 같이 정의하고 있다. ""공공도서관"이라 함은 공중의 정보이용·문화활동·독서활동 및 평생교육을 위해 국가 또는 지방자치단체가 설립·운영하는 도서관(이하 "공립 공공도서관"이라 한다) 또는 법인(「민법」이나 그 밖의 법률에 따라 설립된 법인을 말한다), 단체 및 개인이 설립·운영하는 도서관(이하 "사립 공공도서관"이라 한다)을 말한다. 다음 각 목의 시설은 공공도서관의 범주 안에 포함된다." 각 목에서 적시하고 있는 공공도서관의 범주에 포함되는 것으로는 작은도서관, 장애인도서관, 병원도서관, 병영도서관, 교도소도서관, 어린이도서관이 있다. '작은도서관'이란 명칭은 2009년 9월 26일부터 시행된 개정 도서관법에서 처음 사용되면서 '문고'라는 종래의 명칭을 서서히 대체하기 시작했다.

도서관법 제5조에서 공공도서관과 작은도서관의 시설 및 도서관 자료의 기준은 대통령령으로 정하게 되어 있다. 봉사대상 인구가 가장 작은 규모인 2만 명 미만일 때 공립 공공도서관의 기준은 건물면적 264m²(약 80평) 이상, 열람석 60개 이상, 기본 장서 3,000권 이상, 연간증서 300권 이상이다. 또한 공공도서관(사립 공공도서관 및 법 제2조 제4호 각 목에 해당하는 도서관은 제외한다)은 최소한 사서직원 3명을 두어야 한다. 이에 비해 작은도서관은 건물면적 33m²(약 10평) 이상, 열람석 6개 이상, 도서관 자료는 1,000권 이상을 갖추어야 한다. 그리고 공립 작은도서관에는 사서직원을 1명 이상 둘 수 있다.

2005년 전국 등록문고현황에 따르면 작은도서관(구, 문고)은 평균 면적 24평, 장서 수 약 3,000권, 열람석 수 24석이다. 2008년 마산 지역 작은도서관의 현황은 면적 31평, 장서 수 약 2,000권, 열람석 수 18개이며, 대전시의 현황은 각각 22평, 3,000권, 25석 정도다(박미라 · 이응봉, 2010; 양재한, 2008). 결정적으로 사서직원이 배치된 작은도서관은 극히 소수에 불과하다. 현재 작은도서관 중에서 공립 공공도서관의 면적이나 장서 기준을 충족하는 일부 작은도서관도 사서를 두지는 못하고 있다.

공공도서관이 절대적으로 부족한 상황에서 주변에서 손쉽게 책이나 정보를 얻을 수 있는 공간인 '작은' 도서관을 오늘날의 '작은도서관'으로 본다면, 이런 작은도서관 건립 운동은 오랜 역사가 있다. 그 연원을 따져 보면 다음과 같다(김소희, 2008; 박미라 · 이응봉, 2010).

먼저 일제강점기에서 1950년대에 이르는 시기는 '일방적 관주도 시기'라고 할 수 있다. 1906년 최초로 대한도서관이 설립되었고, 이것은 1925년 조선총독부 도서관으로 변경되었다. 일제강점기에 일어났던 선각자들과 민족세력에 의한 대중도서관 설립운동은 조선총독부에 의해 좌절되었다. 해방 후 도서관 설립을 지원하고자 1948년부터 '도서관후원회' 등 시민과의 연계를 시도했고, 조선도서관협회(한국도서관협회의 전신)가 결성되었다.

다음으로 1960년대와 1970년대는 '민간주도 작은도서관운동 형성 시기'다. 1961년 엄대섭이 '농어촌 마을문고보급회'를 처음으로 설립했으며, 1973년까지 3만 개가 넘는 마을문고가 설립되었다. 이렇게 설립된 마을문고들은 1970년 이후 자금난을 겪다가 1980년대 초 새마을운동본부에 흡수되었다. 마을문고운동은 공공도서관이 수적으로 부족한 현실에서 주민에게 다가가는 봉사를 시작했다는 점과 농어촌 마을에 문화공간을 확보했다는 점에서 높이 평가된다. 마을문고운동은 사회 곳곳에 '작은' 도서관을 심는 첫 계기가 되었고, 따라서 작은도서관의 뿌리로 보기도 한다. 그러나 마을문고운동은 새마을운동본부에 흡수되면서 '관주도 계몽운동'의 성격을 강하게 나타내었다.

1980년대와 1990년대는 '작은도서관운동의 확산 시기'로 볼 수 있다. 1980년대 후반의 민주화운동과 함께 주민도서관이나 대중도서관을 표방하는 민간도서관들이 자발적으로 생겨났다. 대표적인 예로는 노동계층을 주 대상으로 하는 '노동도서원'(부산의 '노동서원', 마산의 '책사랑), 시내 중심가에 있으면서 다양한 계층의 시민이 드나드는 문화공간의 형태를 지향한 '시민도서관'(부산의 '늘푸른도서원', 대구의 '새벗도서원'), 빈민지역에 설립된 '주민도서관'(서울의 '난곡주민도서실', '책읽는 마을') 등이 있다.

1990년대 중반부터 생활권 중심 지역에 어린이와 주부 등을 대상으로 하는 작은 규모의 어린이도서관들이 생기기 시작했고, 1994년에는 '작은도서관협의회'가 결성되었다. 당시 작은도서관들은 운영에서 어려움을 많이 겪었다. 지자체의 인식 부족, 공공도서관의 지원 결핍 등으로 사재를 털어 운영되고, 지지부진한 경영을 하는 경우도 많았다. 열악한 환경조건과 안정적이지 못한 운영으로 인해 공공도서관이나 해당 정부부처로부터 부족한 '도서관'을 보완할 수 있는 대안으로 인정받지 못했다.

2000년대 들어 민간에서 시작한 작은도서관운동에 관이 주목하기 시작했다. 전 사회적으로 관심이 집중되면서 2006년 국립중앙도서관과 문화관광부, 그리고 작은도서관 주체들이 만나 '작은도서관'에 대한 개념을 정리했고, 작은도서관을 도서관이나 문고 같은 시설 개념이 아닌 운동 개념으로 보는 것이 적합하다는 시각을 제시했다. "작은도서관은 접근성이 용이한 생활친화적 소규모 문화공간으로서 주로 독서 및 문화프로그램을 통해 자연스럽게 지역 공동체가 형성되는 곳이다"(김준, 2006).

1. 용인시 작은도서관의 주요 특징

작은도서관을 주요 연구대상으로 선정한 다음, 지역을 선정할 필요가 있었다. 가장 많은 인구가 거주하면서 지역공동체 설립에 가장 불리한 조건을 가지고 있지만 마을만들기에 대한 주민의 관심과 활동이 활발한 지역은 수도권일 것이다. 그중에 현지조사를 다니기에 비교적 용이한 곳은 안양, 성남, 용인, 수원 등이었다. 지역 선정을 위해 여러 가지 정보를 수집하던 중 느티나무 도서관에 대해서 알게 되었다. 느티나무 도서관은 매우 이른 시기에 설립되었을 뿐만 아니라 작은도서관이 발전할 수 있는 최대치의 성과를 보여 줌으로써 전국적인 관심의 대상이 되었고, 드디어 2007년 공공사립도서관으로 등록하게 되었다. 따라서 이 도서관이 있는 용인시에 주목하게 되었다.

용인시는 신도시는 아니지만 근래에 인구가 급격히 증가하고 있다. 용인시는 2010년에 인구는 약 90만 명이고 세대수는 약 32만 세대인데, 이는 2000년에 비해 인구는 약 2.25배, 세대수는 약 2.4배가 증가한 것이다. 그리고 이처럼 급격히 증가하는 인구를 수용하기 위해 아파트 건설에 주력하여 시 전체 주민의 약 81.7%가 아파트에 거주하고 있다(2010년 인구총조사). 원자화된 도시 거주민의 특성이 가장 잘 드러나는 아파트 거주가 지배적 거주형태이고, 인구이동에 의한 급격한 인구성장을 경험한 용인시는 도시공동체 형성의 측면에서 매우 열악한 조건에 있다고 하겠다. 이러한 조건의 용인시는 현대 한국 도시의 지역공동체 형성 가능성 타진을 위해서 매우 적합한 지역이라고 할 수 있다.

용인의 지역신문인 용인시민신문(『굿모닝용인』)에 따르면 용인시에는 120여 개의 작은도서관이 있다고 하는데, 용인시립도서관에 등록된 도서관은 2012년 3월 현재 101개다.[6] 용인시도서관에 등록하기 위해서는 중앙도서관에 도서관 등록신청서를 비롯한 몇 가지 서류를 제출한 후 담당자의 현장실사를 거쳐야 한다. 작은도서관 중에는 등록하지 않은 것도 있을 수 있기 때문에 전체 수는 101개보다 많을 가능성이 크다. 다만, 정상적으로 운영되고 있는 도서관 중에 등록하지 않은 도서관은 그리 많지 않으리라고 추정할 수 있다. 왜냐하면 용인시도서관에서 작은도서관을 대상으로 여러 가지 지원사업을 펼치고 있는데, 등록된 도서관만 지원사업의 대상이 되므로 제대로 운영이 되는 도서관은 대부분 등록을 했을 것이기 때문이다.[7]

그런데 용인의 작은도서관에 관심을 두게 된 이유 중 하나는 용인

6 용인시도서관 작은도서관 업무담당자와의 인터뷰.

7 용인시도서관 작은도서관 업무담당자에 따르면 등록된 도서관 중에도 제대로 운영되는 것은 절반 정도에 불과하다고 한다. 그 담당자는 등록된 작은도서관을 전부 방문했는데, 이용시간에 문이 닫혀 있거나 신간이 제대로 갖추어져 있지 않은 도서관은 제대로 운영되고 있지 못한 것으로 판단했다.

시작은도서관협의회라는 단체 때문이다. 용인시민신문에 나타난 저간의 사정을 살펴보면 다음과 같다. 용인시민신문은 용인시의 증가하는 인구에 비해 턱없이 부족한 공공도서관을 대신해 지역 곳곳에서 마을문고 형태로 운영되고 있는 작은도서관들의 활동에 대해 관심을 두고 지속해서 보도해 오면서 구체적이고 더욱 근본적인 지원방안에 대해 고민하던 중 작은도서관의 협의체를 만드는 것이 효율적일 것으로 판단했다. 10여 개의 마을문고는 2005년 10월 이후 용인시민신문 주최로 여섯 차례의 모임을 하고 각각의 운영상 어려움을 함께 고민하며 해결책을 모색하고자 연대활동을 시작했다. 이들은 서로 정보를 공유하고 필요한 물품을 나누고 프로그램 운영에 대한 방법들을 논의하며 지속적인 활동들을 펼쳐 가기로 했다. 2006년 2월에 가칭 '마을도서관네트워크모임'을 결성하고, 마을 도서관을 중심으로 일어나는 다양한 문화공동체 활동을 통해 지역문화 선도, 범국민적 책읽기 운동에 기여하고자 했다. 2007년 10월 20일에 16개 도서관으로 '용인시작은도서관협의회'(이하 용도협)가 출범했다.

용도협의 주요 성원들은 아파트 단지에 설치된 사립 마을문고들이었다. 건축법상 '커뮤니티시설의주택건설기준등에관한규정'에 따르면 300세대 이상의 공동주택단지에는 도서관법 시행령에 적합한 문고를 반드시 설치하게 되어 있다. 즉, 건설사는 33m^2 이상의 면적에 열람석 6개 이상, 그리고 장서 1,000권 이상의 문고를 단지 내에 설치해야 한다. 용인시에는 500세대 이상의 아파트 단지가 103개에 달하기 때문에 기본적으로 상당수의 마을문고가 존재한다고 볼 수 있다. 그러나 용인시민신문에 따르면 마을도서관네트워크모임의 결성을 논의할 당시 용인 지역 약 50개 사립 마을문고 가운데 제대로 운영되는 곳은 20여 곳에 불과할 정도로 작은도서관의 존재나 역할이 크지 않았다. 작은도서관을 통해 도서관이 제공하는 기본적인 서비스 외에도 지역 문화활동의 구심점이 되려는 의지를 갖춘 일부 작은도서관들이 용도협 활동에 적극 참여하게 되었다.

용인시에 소재한 작은도서관에 대한 연구를 진행하면서, 전술한 바와 같이 용인시민신문을 중심으로 지역 신문들에 실린 작은도서관 관련 기사들을 살펴보면서 조사할 주요 내용을 뽑아 내었다. 그리고 용도협의 인터넷 카페에 올려진 자료들을 통해 용도협 활동들에 대한 정보를 수집했다. 다음으로 용인 지역에서 활발하게 운영되고 있는 작은도서관들을 찾아가서 관찰하면서 인터뷰를 진행했다. 총 6개의 도서관에 대한 조사를 진행했는데, 그중 4개가 용도협 소속 도서관들이었다. 그중에는 용도협 활동에 적극 참여하는 도서관도 있었고 그렇지 않은 도서관도 있었다. 그 도서관들의 대체적 특징을 살펴보면 〈표 5-1〉과 같다.

2005년에 개관한 도서관이 3개, 나머지는 2006년, 2009년, 2010년에 각각 개관했다. 2005년 말에서 2006년 초, '마을도서관네트워크모임'이 결성되던 무렵에 용인 지역의 작은도서관 중 제대로 운영되는 곳이 20여 곳에 불과했던 사정에 비추어 보면 본 연구에 포함된 도서관 4곳은 용인시에서 상당히 이른 시기에 개관한 곳이라고 할 수 있다. 신문기사를 비롯한 여러 경로를 통해 개관일을 확인할 수 있었던 도서관 중에서 2007년 이후로 개관한 것이 2/3 이상이었다.

규모면에서 보면, 면적상으로는 전술했던 작은도서관(문고)의 평균에 가까운 도서관이 4개이고, 나머지 2개는 이보다 훨씬 크다. 장서 수는 가장 적은 E도서관이 6,000권이고, 가장 많은 A도서관은 1만 3,000권에 달한다. E도서관이 개관한 지 2년이 채 되지 않은 점을 고려해 보면 모든 도서관이 상당히 많은 장서를 보유하고 있음을 알 수 있다. 아파트 단지에 위치하지 않은 C도서관을 제외한 나머지 도서관들은 단지의 전체 세대수를 감안하면 회원수가 많은 편이다. 작은도서

〈표 5-1〉 연구대상 개관

	A도서관	B도서관	C도서관	D도서관	E도서관	F도서관
개관일	2005. 4.	2005. 11.	2006. 4.	2005. 12.	2010. 5.	2009. 9.
면적 (평)	80	30	25	50	115	30
장서수	13,000	10,000	8,000	8,000	6,000	12,000
회원수 (단지 세대수)	1,100세대 (1,219세대)	650세대 (300/1,000 세대 이상)	560번(2011. 2. 이전에는 세대, 이후에는 개인)	600번대 (1,034세대)	230세대 (500세대)	600명 (513세대)
주당 시간	34시간	36시간	30시간	10시간	32시간	25시간
운영자	40명의 자원봉사자	25명의 자원봉사자	20명의 자원봉사자	10명의 성인, 6명의 청소년 자원봉사자	20명의 자원봉사자	1명의 유급 지킴이

출처: 필자 작성

관을 많이 이용하는 층이 유치원생, 초등학생과 그 엄마들인 것을 고려하면 단지에 거주하는 사람들만 회원이라고 생각하기 어렵다. 인터뷰에서도 A도서관이나 B도서관, F도서관 같은 경우에는 주변의 다른 단지나 다른 지역에서 도서관을 이용하는 사람들이 꽤 있다고 한다. 이용시간은 일주일에 5일에서 6일, 하루에 5~6시간인 도서관이 대부분이며, D도서관은 최근 들어 자원봉사자 부족으로 이용시간이 줄었다. 도서관을 운영하는 인력은 F도서관을 제외하면 전부 자원봉사자로 구성되어 있으며, 자원봉사자들의 대부분은 주부들이다. 전술했듯이 작은도서관이 공공도서관과 구별되는 점 중 가장 눈에 띄는 것이 사서의 존재 여부다. 공공도서관에는 반드시 3명 이상의 사서가 있어야 하는 반면 사서가 있는 작은도서관은 전무하다고 할 수 있다. F도서관의 경우에도 유급 지킴이가 있지만, 자격을 갖춘 사서는 아니며,

자원봉사자 모집이 되지 않아서 불가피하게 파트타임 지킴이를 고용한 것이다. 이들 작은도서관이 도시 공동체 형성과 연관되는 부분들에 대해 살펴보자.

2. 작은도서관의 개관 과정

300세대 이상의 아파트 단지에는 의무적으로 문고를 설치하게 되어 있기 때문에 A, B, D, E 도서관은 10평 이상의 면적, 1,000권 이상의 장서라는 문고의 기본 요건을 충족시키는 공간을 과거에도 가지고 있었다. 그러나 그 공간은 현재의 모습과는 큰 거리가 있고, 그 변화 과정에는 도서관을 발전시키고자 하는 주민의 열정이 포함되어 있으며, C도서관은 교회의 목사 사택을 개조했고, F도서관은 노인정 일부를 개조한 것으로서 개관 과정에서 많은 노력이 포함된 것이다.

A도서관은 2003년 8월에 입주를 시작했는데, 같은 해 11월에 '도서관을 만드는 사람들'이라는 모임을 결성하여 도서관을 만들 준비를 시작했다. 그 과정에서 소식지 발간, 도서관 운영 실무자 교육을 위한 도서관학교 수강, 예비초등생을 위한 책 읽기 교실, 어린이 도깨비 시장 개최(격월), 어른을 위한 동화모임, 마을 식물 알아보기, 아이들 그림 전시회 등의 다양한 활동을 전개했다. 한편 입주자대표회의 산하기구로 편입하고, 도서관 설립에 대한 주민 동의 얻기, 도서관 이름 짓기 주민 공모 등을 통해 도서관에 대한 주민의 관심을 끄는 한편, 2004년 7월에 마을문고를 임시 개방 형식으로 운영했다. 단지 내에서 많은 논의를 거쳐 어느 정도 합의를 이루었다. 입주자대표회의가 건설사와 협상을 통해 약 1억을 지원받아 80평이라는 넓은 공간을 리모델링하고 2,600권의 도서를 구입했다. 처음 문고를 만들 때 있었던 1,500권과 주민에게 기증받은 도서를 합쳐 총 5,000권을 구비했고, 열

〈그림 5-1〉 많은 장서를 갖춘 A도서관(왼쪽), 성인용 장서가 많은 F도서관(오른쪽)

람실, 자료보수실, 학습과 강의를 할 수 있는 공부방, 안내데스크 등을 갖추고 개관했다.

E도서관은 A도서관에 비하면 개관 과정이 비교적 순탄했다. 처음 문고로 예정되었던 공간에 더하여 어학실습실 용도로 만들어진 공간을 입주자대표회의와의 협의를 거쳐 도서관의 유아실로 개조했다. 시멘트로 되어 있던 바닥도 신발을 벗고 들어올 수 있도록 장판을 깔았다. 문고를 만들 때 시공사에서 준 장서 1,500권과 책장 3개, 탁자와 의자 등이 있었다. 처음 도서관 개관을 준비하면서 입주자대표회의에서 자원봉사자를 모집했을 때 3명이 지원했고, 개관하는 당일에 10여 명이 더 지원하여 도서관 운영이 가능하게 되었다. 도서관 운영에 대한 지식이 전혀 없던 E도서관 운영진들은 이웃에 있는 용도협 소속 도서관으로부터 많은 도움을 받았다.

B도서관은 아파트 단지에 사는 7명의 학부모가 모임을 만들면서 본격적인 개관 준비를 했다. 이들은 독서모임을 꾸리면서, 책을 통해 얻은 지식을 자연에서 체험하고 주민이 자주 이용하는 인근 산책로를 지키기 위한 '숲 체험 교실'을 마련하여 주민의 관심을 유도했다. 도서관 개관을 위해 매우 화요일마다 모임을 지속하면서 학부모설명회를 개최하고, 입주자대표회의 측과 예산안을 수립하여 도서관을 개관

하게 되었다. 도서관 개관 준비에 참여했던 H씨는 "학부모들이 다리품을 팔고, 후원을 받아 일군 도서관 곳곳에 정성이 배어 있다."라고 감격해 했으며, 초대 관장을 맡았던 P씨는 "주민의 자발적인 참여로 만들어진 도서관이 지역주민과 화합하고 나누는 공간으로 자리 잡아 지역문화의 구심점이 되길 바란다."라고 밝혔다.[8]

D도서관의 개관과 현재까지의 운영에서 큰 역할을 수행해 온 D씨는 2003년 현재의 아파트 단지로 이주한 이후 아이를 위한 도서관을 찾아다니게 되었다. 느티나무 도서관에 가 보고 감명을 받았지만, 버스를 타고 몇 정거장을 가야 하는 부담이 있었다. 원래 아파트 단지에는 문고가 만들어져 있었으나 운영할 인력이 없었기 때문에 문을 열지 못하고 있었다. 작은도서관을 제대로 만들어 보고자 하는 의지를 가졌던 D씨는 아파트 주민 10여 명과 함께 독서동아리를 만들었고, 이들의 노력으로 이미 아파트 단지에 만들어졌으나 운영할 인력이 없어 문을 열지 못하고 있던 문고를 도서관으로 개관하게 되었다.

F도서관의 경우는 좀 독특하다. 도서관 개관을 준비하고 주도한 사람은 노인회 회장이었다. 도서관의 필요성을 절감하고 있던 F씨는 몇 년간에 걸쳐 꾸준히 도서를 수집했다. 대체로 헌책으로 버려지는 것들을 모으고 기부를 받는 식이었다. 용인시와 경기도로부터 5,000여만 원의 지원을 받아 마침내 개관하게 되었다. 공간은 아파트 관리동 1층에 있던 남성용 노인정 자리였다. 운영도 노인회 주도로 이루어졌으나 제대로 되지 않아 급기야 입주자대표회의에서 운영을 맡기로 했다. 도서관 운영을 전담할 사람을 공모 형식으로 뽑아 월 50만 원 정도의 급여를 주면서 운영하고 있다.

---

8 2005년 11월 17일 『용인시민신문』 기사 중에서.

〈그림 5-2〉
C도서관의 외부 전경

C도서관은 다른 도서관들과 다른 특징이 있다. 위치상으로 아파트 단지가 아닌 소위 '고기리 유원지'로 불리는 지역에 있으며, 주변에는 아파트 단지뿐만 아니라 주택도 많지 않다. 그리고 교회에 속해 있다는 점도 다른 도서관들과 달랐다. 교회에 속한 상당수의 다른 작은도서관과는 달리 C도서관은 이용자 중 교인이 1/5이 채 되지 않고, 도서관 이용자의 대부분은 고기초등학교(한 학년에 한 학급만 있는 매우 작은 규모의 학교임)를 비롯한 교회 주변의 여러 학교에 다니는 학생들이며, 도서관 자체도 어린이도서관이란 명칭을 갖고 있다. 고기교회의 목사인 C씨는 교회 근처에 있는 고기초등학교 학생들이 도서관이 없어 어려움을 겪는 것을 보고(당시에는 초등학교에도 교내 문고가 없었음), 20명 정도의 학부모들과 어린이도서관을 만들기 위한 모임을 만들어 1년여에 걸친 준비를 했으며, 느티나무재단, 문예진흥원, 아름다운재단, 독지가 등의 도움을 받아 도서관을 꾸미고 장서를 마련했다. 교회에서는 공간을 제공하고 난방비와 전기료를 부담하고 있다.

6개 도서관의 개관 과정에서 두드러진 점은 자발적 주도자들과 지역주민의 협조를 들 수 있다. 작은도서관 대부분은 문고 형태로 공간이 마련되어 있는 상태였지만, 그것이 실제로 운영되기 위해서는 여러 가지 필요한 요소가 있었다. 그중 가장 중요한 것이 사람이다. 아파트 시공사에서 만든 문고는 법적 최소 기준만 충족할 뿐 도서관으로서 제대로 운영되기 위해서는 시설이나 장서 면에서 보충되어야 할 부분이 적지 않다. 도서관이 역할을 제대로 하는 데 필요한 시설이나 장서를 갖추기 위해서는 무엇이 필요하며 그것을 갖추기 위해서 어떤 절차가 필요한지를 찾아내고, 필요한 것을 얻기 위해 활동할 인원이 필요한데, 대부분의 도서관이 개관하는 과정에서 한두 명의 혹은 일군의 사람들[9]이 자발적으로 헌신하는 모습을 발견할 수 있다. 이들은 도서관 개관에 필수적인 주민의 관심과 지지를 받기 위해 다양한 활동을 전개했다.

그런데 작은도서관과 불가분의 관계에 있는 존재는 아이들(초등학교 저학년까지)과 그 부모들(특히 엄마들)일 것이다. 자녀가 초등학교에 재학 중인 주민들은 서로 동질감을 많이 느끼며, 놀이터를 교제의 장소로 이용하고 있는데(진미윤 · 이유미 · 김혜란, 2001), 이들이 바로 작은도서관에 대한 적극적 지지층일 것이라는 점을 예상하기란 어렵지 않다. 아무리 좋은 도서관이 있어도 가까이 있지 않으면 접근하기 어려운 어린 아이들은 아직은 비교적 학교나 학원 등에서 보내는 시간이 짧아 도서관을 많이 이용할 수 있다. 그리고 엄마들이 안심하고 아이들이 시간을 보낼 수 있는 공간 중의 하나가 도서관이라고 생각하기 때문에[10] 주민 중 작은도서관에 대한 확고한 지지층이 존재하는 것이

---

9 이들은 대부분 어린 자녀를 둔 주부들이다.

10 필자는 작은도서관에서 초등학교 저학년 아이들이 혼자 도서관에 와서 책을 보는 광경을 자주 목격할 수 있었다. C도서관에서는 아이들이 도서관에 책가방을 맡겨 놓고 도서관 주변에서 놀다가 들어와서 도서관 지킴이가 챙겨 주는 간식을 먹는 것을 볼 수 있었고(아이들을 위한 간식비가 상당히 많이 든다고 함), F도서관에서는 아이

다. 또한 필자가 조사했던 아파트들에는 비교적 젊은 부부들이 많이 있어 지지층이 널리 분포되어 있었다.[11] 어린아이를 가진 엄마들은 도서관 개관에서뿐만 아니라 운영에서도 핵심적 주체임을 다음에서 살펴볼 것이다.

3. 작은도서관의 운영

작은도서관이 설립되는 과정에서 주민의 폭넓은 지지와 자원봉사자들의 적극적 활동이 중요했고, 이것이 도시 내의 지역공동체 형성을 위해 가장 필요한 두 요소인 주민의 소속감 증진과 긴밀한 인간관계 형성의 계기를 제공한 것으로 볼 수 있다. 여기에 도서관 운영이라는 부분이 합쳐지면 작은도서관은 사람들이 접촉하고 긴밀한 관계를 형성할 수 있는 장이 되는 것이며, 도서관의 지속적 운영을 통해 지역공동체 형성이라는 흐름이 유지될 수 있을 것이다. 따라서 작은도서관의 운영을 도시 지역공동체 형성이라는 각도에서 살펴보고자 하는 것이 이 글의 목적이다. 도서관 이용 패턴과 도서관 프로그램이라는 두 측면에 초점을 맞추고자 한다.

아이들이 유치원이나 학교를 마치고 집으로 돌아오면 엄마들이 아이들을 데리고 같이 도서관을 오거나, 아이들이 혼자 도서관을 찾기도 한다. 아이와 엄마가 같이 도서관에 와서 아이는 아동용 책을, 엄마는 성인용 책을 읽기도 하지만, 아주 어린 아이들을 데리고 와서 책

들이 와서 자기가 언제 학원에 가야 하니까 시간이 되면 알려 달라고 도서관 지킴이에게 부탁하는 것을 볼 수 있었다. 인터뷰 중에도 엄마들이 방과 후에 집에 있을 수 없을 때 아이들에게 도서관에서 시간을 보내도록 하는 경우가 매우 많다고 했다.

11 아파트 단지에서 작은도서관을 통해서 사람들이 쉽게 모이고 결속력이 형성되는 사례들에 대해서도 이미 연구된 바 있다(예를 들면 김기현, 2003; 이혜경, 2007).

〈그림 5-3〉 B도서관(왼쪽)과 E도서관(오른쪽)의 유아 공간

을 읽어 주는 경우도 많은 것 같다. B도서관과 E도서관이 유아들을 위한 공간을 따로 마련한 것도 이런 수요를 반영한 것이다. 그리고 아이들이 혼자 혹은 친구나 형제와 같이 도서관에 와서 책을 읽거나 노는 경우도 많은 것 같다. 개관 시간 중에 아이들이 혼자서 도서관을 찾는 광경을 종종 목격할 수 있었고, 이것은 인터뷰를 통해서도 확인할 수 있었다. 그러나 가장 흔한 패턴은 엄마만 도서관에 와서 책을 대출해 가는 것이다. 자신이나 남편이 읽을 책을 대출하기도 하지만, 아이들이 읽을 책을 대출하는 것이 대부분이다.

도서관 운영에 있어서 아동들이 가장 중심이 되는 것은 사실이지만, 성인들을 이용자로 포섭하려는 노력 또한 계속되고 있다. 예를 들면 A도서관의 경우 장서 1만 3천 권 중 약 2/3가 성인용 도서이고, 금요일에는 오후 10시(평소에는 오후 6시)까지 연장 개관하여 성인들, 특히 직장인들이 도서관을 직접 찾을 수 있도록 배려하고 있다. B도서관이나 D도서관도 장서의 1/3 이상은 성인용 도서이고, 비교적 최근에 생긴 E도서관은 성인용 도서의 수는 많지 않으며, 평소 이용시간은 오전 10시부터 오후 5시까지이지만, 수요일에는 오후 7시부터 9시까지 다시 문을 연다. F도서관은 장서의 2/3 이상이 성인 도서이고, 지킴이에 따르면 정기적으로 도서관을 이용하는 성인의 수도 꽤 된다고 한다.

작은도서관들에서 회원증 혹은 대출증을 만든 사람은 수백 명에 달한다. 하지만 실제로 자주 이용하는 사람들의 수는 그에 비하면 적다. 자주 이용하는 사람들은 도서관을 매개로 서로 얼굴을 익히고 대화를 나누고 관계를 발전시켜 나간다. 특히 신학기가 되면 도서관에서 만난 주부들이 서로 정보교환도 하고 얼굴을 익히는 광경을 흔히 볼 수 있다. 이들은 학교 관련 정보에 그치지 않고 지역사회에 대한 정보나 세상 돌아가는 이야기를 서로 나누게 된다. 이렇게 도서관을 자주 이용하는 사람들은 자신들끼리도 그렇지만 도서관 자원봉사자들과 친분을 쌓게 되고, 나중에 스스로 자원봉사를 하게 되기도 한다.

자원봉사자(도서관 지킴이)는 작은도서관 운영을 책임지고 있는 핵심이다. 도서관 개관을 준비하는 과정에서 자발적으로 활동하던 사람들이 자연적으로 도서관 지킴이로 연결되어 운영진의 중심이 되고 그 외에 도서관에 관심이나 애정을 가진 사람들이 합류하게 된다. 특히 도서관 개관의 준비는 매우 힘들고 많은 시간을 들여야 하는 부분이므로 그 과정을 같이 겪은 사람들 사이에는 특별한 유대가 생기기도 한다. A도서관이 1년여에 걸쳐 개관 준비를 하면서 벌였던 여러 활동에 대해 언급한 바 있지만, D도서관의 경우에도 개관 준비를 하면서 많은 어려움을 겪었다고 한다. 처음에는 시공사에서 문고의 기준에 맞게 마련한 공간은 콘크리트 바닥에 3개의 서가 1,000권의 책이 전부였다. 거의 2년 동안 죽어 있던 이 공간을 작은도서관으로 살려 내기 위해 1년에 걸쳐 준비했는데, 입주자대표회의에서 지원해 준 것은 컴퓨터와 도서관리 소프트웨어가 전부였다. 독서모임에서 시작된 도서관 준비 모임에 함께했던 10명 정도의 주부들은 주변에서 버려지는 가구들을 주워 공간을 채웠는데, 그 과정에서 남편들의 도움을 받기도 했다. 도서를 분류하고 라벨을 만들어 붙이는 일 또한 많은 시간과 노력을 필요로 하는 것이었다. 때때로 집안일을 팽개친 채 밤 늦게까지 도서관에서 일하기도 했다. 자연히 자녀들도 도서관에서 많은 시간을 보내면서 도서관에 대한 애정을 가지게 되었고, 청소년이 된 후에는 스스로 도서관에서 자원봉사를 하기도 한다. 초창기 자원봉사자 중 한 사람은 남편 직장 때문에 충청도로 이사를 했는데, 아직도 도서관과 인연을 유지하고 있다. 현재 청소년기자단이 중심이 되어 신문을 만들기 시작했는데, 자신의 자녀가 한 달에 한 번씩 도서관에 와서 모임에 참석하고, 신문 제작에 참여하고 있을 정도로 도서관에 대한 깊은 애정을 가지고 있다.

이후 충원되는 자원봉사자들은 도서관을 열심히 이용하면서 자신이 받은 혜택을 조금이라도 되돌려 주고자 하는 생각을 하고 있으며, 기존의 봉사자들과 안면이나 친분이 있는 경우가 많다. 어느 정도 도서관에 익숙하더라도 막상 자원봉사자로 일하기 위해서는 도서관 운영 체계를 익혀야 하고, 자신에게 배당된 시간을 정확히 지켜 도서관에 나와 있어야 한다. 또한 자체 회의에도 참석해야 한다. 자신에게 배당된 시간에는 도서관 청소나 정리, 도서의 대출과 반납 외에도 새로 들어온 도서가 있을 경우에는 분류, 라벨 출력과 붙이기 등의 작업을 한다. 이런 여러 가지 활동을 통해서 자원봉사자들 사이에 활발한 상호작용이 일어나고 친밀한 관계가 형성된다. 이 관계는 도서관 밖으로 연결되기도 한다. A도서관의 A씨에 따르면 자원봉사자들 혹은 그중 일부가 뭉쳐 한지공예와 비누 만들기도 같이 하며, 미술도 하고, 플루트도 배우러 다닌다. B도서관의 경우에도 자원봉사자들이 같이 중국어를 배우고 등산을 가기도 한다. 이런 사정은 다른 도서관도 비슷하다.

어려운 여건 속에서 도서관을 시작하고 운영해 나가는 데 가장 중심 역할을 하는 것은 자원봉사자들이며, 이것이 작은도서관의 가장 눈에 띄는 점 중의 하나일 것이다. 문헌정보학 전공자나 사서 자격증을 가진 사람이 아무도 없는 상황에서 그들은 먼저 개관한 도서관이나 용도협, 용인시도서관의 도움을 받아[12] 도서를 분류하고 라벨을 만들고 붙여서 정리하는 등 도서관 운영 노하우를 익히면서 도서관을 운영해 나간다. 작은도서관이 잘 운영되도록 힘을 보탬으로써 지역사회를 위해 봉사한다는 자세를 가진 사람들이 긴밀한 관계로 엮여 있는 자원봉사자 집단은 도서관 운영의 면에서 전문성은 떨어지지만, 그것을 상쇄하고도 남을 만큼의 열정과 노력이 있고, 그 점이 바로 작은도서관의 힘이라고 생각된다. 이런 점에 대해 인터뷰를 하면서 B도서관 관장인 B씨는 도서관 운영의 어려움을 토로하며 양가적인 감정을 드러냈다. 만약 예산이 허락한다면 도서관에 상근하는 전문 사서가 있으면 좋겠다고 했다가도, 만약 그렇게 된다면 자원봉사자들의 활동이 위축되고 급기야 사라질 것 같다고 하면서, 그렇게 되면 작은도서관의 존재 의의가 훼손될 것이라고 했다.

도서관에 찾아와서 책을 읽고 대출하고 반납하는 도서관의 가장

---

12 용인시도서관이 작은도서관을 대상으로 펼치는 지원사업은 크게 세 가지로 분류된다.
① 조성지원 사업: 물리적 시설 확충 지원. 문화부나 경기도와 시가 매칭펀드 형식으로 지원(아파트 단지에 설치된 사립 작은도서관은 2009년부터 지원대상에서 제외). 단, 공공성을 확보해서 10년간 운영을 보장하는 곳은 지원대상이 됨.
② 운영지원 사업: 시설이나 운영비를 제외하고 책이나 서가 구입에 사용할 수 있는 자금. 평균 10군데 정도 지원했고, 작년과 올해에는 20여 군데 지원. 작년에는 한 도서관당 500만 원씩, 올해에는 등급에 따라 300만 원에서 700만 원까지 차등 지급. 올해에는 작년에 지원받지 못한 도서관 우선 지원 계획. 아파트 단지 내 작은도서관에 지원할 경우 곤란한 문제가 도서관에 직접 보조금을 줄 수 없고, 입대위를 통해야 한다. 그런데 도서관과 입대위는 지속적인 갈등관계에 있음.
③ 인력지원 사업: 문화부에서 실시하는 순회사서 제도. 한 사서가 몇 군데를 순회하면서 교육이나 지도 등 필요한 지원을 제공.
여기서 용인시도서관의 도움이라고 한 것은 주로 인력지원 사업으로서, 순회사서의 도움으로 많은 것을 배우고 이전에 잘못되었던 부분을 바로잡을 수 있었다는 이야기를 여러 도서관에서 들을 수 있었다.

기본적인 기능 외에 작은도서관들은 여러 가지 프로그램들을 기획 운영하고 있다. 프로그램은 크게 두 가지로 나눌 수 있는데, 하나는 도서관 이용자를 대상으로 한 것이고, 다른 하나는 지역주민을 중심으로 도서관 이용자가 아닌 사람들을 포함하는 넓은 범위의 사람을 대상으로 한 것이다. 전자에 해당하는 것으로는 동화책(영어 동화책 포함) 읽어 주기, 영상동화 상영, 자원봉사자 야유회, 영화상영, 여름캠프, 다양한 배움 프로그램 등이 있다. 한 명의 유급 지킴이가 도서관 운영을 전담하다시피 하는 F도서관을 제외한 모든 도서관이 이런 프로그램을 운영하고 있다.

모든 도서관이 공통으로 하고 있는 것은 영화상영이다. 가족(주로 아이와 엄마)이 함께 볼 수 있는 영화를 선정하여, 한 달에 한 번 또는 두 번 도서관에서 상영하는데, 평소에 도서관을 이용하는 사람들이 주로 관람하고, 아빠들의 참여는 매우 적다. 영상동화란 그림책을 디지털카메라로 촬영해서 컴퓨터 프로그램을 이용해 내레이션과 더불어 빔프로젝터로 상영하는 것인데, 현재도 A, B, C, D 도서관에서 하고 있거나 이전에 했었다. 영상동화를 제작하는 작업은 자원봉사자(지킴이)들이 배워서 하기도 하지만 편집, 낭독, 상영 등은 아이들에게 맡기기도 한다(C도서관). 생태체험, 천문캠프, 평화교육 등은 외부에서 강사를 초청하여 이루어지고, 도서관 자원봉사자들이 종이접기, 책만들기 등을 가르치기도 한다. 용도협 주최로 매년 인형극 축제가 벌어지는데, 여기에 참여한 것을 계기로 C도서관에서는 매년 학기 초에 인형극단을 조직한다. 그리고 스토리 만들기, 인형제작, 공연연습 등을 몇 개월에 걸쳐 진행한다. 이런 프로그램들이 주로 아동을 대상으로 한 것이라면, 성인 대상의 프로그램들도 있다. 영화상영의 경우 A도서관에서는 두 달에 한 번씩 평일 오전에 성인용 영화를 상영한다. 그 외 한지공예, 비누공예, 리본공예, 중국어, 일본어 등을 배우는 프로그램을 운영하고, 도서관 내 동아리처럼 엄마들의 독서모임(성인용 도서, 아동용 도서 포함)도 있다. 이런 다양한 프로그램은 지역주민 누구나 참여할 수 있도록 되어 있지만, 도서관의 자원봉사자를 포함한 이용자들이 주로 참여한다.

넓은 범위의 사람들을 대상으로 한 프로그램으로 모든 도서관이 하는 것이 청소년 자원봉사자 교육 및 관리다. 청소년들이 작은도서관에서 봉사 점수를 획득할 수 있기 때문이다. 방학 때 청소년들이 도서관에서 봉사할 수 있도록 교육 관리하는 것은 사실 도서관 운영에 도움이 되기보다는 부담이 되는 경우가 많지만, 지역사회에 대한 봉사의 차원에서 이 프로그램을 운영하고 있다.

다음으로는 바자회를 들 수 있다. A도서관은 도서관 개관을 준비하는 과정에서 격월로 도깨비시장을 열었다. 도깨비시장은 어린이들이 자신들이 사용하던 물건에 스스로 값을 매겨 팔고, 간식을 사 먹을 수 있는 장터를 여는 것이다. 지역주민이 함께하는 분위기를 조성하고 도서관에 대한 관심을 환기할 뿐만 아니라 아이들이 판매수익금의 10%를 자발적으로 도서기금 후원금으로 내어놓음으로써 아주 적지만 도서관에 대한 실질적 도움도 되고 공동체문화를 조성하는 데에도 일조를 했다. A도서관은 지금도 일 년에 두 차례 도깨비시장을 열고 있다. D도서관도 도서기금과 도서관 책장 마련을 위한 바자회를 여러 번에 걸쳐 열었다. 한편 C도서관은 매년 작은 음악회를 개최하고 있다. 원래 교회에서 개최하던 것을 이어받아서 지역의 아마추어 음악가들을 초청해서 음악회를 열고 있다. 2011년에는 음악회에 찾아온 사람들에게 치약, 비누, 수건, 샴푸 등 생필품을 가져오도록 해서 지역에 있는 고아원에 기증했다.

작은도서관의 다양한 프로그램은 지역의 문화적 활동의 구심점 역할을 수행하고 있다. 물론 프로그램 참가자 대부분이 도서관 이용자, 특히 아동들이라는 점은 문화적 구심점으로서 작은도서관의 역할이 그다지 크지 않다고 볼 수 있는 부분이다. 그러나 도서관이 서비스하는 지역에 다른 문화 프로그램이 존재하지 않고, 지역주민 누구나 프로그램에 참여할 수 있다는 점에서 문화적 구심점으로서 도서관이 어느 정도 역할을 하고 있다고 볼 수 있다. 만일 도서관이 지역의 문화적 구심점이 되지 못한다면, 이는 오히려 도서관이 제공하는 프로그램을 적극 활용하지 않고 있는 주민으로 인해 발생한 문제일 것이다.

자원봉사자로 이루어진 운영진의 딜레마도 작지 않은 것 같다. 우선 기본적으로 여타 기관에서 유료로 이용할 수 있는 프로그램들을 위한 장소로 도서관이 이용되는 것은 작은도서관의 기본 취지에 어긋난다고 생각해서 피하고 있다. 그러다 보니 프로그램 진행을 위해 필요한 실비만 받는 자원봉사자 혹은 지역주민으로 진행자가 제한되는 한계가 있다. 또한 프로그램 기획, 진행자 섭외, 참여자 모집 등의 활동도 도서관 운영을 전담하는 자원봉사자들이 할 수밖에 없는 상황이다. 따라서 도서관의 기본적 업무 수행도 버거운 상황에서 다른 문화 프로그램 운영은 상당한 부담으로 작용한다. 이 점은 작은도서관이 도서관의 울타리를 벗어나서 지역사회와 적극 상호작용할 수 있는 여러 가지 활동을 벌이는 데에 커다란 한계가 된다.

4. 작은도서관을 통한 주민의 네트워크 형성

앞에서 살펴본 용인시의 작은도서관 사례들이 도시의 지역공동체 형성에 기초가 되는 주민들 사이의 관계 형성에 어떤 역할을 하며, 그 결과는 어떠한지를 정리하면 다음과 같다. 작은도서관을 매개로 맺어지는 인간관계는 거미줄 모양에 가까운 네트워크를 형성한다. 즉, 중심부에는 작은도서관의 자원봉사자 집단이 위치한다. 이들은 도서관의 개관과 운영에 참여하면서 긴밀한 관계를 형성한다. 이들은 도서관에서 이루어지는 일상적 업무뿐만 아니라 다양한 프로그램의 기획과 운영, 월례회의, 워크숍이나 야유회 등을 통해서 잦은 접촉과 공감대를 바탕으로 서로 밀접한 관계를 형성, 유지한다. F도서관을 제외한 모든 도서관에서 이런 모습을 확인할 수 있다.

네트워크의 중간 부분에는 작은도서관 이용자들이 위치한다. 도서의 열람과 대출, 도서관 프로그램 참여 등을 통해서 도서관 이용자들은 서로 접촉하고 관계를 형성해 간다. 도서관 이용 빈도가 높은 사람들일수록 서로 간의 관계가 긴밀할 뿐만 아니라 도서관 자원봉사자들과도 친밀한 관계를 형성한다. 이렇게 도서관 이용을 통해 가까워진 사람들이 도서관 밖에서의 활동들, 예를 들면 학교에서의 봉사, 취미활동 등을 함께하는 경우도 종종 있다. 도서관 운영이 충실하게 이루어지고 있는 6개 사례 도서관에서 이러한 관계 형성을 확인할 수 있었다. 그러나 F도서관의 경우 자원봉사자 집단이 존재하지 않음으로써 이용자들 사이의 관계 역시 느슨한 경향을 발견할 수 있었다. 자원봉사자들과 이용자들이 정기적으로 만나는 독서모임이 이루어지고 있는 A, C, D 도서관과 같은 경우에 자원봉사자로 이루어진 중심부와 큰 차이 없이 네트워크가 연속되고, 그러므로 상대적으로 중간 부분의 관계가 조밀하다.

네트워크의 외곽에는 작은도서관 외부의 지역주민이 위치한다. 도서관의 운영과 직간접적으로 관련이 있는 집단은 C도서관을 제외하고는 입주자대표회의인데, 작은도서관과 입주자대표회의는 대체로 긴장과 협력의 관계를 맺고 있다. 그러나 이 관계는 도서관 중심의 네트워크와는 약간 거리가 있는 것 같다. 네트워크의 중심과 중간 부분에서 연결되는, 그러나 도서관 이용은 잘 하지 않는 지역주민이 네트워크 외곽에 자리 잡은 사람들이라고 할 수 있다. 바자회나 음악회를 개최하고 부녀회와 입주자대표회가 주관하는 활동에 참가함으로써 지역주민과의 접촉을 증대시키고, 도서관에 대한 지지를 확보하려는 노력을 열심히 해 온 A, C, D 도서관이 비교적 튼튼한 외곽을 형성하고 있는 것으로 볼 수 있다.

작은도서관을 중심으로 형성되는 지역 내 인간관계를 위와 같이 세 부분으로 구성된 네트워크로 보았을 때, 자원봉사자 집단을 중심으로 하여 퍼져 나가는 네트워크가 중간 부분과 외곽의 지역사회에까지 잘 연결된 사례는 A도서관인 것 같다.[13] B도서관은 네트워크의 중심과 중간은 튼튼하게 형성된 반면, 외곽 부분은 느슨한 것 같으며, E도서관도 비슷한 모습을 보여 준다. 이에 비해 D도서관은 중심 부분이 좀 약한 모습을 보인다. 도서관 이용시간이 주당 10시간밖에 되지 않는 것은 그만큼 중심 부분이 튼튼하게 형성되지 못했다는 것을 반증하며, 이 도서관의 역사를 살펴보면 이런 상황은 일시적으로 발생한 것으로 추정할 수 있다. D도서관은 개관을 위해 함께 노력했던 사람들이 아직 자원봉사자로 활동하고 있고, 독서모임도 꾸준히 이루어지고 있어 네트워크의 중심 부분이 다시 확대되고 튼튼해질 가능성이 매우 크다. 현재 상태에서 가장 큰 문제는 도서관의 운영 방향에 대한 합의가 자원봉사자 사이에서 잘 이루어지지 않고 있는 것이다. 즉, 용도협의 설립 회원이었고 계속해서 지역사회를 아우르는 방향으로 꾸준히 활동해 왔지만, 최근에 운영진에 합류한 일부 자원봉사자들은 이러한 지향에 동의하지 않고 있으므로 중심부에 균열이 발생한 것으로 볼 수 있다. 이에 반해 B도서관도 용도협의 초창기 회원이지만 용도협에서 지향하는 활동보다는 도서관으로서의 일상적 업무에 집중하

13 C도서관도 네트워크의 형성은 잘 되어 있으나, 분명한 경계가 있는 지역을 설정하기 어렵기 때문에 본 연구의 주제인 지역공동체 형성과는 어느 정도 거리가 있다.

는 모습을 보여 준다. 이런 방향 설정이 자원봉사자들의 동의하에 이루어졌기 때문에 네트워크의 중심부는 잘 형성되어 있지만, 상대적으로 외곽이 허약한 모습을 보여 준다. F도서관은 한 사람의 고용된 직원에 의해 운영되기 때문에 도서관으로서의 운영에는 충실하지만, 앞의 두 사례와 달리 도서관을 매개로 하는 네트워크에서 중심 부분과 외곽 부분은 제대로 형성이 되어 있지 않은 상태다. 그럼에도 도서관 이용자들 사이의 네트워크는 형성이 되어 있는 상황이다.

작은도서관의 설립과 운영을 마을만들기의 맥락에서 바라볼 때 중요한 지점은 관과의 협력이다. 건축법에 따르면 300세대 이상의 공동주택단지에는 문고를 설치하게 되어 있기 때문에 의무적으로 설치된 문고 중에는 거의 활용되고 있지 않은 곳도 상당수 있지만, 주민의 적극적 참여로 작은도서관으로 발전하는 곳도 많아서 작은도서관의 확산에는 법적 지원이 있다고 볼 수 있다. 문고가 작은도서관으로 발전하는 과정에서 또는 작은도서관이 시설을 개선, 확충하기 위해서는 문화체육관광부나 경기도의 지원을 받을 수 있다.[14] 또한 2011년에는 용인시립도서관에서 지원하는 작은도서관에게 일괄적으로 운영자금을 지원했고, 2012년에는 전년도 운영성과에 대한 평가를 통해서 차등 지원을 한다고 했다. 용인시립도서관은 또한 작은도서관의 설치와 운영에 관한 안내와 지도를 한다. 그리고 장서 구입비 부족으로 어려움을 겪는 작은도서관을 지원하기 위해서 300권의 장서를 3개월 단위로 대여하는 순회문고를 운영하기도 한다. 작은도서관의 가장 큰 약점 중의 하나는 대부분의 도서관에 전문 사서가 없다는 것인데, 이를

14 조사 과정에서 이런 지원을 받아서 시설을 리모델링한 작은도서관을 직접 찾아가기도 했고, 그에 관해 이야기를 듣기도 했다. 그러나 최근에는 아파트 단지 내에 설치되어 있는 작은도서관은 아파트 주민을 위한 사적 공간으로 보고 더는 공적 지원을 하지 않는다고 했다.

보완하기 위해서 문화체육관광부에서는 순회사서제도를 운영하고 있다. 한 명의 사서가 너댓 군데 작은도서관을 순회하면서 일주일에 한두 번 방문해서 도서관 운영에 필요한 교육과 지도를 자원봉사자에게 실시하는 것이 순회사서다. 2010부터 꾸준히 실시하고 있는 이 제도는 자원봉사자들에게 큰 호응을 받고 있다.

주민들의 자발적 노력과 행정적 지원이 결합된 작은도서관은 도서관의 설립과 운영에서 주도적 역할을 담당하고 있는 자원봉사자 집단을 핵으로, 외부로 뻗어 나가는 거미줄 모양의 인간관계를 형성함으로써 지역공동체 형성의 밑거름이 된다. 이것은 작은도서관이 도서관 본연의 역할에만 충실한 경우에도 달성할 수 있다. 도서관의 자원봉사자를 비롯한 이용자들을 대상으로 한 여러 가지 프로그램이 결합되어 관계의 네트워크는 더욱 튼튼해지고, 여기에 도서관 이용자 외의 지역주민까지 포괄할 수 있는 프로그램이 더해질 때 작은도서관은 마을만들기의 거점, 도시공동체 형성의 주역으로 자리매김된다.

Ⅳ. 조합형 교육단체와 도시공동체

주민들 사이의 긴밀한 인간관계를 바탕으로 지역공동체가 만들어지는 것은 마을만들기 사업의 성공과 지속을 위해 핵심적인 요소일 뿐만 아니라 사업의 형태로 드러나지 않는 도시의 많은 문제를 해결하기 위해 중요한 요소이기도 하다. 앞에서는 작은도서관을 중심으로 주민의 인간관계가 형성되고 확장되는 사례를 살펴보았다. 이처럼 도시 지역에서 주민 사이에 인간관계의 네트워크가 형성되는 데 중요한 역할을 하는 장으로 협동조합 방식의 공동육아가 있다.

필자는 2년간 공동육아 방과 후의 협동조합활동을 한 경험이 있다. 당시 조합원들의 끈끈한 인간관계를 바탕으로 하나의 공동체적 조직이 만들어지고 운영되는 것을 목격했다. 이러한 공동체적 조직이 확산되어 성미산 마을이라는 한국의 대표적 공동체가 형성되었음은 주지의 사실이다. 따라서 공동육아 협동조합을 중심으로 지역공동체가 형성된 사례를 찾으려고 했고, 수원의 칠보산 공동체를 만나게 되었다. 이 공동체는 널리 알려져 있지 않지만, 도시의 지역공동체에 대한 연구의 사례로 적절하다고 판단하여 연구대상으로 선택했다.

칠보산 공동체는 육아와 교육이 중심이 되어 자발적으로 형성된 공동체다. 즉, 공동육아 어린이집과 방과후, 그리고 대안초등학교에 아이를 보내는 학부모들이 조합형 교육/육아 단체의 운영을 위해 긴밀한 관계를 맺고 그 관계가 다양한 다른 활동들을 이끌어 내어 삶의 여러 영역에 걸친 공동체를 형성하게 된 것이다. 이 공동체가 형성되어 온 과정과 현재 운영되고 있는 모습, 그리고 그 안에서 구성원들의 활동과 생각 등을 살펴볼 것이다. 또한 성미산 마을과의 비교를 통해 칠보산 공동체의 현재와 미래를 가늠하는 시도를 할 것이다.

1990년대 중반에 시작된 협동조합방식의 공동육아 어린이집은 그동안 학계로부터도 상당한 관심을 끌어왔다. 한국교육학술정보원의 검색 서비스에서 공동육아를 주제어로 입력하니 학위논문 185편, 국내학술지논문 95편이 검색되었다. 그런데 그중에 정작 공동육아와 직접 관련된 논문은 각각 약 50편씩이 있었다. 단행본도 여러 권 있다. 공동육아 협동조합은 그 운영에 있어서 조합원들이 주도권을 가지고 있을 뿐만 아니라 중요한 결정들을 조합원 회의를 거쳐 결정하게 된다. 따라서 수많은 회의를 통해 민주적 의사결정 과정을 경험하게 되며 조합원들이 자주 접촉하게 된다. 그리고 어린이집의 경우 아이들이 어리기 때문에 터전 청소와 나들이 등에 적극 참여하게 된다. 따라서 조합원들 사이에 인간관계가 긴밀해지고 명실상부하게 공동으로 아이를 키우게 된다. 또한 교육 과정이나 여러 가지 활동을 통해 생명, 평등, 공동체성 등이 중요하게 고려되며, 아동뿐만 아니라 부모들도 이러한 가치를 습득할 것이 요구된다.

공동육아 협동조합 어린이집이나 방과후를 하나의 공동체로 볼 수 있다는 점에 대해서는 연구자들이 대개 동의하고 있다. 협동조합 방식의 운영 시스템과 교육 과정을 통해서 학부모들이 서로 긴밀한 관계를 맺게 되고, 고유의 문화를 공유하는 독자적 공동체의 성원으로서 정체성을 갖게 되는 것을 알 수 있다. 그런데 이 공동체의 성원들이 지역사회와 어떤 관계를 맺으려 하고 자신들의 공동체성을 확산하려는 의지가 있느냐는 별개의 문제인 것 같다. 조합 밖의 이웃과의 공동체성 형성 노력이 미흡하다는 연구결과도 있지만(류경희 · 김순옥 2001), 이웃과의 활발한 교류를 통해 공동체성 확산에 성공한 사례도 있다.[15] 이 절에서는 칠보산 공동체 내의 성원들이 지역 내 이웃과 어떻게 교류하고 자신들의 공동체성을 확산하려는 노력을 어떻게 기울이고 있는지 살펴볼 것이다.

칠보산 공동체가 속한 지역을 간단하게 소개하면 다음과 같다. 수원시는 경기도 중남부에 위치한 도청소재지로서 2013년 9월 30일 기준으로 43만 7,225세대에 114만 1,456명이 거주한다. 동쪽으로는 용인시, 서쪽으로는 안산시, 남쪽으로는 화성시, 북쪽으로는 의왕시와 접하고 있으며, 서울 근교의 최대 도시다. 4개 구와 39개 행정동, 그리고 56개 법정동이 있는데, 칠보산 공동체는 권선구에 속해 있으며, 행정동으로는 금호동, 법정동으로는 금곡동과 호매실동에 걸쳐 있다. 권선구는 수원시의 남서쪽에 위치하고 전답이 많은 지역이며, 인구밀

15 대표적인 것이 성미산 마을로서 이경란(2006)에 잘 나타나 있다.

도 역시 낮은 편이다. 금호동의 경우 인구는 약 5만 3,000명이고 인구밀도는 5,996명에 불과하며,[16] 특히 이 글에서 가장 핵심적 지역인 엘지빌리지는 칠보산 기슭의 전답 가운데 외따로 떨어진 아파트 단지다. 이러한 환경적 요인이 칠보산 공동체의 성격에 일정 정도 영향을 미치고 있다.

2012년 가을에 금호동 일대에 있는 칠보산도토리교실, 칠보산자유학교, 엘지빌리지 단지 등을 돌아보고, 칠보산 공동체에 대한 소개를 받았다. 한국 도시의 지역공동체 형성에 관한 연구의 사례지역으로 수원 칠보산 공동체를 선택한 이후 2013년 2월부터 현지조사에 착수했다. 칠보산마을신문과 칠보문화놀이터의 운영을 책임지고 있는 D씨를 가장 먼저 면담한 이후 틈틈이 금호동 지역을 방문하여 칠보산 공동체에서 주요 역할을 하는 인물들과 심층면담을 수행했으며, 10월 초에는 칠보산 공동체의 교육과 육아 단체 구성원들을 대상으로 95부의 설문지를 배부해서 53부를 회수했다. 이 설문조사는 엄격한 통계적 기법에 의한 샘플링과 분석을 목적으로 한 것이 아니라, 소수 인원과의 심층면담 자료를 보완할 목적으로 성원들의 대체적 의견을 알아보고자 실시되었다. 그 외에 칠보산 공동체에 대한 신문기사와 리포트, 통계자료 등을 참고했다. 칠보산과의 비교 대상으로 선정된 성미산 마을은 워낙 유명해서 관련 자료가 매우 풍부했는데, 성미산 마을에 대한 저서와 논문을 주로 참고했고, 성미산 마을을 답사하기도 했다.

---

16 수원시의 인구밀도는 9,432명/km^2이며, 권선구의 인구밀도는 7,012명/km^2다.

1. 칠보산 공동체의 성립과 성격

칠보산 공동체는 수원시 권선구에 위치한 칠보산 자락의 금호동[17] 지역에 자리한 교육과 육아를 위한 단체들을 중심으로 형성된 공동체를 이른다. 이 공동체에 속한 단체는 사이좋은어린이집(서수원 공동육아협동조합), 칠보산어린이집(칠보산 공동육아협동조합), 사이좋은방과후(서수원 교육문화공동체), 칠보산자유학교, 칠보산 청소년교육문화나눔터 둠벙, 칠보산 청소년 방과후 지역아동센터, 칠보산도토리교실, 칠보산 마을신문, 꿈꾸는 자전거, 칠보문화놀이터, 한살림, 칠보농악전수회를 비롯한 각종 동아리, 민들레 읽기 모임 등 각종 독서 모임 등이다. 이 단체들 중 가장 핵심은 두 개의 어린이집, 방과후, 그리고 자유학교다.

칠보산 공동체의 시작은 2001년 '사이좋은어린이집'의 개원이었다. 기존의 어린이집이나 유치원에 보내는 것이 마땅치 않았던 몇몇 주부들이 마포나 과천에서 운영되던 공동육아의 이야기를 듣고, 공동육아연구원(현 공동육아와 공동체교육)에 출입하면서 정보를 수집했다. 현직 교사였던 B씨를 중심으로 몇 명의 교사가 이 주부들과 뜻을 모으면서 공동육아를 시작하게 되었다. 금곡동에 위치한 엘지빌리지 거주자가 중심이 되었지만, 조합원을 모집하자 수원 영통이나 안산, 인근 다른 지역에서도 사람들이 왔다. 이렇게 어렵게 어린이집을 개원하여 운영했는데, 1년이 지나자 어린이집을 졸업한 아이들이 일반초등학교에 진학하게 되면서 그 아이들을 중심으로 방과후를 시작하게 되었다. 이것이 '사이좋은방과후'인데, 이 역시 협동조합 방식으로

17 금호동은 행정단위이고, 주민자치센터의 단위이기도 한데, 법정동으로는 금곡동과 호매실동으로 나뉜다. 엘지빌리지는 약 3,200세대로 금곡동에 위치하고 있으며, 주위에 새로운 아파트 단지 공사가 한창 진행 중이다. 호매실동은 오래된 연립주택과 단독주택, 소규모 상가들이 밀집해 있는 구시가지로서 상대적으로 낙후되어 있다.

〈그림 5-4〉 칠보산자유학교 외관(왼쪽)과 교실 내부(오른쪽)

운영했다. 처음에는 조합원 중 한 사람의 집에서 시작했고 노인정 공간을 빌리기도 하다가 나중에 별도의 공간을 마련하게 되었다.

당시에 공동육아 어린이집을 졸업한 아이들에게는 세 가지 진로가 있었다. 첫째는 일반초등학교에 다니면서 공동육아의 테두리를 완전히 벗어나는 것이다. 둘째는 일반초등학교에 다니면서 공동육아 방과후를 다니는 것이다. 셋째는 다른 지역에 있는 대안초등학교로 진학하는 것이다. 그런데 두 번째 진로를 택했던 사람들의 일부가 칠보산 지역에 대안초등학교를 만드는 활동을 시작했다. 지역을 떠나고 싶지 않지만, 일반초등학교의 교육에 만족하지 못했기 때문이었다. 사이좋은어린이집과 사이좋은방과후를 시작하는 데 핵심적 역할을 했던 B씨가 중심이 되어 2004년에 준비위원회를 꾸려 2005년에 대안초등학교인 '칠보산자유학교'를 개교했다. 어린이집은 열댓 가구로 구성되고 길어도 3~4년간 몸담게 된다. 공동육아라는 독특한 운영

방식에 의해 조합원들 사이에 집중적 상호작용이 이루어지고 그로부터 공동체적 집단이 형성되는데, 그 규모와 공동체적 가치관 형성을 위한 기간이 그 정도가 되는 것이다. 이에 비해 대안학교는 한 학년에 10명 정도씩 총 60가구가 6년간 조합에 몸담게 된다. 따라서 훨씬 큰 규모의 단단한 공동체가 대안학교를 통해 형성되는 것이다.

'칠보산어린이집'은 2012년에 개원했다. 사이좋은어린이집 조합원 중 일부가 따로 칠보산어린이집을 설립했다. 교사들에 대한 지원을 가장 중요하게 여기는 기존의 조합 문화를 존중하려는 조합원들과 조합원 권리행사를 통해 어린이집 운영에 직접 관여하려는 조합원들 사이에 갈등의 골이 깊어지면서 결국 서로 갈라서게 된 것이었다. 당시 터전이 화성으로 옮겨 가 있었는데, 일부 조합원들과 교사들이 다시 엘지빌리지로 돌아와서 칠보산어린이집을 설립하게 되었고, 뒤이어 사이좋은어린이집도 엘지빌리지로 돌아오게 되었다.

'둠벙'은 성격이 좀 다르다. 공동육아 어린이집을 졸업하고 공동육아 방과후마저 졸업하여, 이제 어느 조합에도 소속되어 있지 않은 부모 중 일부가 공동육아의 취지와 문화를 계속 유지하고자 소위 명예조합원으로 남게 되었다. 이들이 엘지빌리지 내 청소년들의 문화 및 교육활동을 하는 모임을 2009년에 만든 것이 둠벙이다. 이들은 꾸준히 자금을 모으고 단지 내 버려진 반지하 공간에서 아이들에게 기타와 사진 등을 가르치는 것으로 시작해서 탁구, 바둑, 컴퓨터 프로그래밍, 수학 등을 가르치고 독서토론, 영화모임 등을 조직했다. 이 공간을 개방하여 다양한 공동체 성원들이 이용하게 되자 입주자대표회의에서 리모델링해서 단지 주민 누구나 이용할 수 있는 공간으로 만들었다.

'칠보산 청소년 방과후 지역아동센터'는 2010년 낙후된 호매실동에 저소득층 청소년을 위한 방과후 학교로 만들어졌다. 전 민노당시

〈그림 5-5〉 '칠보산도토리교실' 작업장(왼쪽), 두꺼비논 추수 장면(오른쪽)

의원과 칠보산자유학교 학부모가 중심이 되고 여러 단체의 후원을 받아 문을 열었고, 지금도 많은 자원봉사자와 주민의 후원으로 운영하고 있다. 지역아동센터는 공동체의 지원이 개교와 운영에 상당한 기여를 하고 있지만, 다양한 주민이 관여하고 있다는 점이 그리고 그 대상도 저소득층 청소년인 점이 칠보산 공동체 중심의 둠벙과는 다르다.

'칠보산도토리교실'은 2003년에 만들어졌다. 칠보산을 중심으로 자연을 배우고, 자연에서 얻은 나무나 풀을 재료로 여러 가지를 만들기도 하고, 개발로 인해 자연환경이 파괴, 오염되는 것을 막는 것을 목표로 하고 있다. 몇 명의 교사들이 공방으로 사용하기 위해 마련한 공간을 활용해서 목공체험, 염색체험, 흙놀이체험 프로그램을 진행하며 도토리교실은 발전해 갔다. 아이들을 위한 생태교육과 함께 대표적인 프로그램으로는 두꺼비논, 시민농장(생태텃밭), 녹색장터 등이 있다. 두꺼비논은 한 구좌당 5만 원씩 펀드를 모집해서 그 돈으로 논을 빌려서 공동으로 농사를 짓는데, 2013년에는 140구좌에 700만 원을 모금하여 1,300평 정도의 논을 빌렸다. 칠보산자유학교, 칠보산어린이집, 사이좋은어린이집, 사이좋은방과후, 칠보산 청소년 방과후(둠벙), 한살림 수원지부, 아이쿱 수원생협, 수원환경운동센터, 꿈꾸는 자전거 등이 단체로 구좌를 구입했고, 그 외의 많은 사람이 개인 차원에서 참여했다. 모내기, 김매기, 벼베기 행사를 진행하는데, 모내기나 벼베기 때는 200여 명이 모인다. 추수한 쌀로 떡을 만들어 떡잔치도 한다. 시민농장은 2012년에 도토리교실 운영진의 일원인 J씨가 땅을 빌려서 밭농사를 짓는 텃밭을 분양하고, 자연목공 강좌, 공동체의 대보름 행사 등 여러 가지 문화행사를 개최한다. 텃밭은 1,000평 정도인데 한살림, 아이쿱, 미래생협, 한방차 모임 등의 단체와 개인들이 재배한다. 친환경농법을 써야 하는 것이 규칙이다. 그리고 아이들을 위한 칠보산 숲속학교라는 체험학습 프로그램을 운영한다. 봄, 여름, 가을, 겨울 각 계절에 맞는 다양한 체험 프로그램을 진행하는데, 화전(花煎)만들기, 물놀이, 숲속 올림픽, 겨울새 탐조 등이 포함된다.

'칠보산마을신문'은 2010년에 시작했다. 칠보산자유학교 엄마들이 중심이 되어 결성된 '하자모임'에서 한살림 공모전에 응모해서 당선된 것이 계기였다. 목적은 칠보산 공동체에 속하는 6~7개의 단체가 각자 활동에만 매몰되어 있는 상황에서 단체 간의 소통을 강화하고 또 공동체와 지역주민이 함께할 수 있는 장을 마련하는 것이었다. 그 이후 수원시에서 하는 마을르네상스 사업에 선정되어 지원을 받다가 지금은 CMS 후원과 비정기적 후원에 의존하여 신문을 내고 있다. 창간 준비호를 5회 발행한 다음 2012년 3월 1일에 창간호를 발행했다. 처음에는 공동체 성원들 중심으로 제작, 배포했는데, 지금은 일반 주민의 참여도 늘고, 신문을 읽고 난 후의 감상을 알려주거나 제안이나 제보를 해 주는 사람도 점점 늘어나고 있다.

칠보산 자유학교 이름으로 수원 마을르네상스 사업 공모에서 당선되어 마을 아이들을 모아서 자전거를 안전하게 타는 법과 정비하는 법 등을 가르쳤는데, 이것이 주민동아리로 발전한 것이 '꿈꾸는 자전거'다. 매달 같이 자전거를 타고 동네를 돌고, 자전거 타기에 안전한 마을을 만들기 위해 다양한 활동을 하고 있다. 현재 동아리 성원은 12명 정도인데, 그중 절반 정도가 공동체 성원이다.

'한살림'에는 지역마다 햇살모임이라는 소모임이 결성된다. 그런데 엘지빌리지에서는 이 모임이 제대로 이루어지지 않고 있다가 H씨가 2004년에 엘지빌리지로 이사를 와서 지역 조합원들에게 연락해서 모임을 시작했다. 현재는 수원지부에 속한 칠보산 지역에는 금호햇살모임과 칠보산달빛모임이 있다. 달빛모임은 낮에 시간을 내기 어려운 사람들을 위해 만든 것이다. 햇살모임에는 5~6명 정도가 참여하는데 주로 칠보산 공동체에 속하지 않은 일반 주민이고, 달빛모임은 자유학교 엄마들이 주축으로 10명 정도가 참여한다. 먹을거리와 환경문제와 관련된 토론도 하고, 면으로 수세미나 생리대를 만드는 등의 활동도 한다. 그리고 엘지빌리지에서 봄에 두 번, 가을에 두 번, 합해서 일 년에 네 번 초록장터를 운영한다.

'칠보농악전수회'는 칠보산 인근의 풍물을 보존하고 전수하는 지역 풍물패인데 예전부터 존재하고 있었지만 거의 활동을 하지 않고 있다가 2009년에 공동체 성원들이 합류하면서 다시 활발하게 활동하기 시작했다. 현재에는 일반 주민 참여자 수가 더 많으며, 마을에서 벌어지는 정월 대보름 잔치, 한가위 행사를 비롯한 각종 행사에 참가하여 풍물을 하고 있다.

'칠보문화놀이터'는 2012년 마을르네상스 공모에 당선되어 2,000만 원을 받고, 주민들의 후원금과 펀드를 모으고 빚도 좀 지면서 3,500만 원 정도 모아서 호매실동에 건물 지하를 빌려 리모델링을 했다. 대규모 마트의 개장과 아파트 신축 등으로 인해 쇠락해 가는 호매

〈그림 5-6〉 칠보농악전수회 공연(왼쪽), 칠보문화놀이터 개관 1주년 행사(오른쪽)

실동에 공간을 마련해서 주민의 문화 활동을 통해 구시가지 활성화에 대안이 될 수 있는 희망을 만드는 것을 목표로 만들었다. 처음 공간을 마련할 때는 공동체 성원들이 주로 참여했으나, 지금은 일반 주민이 많이 참여하고 있다. 미술 작업을 하고 있던 사람들이 일주일에 한 번씩 모여서 그림을 그리고, 기타 교실, 손바느질과 손뜨개를 배우는 강좌 등을 진행하고 있는데, 강좌가 끝난 이후에 동아리로 전환해서 모임을 이어 갈 것 같다. 그 외에 모임공간이 필요한 다양한 사람들이 놀이터를 이용하고 있다. 다양한 취미활동을 하는 동아리들도 있다. 여성들의 독서모임과 남성들의 독서모임이 따로 운영되고 있고, 밴드, 전통주를 만드는 모임, 맥주를 만드는 모임, 아카펠라 동아리 등이 운영되고 있는데, 주로 공동체 성원들이 중심이 된다.

2개의 어린이집과 방과후, 그리고 자유학교의 학부모들을 기본으로 해서 일반 주민이 결합하는 형태의 집단이 많다. 마을신문은 자유학교 엄마들이 처음 시작을 했고, 그중 한 사람이 책임자의 역할을 하면서 공동체 성원과 일반 주민을 아우르는 형태로 운영진이 구성되었다. 활동의 목표도 칠보산 공동체 내 단체 간의 소통보다는 공동체와 주민이 함께하는 장으로서 주민에게 지역에 대한 애정과 정체성을 심어 주는 역할을 하고 있다. 꿈꾸는 자전거도 자유학교 학부모인 G씨가 수원시의 마을르네상스 사업에 당선되면서 시작하여 자유학교 중심으로 운영했지만, 지금은 동아리 형태로 전환되었다. 12명의 회원이 있는데, 그중 6명이 일반 주민이다. 칠보문화놀이터는 마을신문의 운영을 책임지고 있는 D씨가 역시 운영을 담당하고 있다. 그 역시 자유학교 학부모이면서 공간의 마련을 위해 공동체 성원들의 힘을 많이 빌렸으나, 지금은 일반 주민의 적극적 참여로 외연을 확대하고 있다.

마을신문, 꿈꾸는 자전거, 칠보문화놀이터는 자유학교를 기반으로 활동을 시작했지만, 칠보산 공동체 바깥의 일반 주민을 끌어안으려는 비교적 분명한 목표가 있었던 것으로 보인다. 공동체에 대해서는 '그들만의 리그'라는 인식이 상당히 광범위하게 퍼져 있는 것 같다. 몇 가지 이유가 있는데, 하나는 비용의 문제다. 공동육아 어린이집이나 자유학교 같은 경우엔 비용 부담이 상당히 크기 때문에 진입 장벽이 높은 편이다.[18] 다른 하나는 공동체가 환경, 평화, 인권, 공동체성 등을 중시하는 교육을 하고 또 그런 방향으로 실천하려고 노력하는 데 대해 좌파 또는 빨갱이라는 딱지를 붙이는 경향이 있다. 마을신문과 칠보문화놀이터를 운영하고 있는 D씨는 공동체를 기반으로 지역주민을 끌어안는 방안에 대해 고민하고 단체를 시작하고 꾸려 나가고 있고, 꿈꾸는 자전거를 이끌고 있는 G씨는 공동체 성원들만 어울리는 양상을 벗어나고자 하는 의도가 있었고 지금도 그런 방향으

18 올해 어린이집은 보육비가 월 60만 원 가까이 되고, 자유학교의 수업료는 40만 원을 넘는다. 자유학교는 수원시로부터 급식지원을 받는다지만, 장소 임대료, 교사 월급, 급식비, 기타 운영비 등 거의 모든 비용을 학부모가 부담해야 하는 구조이므로 높은 비용은 불가피하다. 둘 이상의 자녀를 보낸다고 가정하면 교육 또는 육아 비용이 상당히 비싸다는 것을 알 수 있다. 그러나 대안교육에 자녀를 맡기고 있는 학부모의 대부분은 사교육을 꺼릴 뿐만 아니라, 자유학교나 어린이집이 사교육을 금지하고 있어서 사교육비 부담은 극히 적다.

로 계속 노력하고 있다. 이를 통해서 공동체 성원들은 일반 주민과 소통함으로써 그런 부정적 인식을 개선하고, 공동체적 가치관과 관계를 확산하고자 한다. 하지만 이런 생각을 하고 행동에 옮기는 사람은 공동체 내에서 소수인 것처럼 보인다. 공동체적 가치관과 관계의 확산 필요성에 공감하더라도 어떤 행동도 취하지 않는 성원도 있고, 또 아예 그런 필요성을 느끼지 못하는 성원도 있는 것 같다. 이 점에 대해서는 이후 좀 더 자세히 논의하겠다.

2. 교육단체와 그 성원들의 특징

칠보산 공동체의 중심에는 교육/육아 단체(특별히 구분해야 할 필요성이 있을 때를 제외하고는 교육단체로 칭하겠음)가 자리하고 있다. 따라서 그 단체들과 구성원들의 특징에 대해서 좀 더 자세히 살펴볼 필요가 있다. 이 단체들은 조합형 공동육아 및 대안교육이라는 특징을 공유하고 있다. 그 특징은 두 가지 차원으로 나누어 볼 수 있다. 하나는 협동조합이라는 조직적 특성이다. 앞서도 언급했지만, 출자금을 내서 터전을 마련할 뿐만 아니라 교사 월급을 비롯한 모든 운영 비용을 자체적으로 공동부담해야 하므로 경제적으로 공동체를 이루고 있다고 할 수 있다. 또한 교사모집, 교육의 방향 설정, 교육 프로그램 결정, 터전 청소와 수리 등 단체 운영의 필요로 인한 빈번한 회의와 뒤풀이를 통해 성원들은 긴밀한 관계를 맺게 된다.

다른 하나는 문화적 특성이다. 이들은 아이 키우기 방식으로 대안교육을 선택함으로써 조합원들 간에 공동의 관심사를 갖게 되고 서로 연대할 수 있는 바탕을 갖게 된다. 이러한 바탕 위에서 공동육아만의 독특한 문화를 공유하면서 결속력 또는 공동체성을 강화하기도 한다. 몇 가지 예를 들면 다음과 같다. 첫째, 용어 사용을 들 수 있다. 공동육아 공동체에서 공통으로 사용하는 용어로는 터전, 아마, 나들이 들살이, 날적이, 마실 등이 있다.[19] 둘째, 별명 부르기가 있다. 교사들이나 아마활동을 하는 부모들 또는 자원봉사자들도 어린이집이나 방과후에서는 별명으로 불린다. 그 별명은 자신이 짓기도 하지만 아이들이 지어 주기도 한다. 마지막으로 반말하기가 있다. 터전 안에서는 어른과 아이가 서로 반말을 한다. 서로 평등한 상태에서 친밀한 관계를 형성하는 데 도움이 되는 문화라고 할 수 있다.[20] 조합에 가입하고 아이들을 어린이집이나 학교에 보내면서 이런 고유한 문화를 습득하고 공유하면서 단체의 일원으로서의 소속감과 동료 조합원들과의 유대감을 강화해 간다. 그러나 외부인들에게 거부감을 주고 '그들만의 리그'라는 인식을 심어 주는 부정적 영향도 있다.

2개의 어린이집과 방과후 그리고 칠보산자유학교 내에서는 성원들 간에 매우 친밀한 관계를 형성하며, 단체의 일원으로서 소속감도 강하게 가지고 있다고 할 수 있다. 물론 개인별 편차는 존재한다. 즉, 단체의 활동에 얼마나 적극 참여하고, 비공식적 동아리 활동이나 뒤풀이 자리를 얼마나 열심히 하는지에 따라서 소속감이나 다른 성원들과 맺는 인간관계의 폭과 깊이가 다를 것이다. 앞의 절에서 사용한 네트워크의 개념을 적용한다면, 공동체 성원들의 네트워크의 중심부에는 지역 거주와 공동체 소속의 기간이 길고, 공동체의 여러 활동에서 핵심적 역할을 수행해 온 사람들이 위치한다. 협동조합 방식의 운영 특

19 '아마'는 아빠와 엄마의 줄임말이고, '들살이'는 하룻밤 이상을 집을 떠나 선생님과 친구들과 함께 생활하는 것을 이른다. '날적이'는 아이들의 하루 생활을 부모와 교사가 글로 적어 주고받는 수첩으로서 '노둣돌'이라고도 부른다.

20 이런 문화적 특징은 공동육아 어린이집에서 가장 뚜렷하게 드러난다. 대안학교의 경우 학교마다 독특한 특징을 갖는 경우가 많은데, 칠보산자유학교는 공동육아 어린이집의 문화적 특징의 일부를 공유하고 있다.

성상 공식적으로 중요한 직함을 가지고 있다고 해서 반드시 중심부에 속한다고 볼 수는 없다. 중간 부분에는 주도적 역할보다는 여러 활동에 적극 참여하는 사람들이 위치하며, 네트워크의 외곽에는 교육단체에 속해 있긴 하지만, 활동에 소극적인 사람들이 위치한다. 사례를 통해 각 부분 사람들의 특성을 살펴보자.

중심부에 속하는 인물로 C씨가 있다. C씨는 2004년도부터 아이를 어린이집에 보내기 시작하면서 칠보산자유학교 준비모임에 참여했다. 2005년에 엘지빌리지로 이사를 오면서 첫째 아이는 자유학교 2학년으로 시작했고, 둘째와 셋째 아이는 사이좋은어린이집을 거쳐 지금은 자유학교에 다니고 있다. 그리고 막내는 사이좋은어린이집을 들어갔다가 지금은 칠보산어린이집에 다니고 있다. 2007년부터 자유학교 1학년 엄마들을 중심으로 『민들레』 잡지를 읽고 한 달에 한 번씩 모여서 토론하는 모임(민들레모임)을 시작했다. 이 모임은 학부모들이 대안교육과 학교에 대해 올바로 이해할 수 있도록 하는 데 도움이 된다고 인정을 받아서 현재는 민들레모임 4개가 운영되고 있으며, 작년부터는 학부모들의 민들레모임 참가가 입학의 전제조건이 되고 있다. C씨는 이 모임을 오랫동안 이끌어 오고 있다. 칠보산어린이집이 분리되고 나서 C씨 주도로 엄마들이 모여서 공동육아에 대해 공부하고 토론하는 모임을 3개월간 매주 했고, 지금도 한 달에 한 번씩 하고 있다.

C씨는 자유학교 엄마들의 하자모임의 일원으로 활동했고, 따라서 마을신문 초기에 같이 일했었다. 단체 간의 의사소통이 잘 이루어지지 않는 문제를 해결하기 위해 단체 대표들의 모임인 원탁회의가 생겼는데, 그 모임의 운영을 맡았던 것이 C씨였다. 단체 간의 소통과 지역사회에서 공동체의 역할 등에 대해 논의를 지속하다가 뚜렷한 결론을 내리지 못하고 모임은 약 1년 만에 잠정 중단되었다. 그 후 C씨가 대표가 되어 원탁회의 성원 중 일부가 공동체의 비전을 만들기 위

한 공부모임을 1년 동안 꾸렸지만, 이 모임 역시 내부에서 의견의 일치를 보지 못하고 끝이 났다. 이 외에도 C씨는 엄마들의 오카리나 모임에 참여했고, 자유학교 선생님과 학부모 몇 명이 같이 도시농부학교에 가서 농사를 배우기도 했다. 이처럼 C씨는 단체 내에서뿐만 아니라 단체를 포괄하는 공동체 내에서도 핵심적 역할을 오랫동안 해 오고 있다.

네트워크의 중간 부분에 있는 적극적 참여자로 S씨를 들 수 있다. S씨는 자녀가 약간의 신체적 장애를 가지고 있어서 아이가 잘 적응할 수 있는 학교를 찾다가 자유학교에 입학시키게 되었다. 원래 대안교육에 관심이 있었던 것은 아니었다. 직업상 시간 맞추기 어려울 때도 있지만 가능하면 학교 모임에는 나간다. 한 달에 한 번 정도는 나가는 것 같다. 그리고 시설 분과에 속해 있는데 분과 모임은 주로 동네에서 많이 가지는데, 사안이 있을 때는 더 자주 모인다. 맥줏집 같은 데서 회의를 하면 안건에 관한 이야기 말고도 이런저런 이야기를 하게 되어 술자리가 길어지기도 한다. 그리고 학년별로 반 모임을 하는데, S씨는 2학년 반장을 맡고 있다. 반장은 학교와 학부모의 가교역할을 한다, 한 달에 한 번씩 아빠 책모임에도 참석을 한다. 이런 모임들은 학교라는 틀 안에서 어느 정도 공식성을 띠고 이루어지는 것인데, 시간이 날 때면 빠짐없이 참석하려고 노력한다. 그리고 술을 좋아하기 때문에 학부모들과 술자리도 자주 가진다.

게다가 S씨는 술자리에서 어린이집이나 방과후, 칠보농악전수회 등 다른 단체 사람들을 많이 만난다. 그러다 보니 공식적으로 접촉할 일이 거의 없는 공동체 성원들을 많이 알게 되었다. 자유학교에 아이를 보내면서 하게 된 새로운 경험 중의 하나는 부부동반으로 또는 혼자서 엄마들과 편하게 만남을 가질 수 있게 된 것이다. 자유학교에 아이를 보내면서 좋은 점 중 하나는 아이를 맡길 곳이 생겼다는 것이다.

자신이 아이를 보아야 할 때 나갈 일이 생기면 이웃에 사는 같은 학부모, 주로 엄마들에게 아이를 맡기고 마음 놓고 나갈 수 있게 되었다. 어떤 때는 아이 식사까지 부탁하기도 한다. S씨는 외향적인 성격인데다 가능하면 공식적 모임에 빠지지 않고 참석할 뿐만 아니라 비공식적 자리에도 적극 참여하다 보니 엘지빌리지로 이사 온 지 1년 반밖에 되지 않았음에도 자유학교의 학부모들뿐만 아니라 공동체의 다른 단체 성원들과도 친밀한 관계를 맺게 되었다.

네트워크의 외곽에 위치한 소극적 참여자로서는 N씨가 있다. S씨의 자녀와 같은 학년인 딸을 둔 N씨는 매우 다른 배경과 활동 양상을 보여 준다. N씨는 큰딸을 공동육아 어린이집에 5년간 보냈고, 발도로프 학교에 보내려고 여러 번 시도했는데 이런저런 사정으로 실패했다. 지인의 소개로 자유학교를 알게 되어 아이를 보내게 되었다. S씨에 비해 소위 대안교육에 대한 경험과 지식이 훨씬 많다고 볼 수 있다. 그런데 자유학교 내의 여러 활동과 관계 맺음에 매우 소극적이다. 같은 학년의 학부모들은 잦은 모임을 통해 잘 알고 있지만, 학교 전체를 통틀어 가깝게 지내는 학부모는 아주 적은 편이다. 여기에는 크게 두 가지 이유가 있다. 하나는 어린이집을 보내면서 공동육아 협동조합 운영상의 여러 문제 때문에 매우 힘들었던 경험이 있기 때문이다. 특히 그 어려움이 대개 조합 내 인간관계에서 비롯되는 경우를 자주 보았기 때문에 자유학교 내에서 다른 학부모들과 친밀한 관계를 맺는 것을 회피하고 있는 것이다. 다른 하나는 둘째아이 때문이다. 자유학교에 입학하면서 민들레 독서모임이나 개인적 관심으로 어린이 도서연구회, 수원 아이쿱의 마을모임 등에 나갔었는데, 둘째아이가 그런 모임에 가는 것을 싫어해서 일단 모두 정리했다. 1년 후 둘째아이가 어린이집에 가면 좀 달라질 것 같다. 그동안 관찰해 본 결과 어린이집과 달리 자유학교는 교사들이 학교 운영에 가장 중요한 역할을 하고 있어서 학부모들의 부담이 적은데다 학부모들의 숫자가 많고 능력 있는 성원들이 많아 자신이 굳이 앞장서지 않아도 될 것 같기 때문에 학교 일이나 마을 일에 점차 많이 참여할 생각을 하고 있다.

공동육아 어린이집이나 대안학교 내 인간관계의 네트워크를 거미줄처럼 상상할 수 있을 것이다. 중심부에 그 조직의 핵심적 역할을 담당하고 가장 넓고 촘촘한 관계망을 가진 일군의 사람들(C씨)이 위치한다면, 중간 부분에는 모임이나 활동에 비교적 열심히 참여하지만 선도적 역할을 하지는 않고, 또 다른 성원들과의 관계도 적당한 범위와 밀도를 가진 사람들(S씨)이 자리 잡고, 외곽에는 모임이나 활동에의 참여도가 낮고 다른 성원들과의 관계 맺기에 소극적인 사람들(N씨)이 위치한다고 볼 수 있다.

3. 교육단체와 다른 단체의 관계

칠보산 공동체를 놓고 보면 교육단체가 그 중심에 위치하고 있다. 다른 단체들은 교육단체에서 파생되거나 교육단체와 횡적으로 연결되면서 교육단체 성원들이 주요 성원으로 활동하고 있다. 교육단체와 다른 단체들이 맺고 있는 관계의 성격을 몇 가지로 나누어 볼 수 있다. 둠벙, 마을신문, 꿈꾸는 자전거, 칠보문화놀이터 등은 교육단체 성원으로 만들어졌고, 초기 활동에서는 그들이 압도적 다수를 차지했으나 참여하는 일반 주민의 수가 점차 늘어났다. 각 단체를 시작하고 꾸리는 사람들이 의식적으로 주민을 끌어들이려 노력을 한 것이고, 공동체의 외연을 넓히려고 시도한 것이었다. 이러한 단체들에 가입해서 활동하는 사람들은 공동체에 편입된다고 할 수 있다. 그리고 그들은 교육단체의 주요 가치인 생명, 환경, 공동체성 등을 어느 정도는 공유하게 됨으로써 공동체 성원으로 거듭나게 되는 것이다.

이에 비해 도토리교실과 한살림은 좀 다른 성격이다. 한살림은 생협으로서 전국적인 조직을 갖고 있으며, 지역단위의 모임이 존재한다. 엘지빌리지에서는 지역조직인 햇살모임이 한동안 중단되었다가 2004년에 다시 시작되었다. 당시에 햇살모임에는 10여 명이 참석했는데, 교육단체와 연관 있는 사람들은 거의 없었다. 몇 년의 시간이 흐르면서 친밀한 관계를 형성하고 있던 초창기 멤버들은 공식적인 햇살모임을 떠나서 비공식적 소모임으로 남고 2기 햇살모임을 구성하게 되었고, 지금은 3기 햇살모임이 이루어지고 있다. 자유학교 급식을 한살림이 맡으면서 자유학교 학부모들의 햇살모임 참여가 많이 늘어나게 되어 모임이 자유학교 위주로 돌아가면서 한살림 활동만 하는 사람들이 소외감을 느끼게 되었다. 더구나 낮에 모임을 하기 어려운 사람들도 있어서 저녁에 모임을 하는 달빛모임을 만들고 대부분의 자유학교 엄마들은 달빛모임에 참석하고, 나머지 조합원들이 햇살모임을 꾸려가고 있다. H씨는 자신이 자유학교 학부모이지만, 교육단체보다는 한살림에 대한 소속감이 더 강하고, 그래서 교육단체 바깥의 조합원들을 적극해서 포섭하려는 노력을 하고 있다.

도토리교실은 애초에 독자적으로 만들어졌고, 지금도 3명의 운영진이 자연과 환경을 테마로 잘 이끌어 가고 있다. 도토리교실은 내부조직이 있는 것도 아니고 프로그램이 고정되어 있지도 않고, 참여자도 매우 다양하다. 참여자는 교육단체를 비롯한 공동체 성원들, 지역주민이면서 공동체 성원이 아닌 사람들, 그리고 서울 등 지역 외의 사람들로 크게 나누어 볼 수 있다. 도토리교실 프로그램에서도 공동체 성원들이 주요 참여자이지만, 공동체 내의 다른 단체들과는 달리 교육단체 성원들의 비중이 상대적으로 낮고 그들이 주도권을 갖고 있지도 않다. 도토리교실이라는 공간 속에서 교육단체 성원들을 비롯한 공동체 성원들과 일반 주민이 만나기는 하지만, 공동체와 일반 주민을 연결하여 공동체의 외연을 확장하는 장으로 작동하고 있지는 않다.

4. 칠보산 공동체의 현재와 미래에 대한 전망

칠보산 공동체와 성미산 마을은 공통점과 차이점을 가지고 있다. 따라서 가장 성공한 도시공동체라고 할 수 있는 성미산 마을과의 비교, 검토를 통해 칠보산 공동체의 현재와 미래의 모습을 가늠해 보는 것은 의미 있는 작업이 될 것이다. 성미산 마을은 육아/교육 공동체로 시작해서 마포두레생협의 설립으로 경제적 분야로 활동영역을 넓히기 시작하고 공동체 바깥의 주민과 소통하기 시작했다. 성미산 지키기 투쟁을 통해서 내부적 역량이 결집되고 주민과 결속하며 외부로 널리 알려지면서 많은 사람이 성미산 마을로 이주하게 되었다. 다양한 동아리 활동과 마을기업의 운영으로 내부적으로 성원들 사이의 관계가 긴밀해지고 지속가능한 마을발전의 기틀을 마련했다. 또한 마을축제, 마포FM, 마을극장, 복지분야의 활동을 통해 주민과의 소통을 확대하고 강화하여 성미산 마을의 가치를 확산시키고 경계를 넓히고 있다. 어린이집, 방과후, 그리고 대안학교를 아우르는 육아 및 교육 단체들은 여전히 마을활동가를 충원하고 훈련시키는 '사관학교'의 역할을 하고 있다.

칠보산 공동체와 비교해 보면 몇 가지 공통점을 발견할 수 있다. 가장 현저한 공통점은 역시 육아/교육 단체들이 공동체의 시작을 열기도 했지만, 여전히 가장 핵심적인 위치를 차지하고 있고, 또 성원 충원의 통로이기도 하다는 점이다. 환경, 생명, 공동체성 등 추구하는 기본 가치에서도 유사하며, 관련 활동에서도 유사한 점이 있다. 공동체 내에서 다양한 동호회 성격의 모임들이 활발하게 움직이고 있는 점이나 뒤풀이 등의 비공식적 모임이 발달한 것도 두 공동체가 유사한 점이다. 이러한 활동들을 통해서 개별 단체의 경계를 넘나드는 교류가 사람들 사이에 이루어져 단체들을 아우르는 공동체가 형성되는 것이다. 그리고 칠보산 지역에서 공동체가 주축이 되어 2001년에 시작된 한가위 한마당과 2002년에 시작된 정월 대보름 행사가 지역주민의 참여를 유도하여 소통의 장을 마련하고 있는 점도 성미산 마을의 성미산 축제와 닮은 부분이다.

두 공동체에서 발견되는 차이점도 여러 가지가 있다. 기본적으로 성미산 마을에 비해 칠보산 공동체는 역사도 짧고 규모도 작고 활동도 다양하지 않다. 특히 공동체의 경제활동이 전무한 것이 가장 현저한 차이라고 할 수 있다. 마을기업 또는 공동체기업은 공동체의 지속가능성을 강화하기 위해 매우 필요한 존재다. 칠보산 공동체 성원들을 대상으로 실시한 설문조사에서 응답자의 74%가 마을기업이 있었으면 좋겠다고 했으며, 필요 없다고 응답한 사람은 4%에 불과했다. 마을기업의 창업과 운영에 참여할 의향이 있다는 사람은 33%였지만, 마을기업을 적극적으로 이용할 의향이 있는 응답자는 87%였고, 그런 의향이 없는 응답자는 6%에 불과했다. 응답자의 절대다수가 마을기업을 원하고 있고, 적극 이용할 의향을 가지고 있으며, 마을기업의 창업과 운영에 참여할 사람도 상당수가 있음에도 왜 마을기업이 전혀 없을까?

그 이유에 대해서 모든 제보자가 이구동성으로 하는 이야기는 결국 일을 처음 시작할 사람이 없다는 것이었다. 공동체의 여러 영역에서 활발하게 활동을 해 온 C씨의 이야기를 들어 보자. "다 자기 생업이 있고, 이제 애들 키워야 해서 안정적인 수입도 필요하고 직장도 필요한데, 마을기업이나 사회적기업은 처음 몇 년은 모든 것을 바쳐야 되잖아요. (중략) 내 생업까지 그만두고 마을을 위해서 헌신하는 활동가가 되겠다, 이런 일은 마을에 필요하니까 내가 꼭 해 보겠다, 이런 사람들은 없어요." 공동체에 깊이 들어와 있지 않은 N씨는 모임자리에서 마을기업 이야기가 나왔을 때 사람들은 "우리도 생기기만 하면 잘 쓸 텐데 하고 말은 하는데, 나서는 분이 … 얘기만 하고 … ."라고 말했다. 즉, 소위 총대를 메고 나서는 사람이 없는 것이 가장 큰 원인이라는 데 의견의 일치를 보이고 있다.

이렇게 된 데에는 칠보산 공동체의 형성에 기초가 된 공동육아 어린이집, 방과후, 그리고 대안학교를 만들기 위해 앞장서서 노력했던 리더들의 성향과 행보가 영향을 미친 것 같다. 칠보산 공동체의 1세대에 해당하는 초기 리더들은 자유학교 설립 이후 공동체 활동에서 스스로 물러났다. 일부는 지역을 떠났지만, 여전히 남아 있는 사람들도 직접적 활동을 하지는 않고, 일종의 자문역할만 하고 있는 실정이다. 그리고 그들은 교육 및 육아 이외의 분야에는 크게 관심이 없었던 것 같다. 그리고 단체들이 어느 정도 자리를 잡고 난 이후에 공동체에 합류한 사람들은 단체의 운영과 여타 활동에 매달리느라 마을기업이 필요하다는 점에 있어서는 많이 공감하면서도 막상 창립에는 제대로 신경을 쓰지 못하고 있다.

성미산 마을과 비교하여 칠보산 공동체가 내부적 역량이나 외부로의 확산 노력 등에서 부족하게 보이는 것이 사실이다. 하지만 성미산 마을은 '예외적'이라고 할 수 있을 정도로 여러 면에서 잘 형성된 도시의 지역공동체다. 성미산 마을이 이와 같은 위상을 차지하는 데에는 성미산 지키기 투쟁이 매우 큰 역할을 했다는 것을 알 수 있다. 수년간 지속된 성공적 투쟁의 결과 마을 내부의 역량이 결집되고, 성공에 대한 자신감을 갖게 되었으며, 지역사회와 소통하게 되고, 성미산 마을이 내세우는 가치관과 활동에 동의하는 많은 주민을 끌어들이게 되었다. 마포두레생협의 결성과 더불어 성미산 지키기 투쟁의 성공은 마을의 폭발적 확장에 중요한 기여를 했다.

그런데 칠보산 공동체에는 이런 결정적 계기가 없었다. 그러나 10여 년 동안 교육단체들을 중심으로 여러 단체가 결합하여 내부적 결속을 다지고 외부의 지역과 교류하려는 노력을 꾸준히 해 오고 있다. 교육단체 활동을 통해 성원들이 강력한 내부 결속을 이루고 공동체 지향의 가치관을 공유하게 되는 것은 공동체 형성에 매우 큰 장점이 된다.[21] 그리고 아이가 단체를 졸업하여 조합을 탈퇴한 이후에도 공동체에 잔류하여 활동하는 사람들이 상당수에 달하는 것도 매우 고무적이다. 그러나 내부적 결속력 강화와 집단 정체성 형성에 기여하는 공동육아 문화가 외부와의 교류에 장애가 되기도 한다. 자유학교 입학생의 다수가 지역 외부에서 온다는 점은 지역공동체 형성에 상당한 약점이 된다.[22] 그뿐만 아니라 최근에 자유학교에 입학한 아동의 부모들은 자녀에게 일반 학교보다 질 높은 교육환경을 제공하고자 하는 열의는 있지만, 대안교육에 대한 신념뿐만 아니라 지식조차 부족하여 1년 동안 민들레 독서 모임에 참석하는 것을 조건으로 입학을 허가하고 있는 실정이다. 따라서 공동체에서 아주 높은 비중을 차지하고 있는 자유학교 학부모들이 공동체의 가치관을 습득하고 지역에 대한 애착을 발달시키는 데 상당한 시간이 걸린다.

현재 진행되고 있는 대안중등학교 개교 준비는 칠보산 공동체의 미래에 대해 많은 시사를 던져 준다. 대안중등학교의 경우 필요성에 대한 논의가 꾸준히 있어 왔지만, 구체적 준비 단계에는 들어가지 못한

21 설문조사 결과에 따르면, 교육단체를 통해 이웃과 관계를 맺게 되었다는 응답자가 89%였고, 교육 및 육아 활동을 통해 이웃관계가 지속되었다는 응답자가 74%였다. 따라서 지역공동체 형성의 기초가 되는 이웃관계의 시작과 유지에 교육단체 활동이 절대적인 영향을 미친다는 것을 알 수 있다.

22 조사 과정에서 여러 사람이 자유학교 입학생의 50% 정도가 지역 외부에서 왔는데, 최근 들어 그 수가 50%를 넘었다고 말했다.

상태가 수년간 지속하여 왔고, 초등학교를 졸업하고 대안교육을 위해서 아이를 타지로 보내는 경우도 상당히 많았다. 그러다 작년부터 다시금 대안중등학교 준비 논의를 시작했고, 올해 준비 모임을 꾸려서 내년에 개교할 예정이다.[23] 그 과정에 자유학교 학부모들의 역량이 대거 투입되었다.

칠보산 공동체에 있어서 중등대안학교의 개교는 커다란 의미를 지닌다. 첫째, 오랫동안 칠보산자유학교의 숙원이었던 중등대안학교를 만들게 되었고, 그 과정에서 성원들이 뜻과 역량을 모아서 큰 프로젝트를 성공시키는 경험을 하게 되었기 때문에 이후 공동체의 힘을 결집해서 새로운 활동을 전개할 기초를 마련하게 되었다. 둘째, 한동안 중등학교 준비를 위해 집중되었던 공동체 자원이 다른 활동으로 전환될 수 있게 되었다. 셋째, 자유학교를 졸업하고 또는 어린이집과 방과후를 졸업하고 중등대안학교에 진학하는 아이들의 학부모는 더 긴 시간 동안 공동체에 머물게 되면서 인간관계 긴밀화, 가치관 내면화, 지역에 대한 애착심 강화 등을 경험하게 될 것이고, 이것이 결국 공동체의 공고화와 확산으로 이어질 가능성이 높아질 것이다.

칠보산마을신문, 칠보문화놀이터, 꿈꾸는 자전거 등 칠보산 공동체가 지역의 이웃들과 교류하고 공동체의 외연을 넓히려는 시도들은 그 역사가 짧다. 따라서 이런 활동들이 어떤 성과를 낼지는 좀 더 시간을 두고 지켜봐야겠지만, 시간이 지나면서 성과를 거두게 될 가능성이 크다. 그리고 이런 종류의 시도들이 더 많이 생길 수 있을 것이다. 또한 공동체 기업은 아직 한 번도 시도해 본 적은 없지만 공동체 성원들의 요구가 점점 커지고 있는 상태이고, 누군가가 시작을 하면 그것을

---

23 중등 수원 칠보산자유학교는 2014년도에 개교하여 운영 중이다.

이용하는 데뿐만 아니라 운영에 참여하는 데 대한 욕구도 상당한 수준에 달했기 때문에 조만간 시작될 전망이다. 이런 전반적인 분위기를 감안하면 칠보산 공동체가 지역 속으로 들어가서 공동체적 가치를 확산시키고 외연을 넓혀 갈 가능성은 매우 크다고 판단된다.

V. 도시의 지역공동체 활성화를 위한 조건

현대 한국 사회에서 도시의 지역공동체가 과거의 농촌공동체처럼 자연스럽게 형성될 가능성은 전무하다. 삶의 조건 자체가 완전히 다르기 때문이다. 그럼에도 불구하고 도시에서 지역공동체의 필요성에 대한 공감은 확산되고 있으며, 지역공동체 형성을 위한 노력도 많이 이루어지고 있다. 건설교통부를 비롯한 중앙정부, 서울시, 부산시, 수원시, 안산시 등의 지방자치단체, 도시연대, 대구YMCA, 안산YMCA 등의 시민단체들이 마을만들기 사업에 적극적으로 뛰어들고 있는 것도 이러한 맥락에서 이해할 수 있다. 그렇다면 도시에서 지역공동체가 성공적으로 형성되기 위해서는 어떤 조건들이 필요할까?

앞서 이루어진 연구들을 통해서 몇 가지 조건들을 발견할 수 있다. 첫째는 주민들이 힘을 합쳐 무언가를 해야 할 절실한 필요이다. 그 무언가가 아파트 단지 운영과 관련된 문제이든, 화장장과 산업폐기물 매립장 건립 반대이든, 생활환경 개선이든, 아이들을 위한 도서관이나 육아/교육 단체 설립이든 간에 그것이 주민들의 자발적이고 적극적인 참여를 이끌어 낼 만큼 절실한 목표인 것이 중요하다. 둘째는 그러한 활동이 주민들 사이의 관계를 긴밀하게 만드는 것이 중요하다. 한 마을에서 태어나서 자라는 동안 줄곧 일상적으로 접촉함으로써 주민들이 서로를 잘 알고 가깝게 지내던 농촌 마을과 달리 현대 도시에서 주민들은 해당 지역에 오래 거주하지 않는 경우도 많을 뿐더러 거주하는 동안에 이웃들과 가깝게 지내는 경우가 많지 않기 때문에 주민들 사이에 긴밀한 관계가 형성되지 못한다. 주민들이 절실한 필요에 의해 함께 활동하면서 어느 정도 사회적 관계를 구축한다고 하더라도 그 관계가 공동체 형성에 도움이 되려면 오래 지속되어 긴밀해져야 한다. 셋째는 주민들과 행정기관, 시민단체, 전문가 등 다양한 주체들이 결합함으로써 지역공동체 형성은 더욱 힘있게 추진될 수 있다.

본 연구에서는 어린이들이 손쉽고 안전하게 책을 접하고 시간을 보낼 수 있는 환경을 마련하고자 하는 목표로 설립한 작은도서관과 어린이들에게 더욱 나은 교육환경을 만들고자 하는 목표로 설립한 공동육아 어린이집, 방과후, 그리고 대안초등학교를 중심으로 형성된 공동체를 사례로 다루었다. 작은도서관과 교육단체를 만들기 위해 주민이 자발적으로 적극 참여했고, 그 속에서 긴밀한 인간관계가 형성되었으며, 그 과정에서 다양한 주체들의 협력 역시 이루어졌다. 작은도서관의 경우 도서관 운영을 책임지고 있는 자원봉사자 그룹을 중심으로 도서관 이용자들을 포함하는 인간관계의 네트워크가 형성되었다. 그리고 그 네트워크를 더욱 확대하여 지역공동체 형성을 의식적으로 시도한 도서관도 있었고 그러한 단계에까지 이르지 못한 도서관도 있었음을 확인할 수 있었다. 칠보산 공동체의 경우 공동육아 어린이집, 방과후, 대안초등학교, 칠보산도토리교실 등을 중심으로 주민이 인간관계의 네트워크를 형성하고 있었으며, 수원시의 마을르네상스 사업으로부터 일부 지원을 받아 활동의 폭을 넓히고 있음을 볼 수 있었다.

이 두 사례에서 지역 내의 극히 일부의 사람들로 이루어진 단단한 인간관계의 네트워크와 공동체적 관계를 확인할 수 있었다. 하지만 그 관계가 앞으로 얼마나 더 확산되어 더욱 발전된 지역공동체가 형성될 수 있을 것인지에 대해서는 확신하기 어렵다. 사실 현대 한국

사회에서, 더구나 이동성이 높은 수도권 지역의 아파트에 거주하면서 이 정도의 공동체적 관계가 형성된 것만으로도 매우 성공적이라고 볼 수 있을 것이다. 그러나 조금 더 욕심을 내자면 자신들이 확고한 목표를 가지고 하는 활동, 그들의 네트워크의 경계를 넘어서서 지역 내에서 다른 이들과 공동체적 관계를 원하는 사람들을 포섭해서 좀 더 다양한 활동과 폭넓은 인간관계를 실현하도록 노력함으로써 지역공동체의 발전을 이룰 수 있기를 바라는 것이다.

본 연구를 통해 살펴본 지역공동체 형성에 있어서 두 가지의 가장 중요한 요소는 주민들의 자발적 참여와 주민 사이의 긴밀한 인간관계다. 따라서 지역공동체 형성을 목표로 하는 사업에서는 주민의 절실한 요구를 충실히 반영함으로써 주민의 적극적 · 자발적인 참여를 유도할 필요가 있다. 또한 그 사업은 되도록 많은 사람이 자주 접촉하는 상황이 오래 지속될 수 있어야 할 것이다. 이를 통해 지역공동체의 가장 핵심적 기반인 구성원들의 긴밀한 인간관계가 형성될 수 있을 것이다.

참고문헌

1. 논문, 저서, 연구보고서

경기복지재단, 2011, 『경기도 사회적기업 중간지원조직의 역할 및 운영방안』, 정책연구보고(2011-07).

고창권, 2005, 『반송 사람들: 대도시에서 지역공동체를 가꾸는 사람들 이야기』, 부산: 산지니.

구자인, 1996, 「공동체운동의 조류와 시사점」, 『도시서민의 삶과 주민운동』, 서울: 도서출판 발언, 222-241쪽.

권태환 · 윤일성 · 장세훈, 2006, 『한국의 도시화와 도시문제』, 서울: 도서출판 다해.

김경민, 2008, 「한국YMCA 지역커뮤니티 운동의 방향과 대안: 삼덕동 마을만들기 사업 사례를 중심으로」, 한국YMCA 간사자격 논문.

김기봉, 1998, 「원주지역 시민사회운동의 역사와 전망」, 『평론원주』 1: 80-89.

김기현, 2003, 「주민자치의 기반으로서 커뮤니티 형성에 관한 연구: 경기도 광명시 하안동 주공아파트 5단지 사례를 중심으로」, 연세대학교 석사학위논문.

김기호 외, 2012, 『우리, 마을만들기』, 파주: 나무도시.

김상준, 2004, 「부르디외, 콜만, 퍼트남의 사회적 자본 개념 비판」, 『한국사회학』 38(6): 63-95.

김상훈, 2012, 『빅 스몰: 인터넷과 공유경제가 만들어낸 백만 개의 작은 성공』, 서울: 자음과 모음.

김선기, 2011, 「대안사회를 위한 원주협동사회경제네트워크」, 『시민교육』 5: 33-37.

______, 2012, 「기본법시대, 새로운 협동조합과 지역활성화」, 『지역에서 희망을! 순환과 공생의 지역 만들기』(제9회 전국지역리더대회 자료집), 131-150쪽.

김선기 · 김달현, 2012, 「지역 사회적 경제 조직 간 협업(協業) 체계 구축 필요성 및 수

요분석에 따른 2차 협동조합 설립 가능성에 관한 연구」, 『2012 지역살림운동을 위한 한살림 연구지원 공모사업 결과자료집』.
김세용 · 최봉문 · 김현수 · 이재준 · 조영태 · 김은희 · 최석환, 2013, 「우리나라 마을만들기의 현재와 앞으로의 방향」, 『도시정보』 371: 3-20.
김소희, 2008, 「작은도서관운동의 마을만들기적 성격에 관한 연구」, 성공회대학교 석사학위논문.
김용우, 2002, 「생명운동 및 협동조합운동과 원주지역사회」, 『평론원주』 8: 14-36.
김은희, 1995, 「문화적 관념체로서의 가족: 한국 도시 중산층을 중심으로」, 『한국문화인류학』 27: 183-214.
김은희 · 김경민, 2010, 『그들이 허문 것이 담장뿐이었을까』, 서울: 한울.
김준, 2006, 「'작은도서관 개념'에 대한 이해」, 『도서관계』 3월호.
김현식 · 박세훈, 2005, 「도시공동체를 키우자: 도시공동체의 역사적 경험과 미래의 도전」, 『국토정책 Brief』 97: 1-6.
대한주택공사, 1999, 『커뮤니티 개념을 도입한 도시정비 활성화 방안』, 서울: 대한주택공사.
도시연대 커뮤니티 디자인센터, 2009, 『커뮤니티 디자인을 하다: 주민참여로 가꿔나가는 삶의 공간』, 파주: 나무도시.
류경희 · 김순옥, 2001, 「공동육아 협동조합에의 참여를 통한 이웃과 가족 관계의 변화」, 『대한가정학회지』 39(11): 193-208.
마쓰노 히로시 · 모리 이와오(장준호 · 김선직 편역), 2010, 『커뮤니티를 위한 마을 만들기 개론』, 서울: 형설출판사.
마을르네상스센터, 2012, 『2011 마을르네상스 공모사업 최종결과보고서』.
______, 2013, 『2012 마을르네상스 공모사업 최종결과보고서』.
______, 2014, 『2013 마을르네상스 공모사업 최종결과보고서』.
마을연대, 2002, 『이런 마을에서 살고 싶다: 2002 마을만들기 백서』.
무위당을 기리는 모임(편), 2004, 『너를 보고 나는 부끄러웠네』, 서울: 녹색평론사.
민유기, 2009, 「산업혁명 이후 서양 도시계획에 대한 인문학적 성찰」, 『도시인문학연구』 1(2): 193-220.
박미라 · 이응봉, 2010, 「작은도서관 운동의 현 단계와 발전 방안에 관한 연구: 대전광역시를 중심으로」, 『제17회 한국정보관리학회 학술대회 논문집』, 123-131쪽.
박재규, 1985, 「도시 빈민지역 이주자들의 이주 및 적응과정에 관한 사례연구」, 성균관대학교 석사학위논문.
박준영, 2010, 「원주 협동조합운동과 대안의 지역 공동체」, 『환경과생명』 63: 221-232.

변창흠, 2011, 「사람 중심의 도시개발이 가능하다」, 한국공간환경학회(편), 『저성장 시대의 도시정책: 더 좋은 도시, 더 행복한 시민』, 파주: 한울, 205-240쪽.

사토 시게루(이왕건·김우락·류태희 역), 2013, 『마을만들기 시민사업』, 안양: 국토연구원.

사토 시게루 · 우치다 나오미 · 가와하라 스스무 · 아리가 타카시 · 시무라 히데아키 · 아이바신 · 마노 요우스케(민현석 · 최윤서 역), 2008, 『마을만들기 디자인 게임』, 서울: 서울시정개발연구원.

서성진, 2010, 「원주지역 생협운동의 프레임 변화에 관한 연구」, 고려대학교 석사학위논문.

서울시마을공동체종합지원센터, 2012a, 『전국 마을만들기 중간지원조직 네트워크』.

______, 2012b, 『2012년 마을공동체 활성화를 위한 민간단체 네트워크 자료집』.

______, 2013, 『마을은 형성되고 있는가?: 마을공동체 지원사업의 현황과 가능성』.

______, 2014, 『인포그래픽스로 보는 2013년 서울시마을공동체종합지원센터 성과자료집』.

서울특별시, 2011, 『살기좋은 마을만들기—주민과 함께하는 도시설계 길라잡이』.

______, 2014, 『서울 · 삶 · 사람: ~2013 서울시 마을공동체 백서』.

서울특별시 · 서울시마을공동체종합지원센터, 2013, 『지속가능한 마을공동체 활성화를 위한 모색: 2013 서울 마을박람회, 마을컨퍼런스 자료집』.

성균관대학교 산학협력단 · (주)이락, 2013, 『살고싶은 마을만들기: 시범사업의 성과와 과제』, 안양: 국토연구원.

손세관, 1993, 『도시주거 형성의 역사』, 서울: 열화당.

송도영, 2004, 『인류학자 송도영의 서울 읽기』, 서울: 도서출판 소화.

수원시, 2011, 『수원시민이 만들어갑니다, 마을르네상스』.

신명호, 2000, 「도시 공동체운동의 현황과 전망」, 『도시연구』 6: 51-81.

______, 2003, 「도시공동체운동의 현황과 전망」, 한국도시연구소(편), 『도시공동체론』, 서울: 한울아카데미, 116-154쪽.

______, 2012, 「사회복지관에서 주민운동은 가능한가?: 방아골종합사회복지관의 사례를 중심으로」, 『정신문화연구』 35(2): 69-99.

신명호 · 이아름, 2013, 「원주 지역 협동조합의 생성과 지속가능성에 영향을 미치는 요인: 사회적 자본의 관점에서 본 네트워크의 효용」, 『정신문화연구』 36(4): 37-57.

신병식, 2000, 「20세기 원주 1000년: 압제에 대한 저항의 도시」, 『평론원주』 3: 15-34.

신중진 · 송승현, 2008, 「농촌마을만들기 사업의 주민약속 활용에 관한 연구」, 『대한건축학회논문집 계획계』 24(10): 193-203.

______, 2010, 「지속가능한 마을만들기를 위한 추진주체의 관계구도 특성 연구: 살고

싶은 도시만들기 시범사업을 대상으로」, 『대한건축학회논문집: 계획계』 26(1): 295-306.
신중진 · 정지혜, 2013, 「지역공동체 회복을 위한 마을만들기의 역할과 과제: 수원화성과 행궁동 사람들의 도전을 중심으로」, 『정신문화연구』 36(4): 59-96.
심익섭, 2002, 「주민자치센터의 운영활성화 방안」, 『한국지방자치학회보』 14(2): 33-53.
심현천, 2003, 「아파트공동체운동」, 한국도시연구소(편), 『도시공동체론』, 서울: 한울아카데미, 181-203쪽.
안현찬, 2012, 「거점의 발견」, 『우리, 마을만들기』, 고양: 나무도시, 162-185쪽.
알폰소 링기스(김성균 역), 2013, 『아무것도 공유하지 않은 자들의 공동체』, 서울: 바다출판사.
야마모토 리켄 · 나카 토시하루 · 무카라미 스미나오 · 마쓰유키 데루마사 · 스에미쓰 히로카즈(성상우 감수, 이정환 역), 2014, 『마음을 연결하는 집』, 파주: 안그라픽스.
양상현, 2005, 『거꾸로 읽는 도시, 뒤집어 보는 건축』, 파주: 도서출판 동녘.
양세훈, 2013, 「마을공동체 활성화 핵심수단, 사회적경제 프로그램과의 연계방안」, 서울특별시의회 정책연구위원회 자료.
양영균, 2012, 「도시 지역공동체 형성과 작은도서관: 용인시의 사례」, 『정신문화연구』 35(2): 35-67.
______, 2013, 「한국 도시의 지역공동체 형성과 확산가능성 탐색: 수원 칠보산 공동체의 사례를 중심으로」, 『정신문화연구』 36(4): 97-135.
양재한, 2008, 「마산지역 작은도서관의 사회적 역할 변화과정과 운동의 방향」, 『한국도서관 정보학회지』 39(3): 27-52.
양정호, 2014, 「세대 간 소통의 선진화, 어떻게 실천할 것인가?」, 『선진화포커스』 제210호.
여관현, 2013, 「마을 만들기를 통한 공동체 성장과정 연구: 성북구 장수마을 사례를 중심으로」, 『도시행정학보』 26(1): 53-87.
염상균 · 김우영 · 하주성 · 김해자 · 정다겸, 2012, 『지동마을이야기』, 수원시 팔달구 지동주민센터.
오마이뉴스 특별취재팀, 2013, 『마을의 귀환: 대안적 삶을 꿈구는 도시공동체 현장에 가다』, 서울: 오마이북.
우미숙, 2014, 『공동체도시』(서울연구원 미래서울 연구총서 09), 파주: 한울.
원용찬, 2012, 『칼 폴라니, 햄릿을 읽다: 칼 폴라니의 경제사상 이해』, 서울: 당대.
원주협동사회경제네트워크, 2011, 『'원주에 사는 즐거움' 잔치: 가난하고 무지한 이들이 일구는 착한경제 』(심포지엄 자료집).

유창복, 2009, 「도시 속 마을공동체운동의 형성과 전개에 대한 사례연구: 성미산 사람들의 '마을하기'」, 성공회대학교 석사학위논문.

______, 2010, 『우린 마을에서 논다』, 서울: 또하나의문화.

______, 2014, 「지역사회의 공공적 재구성, 확장성과 지속가능성을 위하여: 서울시 마을공동체정책 2기의 방향」, 『마을계획』(서울시마을공동체종합지원센터), 37-50쪽.

유태웅, 2006, 「미아리 달동네가 사라지고 있다」, 《오마이뉴스》, 2006년 12월 7일자.

윤옥경, 2008, 「도시지역 마을만들기의 사례와 시사점: 대구 삼덕동을 사례로」, 『한국지역지리학회지』 14(5): 466-479.

윤웅태, 2010, 「도시공동체와 도시공동체운동」, 대연우암워크숍 발표자료, 2010.

윤인진, 1999, 「한국의 도시와 지역공동체의 변화와 전망」, 『한국사회』 2: 199-238.

윤종주, 1991, 「해방후 인구이동과 도시화」, 『한국의 사회와 문화』 11: 1-67.

이경란, 2006, 「공동육아 섬에서 마을주민으로」, 『함께 크는 삶의 시작 공동육아』, 서울: 또하나의문화, 168-187쪽.

이시재 외, 2001, 『일본의 도시사회』, 서울: 서울대학교출판부.

이용포, 2011, 『무위당 장일순: 생명 사상의 큰 스승』, 서울: 작은씨앗.

이윤석, 2012, 「성북구 장수마을의 마을학교와 동네목수」, 『우리, 마을만들기』, 고양: 나무도시, 260-285쪽.

이종수, 2008, 「공동체와 마을만들기」, 이종수(편), 『한국사회와 공동체』, 서울: 다산출판사, 1-35쪽.

______, 2009, 『행정학 사전』, 서울: 대영문화사.

이주영, 2006, 「참여자의 경험세계를 통해 본 지역시민운동: 마포구 '성미산 살리기 운동'을 중심으로」, 성공회대학교 석사학위논문.

이창호, 2012, 「마을공동체 만들기 현황과 향후 과제」, 『이슈와 논점』 436: 1-4.

이혜경, 2007, 「도시 지역공동체 형성을 위한 거점으로서의 주민자치센터의 역할과 개선방안: 인천 가좌2동 어린이도서관 사례를 중심으로」, 성공회대학교 석사학위논문.

이훈, 2005, 「왜 지역축제에 참가하지 않는가?: 비참여자의 장소애착도와 여가제약 이론을 중심으로」, 『소비문화연구』 8(1): 31-47.

임경수, 2002, 「도시빈곤층의 위기와 공동체 운동」, 『도시행정학보』 15(1): 69-86.

임석회 · 이철우 · 전형수, 2003, 「아파트 주거공간에 기초한 지역공동체 형성에 관한 연구」, 『한국지역지리학회지』 9(3): 314-328.

임재해, 2012, 『마을문화의 인문학적 가치』, 서울: 민속원.

장일순, 1997, 『나락 한 알 속의 우주: 무위당 장일순의 이야기 모음』, 서울: 녹색평론사.

전광현, 2004, 「지역사회복지 활성화를 위한 지역사회복지관의 실천 방안」, 『한국지역사회복지학』 15: 119-137.
정건화, 1986,「한국 도시빈민의 형성과 존재형태」,『한국사회연구』 5: 263-267.
정규호, 2006,「거버넌스의 '덫'과 시민사회운동의 과제」,『이음 1』(풀뿌리자치연구소 재창립토론회 자료집).
_____, 2007,「풀뿌리 거버넌스와 살기좋은 지역만들기」,『환경사회학회연구 ECO』 11(1): 99-131.
_____, 2008,「풀뿌리 사회경제 거버넌스의 의미와 역할: 원주 지역 협동조합운동을 사례로」,『시민사회와 NGO』 6(1): 113-148.
_____, 2012a,「협동조합과 지역사회의 창조적 결합을 위하여」,『모심과살림』 0: 63-86.
_____, 2012b,「한국 도시공동체운동의 전개과정과 협력형 모델의 의미」,『정신문화연구』 127: 7-33.
_____, 2013,「도시공동체운동과 협동조합 지역사회 만들기: 원주 협동조합운동과 네트워크의 역할」,『정신문화연구』 36(4): 7-35.
정헌목, 2012,「게이티드 커뮤니티의 공간적 특성과 사회문화적 함의: 한국의 수용 양상에서의 보편성과 특수성」,『서울도시연구』 3(1): 37-56.
____, 2015,「가치있는 아파트 만들기: 수도권 대단지 아파트의 사례를 통해 본 아파트공동체의 사회문화적 함의」, 서울대학교 인류학과 박사학위논문.
조나단 바넷(이정형 역), 1997,『도시 디자인의 근대사』, 서울: 국제.
조명래, 2003,「지역사회에의 도전: 도시공동체의 등장과 활성화」, 한국도시연구소(편),『도시공동체론』, 서울: 한울아카데미, 83-115쪽.
_____, 2011,「저성장과 도시 패러다임의 전환」, 한국공간환경학회(편),『저성장 시대의 도시정책: 더 좋은 도시, 더 행복한 시민』, 파주: 한울, 11-32쪽.
조순경, 2009,「관계의 결핍으로서의 빈곤과 학문으로서의 나눔」,『지구화 시대 빈곤과 여성노동』, 제11회 서울국제여성영화제 국제학술회의 논문집, 이화여자대학교, 2009. 4. 14.
존스턴 버챌(장종익 역), 2003,『21세기의 대안, 협동조합운동』, 서울: 들녘.
주봉규, 1990,「협동조직단체로서의 계에 관한 변모 연구」,『경제논집』, 29(3): 247-260.
진미윤 · 이유미 · 김혜란, 2001,「아파트 거주자의 근린의식과 근린관계에 대한 조사연구」,『대한건축학회지』 17(9): 75-82.
최병두, 2000,「공동체 이론의 전개과정과 도시 공동체운동」,『도시연구』 6: 32-50.
_____, 2008,「도시공동체 회복을 위한 아파트 주민운동」, 이종수(편),『한국사회와 공동체』, 서울: 다산출판사, 227-265쪽.
최숙자, 2003,「도시공동체와 지역주민운동에 관한 연구: 반송을 사랑하는 사람들을 중심으로」, 부산대학교 석사학위논문.
최재석, 1975, 『한국농촌사회연구』, 서울: 일지사.
최혁진, 2006, 「시장경제를 넘어 지역과 미래를 살린다」, 『환경과 생명』 50: 101-107.
칼 폴라니(홍기빈 역), 2009, 『거대한 전환: 우리 시대의 정치·경제적 기원』, 서울: 길.
필리프 샤니알·장-루이 라빌(자활정보센터 역), 2008, 「프랑스 시민사회의 경험: 정치, 경제적 차원 간의 간극을 잇기 위한 시도」, 아달베르트 베에르스·장-루이 라빌(편저), 『세계화 시대의 새로운 복지: 사회적경제와 제3섹터』, 서울: 나눔의 집, 125-150쪽.
한국도시연구소(편), 1998, 『한국도시론』, 서울: 박영사.
______, 2003, 『도시공동체론』, 서울: 한울아카데미. 93
한국도시지리학회(편), 1999, 『한국의 도시』, 서울: 법문사.
한국지방행정연구원, 2012, 『지역공동체 주도의 발전전략 연구』, 연구보고서 제467권.
한상훈, 2011, 「성미산 마을 연구: 도시에서의 새로운 대안적 삶에 대한 모색」, 국민대학교 석사학위논문.
허구생, 2002, 『빈곤의 역사, 복지의 역사』, 서울: 한울아카데미.
황익주, 2005, 「골목길과 광장 및 공원: 도시에서의 '우리 동네' 형성에 관한 인류학적 에세이」, 『건축』(대한건축학회지) 49(1): 69-76.
______, 2007, 「도시의 공간성과 지역공동체」, 『가족·문화·커뮤니티』(한국가족관계학회 2007년도 춘계학술대회 발표논문집), 1-21쪽.
______, 2011, 「현대 도시에서 지역공동체는 어떻게 만들어지는가」, 『공동체는 존재하는가?』(2011 한국민속학회 동계학술대회 발표논문집), 91-105쪽.
황익주·김기호, 2004, 「프로스포츠 지역연고제와 도시민의 지역정체성: 성남시의 사례연구」, 『비교문화연구』 10(1): 105-145.
황익주·정헌목, 2012, 「도시 이벤트를 활용한 도시 지역공동체 형성의 과제들: 4개 도시 사례의 비교연구」, 『정신문화연구』 35(2): 101-128.
______, 2013, 「수원 화성문화제에서 연행 공간과 주민참여의 관계: 도시 이벤트, 지역공동체, 도시민의 지역정체성」, 『정신문화연구』 36(4): 137-169.

Applbaum, Kalman, 1996, "The Endurance of Neighborhood Associations in a Japanese Commuter City," *Urban Anthropology* 25(1): 1-39.
Arensberg, Conrad, 1954, "The Community Study Method," *American Journal of Sociology* 60(2): 109-124.
Bauman, Zygmund, 2001, *Community: Seeking Safety in an Insecure World*, Cambridge: Polity

Press.

Bell, Colin and Howard Newby, 1971, *Community Studies: An Introduction to the Sociology of Local Community*, London: George Allen & Unwin.

Bestor, Theodore, 1989, *Neighborhood Tokyo*, Stanford: Stanford University Press.

Bridge, Simon, Brendan Murtagh, and Ken O'Neill, 2009, *Understanding the Social Economy and the Third Sector*, London: Palgrave Macmillan.

Cabaj, Mark, 2004, "CED and Social Economy in Canada: A People' History," *Making Waves* 15(1): 113-120.

Campi, Sara, Jacques Defourny, and Olivier Grégoire, 2006, "Work Integration Social Enterprises: Are They Multiple-Goal and Multi-Stakeholder Organizations?," Marthe Nyssens (ed.), *Social Enterprise: At the Crossroads of Market, Public Policies and Civil Society*, London and New York: Routledge, pp. 29-49.

Casey, Terrence and Kevin Christ, 2005, "Social Capital and Economic Performance in the American States?," *Social Science Quarterly* 86(4): 826-845.

Chaskin, Robert J. and Ali Abunimah, 1999, "A View from the City: Local Government Perspectives on Neighborhood-based Governance in Community-Building Initiatives," *Journal of Urban Affairs* 21(1): 57-78.

Clarke, Michael and John Stewart, 1998, *Community Governance, Community Leadership and the New Local Government*, New York: Joseph Rowntree Foundation.

Cohen, Anthony, 1985, *The Symbolic Construction of Community*, London and New York: Tavistock Publications.

Coleman, James S., 1988, "Social Capital in the Creation of Human Capital," *American Journal of Sociology* 94: S95-S120.

Cooke, Philip and David Wills, 1999, "Small Firms, Social Capital and the Enhancement of Business Performance through Innovation Programmes," *Small Business Economics* 13: 219-234.

Defourny, Jacques and Marthe Nyssens, 2006, "Defining Social Enterprise," Marthe Nyssens (ed.), *Social Enterprise: At the Crossroads of Market, Public Policies and Civil Society*, London and New York: Routledge, pp. 3-26.

Dupuis, Ann and David Thorns, 2008, "Gated Community As Exemplars of 'Forting Up' Practices in a Risk Society," *Urban Policy and Research* 26(2): 145-157.

Fragkandreas, Thanos, 2012, "Reflections on Social Capital and Economic

Performance," *International Review of Sociology* 22(2): 259-271.

Gallie, Walter B., 1956, "Essentially Contested Concepts," *Proceedings of the Aristotelian Society* 56: 167-198.

Hillery, George, 1955, "Definitions of Community Areas of Agreement," *Rural Sociology* 20: 779-791.

Knack, Stephen and Philip Keefer, 1997, "Does Social Capital Have an Economic Payoff?: A Cross-Country Investigation," *Quarterly Journal of Economics* 112(4): 1251-1288.

Low, Setha, 2001, "The Edge and the Center: Gated Communities and the Discourse of Urban Fear," *American Anthropologist* 103(1): 45-58.

______, 2003, *Behind the Gates: Life, Security, and the Pursuit of Happiness in Fortress America*, New York and London: Routledge.

Majee, Wilson and Ann Hoyt, 2011, "Cooperatives and Community Development: A Perspective on the Use of Cooperatives in Development," *Journal of Community Practice* 19: 48-61.

Moulaert, Frank and Oana Ailenei, 2005, "Social Economy, Third Sector and Solidarity Relations: A Conceptual Synthesis from History to Present," *Urban Studies* 42(11): 2037-2053.

Nadeau, Emile G. and Corinne Wilson, 2001, "New Generation Cooperatives and Cooperative Community Development," Nerrett, Christopher and Norman Walzer (eds.), *A Cooperative Approach to Local Economic Development*, Westport, CT: Quorum Books.

Neamtan, Nancy, 2005, "The Social Economy: Finding a Way between the Market and the State," *Policy Options July-August* 71-76.

Peterson, R. and R. Rondstadt, 1987, "A Silent Strength: Entrepreneurial Know-Who," *The 16th ESBS, efmd IMD Report* 86(4): 11.

Polanyi-Levitt, Kari and Marguerite Mendell, 1987, "Karl Polanyi: His Life and Times," *Studies in Political Economy* 22: 7-39.

Putnam, Robert, 1993a, *Making Democracy Work: Civic Traditions in Modern Italy*, Princeton: Princeton University Press.

______, 1993b, "The Prosperous Community: Social Capital and Public Life," *The American Prospect* 13: 35-42.

______, 2000, *Bowling Alone: The Collapse and Revival of American Community*, New

York: Simon and Schuster.

Restakis, John, 2006, "Defining the Social Economy: The BC Context," *Prepared for BC Social Economy Roundtable*, British Columbia Co-operative Association.

Robison, Lindon, Alan Schmidt, and Marcelo Siles, 2002, "Is Social Capital Really Capital?," *Review of Social Economy* 60(1): 1-21.

Rooij, Sabine de, 2010, "Endogenous Initiatives as Driving Forces of Sustainable Rural Development," Sabine de Rooij, PeirLuigi Milone, Jela Tvrdoňová, and Paul Keating (eds.), *Endogenous Development in Europe*, Leusden: COMPAS, pp. 9-18.

Schmidt, Alan, 2002, "Using Motives to Distinguish Social Capital from Its Outputs," *Journal of Economic Issues* 36(3): 747-768.

Westlund, Hans and Frane Adam, 2010, "Social Capital and Economic Performance: A Meta-Analysis of 65 Studies," *European Planning Studies* 18(6): 893-919.

Wirth, Louis, 1935, "Urbanism As a Way of Life," *American Journal of Sociology* 44: 1-24.

Zeuli, Kimberly and Jaime Radel, 2005, "Cooperative as a Community Development Strategy: Linking Theory and Practice," *Journal of Regional Analysis and Policy* 35(1): 43-54.

内閣府, 2002,「中間支援組織の現実と課題に関する調査報告書」, 第一総合研究所.

2. 언론보도, 인터넷 자료 등

『동아일보』,「공존 꿈꾸는 따뜻한 대안금융」, 2012년 1월 18일자.

http://chohanlab.net/document_srl=2742(조한혜정 블로그 중 〈배영호, "느슨한 연대"〉)

http://www.maeulcenter.or.kr(마을르네상스센터 홈페이지)

http://cafe.daum.net/chilbonews(칠보산마을신문 카페)

http://cafe.naver.com/ewutculturecoop(이웃문화협동조합 카페)

http://www.spacenoon.co.kr(대안공간 눈 홈페이지)

http://kosis.kr/statisticsList/statisticsList_01List.jsp?vwcd=MT_ZTITLE&parentId=H#SubCont(국가통계포털 2005년 주택총조사, 2010년 주택총조사, 인구총조사)

찾아보기

ㅇ

ㅈ

지은이 소개

황익주

영국 옥스퍼드대학교에서 인류학 박사학위를 취득했고, 현재 서울대학교 인류학과 교수로 재직 중이다.

아일랜드 공화국의 소도시에 대한 연구로 박사학위를 취득한 이래 처음에는 유럽문화에 대한 연구자로서의 역할에 중점을 두었지만, 점차 현대 한국문화에 대한 연구자로서의 역할에 집중해 왔다. 최근에는 스포츠나 축제 등의 도시 이벤트들이 도시에서의 지역공동체 형성에 어떠한 촉매 역할을 할 수 있는가의 문제에 많은 관심을 기울이고 있다.

최근의 관심사와 관련된 논문으로 「도시 이벤트를 활용한 도시 지역공동체 형성의 과제」, 「수원 화성문화제에서 연행 공간과 주민 참여의 관계」, 「프로스포츠 지역연고제와 도시민의 지역정체성」 등이 있다.

정규호

서울대학교에서 환경계획학 박사학위를 취득했고, 현재 사단법인 모심과살림연구소 소장으로 재직 중이다.

환경문제에 대한 관심으로 공부를 시작해 점차 생태적 대안사회, 녹색정치, 녹색국가 등으로 관심을 넓혀 왔다. 올바른 사회변화를 위해 이론과 실천을 병행하는 대안적인 민간연구소의 역할이 중요하다고 생각하여 '한살림생활협동조합'이 설립한 '모심과살림연구소'에 참여하게 되었으며, 최근에는 지역사회발전 모델로서 협동조합의 역할과 가능성에 관심을 두고 연구하고 있다.

대표 저서로 『녹색당과 녹색정치』(공저), 『국가 거버넌스 연구』(공저), 『모이고 떠들고 꿈꾸다: 풀뿌리에서 시작하는 좋은 정치』(공저), 『아래로부터의 시민사회』(공저) 등이 있다.

신명호

서울대학교에서 사회복지학 박사학위를 취득했고, 현재 사회투자지원재단 사회적경제 연구센터 소장으로 재직 중이다.

대학원생 시절 경기도 시흥의 '복음자리'라는 철거민 정착촌에 들어가 살게 된 것을 계기로 빈곤, 불평등, 공동체의 문제에 관심을 두고 관련 정책을 연구해 왔다. '도시빈민연구소'(현 '한국도시연구소')에서 설립 때부터 25년간 일하면서 빈곤과 불평등에 관해 연구하던 중 가난한 이들의 실업문제에 대한 대안으로 일찍이 협동조합과 사회적기업 등의 주제도 천착하기 시작했고, 5년 전부터는 사회투자지원재단 사회적경제연구센터를 맡아서 그러한 주제를 집중적으로 다루고 있다.

대표 저서로 『빈곤을 보는 눈』, 『왜 잘사는 집 아이들이 공부를 더 잘하나?』, 『사회적경제의 이해와 전망』(공저) 등이 있다.

신중진

일본 와세다대학에서 건축학 박사학위를 취득했고, 현재 성균관대학교 건축학과 교수로 재직 중이다.

주민중심 도시재생과 마을만들기에 대한 관심으로 수많은 이론 연구와 현장 실천을 병행해 왔다. 현재는 도시재생의 근린재생형 선도지역인 서울시 종로구의 창신 · 숭인 지역과 돈의동 새뜰마을에서 총괄계획가로서 활동 중이다.

대표 저서로 『살고싶은 마을만들기 시범사업의 성과와 과제』(공저), 『한국의 도시설계』(공저), 『이런 마을에 살고 싶다: 2002 마을만들기 백서』(공저) 등이 있다.

양영균

미국 피츠버그대학교에서 인류학 박사학위를 취득했고, 현재 한국학중앙연구원 인류학 전공 교수로 재직 중이다.

도시에서 태어나서 자랐지만 학문적 관심은 계속 농어촌 지역에 있었기에 박사논문도 중국 농촌에 관한 것으로 작성했다. 유학을 마치고 귀국한 후에는 경기도 과천시에 거주하면서 공동육아 협동조합 활동에 참여했고, 이를 계기로 아파트 거주민들의 파편화된 인간관계를 극복할 대안으로서 도시 지역공동체에 주목하게 되었다.

이러한 관심사와 관련된 논문으로 「도시 지역공동체 형성과 작은도서관」, 「한국 도시의 지역공동체 형성과 확산 가능성 탐색」 등이 있다.